经以修世
建德尚卓
贺教务部
重大攻关项目
心圣心愿

李敬德

教育部哲学社会科学研究重大课题攻关项目
"十三五"国家重点出版物出版规划项目

促进经济发展方式转变的地方财税体制改革研究

THE RESEARCH ON THE REFORM OF LOCAL
FISCAL SYSTEM IN FOSTERING THE
TRANSFORMATION OF ECONOMIC
DEVELOPMENT MODE

钟晓敏
等著

中国财经出版传媒集团
经济科学出版社
Economic Science Press

图书在版编目（CIP）数据

促进经济发展方式转变的地方财税体制改革研究/钟晓敏等著.—北京：经济科学出版社，2016.12
教育部哲学社会科学研究重大课题攻关项目
ISBN 978-7-5141-7454-0

Ⅰ.①促… Ⅱ.①钟… Ⅲ.①地方税收-税收改革-研究-中国 Ⅳ.①F812.422

中国版本图书馆 CIP 数据核字（2016）第 271676 号

责任编辑：程晓云
责任校对：杨　海
责任印制：邱　天

促进经济发展方式转变的地方财税体制改革研究

钟晓敏　等著

经济科学出版社出版、发行　新华书店经销
社址：北京市海淀区阜成路甲28号　邮编：100142
总编部电话：010-88191217　发行部电话：010-88191522
网址：www.esp.com.cn
电子邮件：esp@esp.com.cn
天猫网店：经济科学出版社旗舰店
网址：http://jjkxcbs.tmall.com
北京万友印刷有限公司印装
787×1092　16开　25.25印张　600000字
2016年12月第1版　2016年12月第1次印刷
ISBN 978-7-5141-7454-0　定价：62.00元
(图书出现印装问题，本社负责调换。电话：010-88191510)
(版权所有　侵权必究　举报电话：010-88191586
电子邮箱：dbts@esp.com.cn)

首席专家和课题组成员名单

首 席 专 家 钟晓敏

课题组主要成员 张雷宝　李永友　沈玉平　金　戈
　　　　　　　　　赵海利　叶　宁　刘　炯　余丽生
　　　　　　　　　童光辉　王春元　董根泰　杨春玲
　　　　　　　　　谢　枫

编审委员会成员

主　任　周法兴
委　员　郭兆旭　吕　萍　唐俊南　刘明晖
　　　　　刘　茜　樊曙华　解　丹　刘新颖

总　序

哲学社会科学是人们认识世界、改造世界的重要工具,是推动历史发展和社会进步的重要力量,其发展水平反映了一个民族的思维能力、精神品格、文明素质,体现了一个国家的综合国力和国际竞争力。一个国家的发展水平,既取决于自然科学发展水平,也取决于哲学社会科学发展水平。

党和国家高度重视哲学社会科学。党的十八大提出要建设哲学社会科学创新体系,推进马克思主义中国化时代化大众化,坚持不懈用中国特色社会主义理论体系武装全党、教育人民。2016年5月17日,习近平总书记亲自主持召开哲学社会科学工作座谈会并发表重要讲话。讲话从坚持和发展中国特色社会主义事业全局的高度,深刻阐释了哲学社会科学的战略地位,全面分析了哲学社会科学面临的新形势,明确了加快构建中国特色哲学社会科学的新目标,对哲学社会科学工作者提出了新期待,体现了我们党对哲学社会科学发展规律的认识达到了一个新高度,是一篇新形势下繁荣发展我国哲学社会科学事业的纲领性文献,为哲学社会科学事业提供了强大精神动力,指明了前进方向。

高校是我国哲学社会科学事业的主力军。贯彻落实习近平总书记哲学社会科学座谈会重要讲话精神,加快构建中国特色哲学社会科学,高校应需发挥重要作用:要坚持和巩固马克思主义的指导地位,用中国化的马克思主义指导哲学社会科学;要实施以育人育才为中心的哲学社会科学整体发展战略,构筑学生、学术、学科一体的综合发展体系;要以人为本,从人抓起,积极实施人才工程,构建种类齐全、梯队衔接的高校哲学社会科学人才体系;要深化科研管理体制改革,发挥高校人才、智力和学科优势,提升学术原创能力,激发创新创造活力,建设中国特色新型高校智库;要加强组织领导、做好统筹规划、营造良好学术生态,形成统筹推进高校哲学社会科学发展新格局。

哲学社会科学研究重大课题攻关项目计划是教育部贯彻落实党中央决策部署的一项重大举措,是实施"高校哲学社会科学繁荣计划"的重要内容。重大攻关项目采取招投标的组织方式,按照"公平竞争,择优立项,严格管理,铸造精品"的要求进行,每年评审立项约 40 个项目。项目研究实行首席专家负责制,鼓励跨学科、跨学校、跨地区的联合研究,协同创新。重大攻关项目以解决国家现代化建设过程中重大理论和实际问题为主攻方向,以提升为党和政府咨询决策服务能力和推动哲学社会科学发展为战略目标,集合优秀研究团队和顶尖人才联合攻关。自 2003 年以来,项目开展取得了丰硕成果,形成了特色品牌。一大批标志性成果纷纷涌现,一大批科研名家脱颖而出,高校哲学社会科学整体实力和社会影响力快速提升。国务院副总理刘延东同志做出重要批示,指出重大攻关项目有效调动各方面的积极性,产生了一批重要成果,影响广泛,成效显著;要总结经验,再接再厉,紧密服务国家需求,更好地优化资源,突出重点,多出精品,多出人才,为经济社会发展做出新的贡献。

作为教育部社科研究项目中的拳头产品,我们始终秉持以管理创新服务学术创新的理念,坚持科学管理、民主管理、依法管理,切实增强服务意识,不断创新管理模式,健全管理制度,加强对重大攻关项目的选题遴选、评审立项、组织开题、中期检查到最终成果鉴定的全过程管理,逐渐探索并形成一套成熟有效、符合学术研究规律的管理办法,努力将重大攻关项目打造成学术精品工程。我们将项目最终成果汇编成"教育部哲学社会科学研究重大课题攻关项目成果文库"统一组织出版。经济科学出版社倾全社之力,精心组织编辑力量,努力铸造出版精品。国学大师季羡林先生为本文库题词:"经时济世 继往开来——贺教育部重大攻关项目成果出版";欧阳中石先生题写了"教育部哲学社会科学研究重大课题攻关项目"的书名,充分体现了他们对繁荣发展高校哲学社会科学的深切勉励和由衷期望。

伟大的时代呼唤伟大的理论,伟大的理论推动伟大的实践。高校哲学社会科学将不忘初心,继续前进。深入贯彻落实习近平总书记系列重要讲话精神,坚持道路自信、理论自信、制度自信、文化自信,立足中国、借鉴国外、挖掘历史、把握当代、关怀人类、面向未来,立时代之潮头、发思想之先声,为加快构建中国特色哲学社会科学,实现中华民族伟大复兴的中国梦作出新的更大贡献!

教育部社会科学司

前　言

本书是教育部哲学社会科学研究重大课题攻关项目《促进经济发展方式转变的地方财税体制改革研究》的最终成果。

地方财税体制作为处理地方各级政府间财政关系的制度安排影响着经济的发展方式。本书从规范和实证的角度剖析了地方财税体制与经济发展方式之间的内在机理，并分别从地方财政的收入管理体制、支出管理体制和政府间的转移支付制度等方面阐述了地方财税体制在传统粗放式经济发展方式的形成中所起的作用。本书的观点是，要促进经济发展方式从粗放式向集约式方式转变，必须重构地方财税体制及相关配套改革的推进。既要完善各级政府间的支出责任和财政事权相匹配的纵向财政体制，也要构建规范地方政府融资行为的横向治理结构；政府宏观调控的目标要从维持经济稳定的短期化目标转向促进社会福利长远发展的长期目标；优化财政支出结构，增加对教育和科技的支出；政府间的转移支付制度的设计要有利于地方政府完善治理行为。就配套改革而言，要建立多元化的、以公平为导向的考核体系，加强对地方政府权力的监督和制衡。

摘　要

过去30多年的持续高速增长，中国经济创造了世界发展史上的奇迹，但同时也出现了很多问题和隐忧：经济社会发展不平衡、不协调、不可持续现象越来越严重；资源能源短缺、成本上涨、生态环境破坏、收入分配差距加大等因素对经济持续增长的制约效应正在显现。解决上述问题的关键是通过深化改革破除不利于转变发展方式的体制障碍，构建实现可持续发展的有效机制。在历次重大改革中，财政体制改革又是所有改革的先锋。1994年推行的分税财政体制激发了地方政府发展经济的动力，但也为粗放式增长提供了微观基础和激励结构。不改革财政体制，推动发展方式转变的可能性很小，即使可能，也不具有可持续性，甚至在某种程度上产生较大的社会成本。

就财税体制自身而言，现行分税体制主要是确定中央和地方财政关系，实际上也引领塑造了地方各级政府之间的财政关系，形成以重收入分配为主要特征的地方财税体制。在其他一系列体制制度作用下促成基层政府粗放式管理方式和经济的粗放式增长模式。所以改变中国的发展方式，核心环节是改变产生70% GDP的市县政府粗放式管理方式，而这有赖于改革现行的地方财税体制，重塑有利于政府转型和转变发展方式的激励结构。根据上述逻辑，本书基于中国社会经济发展的典型事实和现实困境，以地方财税体制为切入点，系统考察粗放式发展方式的形成机理，通过理论探讨和实证分析识别出地方财税体制对经济发展方式提供的激励机制和激励效应，确定有利于发展方式转变的地方财税体制改革的方向、路径选择和配套条件。期待本书研究工作对转变发展方式这个战略举措的科学推进产生积极影响。

全书结构安排如下。

第一章导论部分介绍研究改革和完善地方财税体制对转变经济发展方式的意义，本书的基本框架和主要内容，包括对相关研究的文献梳理以及本研究成果的主要结论及政策建议。

第二章主要从整体上分析经济发展方式转变与财税体制之间的内在机理，提出地方财税体制影响发展方式转变的三个理论假说。

第三章至第五章分别从地方财政的收入管理体制、地方财政的支出管理体制和地方财政转移支付制度这三个角度具体研究地方财税体制与经济发展方式之间的内在联系。

第三章详细分析了中国现行地方财政收入管理体制的基本特征及对原有发展方式的固化作用，提出如何改革和完善地方财政收入管理体制以促进发展方式转变。

第四章内容是系统探究财政支出与发展方式之间的理论逻辑与经验关系。通过两个理论框架呈现粗放式和集约式财政支出政策导致的发展差异，并量化分析地方财政支出规模和结构对全要素增长率和居民消费的影响。

第五章内容是重点研究转移支付如何影响地方治理行为。首先考察了转移支付是否发挥协调政府间粗放竞争行为的作用；其次研究转移支付对地方政府社会性公共品供给行为的影响，试图考察转移支付是否是扭曲地方政府财政资源配置行为的体制因素，最后研究生态转移支付对地方政府生态保护行为的影响。

第六章内容是比较分析省以下财政体制改革的地方经验。通过对浙江、广东、湖北、宁夏四个省及自治区财政体制的比较和量化分析，总结各地财政体制改革的经验启示，并在此基础上提出相关政策建议。

第七章内容是关于推动发展方式转变的相关配套改革研究。首先分析了影响地方政府选择粗放式发展方式的相关制度安排；其次对干部考核机制、预算管理体制与粗放式发展方式相互强化问题做了深入研究；最后对促进发展方式转变的其他配套改革方向和具体路径提出建议。

通过研究，课题组发现：（1）以间接税为主的税制结构不利于产业升级转型，地方主体税种收入弱小导致"体制外"融资渠道过度扩张，使得地方财政收入结构畸形，而且规模超过地方经济承受能力。而环境税、资源税的缺失或者不合理也难以使政府用税收工具限制环境资源的浪费和破坏。(2) 地方财政支出规模和结构均表现为粗放型态势，而且带动大量粗放式的社会投资。实证分析表明中国地方财政支出不利于全要素生产率的提升，其在1%水平上显著地抑制了技术进步。而不合理的事权划分导致宏观调控失灵。(3) 中国的政府间转移支付制度设计没能成为协调相邻县财政竞争的有效机制，反而有加剧相邻县财政竞争嫌疑；转移支付集中分配模式虽然有助于平衡地区财力但未能促进地方政府高效提供社会性公共产品。即便在部分地区实行生态转移支付制度也未能很好地扭转粗放型发展方式。(4) 官员异地交流制度、有限任期制度、不规范的融资手段以及地方预算软约束扭曲了市场公平竞争环境，阻碍微观主体技术创新，从而固化已有的粗放型发展方式。

基于研究结论，我们提出以下政策建议。

（1）适当上收事权、下放税权，完善各级政府间支出责任和财政事权相匹配的纵向财政体制。构建针对地方财政融资行为的横向治理结构。完善地方债务管理体制，加强地方债务监管。优化税制结构，适当合并增值税税率，降低增值税税负；通过扩大个人所得税税基、重塑财产税体系壮大地方税收；整合健全环境资源税，提高资源产地的税收分享比例。

（2）彻底调整宏观调控政策目标体系，从维持经济稳定（保增长）的短期化目标转向以促进跨期社会福利增长的长期化目标；调整财政支出结构，增加教育和科技支出，保障一般公共服务、公共安全、文体传媒、社保就业支出，适当减少交通运输、城乡社区事务和农林水支出，对公共医疗卫生支出也应适当降低，重点是提高管理水平和引入竞争。

（3）政府间转移支付制度的改革要以重构地方政府在不对称分权下更好负责的激励结构为目标，而不是简单地弥补地方财力不足。设计生态转移支付时，在激励方式上应融合"奖励"和"惩罚"两种机制，实现对环境治理的整体性激励。

（4）彻底改变对地方官员的考核机制，建立多元化、以社会公平为主要内容的考核体系；加强对地方政府权力的监督和制衡，以"扩大财政信息透明度"为突破口，逐步扩大"政府问责制度"，直至"建立宪法监督"；制定明晰的政府"事权清单"，进一步厘清政府与市场的边界。

Abstract

For the past thirty years, China has experienced high-speed economic growth. It is a miracle in the history of world economic development. But it also brings about many serious problems which prohibit sustainable economic growth such as unbalance between economic and social development, resource and energy shortage, increasing cost, ecological environment damage and enlarging income distribution gap. The only way to solve these problems is to deepen reform and break down system obstacles harmful to economic development. As for previous important reforms, fiscal system reform always acts as pioneer. Tax-sharing system implemented in 1994 has stimulated local government to push economic development, but it also led to extensive economic growth. It is almost impossible to push the transformation of economic development mode if there is no fiscal system reform. On the contrary, such economic development way will bring out more and more social costs.

The existing tax-sharing system mainly determined the fiscal relationship between center and local government, but it also shaped fiscal relationship which focus on revenue distribution among different local governments. Combined with other institutions, local fiscal system makes low level government pursue extensive management. In order to change the mode of economic development, it is urgent for China to alter the management style of local governments that produce 70 percent of GDP. It depends on reforming local fiscal system and reshaping local governments' incentive to change the way of economic development. According to above logic, based on the typical facts and realistic difficulties of Chinese economic development, the book studied the mechanism of extensive growth, identified the incentive mechanism and effect of local fiscal system by theoretical and empirical analyses and found out local fiscal system's reform direction, path selection and supporting conditions. We expect the book will have a positive impact on the promotion of changing the way of economic development.

The book is organized as follows:

The first chapter introduces the significance of local fiscal system reform, basic framework and main contents which include existing literatures, our main findings and policy suggestions.

The second chapter analyzes the inner mechanism between economic development and fiscal system on the whole and puts forward three theoretical hypotheses on the way by which fiscal system influence transformation of economic development.

From the perspective of fiscal revenues management, fiscal expenditure management and intergovernmental transfer, the next three chapters concretely study inner relation between local fiscal system and economic development. The third chapter analyzes the basic characteristic of the existing local fiscal revenues management system and its negative impact on economic development. It also points out how to reform local fiscal revenues management system to promote the transformation of economic development.

The forth chapter systematically explores theoretical logic and empirical relationship between fiscal expenditure and the way of development. It demonstrates different influence of extensive and intensive fiscal expenditure policy on economic development and quantitatively analyzes the effect of local fiscal expenditure scale and structure on total factor growth and household consumption.

The fifth chapter studies how transfer influence local governance. Firstly, it investigates whether transfer coordinates government extensive competition. Secondly, it studies the effect of transfer on social public goods provision of local government and finds out whether transfer is the factor which distorts local government's fiscal resource allocation. Lastly, it studies the impact of ecological transfer on local government's environmental protection.

The sixth chapter comparatively analyzes local reform experiences of sub-provincial fiscal system. It analyzes fiscal system such as Zhejiang, Guangdong, Hubei and Ningxia, laying the foundation for the next enlightenment and policy suggestions.

The seventh chapter is concerned about supporting reform pushing the change of economic development. Firstly, it analyzes concerned institution arrangements that lead to local government choice of extensive development. Secondly, it deeply studies the reinforcement of cadre assessment, budget management and extensive growth. Lastly, it puts forward policy suggestions on the reform of supporting institutions.

Our main findings are as follows: (1) indirect-tax dominated tax system goes against industrial upgrading. The main local tax fails to produce enough fiscal revenues and it leads to off-budgetary revenue expansion. The absence of environmental tax and resource tax make it impossible for government to protect environment by the method of tax tool. (2) Local fiscal expenditure scale and structure is extensive and promotes low efficiency society investment. The empirical analysis shows Chinese local fiscal expenditure can't promote total factor productivity. It curbs technology progress and is significantly negative at the 1% level. (3) Intergovernmental transfer can't act as an effective coordination mechanism. On the contrary, it reinforces adjacent counties' fiscal competition. The concentrated distribution of transfer can't promote the efficiency of social public goods provision, though it helps regional fiscal capacity balance. (4) Rotation of officials across regions, limited term of service, improper fiscal revenue collection and soft budget constraint distort market competition and prohibit technology innovation, which solidifies extensive growth.

Based on above findings, we put up the following policy suggestions:

1. Improving the match of expenditure responsibility and financial power among different level governments by giving more administrative power to higher level and more tax power to lower level governments. Establishing governance to regulate local government revenue collecting behavior. Improve local debt management and supervision. Optimizing tax structure by merging value-added tax rate and lowering tax burden. Expanding local tax revenues by reshaping property tax and enlarging income tax base. Integrating environment and resource tax and increasing share proportion to tax sources regions.

2. Adjust the macroeconomic regulation and control policy target system by transforming the short-term objective of maintaining economic stabilization (keep economic growth) thoroughly to long-term goals of boosting the inter-temporal growth of social welfare. Adjusting fiscal expenditure structure by increasing education, science and technology spending, ensuring the expenditure of general public services, public safety, public media, employment and social security, and reducing expenditures on transport, urban and rural community affairs, agriculture, forestry and water conservancy. The public health care spending should also be reduced appropriately; because the key is to improve the management level and to introduce competition mechanism.

3. The reform of the intergovernmental transfer system should aim at improving local governmental responsibility under asymmetric decentralization, rather than simply make up for fiscal shortage. Designing ecological transfer payments, the incentive mechanism should consider the two methods of "reward" and "punish" to achieve holistic in-

centive of environmental governance.

4. Completely changing the assessment mechanism of the local officials and establishing a diversified and social justice as the main content of the evaluation system. To strengthen the check and balance of power of local government, we should gradually expand the government accountability until constitution supervision is established. Making government power clear and further clarifying the border of the government and the market.

目 录

第一章　导论　1

第二章　经济发展方式转变与地方财政体制之间的机理分析　36
 第一节　经济发展方式转变的提出背景及其目标方向　36
 第二节　地方财政体制促进经济发展方式转变的机理假设　46

第三章　促进经济发展方式转变的地方财政收入体制改革　61
 第一节　现行地方财政收入管理体制的构造特征　62
 第二节　现行地方财政收入管理体制弊端的解析及其根源　86
 第三节　基于经济发展方式视角的地方财政收入管理体制改革
    路径与政策建议　91

第四章　促进发展方式转变的地方财政支出体制改革　113
 第一节　引言　113
 第二节　财政支出与粗放式经济发展：典型事实　114
 第三节　财政支出与经济增长模式的关系：两个理论框架　126
 第四节　财政支出体制与经济发展模式：分权的视角　134
 第五节　地方财政支出与全要素生产率：实证研究　136
 第六节　地方财政支出与居民消费：实证研究　152
 第七节　改革地方财政支出体制，促进经济发展模式
    转型：一些建议　161

第五章　转移支付与地方政府治理行为　163
 第一节　转移支付与相邻县财政竞争策略　165

第二节　转移支付与地方政府公共品供给　191
第三节　生态转移支付对地方政府环境治理的激励效应　212

第六章　省对下财政体制改革的地方经验及其比较研究　248

第一节　浙江省、广东省、湖北省和宁夏财政体制及其比较研究　248
第二节　不同体制模式与经济发展方式的地区差异：简单对比与定量分析　272
第三节　地方财政体制改革的经验启示　290

第七章　重构地方财政体制推动发展方式转变的相关配套改革　300

第一节　影响地方政府粗放式经济发展方式的相关制度安排　302
第二节　干部考核机制与地方财税体制的相互强化　310
第三节　预算管理体制与地方财税体制的相互强化　318
第四节　相关配套改革的大致方向和具体路径　333

参考文献　348

Contents

Chapter 1　Introduction　　1

Chapter 2　Analysis on the Underlying Mechanism of Local Fiscal System Effect on Transformation of Economic Development Mode　　36

1. The Background and Target of Transformation of Economic Development Mode　　36
2. Hypothesis of Underlying Mechanism of Local Fiscal System Effect on Transformation of Economic Development Mode　　46

Chapter 3　Local Fiscal Revenue System Reform Aimed at Changing the Way of Economic Development　　61

1. The Structural Characteristics of Current Local Fiscal Revenue Management System　　62
2. Analyses on Disadvantages of Current Local Fiscal Revenue Management System and Its Roots　　86
3. The Reform Path of Local Fiscal Revenue Management System Aimed at Economic Development and Its Policy Suggestions　　91

Chapter 4　Local Fiscal Expenditure System Reform Aimed at Changing the Way of Economic Development　　113

1. Introduction　　113

2. Fiscal Expenditure and Extensive Economic Growth: Typical Facts   114

3. The Relationship Between Fiscal Expenditure and Economic Growth: Two Theoretical Framework   126

4. Fiscal Expenditure System and Economic Growth Pattern: from Perspective of Decentralization   134

5. Local Fiscal Expenditure and Total Factor Productivity: Empirical Study   136

6. Local Fiscal Expenditure and Household Consumption: Empirical Study   152

7. Promoting Local Fiscal Expenditure Reform to Changing the Way of Economic Development: Some Suggestions   161

Chapter 5 Intergovernment Transfer and Local Governance   163

1. Transfer and Adjacent Counties' Fiscal Competition Strategy   165
2. Transfer and Local Public Goods Provision   191
3. Incentive Effect of Ecological Transfer on Local Government's Environmental Governance   212

Chapter 6 Local Experiences and Their Comparative Study of Sub-province Fiscal System Reform   248

1. Zhejiang, Guangdong, Hubei and Ningxia: Fiscal System and Their Comparative Study   248
2. Local Difference in Fiscal System and Way of Economic Development: Simple Comparison and Quantitative Analysis   272
3. Enlightenment and Experience of Local Fiscal Reform   290

Chapter 7 Supporting Reform on Local Fiscal System to Change the Way of Economic Development   300

1. Institution Arrangement Influencing Local Extensive Economic Growth Mode   302
2. Strengthening Interaction of Cadre Assessment and Local Fiscal System   310
3. Strengthening Interaction of Budget Management and Local Fiscal System   318
4. The Direction and Concrete Path of Supporting Reform   333

Reference   348

第一章

导 论

一、本书的研究意义

经历了30多年发展，中国的财富总量已经跃居世界第二。然而，伴随着财富扩张，社会矛盾却变得越来越突出，粗放式发展带来的问题也变得越来越严重。一系列典型事实说明，中国社会经济发展已经走到了一个十字路口，在这个十字路口，对中国社会经济发展的任何误判都可能产生巨大的社会经济震动和福利损失。总结经验，消除不利于社会经济可持续发展的制约因素和激励结构，推动体制制度创新，重构社会经济良序发展的动力机制，是中国转变发展方式，实现社会和谐亟须解决的关键问题。回顾中国30多年发展历程，虽然不存在所谓的"中国模式"，但"中国经验"还是非常突出的。在这些推动中国财富急剧扩张的众多经验中，地方政府主导社会经济发展和独特的财政体制是两个非常重要的经验，两者为中国社会经济发展提供了强大动力。然而也正是因为这两个经验，使得中国社会经济在快速发展中产生了许多严重的社会经济问题，甚至可以说，中国社会经济发展过程中所呈现的巨大内在张力主要根源于中国独特的财政分权体制以及这个体制下的地方政府社会经济治理行为。

从表面上看，经济发展方式和地方财税体制是两个不同的问题，两者之间似乎也看不出有什么必然的联系。所谓经济发展通常是指一个国家或地区人均实际福利的增长过程，它不仅指社会财富的量的增多，还包括社会财富的质的提升，即经济结构、社会结构的变化，投入产出效益的提高，人民生活质量的改善等。

经济发展方式就是实现经济发展的方法、手段和模式。但一种经济发展方式的现实存在，都是受到一定时期的资源条件、技术条件、机制条件及制度条件的约束并与之相适应。评价一种经济发展方式好还是不好的关键，在于我们对由该种发展方式所带来的后果与我们主观所追求的目标的一致性程度。如果一种经济发展方式所产生的后果符合我们发展的目标，那就是好的、合适的发展方式。当然，随着社会经济的发展，资源、技术等客观条件会发生变化，而我们主观追求的目标也会发生变化，或者说在对实际福利的理解或衡量的指标上也会发生变化。当原有的发展方式的实施结果和我们主观追求的目标发生偏差时，我们就要调整或转变经济发展的方式，使之实施的结果能够实现我们的目标。经济发展方式的调整具体体现在对生产要素的分配、投入、组合和使用的方式的调整上。当然，这种调整还要受到资源、技术、机制和制度条件的约束。地方财税体制作为一种处理地方各级政府间财政关系的制度安排，将作为一种制度条件影响着经济的发展方式。

地方财税体制主要涉及三个方面的内容，各级政府间的支出划分体制、收入分配体制和转移支付制度。下面分别从三个方面来细化本研究的学术价值和应用价值。

(1) 长期以来，中国经济保持了一种粗放式的高速增长，主要表现为：从需求来看，主要依靠投资和出口拉动，消费需求不足；从供给来看，物质投资低效率，存在大量高能耗、高污染投资，人力资本投入不足，科技创新投入不足，技术进步缓慢；从收入分配来看，长期的低工资政策使得劳动收入占 GDP 比重不断下降，这也是消费长期不振的主要原因。从政策实践来看，改变经济发展方式是一个巨大复杂的系统工程，而地方财政支出及其体制安排则是其中一项必不可少的政策工具。由于财政支出是影响社会总需求、促进供给能力、调整收入分配的重要力量，甚至可以说，财政支出结构转变本身就是经济发展方式转变的重要方面。因此，系统考察财政支出及其体制安排与转变经济发展方式之间的理论逻辑与实证关系，就具有重要的学理价值，对进一步的制度优化和政策改进来说都是必要的。

(2) 现行地方财政收入管理体制与经济发展方式之间也存在着内在的联系。以产值、营业额为税基的流转税、间接税为主的收入体制和以净收入为税基的所得税、直接税为主的收入体制对经济发展方式的制约是不一样的。我国政府收入一般公共预算以间接税为主，地方政府全口径收入中非一般公共预算占比高，这样的收入划分现状对经济发展方式的转变起着某种阻碍的作用，强化了地方政府领导追求 GDP 和财政收入目标，加强了粗放式投资，忽略了环境治理、产业升级转型、社会建设等。因此，进一步改革和完善地方财政收入体制，进而推动和支撑经济发展方式转变,就具有十分重要的现实意义。

(3) 不同的政府间财政转移支付制度安排会产生不同的地方政府公共治理行为和区域经济社会发展方式,因此,通过优化政府间财政转移支付制度安排来促进区域经济发展方式转变,这方面的深入细致研究就显得十分重要和迫切。经济社会发展的跨国经验表明,县域经济社会发展是构成整个国家经济社会发展的微观基础,这一点在中国表现得尤为如此。在中国,为提高地方政府公共治理责任,扩大竞争正向效应,实现县域经济社会可持续发展,各省政府都制定了一系列激励约束政策,转移支付就是其中最为重要,也最为普遍的制度安排。然而,一系列研究表明,转移支付制度能否正确引导县级政府公共治理行为,本身具有较大的不确定性。不同制度安排可能会产生截然相反的县级政府公共治理行为和县域经济社会发展方式。从中国各省对县的转移支付实践看,已有证据显示,不仅转移支付结构不合理,而且分配混乱。那么结构上的不合理和分配上的混乱等制度设计缺陷与县域经济粗放式增长、县域社会发展滞后有何关系?这种关系为县级政府粗放式管理行为提供了怎样的激励?实现县域发展方式转变,省以下转移支付应该如何设计?这一系列问题的深入破解和全面研究就相当重要,也具有一定的现实紧迫性。

综上所述,基于现实的发展基础和政策背景,探讨如何构建有利于经济发展方式转变的地方财税体制并明确相关的改革任务,既是目前中国经济体制系统改革的重要组成部分,又是较长时期内中国财政改革面临的现实难题和重大挑战,具有重要的理论学术价值和政策参考价值。

二、本书的研究框架和内容

(一) 总体框架

以现实问题为导向,以中国独特的经济社会治理模式和发展经验为基础和约束条件,以推动政府转型和经济发展方式转变为目标,对中国社会经济发展经验和现实困境与地方财政体制之间的内在关系,为适应经济发展方式转变的地方财政体制改革的必要性、方向、路径选择以及配套机制进行深入研究。

(1) 研究范围:有利于经济发展方式转变的地方财税体制。经济发展方式转变和地方财税体制是本研究的关键词,两者之间的内在逻辑关系是本研究的核心内容。围绕这一内容,本研究将对我国粗放式发展方式的形成机理,政府转型与发展方式转变的内在关系,地方财税体制的激励结构,有利于地方政府转型和发展方式转变的地方财税体制重构,以及体制重构的配套条件等展开研究。研究以当下中国社会经济发展面临的各种约束条件为基础，利用激励理论、博弈理论、制度经济学、公共财政学、政治学等多学科知识，分析经济发展方式转变与政府转型对改革地方财政体制的具体要求。

（2）研究起点：立足现状、成绩与问题并重。经济管理和社会管理总是在问题中寻求发展策略。所以问题意识在经济社会管理中总是处于一个非常重要的地位。只有问题意识，我们才能不断地通过发现问题、纠正错误，从而保证前进的方向不会在中途发生偏离或逆转。所以说，问题研究与对策研究一样重要。从中国社会的经济发展经验看，中国社会经济发展成就很大程度上可以说是一系列体制改革的结果，体制改革为对外开放提供了空间，在一系列体制中，财政体制又是其中最为关键的部分，没有财政体制改革，政府和市场的界限不会清晰，政府之间的职责分工就不会明确，政府推动社会经济发展的积极性就不会提高。但也正是中国这种独特的财政分权体制，使政府，尤其是地方政府超越了市场边界，财政的公共性缺失，导致公共品供给政府严重缺位，经济增长政府又严重越位。同时中国财政分权体制在一系列制度配合下又刺激政府社会经济治理行为的短期化和粗放化。所以，在看到体制正向激励的同时，我们更应该看到体制产生的负向激励效应和潜在风险。为此，本研究从中国一系列典型事实出发，通过实证研究和逻辑推演，在肯定成绩基础上更多去探究问题及其根源。

（3）研究节点：粗放式发展、地方政府行为、财政体制激励与体制改革。社会经济发展的历史经验表明，一切社会现象和经济运行方式背后都与人的行为选择有关，而后者又是一系列体制制度和初始条件的必然结果。中国粗放式发展方式实际上是由政府、公众与企业等各主体相互作用和行为选择的结果，而在政府主导型发展模式下，公众与企业行为选择又与政府一系列治理行为有密切关系。因此，要想从根本上转变粗放式发展方式，关键在于厘清政府，尤其是地方政府行为模式和行动逻辑，只有这样才能重构发展方式转变的微观基础。当然，扭转地方政府不利于发展方式转变的治理行为并不容易，这需要探究地方政府治理行为的观念基础及其形成机理。在明确了微观基础和关键问题的基础上，我们需要继续考虑体制制度改革的可行路径和相关配套条件。因为路径选择不当，配套条件不具备，体制制度改革将会对经济社会造成较大的摩擦性伤害。本研究主要就是围绕上述四个相互关联的问题展开研究。

（4）研究边界：发展方式转变和地方财税体制改革的关键问题、重要问题。发展方式转变和地方财税体制改革是一个极其复杂的系统工程，涉及的面很广。这意味着，在以发展方式转变和地方财税体制改革为研究对象上，必须明确边界，做到内容多而不乱，主题突出，能够集中关键问题和重要问题展开研究。为确定好本研究不至于成为一个"大杂烩"的现象和对策分析，研究内容根据课题组成员的研究专长和现有的技术手段、研究条件，在充分吸收已有研究成果的基础上，集中解决当下发展方式转变和地方财政体制改革面临的关键问题和重点问题。基于上述考虑，本研究搭建了一个约束条件下有利于发展方式转变的地方财税体制改革研究框架。该框架以构建有利于发展方式转变的财政体制为终极目标，以重塑体制激励结构为着眼点，以政府转型为重点，从六个层面对有利于发展方式转变的地方财税体制改革的关键问题和重点问题展开分析。总体框架见图1-1。

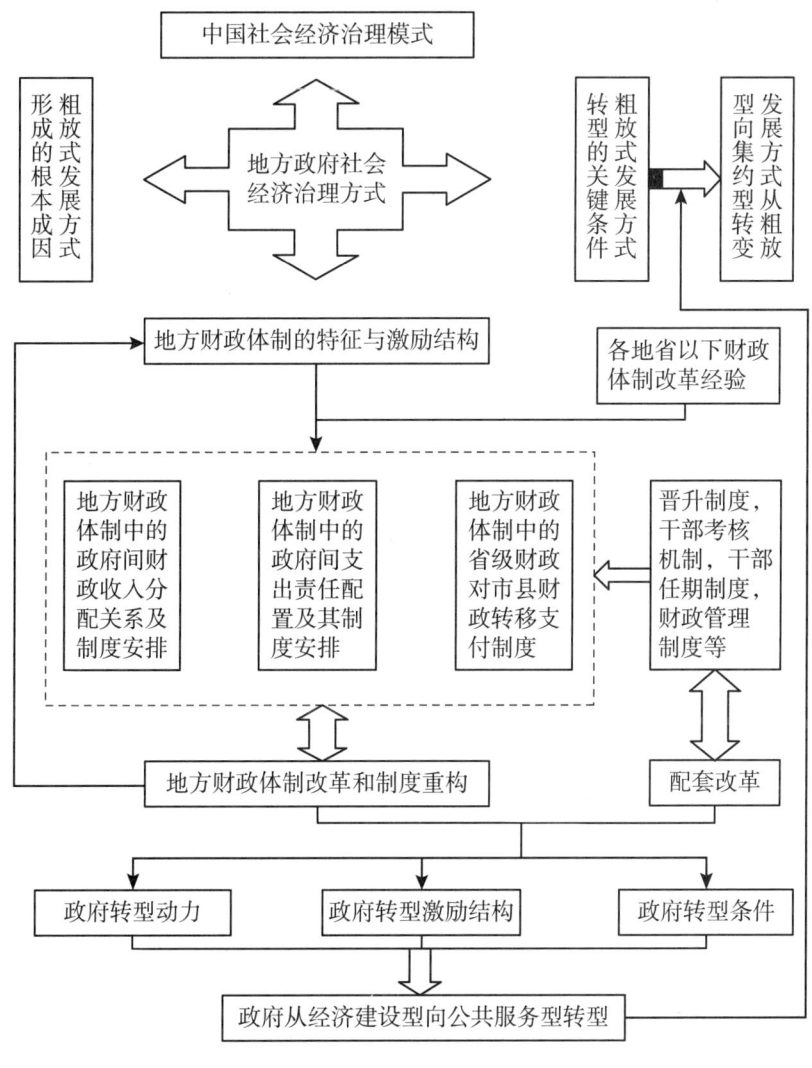

图1-1 研究的总框架

（二）研究目标

本研究主要目的在于，在我国现行社会经济治理模式下，通过对粗放式发展方式表现和形成机理分析，揭示地方财政体制在粗放式发展方式形成中所扮演的角色。在此基础上，通过分析发展方式转变与政府转型的关系，揭示地方财政体制改革的必要性、方向和具体路径以及相关制度保障。通过地方财政体制重构形成有利于政府转型，进而推动发展方式转变的激励结构和动力机制。本研究的具体目标可概括为以下三个方面。

（1）本研究按照"问题—约束条件—转变路径—激励机制"的分析框架对传统经济发展方式的形成机理进行研究，厘清地方财政体制在粗放式发展方式形成中的重要作用，在此基础上，分析地方财政体制改革对发展方式由粗放式向集约式转变的重要意义，以及通过分析有利于发展方式转变的激励结构，确定地方财政体制改革的方向和具体路径。通过研究，为发展方式转变与地方财政体制改革提供决策依据。

（2）基于"发展方式—主体行为—激励结构—体制环境"内在逻辑关系的理解，结合现实国情分析，提出经济发展方式转变的关键问题以及这一问题对地方财政体制改革提出的具体要求和关键措施。同时通过对经济运行中政府、企业和公众的行为分析，提出重塑体制激励机制，为发展方式转变和地方财政体制改革提供指引。

（3）基于对我国各地财政体制改革情况的比较分析，对各地省以下财政体制改革的共性知识、差异性举措及其改革成效进行归纳，通过总结各地经验，提出为形成有利于发展方式转变的激励结构，地方财政体制改革需要关注的几个关键问题以及这些问题在改革实践中可能出现的解决办法。在此基础上，提出地方财政体制改革的可行路径和策略。

（三）研究内容

随着中国经济规模的不断扩张，粗放式增长暴露出的问题也日趋尖锐。失衡的结构、频发的社会冲突、低质的发展质量等一系列严重问题对中国发展方式提出了警示，发展方式已到了不转变社会经济发展就不可持续的地步。然而，转变发展方式并不是一件容易的事，也不随决策者和普通公众意志所改变。在中国，粗放式发展方式的形成有其坚固的微观基础和牢固的激励结构，如果不能打破这种微观基础，重构激励结构，发展方式转变不可能发生，只会在原有基础上不断趋于固化，即使转型也很脆弱，尤其在经济社会遭遇外生冲击时，发展方式转变会中途夭折，迅速恢复到原有状态。所以推动发展方式转变，关键在于对其形成的激励结构和微观基础做出科学分析。

就中国现实国情看，中国经济社会发展的一个重要经验就是改革，因为改革总是会形成一种新的增长激励。在历次重大改革中，财政体制改革又是所有改革的先锋，这一特征与中国政府主导这种社会经济发展模式有关。在这种发展模式下，政府采取何种治理手段，无论对市场主体的资源配置还是对公共资源配置都会产生较大影响。在某种程度上，中国的粗放式增长方式和当下尖锐的社会矛盾是财政体制及其制度安排的一个内生结果，后者为前者的形成提供了微观基础和激励结构。所以不改革财政体制，推动发展方式转变的可能性很小，即使可能也不具可持续性，甚至在某种程度上产生较大的社会成本。

就财政体制自身而言，中国现行的分税制财政体制形成于 1994 年，之后虽有变动，但总体框架基本未变。虽然 1994 年的分税制财政体制只是确定了中央和地方的财政关系，但实际上也在某种程度上塑造了地方各级政府之间的财政关系，即省以下财政体制的整体建制思想和策略基本相同。以重收入分配为主要特征的地方财政体制在很大程度上塑造了市县政府的社会经济治理行为，这种行为在其他一系列体制制度作用下呈现出短视趋利的特征，也形成了基层政府粗放式管理方式和经济的粗放式增长模式。所以改变中国的发展方式，关键需要改变产生中国 70% GDP 的市县政府粗放式管理方式，而后者又在于改革现行的地方财政体制和一系列制度安排。

基于上述逻辑，本书由一个导论和六章正文组成。

第一章 导论部分介绍研究改革和完善地方财税体制对转变经济发展方式的意义以及本书的基本框架及主要内容，包括对相关研究的文献梳理及本研究成果的主要观点及创新点。

第二章 主要分析经济发展方式转变与财政体制之间的内在机理。首先，分析了我国经济发展方式转变提出背景和目标方向；其次，重点论述了地方财政体制促进经济发展方式转变的内在机理及三个假设。

第三章至第五章 分别从地方财政的收入管理体制、地方财政的支出管理体制和地方财政转移支付制度这三个角度具体研究地方财政体制与经济发展方式之间的内在联系。第三章详细分析了我国现行地方财政收入管理体制的基本特征及其对原有经济发展方式的固化作用，在此基础上，提出了如何改革和完善地方财政收入管理体制以促进经济发展方式的转变。

第四章 关于促进经济发展方式转变的地方财政支出管理体制的改革。首先分析了财政支出与粗放式经济发展的基本特征及财政支出与经济增长模式的关系；其次分析了地方财政支出与全要素生产率和居民消费之间的关系；最后研究如何改革和完善地方财政支出管理体制以促进经济发展方式的转变。

第五章　研究重点是转移支付与地方政府治理行为。首先，研究转移支付对地方政府粗放竞争行为的影响，试图考察转移支付是否发挥协调政府间粗放竞争行为的作用；其次，研究转移支付对地方政府社会性公共品供给行为的影响，试图考察转移支付是否是扭曲地方政府财政资源配置行为的体制因素；最后，研究生态转移支付对地方政府的生态保护行为的影响。

第六章　省对下财政体制改革地方经验的比较研究。通过对浙江、广东、湖北、宁夏四个省及自治区财政体制的比较和量化分析，总结各地财政体制改革的经验启示，并在此基础上提出相关的政策建议。

第七章　关于重构地方财政体制推动发展方式转变的相关配套改革的研究。首先分析了影响地方政府粗放式经济发展方式的相关制度安排；其次对干部考核机制、预算管理体制与地方财税体制相互强化等相关问题做了重点研究；最后对促进发展方式转变的其他相关配套改革的方向和具体路径提出了建议。

三、文献综述

20世纪四五十年代以前，经济学界一般把经济增长（economic growth）与经济发展（economic development）作为同一概念对待。之后，学界开始对二者进行区分：部分经济学家将经济增长定义为产出的增加，通常是指在一个较长的时间跨度上，一个国家人均产出（或人均收入）水平的持续增加，并认为这是发达国家经济学的研究课题；将经济发展定义为结构的改变，并认为这是发展中国家经济学的研究课题。后来，由于经济增长成为一个全球性现象，经济发展成为世界各国面临的共同问题，人们认识到继续将二者割裂开来是不可取的。正因为如此，对两者的区别及联系进行深入的探讨和分析，进而研究中国的经济发展方式转变就显得十分必要。文献综述将分两部分进行：第一部分的文献综述将主要围绕经济增长与经济发展的内涵研究、经济增长与发展方式转变的研究、中国经济发展的主要特征研究等方面展开；第二部分的文献综述将重点围绕经济发展方式转变与财税体制研究、经济发展方式转变的相关配套改革研究等内容进行。

（一）经济增长与经济发展的概念、联系与区别

西方发展经济学中对经济增长和经济发展的讨论由来已久，相关文献也很多。对两者的讨论主要存在两种情况：其一是对这两个概念不加区分，交替使用。例如阿德尔曼（Adelman，1961）、罗斯托（1962）就将这两个概念并列起来，交替使用，有的在似乎应当使用"发展"一词的地方却使用了"增长"一

词。雷诺兹（Reynolds，1977）虽然指出了两者间存在的区别，但实际中又交换使用，他认为，除了"已计算出来的增长和与之相联系的结构变化以外，人们还可以给'发展'一个特殊的意义：它表示在增长导向下经济和政治体制的系统变化。然而，历史资料表明（传统定义的）经济增长和体制变化是紧密联系的。某些最低限度的政治—经济组织结构也许是增长加速的'先决条件'。但体制现代化也可以看作是持久增长的伴生物或附属产品，两者都来源于朝气蓬勃的政治领导……由于这些理由，我们把增长和发展视为可以互相替代使用的两个名词。"

其二是对这两个概念的内涵加以区别。这也是大多数西方发展经济学家的观点和主张。赫立克和金德尔伯格（Herrick and Kindleberger，1983）认为，"经济增长特指更多的产出。经济发展不仅指更多的产出，还指和以前相比产出的种类有所不同以及产品生产和分配所依赖的技术和体制安排上的变革。"吉利斯、帕金斯、罗默等（1987）认为，经济增长指国民收入或国民生产总值的总量或人均量的上升。经济发展除意味着人均收入上升外，还意味着经济结构的根本变化，结构变化中有两种变化最为重要：一种是国民生产中农业的份额缩小和工业的份额扩大；另一种是农村人口百分比的减少和城市人口百分比的增加。此外，还有年龄结构和消费模式的变化。他们还认为，经济发展的一个关键是大多数人能否参与发展的过程，他们不仅参与利益的生产，还参与利益的享受。如果经济增长只有利于少数富裕阶层，那就没有经济发展。朱维卡斯（Zuvekas，1979）说"经济发展是一个含义广泛的词。一些经济学家把它定义为增长伴随着变化——经济结构的变化、社会结构的变化以及政治结构的变化。"熊彼特（1991）事实上也区分了发展与增长这两个截然不同的概念。他认为，增长"即数据在变化而经济则继续不断地使自己适应于这种数据"；而发展则是"经济生活内部自行发生的变化，而且必须从经济理论之外寻找其原因和解释的现象"。正是在此明确区分的基础上，才使得他得以从"创新"的角度来分析和解释发展。由于熊彼特用于分析、说明和解释经济发展的创新概念，实际上已经走出了传统经济分析，从而进入了对人的分析层次。法国著名学者弗朗索瓦·佩鲁（1987）则从宽广的哲学世界观和方法论的视角上来考察经济增长与经济发展以及它们相互间的关系，他把这一考察同对人的目的和价值、人的全面发展，以及社会的整体发展的分析紧密地结合起来。因此，佩鲁有关经济增长与经济发展的思想，在许多方面超过了与他同时代的西方学者。

尽管现代西方学者在"经济增长与经济发展"问题的研究方面提出了不少颇有见地的思想，但在方法论上，他们很难再将这一研究引向深入（刘忠炯、叶险明，1990）。在他们看来，其主要原因就是忽略或根本没有看到社会生产力与劳动生产率之间的联系和区别，把劳动生产率同社会生产力混为一谈，同时又越过必要的认识环节,把经济发展同整个社会的发展混为一谈,因此,在大多数西方学者那里,"经济发展"是一个很广泛的或漫无边际的、几乎涵盖了社会一切领域及其发展的、令人难以把握的范畴。

国内学者在"经济增长与经济发展"的内涵、本质以及区别上,基本持相同的观点,和西方学者的观点也趋同。周叔莲、刘戒骄(2007)认为,经济增长与经济发展是既相互联系又有所区别的概念。经济增长偏重于数量的概念,主要指由投入变化导致产出数量的增加,它的核算常采用GDP(国内生产总值)总量、GDP增长率和人均GDP三个指标。经济发展的内涵比经济增长更广泛、深刻,它强调经济系统由小到大、由简单到复杂、由低级到高级的变化,是一个量变和质变相统一的概念,不仅包含生产要素投入变化,而且包括发展的动力、结构、质量、效率、就业、分配、消费、生态和环境等因素,涵盖生产力和生产关系、经济基础与上层建筑各个方面。经济发展包含经济增长,但经济增长不一定包含经济发展。经济发展不仅重视经济规模扩大和效率提高,更强调经济系统的协调性、经济发展的可持续性和发展成果的共享性。转变经济发展方式是指按着科学发展观的要求调整经济发展诸因素的配置方式和利用方法,把经济发展方式转变到科学发展的轨道上。其他学者,如林毓铭(1997)、张淑琴(2005)、徐佩华(2007)等也基本持类似的观点。

在以往众多的经济学论著中,曾将经济增长与经济发展当作内涵相同的概念来使用。但后来人们从经济实践中发现,有些国家GDP增长了,经济社会却并未相应发展,结果出现了环境污染、资源浪费、社会事业发展滞后、贫富分化严重、社会矛盾加剧等问题,导致了"有增长而无发展"的情况。于是,人们将经济增长与经济发展作为既有联系又有区别的两个概念区分开来:经济增长是指社会物质生产的发展,而经济发展既包括社会物质生产的发展,也包括人们物质福利的改善,还包括环境质量的提高等。可见,经济发展比经济增长的涵义更丰富,而经济增长则是经济发展的基础和前提。

对于两者的联系方面的研究,国内学者大致经历了从理论到实践的升华。早期的研究主要是基于理论方面的探讨,而后逐步与我国经济发展的实际紧密结合,提出了许多具有重要价值的观点和建议。早期的研究如谭崇台和蒋学模,他们的观点基本一致,认为经济增长只是一个数量概念,用GDP(GNP)或人均GDP(GNP)衡量即可,而经济发展不仅是一个数量概念,更是一个质量概念,因此,两者的关系属于量变与质变的关系。具体来说,谭崇台(1989)将其归纳为,经济增长是手段,经济发展是目的。经济增长是经济发展的基础,经济发展是经济增长的结果。一般而言,没有经济增长是不可能有经济发展的,但有经济增长不一定有经济发展。蒋学模(1990)认为,经济增长是经济发展中的最重要的组成部分和基本动力。经济机能的变化几乎总是包含着经济规模的变化。若没有产出量的一定增长，一国的经济发展便会失去物质基础，即"无增长便无发展"。刘忠炯、叶险明（1990）运用马克思唯物主义观点来分析两者的关系，他们认为经济增长和经济发展的关系实质上就是社会生产力和劳动生产率之间的关系。

（二）经济增长方式与经济发展方式转变的研究

随着对经济增长与经济发展认识的不断深化，自然而然会对经济增长和经济发展方式的研究和比较，以及随之而来的对经济增长和发展方式转变的进一步探讨。

经济增长方式是经济增长的实现模式，其概念来源于经济增长理论，它本来的含义是在既定的经济制度和经济体制下，即在资源有效配置和经济增长本身没有约束的前提下，借以实现经济增长的各类生产要素的不同组合方式。古典经济增长理论和新古典经济增长理论都突出强调劳动与资本这两种要素的重要性，强调劳动生产率的提高和资本积累是经济增长的主要源泉。新增长理论从更大范围内探究经济增长的源泉和机制，涉及了技术革新、教育进步以及规模收益递增等问题，并将其置于一般均衡的运转框架中明确表示出来，使得经济学家们能有一个统一的理论框架结构来讨论经济增长的动力。从投入要素使用效率的角度看，经济增长方式主要有粗放型和集约型两种。如果要素投入量的增加引起的经济增长比重大，则为粗放型增长方式；如果要素生产率提高引起的经济增长比重大，则为集约型增长方式。人们讲经济增长，主要是从生产力发展的角度而言的。转变经济增长方式，概括地说就是要使生产力发展由高投入、高消耗、高污染、低产出、低质量、低效益转向低投入、低消耗、低污染、高产出、高质量、高效益。因此，如何改进生产要素的组合和使用方法，增加产出数量，提高产出质量，改善产出构成，是研究经济增长方式的核心问题。

经济发展方式是经济发展的实现模式，它的内涵更丰富、更全面。它不仅仅包括经济增长方式的内容，通常还包括产业结构、收入分配、居民生活以及城乡结构、区域结构、资源利用、生态环境等方面的内容。需要从生产力发展和社会发展相统一的角度来认识和把握。就生产力发展途径与方式的转变来说，转变经济发展方式包括经济结构调整、产业结构优化升级、科技进步、管理创新、发展高新技术产业和战略性新兴产业、提高劳动者素质、实现可持续发展等。就社会发展和社会经济关系发展的角度看，转变经济发展方式还包括教育的发展与普及、社会保障体系建设、居民医疗保健以及防止和消除两极分化、重视人的全面发展、走共同富裕道路等。可以说，加快转变经济发展方式就是要走科学发展道路，更加注重以人为本，更加注重全面协调可持续发展，更加注重统筹兼顾，更加注重保障和改善民生，促进社会公平正义。因此，有学者将经济发展与整个社会的和谐发展紧密联系起来。张淑琴（2005）的观点则更为具体，她结合科学发展观的理论与实践，认为在我国实现经济发展，必须以人与自然的协调和谐，经济与社会统筹发展，城乡、地区间的协调和谐，各社会阶层共同受益，全社会和谐共存为目标。事实上，这也是经济发展方式的转变。黄泰岩（2007）结合经济发展方式转变的背景，阐释其内涵。他认为经济发展方式转变不仅是从粗放增长向集约增长的转变或从外延增长向内涵增长的转变，还应该包括向发展目标多元化转变；向经济增长的质量和效益并举转变；向以人为本这一发展核心转变；向经济结构全面优化转变；向知识经济条件下的发展方式转变；向建设资源节约型、环境友好型社会转变。在他看来，经济发展不仅仅是经济增长，人民生活水平的提高，更重要的是人和自然界的和谐共存，人和社会的全面共同发展。因此，经济发展的特殊本质是以人为本，即以社会经济主体共同全面自由发展为目的（徐佩华，2007）。杨玉霞、邢宏（2008）的观点与此类似，把经济发展也上升到相当的高度。他们认为，转变经济发展方式是在注重实现要素生产率的增长率对经济增长的贡献度达到或超过50%的同时，更注重经济发展质的提升。更加注重不断提高人民群众的物质文化生活水平，让广大人民群众分享改革发展的成果，切实维护和实现最广大人民的根本利益。

（三）中国经济增长与发展方式转变研究

中国改革开放以来经济发展的成就举世瞩目，但经济快速增长背后也出现了一系列令人深感忧虑的问题。例如，经济结构失衡、贫富差距加大、环境污染、资源短缺、经济安全等。探究这些问题的背后，其中一个重要的原因就是中国现行的经济发展模式不尽合理，并没有真正实现由粗放型、数量型向集约型、质量型转变，由此引发了一系列深层次的矛盾和问题。因此，加快转变现有经济发展方式已迫在眉睫。

从现有经济发展方式的形成机制和路径依赖来看，其具体特征可概括为：以高储蓄率推动高投资率，以低廉劳动成本和对环境资源的透支来推动出口导向型的增长（陆丁，2011）。显然，这种"低成本竞争"模式并不完全是市场机制作用的结果，而是市场与政府双重失灵下的产物，而宏观经济运行所依赖的各种体制安排不当则是政府失灵问题的重要解释变量。事实上，粗放型经济发展方式在计划经济时期就已初现端倪。改革开放以后，在新一轮全球化的大机遇下，中国政府充分利用各种有利条件，逐步形成了"招商引资、出口导向、内外二元、构成循环"为重心的经济增长战略，并在政府主导下为此提供了廉价的劳动力、廉价的土地和资源以及廉价的环境（石小敏，2012）。这样的经济发展特征主要表现为"四轻四重"，即重投资轻消费、重规模扩张轻结构优化、重成本优势轻自主创新和重经济核算轻环境核算（中国社会科学院中国特色社会主义理论体系研究中心，2010）。高帆（2011）对我国改革开放以来经济发展特征的判断也基本类似。他认为，我国在市场化改革和对外开放的"双轮"驱动下，采用了以投资—出口主导、传统制造业引领、劳动力密集投入为基本特征的经济发展方式，取得了经济总量持续高速增长的发展绩效。这种经济竞争模式既是中国经济在过去30多年里取得成功的关键，但同时亦是粗放型经济发展方式赖以存在的根源。例如，资源和要素价格的扭曲问题、环境严重透支问题、生态脆弱和失衡风险问题。许多研究表明，中国这30多年高速经济增长的环境资源代价是高昂的。仅就水资源而言，据E. Economy（2007）的记载，在中国660个城市中，2/3的城市水资源短缺，110个城市严重缺水。

　　世界银行发展报告指出，随着东亚各经济体朝着更高收入水平攀升，下一轮挑战将是如何避开"中等收入陷阱"（Brahmbhatt，2007）。对中国来说，"中等收入陷阱"风险意味着曾经的赖以从低收入经济体成长为中等收入经济体的发展战略和运行体制是不能够重复使用的，而应做出重大变革。也就是说，现行的经济发展方式转变将是必然的和必要的。例如，人口红利已经耗尽，中国的刘易斯转折点在2004年已经出现，人口抚养比则将在2013年达到最低点（蔡昉，2012）。这意味着中国靠廉价劳动力推动经济增长的模式已不可持续，必须转向用生产力的提高来拉动经济增长的一个新模式。此外，国民收入差距扩大对经济增长的影响日益加强，能源和其他重要资源、环境约束也显著加大。值得指出的是，环境约束压力的加强，一方面是随着经济规模的扩大排放相应增加；另一方面，人民收入和生活水平的提高，使环境正在成为体现生活质量的一种公共产品，人们对环境污染的容忍度降低，并且有意愿也逐步有能力为获得好的环境产品而付费。

　　在人类的经济活动中，经济增长方式在缓慢、甚至不为人知地进行着转变。因此，增长方式的选择和转变，是外部、自发、自然而然的过程，"增长方式转变"并不是"问题"，这是发达国家经济增长的历史经验（蒋伏心，2008）。然而，在我国，则一直困扰于"增长方式转变问题"。欧美国家的经验表明，优越的初始条件、完善的市场机制，以及政府的有效干预，再加上技术进步，使得这些国家较快地实现了经济增长方式的转变；东亚国家则更多是由于资源约束，以及赶追发达国家的思想在起作用。然而，很多的学者认为，中国的经济增长方式转变更多的是内在的、制度性因素在起作用，反过来又成为经济增长方式转变的驱动力。姚先国（2005）对经济增长方式转变的制度条件进行研究，指出市场机制在资源配置中仍然不能有效发挥基础作用，根源在于政府这只"看得见的手"摁住了"看不见的手"，这种体制安排的不合理，已经成为经济增长方式转换的最大障碍。姜国强（2010）从制度的角度分析我国经济增长方式转变缓慢，他认为我国有关经济增长的制度安排与增长方式转变的制度需求之间存在着一定的矛盾和冲突，一些制度和政策实际是阻碍经济增长方式转变的逆向安排。换句话说，制度供给和需求之间的矛盾阻碍了经济增长方式的转变。由于路径依赖，制度变迁的成本增加，阻碍经济增长转变的逆向制度安排也将会长期存在。而在吴敬琏（2010）看来，最重要的阻力来自于特殊的利益集团。加快经济发展方式转型成败的关键是能不能通过全面深化改革消除实现转型的体制性障碍，这些体制性障碍归结起来就是政府在资源配置中起主导作用，市场的作用不能发挥。在政府配置资源权力过大和干预经济过大的双轨制下，存在的寻租机会非常多。这些因素的存在，势必对经济增长方式转型形成阻碍。陈其林（2005）把问题归结为"制度缺损"，即现行的社会主义市场经济中的一些基本经济关系和制度还不健全和不完善，或者还存在着"不到位"的问题。

蒋伏心（2008）以长江角和珠三角为例，对经济增长方式转变的内涵与路径展开分析，指出增长方式比较不是经济的技术水平和质量的比较，而是增长动力和机制的比较，提出了增长方式的三种类型，即"行政推动型增长""利益导向型增长"和"效率导向型增长"。

（四）经济增长方式转变的测度及衡量指标研究

转变经济增长方式固然重要，然而如何来测度经济增长方式转变，以及衡量指标又该如何建立，同样是一个值得深入研究和探讨的问题。尽管如此，国内学界对此问题的研究更多的偏定性，定量研究相对较少。徐寿波（1995）结合我国当时的客观实际，认为在社会主义市场经济条件下，国有中大型企业的生存和发展，离不开经济增长方式转变。而经济增长方式的转变则是要从粗放型向集约型转变，并建立了经济增长方式的判定指标、速度指标和程度指标三个方面的指标体系。这也是国内较早地以定量的方法研究经济增长方式转变，并建立相关指标的文献。此后，这方面的研究也相对更加深入和广泛。吕铁、徐寿波（1998）正是在之前研究的基础上，对之前的三个指标辅之以评价标准。当然，这些指标和评价标准的建立，都是作者在更加全面和准确地把握增长方式转变的内在规定性的基础上做出的。

李周为、钟文余（1999）提出了建立相关指标体系的科学性和可行性原则，并建立了经济增长的集约化指数以及增长方式转变的源泉与机制的评价指标体系。相对之前的研究，作者建立了较为科学和完整的指标体系，指标数量更加丰富，涵盖的内容也更加广泛，更为重要的是，确立了衡量和评价标准以及参照数值。这无疑增加了该指标体系的客观性和科学性。梁亚民、庞智强（1999）依据定量化研究经济增长方式转变的需要，建立了五大类指标体系，但未做进一步的定量化分析，未对经济增长转变的程度做出判定。

此后10多年里，有关这方面的研究得到进一步的加强，设计的指标体系更加的丰富。顾海兵、沈继楼（2006）在继承前人研究的基础上，建立四种不同类型的经济增长方式的划分指标体系、程度以及判断标准，而且对指标体系中每一个指标确立相应的权重。同时，作者结合该指标体系，就我国"九五""十五"期间经济增长方式转变程度进行了定量测定及分析。刘淑茹、李扬（2010）建立了七大类25个指标，并运用多目标线性函数法对我国2001~2007年经济增长方式转变状况进行了动态量化综合测评，得出我国当时经济增长方式处于中度粗放阶段的较高级阶段。相对于之前构建指标体系评价经济增长方式转变，童健（2012）则采用完全迥异的方法，运用改进的STR模型和BP神经网络模型对我国经济增长方式转变进行了综合评价，认为在绝大部分时期内我国经济增长都表现出了粗放型特征，并且我国经济增长长期依靠投资拉动，从而导致投资过度。在此基础上，笔者对转变的动因做了较为深入的研究和探讨。显然，较之前的研究，这不仅是一大进步，也对后续的研究具有一定启示和参考作用。李玲玲、张耀辉（2011）构建了一个经济发展方式转变的指标体系，见表1-1。根据这个指标体系，他们对2000~2009年我国经济发展方式的变化进行了测评，得出我国经济发展方式已发生转变的基本结论，但同时也指出发展方式转变中存在发展成果严重滞后、环境适应能力未根本性提升等问题，并建议通过优化收入分配结构、提高市场化程度和科研投入产出率，以及改变生产方式等途径加速经济发展方式转变。

表1-1　　　　　　　　经济发展方式转变指标体系

一级指标	二级指标	三级指标	单位
经济增长	经济可持续增长指标	GDP增长率移动平均值	%
	经济增长规模指标	可比价人均GDP	元
发展动力	自主创新能力指标	国内技术依靠程度	%
		工业产品出口附加值率	%
		每百人R&D人员全时当量科技成果产出	项/百人
	市场化程度指标	政府财政支出占GDP比重（逆指标）	%
		私营、个体企业从业人员比重	%
		私营企业产值占工业总产值比重	%

续表

一级指标	二级指标	三级指标	单位
发展动力	消费动力指标	消费率	%
	基础设施保障指标	每万人拥有铁路里程	千米/万人
		城市道路面积率	%
资源环境支持	能源可持续指标	单位GDP能耗（逆指标）	吨标准煤/万元
		土地利用效率指标单位建设用地产出量	万元/公顷
	环境可持续指标	单位GDP污染排放（逆指标）	单位污染物/亿元
		单位GDP碳排放量（逆指标）	吨/万元
发展成果	居民生活质量指标	货币购买力	
		社会养老保险参保率	%
		人均拥有公共图书馆藏量	册
		受高等教育人数比例	%
		每名医生服务公民人数（逆指标）	人
		社会卫生支出个人负担比重（逆指标）	%
	产业结构指标	全要素生产率	
		高技术产业产值占工业总产值比重	%
		第三产业产值比重	%
		第三产业就业比重	%
	收入分配结构指标	基尼系数（逆指标）	
		工资总额占GDP比重	%
		农村与城市人均收入比	
		地方与中央本级财政收入比	

（五）经济增长方式转变的国际经验比较研究

世界各国经济发展的历程表明，一国在经济发展过程中，采取什么样的经济增长方式，在一定程度上决定着该国资源分配使用的情况和社会生产结构的变化，也在一定程度上影响着经济增长速度及其经济可持续发展。由于各国基本国情不同和一国不同发展时期发展经济的主客观条件不同，世界各国在经济发展过程中，逐渐形成各具特色的经济增长方式。新兴工业化国家和地区，都根据各自的实际，在不同的阶段选择不同的发展模式，具备一定的经济条件后，又会进行相应的调整。韩国、新加坡、中国台湾等经济发展到一定程度，具备一定条件后，都进行了产业结构转型和优化升级（孙敬水、张品修，1998；周文，1999；

曾铮，2011）。这种转型注重自然和社会的和谐发展。另外，这些地区和国家具有一个共同的特点，那就是都非常重视发展教育，重视人力资本的积累，以及注重科技发展和自主创新。这些使得它们的经济在较短的时间实现了腾飞，从而一跃成为亚洲"四小龙"。当然，台湾在成功实现经济增长方式转变中，与其独特的企业制度和企业管理方法是分不开的（周文，1999）。在亚洲国家中，日本的经济增长方式转型，又有着较为独特的地方，即非常注重发展节能环境型经济，如发展核电为主的新能源产业以及其他多种新能源产业，这不仅与日本所处的地理位置和自然条件有关，更与其受到第一次石油危机的严重冲击有关（姜维久，2007）。印度的经济增长方式转变与新兴工业化国家和地区不同，独立后的印度为消除殖民地经济的影响，加速民族经济发展，实现工业现代化，同时考虑到自身的资源等其他方面的约束和限制，在经济发展过程中，长期保持较低的储蓄投资比例，较低的对外经济依存，较大的服务经济成分，较多的劳动力参与，较大的私营经济部门，适度的经济增长速度，从而逐渐形成具有印度特色的经济增长方式（文富德，2008）。

美国等西方发达国家经济增长方式转变，不仅考虑产业结构的优化升级，而且创造了一种适合于经济发展的制度，并且不断地根据国内外经济、社会环境的变化，对制度进行创新，进行改革。同时，创新制度是在经济发展过程中形成的，渗透到美国经济社会的各个方面。规制制度的变化改变了相关产业的市场结构和价格结构，提高了产业竞争力和效率，降低了价格水平和成本，振兴了这些产业（周建，2002）。另外，欧美国家的经济增长方式转变，都非常注重市场机制的作用和地位，同时辅之以必要的宏观调控措施（杜爽，2010），换言之，西方发达国家经济增长方式的转变，注重市场机制与政府干预的有机结合。

各国成功实现经济增长方式转变的经验固然值得我们借鉴和学习，但是这种借鉴必须是建立在对我国国情的深刻认识和把握的基础上的。如前人的研究中所言，发展中国家、发达国家以及新兴市场经济国家在实现经济增长方式转变的措施和政策均存在一定的差异，这些都与各国的初始资源禀赋、文化差异以及政治制度密切相关。那么，我国在实现经济增长方式转变的过程中，也必须考虑到这一点。当前，我国政府正大力倡导的法治理念以及正在或即将进行的各种改革，都为我们成功实现经济增长方式乃至发展方式转变，创造了机遇和条件。因此，我们在借鉴国外成功经验的同时，也是意识到这一点。中共十八届五中全会提出了"创新发展、协调发展、绿色发展、开放发展、共享发展"的新发展理念，这"五大发展"理念将引领"十三五"期间发展方式从五个方面实现重大转型：从过去高度依赖人口红利、土地红利的要素驱动及投资驱动的发展模式转向创新驱动发展；从不协调、不平衡、不可持续的发展转向协调发展；从高污染、单纯追求 GDP 的粗放型的发展方式转向遵循自然规律的绿色发展；从低水平的开放转向更高水平的开放发展；从不公平、收入差距过大、非均衡发展走向共同富裕，实现共享发展，实现全体人民共同迈向全面小康。五大理念相互联系，是一个有机统一的整体，相互支撑。创新、协调、绿色、开放、共享。创新，讲的是发展动力，是引领发展的第一动力；协调，讲的是发展布局以及发展的整体性和系统性；绿色，讲的是发展质量，主要涉及人与自然的关系；开放，讲的是经济全球化背景下发展的国内外环境，主要涉及到的是中国与世界的关系；共享，讲的是发展目的，主要涉及的是人与发展的关系。

（六）小结

综上所述，经济增长和经济发展是有区别的，前者是后者的基础和条件，后者是前者的结果和最终归宿。经济发展和经济增长之间是存在着密切的联系。而经济发展方式的转变，其深度和广度都远远超过经济增长方式的转变。它不仅涉及生产要素间的科学配置、生产要素的投入产出比，更是涉及经济发展与自然界、社会的和谐统一与协调发展。因此，经济发展方式转变，不是一蹴而就，需要经历较长的过程才可达到理想的状态。进入21世纪以后，尤其是"十七大"以来，更是将经济增长方式转变与我国经济社会发展的实际紧密联系起来，并逐步以经济发展这个更为反映现实和政策取向的概念来替代经济增长。

有关如何转变中国经济发展方式，学者们主要围绕两个线索展开。一条是根据发达国家经济发展方式转变过程，包括转变前社会经济环境（主要包括资源禀赋、经济体制、经济水平），到经济发展转变过程中经济体制的转型、经济结构产业结构的转型升级到对外关系的转变，并得出一些共性的结论，如：经济发展方式转化需要较高的经济社会发展水平、稳定的社会经济环境、推动经济发展方式转变的政策措施以及优化资源配置、提高效率和质量的经济体制（沈开艳等，2008）。另一条线索针对中国经济增长来源的定量和定性研究，提出中国经济发展方式转变的政策路径（中国经济增长前沿课题组，2011；郑玉歆，2009；王小鲁等，2009），主要措施在于矫正政府对市场机制的扭曲。并对政府缺位、越位和空位的体制完善提出了具体的分析，如：提高财政透明度、进一步保护产权、健全法制、理顺要素市场价格体系和定价机制、完善社会保障体制和公共财政支出结构等。

总结已有文献，尚需要在以下两个方面完善：（1）经济发展方式转变中，政府的作用，特别是地方政府的作用及其作用机制到底是什么，目前研究并没有给出清晰的说明，而这一点对于政府主导型的经济增长模式下，实现经济发展方式的顺利转化尤为重要；（2）经济发展、社会公平之间的因果关系不清。这一研究主要源于中国现实国情。中国是一个政治集权与行政经济分权并存的国家，在这种治理模式下，增长始终是地方政府的头号任务。为了增长，社会公平常常被忽视。二者如何在制度上兼容，从而推进经济建设型政府转向公共服务型政府，对于避免"中等收入陷阱"，实现经济可持续增长至关重要。

很明显，政府主导、投资拉动、出口导向为特征的粗放式增长方式是我国过去乃至当前经济发展的主要特征。尽管如此，这种粗放式的增长方式使中国经济经历了30多年的高速增长，并成为世界第二大经济体。然而，粗放式增长所造成的经济社会发展不平衡、不协调、不可持续现象越来越严重。资源能源短缺、成本上涨、生态环境破坏、收入分配差距加大等因素对经济持续增长的制约效应正在显现。一系列数据和现象表明，中国经济社会发展已走到了一个"拐点"，发展方式转变已经势在必行和异常紧迫。

四、经济发展方式转变与财税体制研究

通过研读国内外相关文献资料，不难发现：关于经济增长方式转变与地方财税体制改革的基础理论研究总体上相当薄弱，研究主要限于财税政策如何促进经济发展方式转变的对策性研究。如财政的支出政策、税收政策应如何调整以促进经济发展方式的转变。而上升到财税体制层面上的研究寥若晨星，特别是地方财税体制改革与经济增长方式转变的内在机理及其绩效研究尚存较大的不足和欠缺。因此，尚有诸多的理论欠缺、认识盲点或未知领域有待进一步的探索。

在此，我们首先对有关财税政策的对策性研究进行综述，进而从财政的支出、收入和转移支付政策对经济发展方式转变等方面的研究内容做进一步综述。

（一）经济发展方式转变与财税体制的总括性研究

自党的十七大提出要深入贯彻落实科学发展观、转变经济发展方式之后，对如何促进经济发展方式转变的财税政策的研究引起了我国专家学者的重视。在此之前，学界和实务界更多地探讨经济增长方式转变与财税政策的关系（李丽凤，1996；周肇光，1997；孙健夫，1997；谢显弟、周小林，1998；张志仁、张雄，1998；钟晓敏、冯健，2010）。有学者将财政政策对经济增长方式转变的影响提到非常重要的高度。财政政策影响经济增长的内在质量和外在环境，并且是经济增长的自然基础（李丽凤，1996）。而经济增长方式的根本性转变又是振兴财政的重要基础（孙健夫，1997）。因此，经济增长方式转变与财政政策是相互作用和影响的，以财政政策为手段促进经济增长方式转变，将是行之有效的方式之一。关于这一点，已经在学界中形成广泛的共识。转变经济增长方式的财政政策

主要措施和手段包括：（1）针对教育和科技的财政政策：加强政府财政对教育和科技的倾斜和投入；（2）针对企业的财政政策：优化财政分配制度和政策，制定较为灵活的财政政策，增强企业技术改造的动力和投资积极性，从而构筑经济增长方式转变的微观基础；（3）拓宽财政建设性资金融资渠道；（4）财政政策与产业结构调整：税收、转移支付等与国家产业政策配合，实现产业结构优化升级。钟晓敏、冯健（2010）认为促进经济发展方式转变的公共财政设计的原则应体现五个有利于：有利于经济发展从依靠劳动力规模向依靠劳动力素质转变；有利于经济发展从依靠自然资源的高投入、低效率使用向低投入、高效率使用转变；有利于经济发展从低技术含量向高技术含量转变，鼓励技术变革和技术创新；有利于经济发展从过分依赖外需向依靠内需转变；有利于经济发展从过分依靠投资需求带动向依靠消费需求带动转变；有利于经济发展主要依靠第二产业带动向依靠第一、第二、第三产业协同带动转变。

诚然，我国未实现经济发展方式根本性转变的原因很多，但基础性的原因是我国生产要素中的资源性要素价格偏低，从而使得加工企业的生产成本低估、资源浪费严重，难以从机制上推进经济发展方式的转变。因此，倪红日（2008）认为，应充分发挥税收政策在资源性要素价格调整中的作用，即在税—价—财联动的框架下实施税收对资源性要素价格调整政策，并在把握宏观和微观税负的前提下，合理调整现行税制体系结构，同时注意新旧税种及税费之间的协调。李林木（2009）则更为明确地指出，当前我国还有相当一部分税收政策不利于经济发展方式的转变。从物质资本看，我国目前的税收政策一方面对企业机器设备投资的税收待遇很"吝啬"，另一方面对自然资源耗费的税收待遇仍然相当"慷慨"；从人力资本看，我国无论是对人力资本密集的产品和服务，还是对人力资本的投资和积累，在税收优惠范围和力度上同国际相比都比较小。因此，在促进经济发展方式从物质资本密集型向人力资本密集型转变过程中应构建如下税收政策体系：在固定资产投入方面，运用税收优惠政策，鼓励和支持企业加快技术设备的更新，采用先进节能技术设备；在自然资源和能源节约方面，构建从开采生产环节、中间投入使用环节到最终消费环节环环奖限结合的税收政策；为改善环境和减少污染，适时开征环境税，将环境税收收入专门用于环境治理和保护；对满足人们基本生活需求、同人力资本积累直接相关的产品和服务实行轻税政策；取消限制企业吸纳劳动力的税收政策，鼓励企业对人力资本的投资；完善财税政策的再分配职能，提高劳动者的可支配收入水平和人力资本的自我积累能力。丛明（2011）也认为，促进经济发展方式转变，更多地需要采取结构性的政策，税收政策能发挥更大的作用。他认为，税收政策的调整主要体现在五个方面，即实行鼓励企业技术创新的税制与税收政策；实行促进新兴产业发展的税制与税收政策；实行促进资源能源节约利用和环境保护的税制与税收政策；实行促进服务业、小企业和就业发展的税制与税收政策；实行促进区域经济协调发展的税收政策。

（二）经济发展方式转变与财税体制的具体研究

1. 从财政支出角度

从现有文献来看，近年来国内学者围绕着财政支出与经济发展方式转变已经展开了大量的初步研究。主要可以概括为以下几个方面。

首先要弄清楚粗放式经济发展方式的根源，才能理解财政支出结构调整对经济发展方式转变的作用路径。经济增长前沿课题组（2005）对中国的经济发展方式进行了深入考察。他们认为中国经济的高增长依赖于低效率的高投资。政府的各种扭曲性政策为生产型企业提供了政策性支持，这种政策性支持又导致了高投入、高污染和高能耗的粗放式发展模式。因此，改变经济发展模式，需要从制度上根除各种扭曲机制，约束各种降低社会福利的行为。从目标定位来看，课题组认为财政支出的政策调整应实现以下三个目标：提高投资效率、调整需求结构、促进技术进步。龚刚、陈琳（2007）则认为财政支出政策的目标应从现有的需求管理转向供给推动，他们将增长方式的转变理解为从现有的需求拉动型向供给推动型增长方式转变，而供给推动的主要标志是技术进步。然而市场机制在技术领域通常会失灵，因此供给推动有赖于财政支持。邓子基（2011）则进一步提出公共财政促进经济发展方式转型需要把握的四个原则：市场主导和政策推动相结合原则；统筹兼顾与重点支持相结合；鼓励支持与限制惩罚相结合；完善体制和技术创新相结合。

在实证研究层面，唐颖和赵文军（2014）利用省级面板数据研究了公共支出对我国经济增长方式转型的影响，得出的结论是：公共支出规模扩张刺激了我国各地区要素投入增长，具有明显的经济增长效应，但对技术进步没有产生显著影响，总体上看公共支出规模扩张对粗放型经济增长方式产生了强化作用；公共支出结构（教育研发支出占总支出比重）变化对经济增长方式的转型作用不大；公共支出效率提高有助于经济增长方式转型。李晓嘉（2012）采用超越随机前沿生产函数估计了1978~2009年我国各省份全要素生产率的变动情况，基于面板数据考察了公共支出对全要素生产率的影响，得出的结论是我国公共支出总体上提升了TFP，但不同的公共支出项目对TFP的拉动效应存在区域上的差异。郭庆旺和贾俊雪（2005）研究了1998~2004年的财政政策分别对全国经济全要素生产率和各省的全要素生产率增长的影响，发现：(1) 财政总支出和财政投资都较显著地促进了全国经济全要素生产率增长，其中财政投资的促进作用更为明显；就财政支出而言，只有科学研究支出对全国经济的全要素生产率增长具有很强的促进作用，而基本建设支出、支农支出、抚恤和社会福利支出及教育支出均显著的抑制了全国经济全要素生产率增长，其中教育支出的抑制作用最为突出。（2）财政总支出和财政投资对省份经济全要素生产率增长和技术进步变化率具有较强的正向影响，而对效率变化具有反向影响，其中财政投资的影响更显著，力度也更大。就财政支出构成而言，只有基本建设支出及抚恤和社会福利支出对技术进步变化率具有显著的正向影响。刘东皇和沈坤荣（2010）考察了财政支出与社会消费需求之间的关系，发现公共支出总量与居民消费之间存在长期稳定的均衡关系，公共支出总量增长对全国、城镇和农村居民消费都具有挤入效应；然而在公共支出结构方面，只有社会文教方面的支出对居民消费具有显著的挤入效应。而蔡伟贤（2014）通过构建二阶段实证分析模型发现：总体而言，公共支出挤出了居民消费，这一挤出效应尤其体现在对当期居民消费的影响上；但科教文卫支出不仅有利于刺激当前居民消费，更有利于鼓励居民未来的消费，且对农村居民的作用更加明显；农业支出和基础设施建设能有效刺激农村居民消费，对城市居民影响不显著。夏祥谦和周国富（2011）发现政府财政支出的结构性偏向并不是导致中国经济增长粗放型特征（经济增长主要依靠资本深化而非全要素生产率增长）的主要原因，但是政府通过优化财政支出结构可以在削弱资本深化的力量和促进全要素生产率的提高方面有所作为，从而实现经济的可持续增长。王亚菲（2011）则着重考察了公共环境投入与环境治理之间的关系，发现公共环境污染治理投资总额、城市环境基础设施建设投资对环境治理存在着正向的因果关系。余菊和邓昂（2014）及孙正（2014）利用不同的面板数据得出相似的结论：地方政府非生产性支出有利于缩小收入分配差距，而生产性支出会扩大城乡居民收入差距。李增刚和韩相仪（2009）则分析了教育支出对基尼系数的影响，发现在非理想状况下，教育财政支出的变化将在短期和长期中通过产生供给冲击和需求冲击对基尼系数产生不同的影响。短期教育财政支出变化所产生的需求冲击使支出和基尼系数呈负相关，其增加有利于改善收入分配；而长期支出的变化同时产生需求和供给冲击，两种冲击的影响相互抵消，教育财政支出与基尼系数没有表现出显著相关性。

在政策建议方面，贾康（2011）认为财政政策应继续保持宽松和扩张性特征，重点加大改善民生、提升公共服务方面的投入与公共基础设施领域的投入。钱巨炎（2010）则建议通过财政补贴政策扩大居民消费需求，引导消费结构升级，提高消费对经济发展的贡献率；同时保持政府投资力度，优化投资结构，提高投资效率；调整财政扶持政策，重点提升第三产业的发展，推进工业转型升级，支持现代农业发展；重点加大对科技、人才等的扶持力度，缓解要素制约，实现可持续发展。刘东皇、沈坤荣（2010）建议应保持公共支出总量稳定增长，同时优化公共支出结构，建立以提供民生性公共服务为主的公共支出结构，控制行政管理费等方面的增长速度，加大对就业、文教、卫生、社会保障等方面的支出比例，为扩大居民消费、充分发挥消费对经济增长的驱动作用，进而促进经济发展方式转变创造条件。夏祥谦、周国富（2011）也建议减少投资和行政管理支出，相应地增加科技、教育以及城市化发展需要的社会保障和福利性支出。刘东皇、沈坤荣（2010）和马颖（2010）都认为应该增加"三农"领域的投入。龚刚、陈琳（2007）则从供给的角度指出，政府应该通过财政支出直接参与或补贴技术领域的经济活动。在节能与环保方面，王亚菲（2011）认为应保持公共环保投资总量持续增长，提高地方政府环境保护的投入能力。邓子基（2010）认为应调整优化财政支出结构，增设发展低碳经济支出项目，加大低碳经济基本建设，推动低碳经济；同时加大对十大重点节能工程等节能环保工程的财政补贴，引导经济结构调整和产业升级；对于企业从事低碳技术研究开发投资和建设进行补贴；并采取对消费者进行财政补贴的方式，鼓励消费者使用和消费节能环保产品。赵永亮和杨子晖（2012）则进一步研究了分权体制下影响我国公共支出偏差的多层次因素，认为民众参与可以削弱因基础建设扩张导致的公共支出结构扭曲；此外，市场化程度的推进有利于弱化地方政府公共支出结构扭曲。尤其在"人大"和"政协"的民主参与机制下，地方政府的支出行为会更加趋于民生关联的公共品供给。

  从国外已有研究文献来看，由于国外政府管理体制、财政体制与中国相去甚大，而且发达国家的体制已相对比较稳定，所以对于财政支出与经济发展方式转型问题并不是国外研究的热点。在这一领域里的研究主要集中于财政支出与经济增长的关系。鉴于经济增长是经济发展的一个重要方面，因此整理公共支出与经济增长的文献也是有必要的。理论研究方面，阿罗和库尔兹（Arrow and Kurz, 1970）构建了第一个包含公共支出的（外生）经济增长模型，但在他们的模型中，长期的经济增长仅依赖于外生的人口，而与财政政策无关；巴罗（Barro, 1990）提出了包含公共支出的内生增长模型，假定公共支出转化为生产性公共服务进入企业的生产函数，成为经济内生增长的主要动力。巴罗模型为人们分析政府如何通过公共支出来影响经济增长提供了标准的分析框架，在这一模型基础上，大量后续研究才得以进行。托洛维斯基和费希尔（Turnovsky and Fisher, 1995）沿着巴罗的思路，引入消费性公共支出，继而证明了在社会最优路径上，最后一单位公共消费和最后一单位私人消费为消费者带来的边际效用相等；二上、森田和柴田（Futagami, Morita and Shibata, 1993）等采用存量法，将生产性公共支出以存量形式引入生产函数，构建了带有公共资本积累的增长模型；巴罗和萨拉-伊-马丁（Barro and Sala-i-Martin，1992）考察了生产性公共服务的拥挤性问题；奥特和托洛维斯基（Ott and Turnovsky，2006）考虑了某些公共服务的排他性等。实证研究方面，兰道（Landau，1983）等对104个国家或地区在1961~1976年的横截面数据进行回归，发现消费性公共支出规模对于人均GDP增长具有显著负效应，拉姆（Ram，1986）则得出了一个与兰道（Landau，1983）刚好相反的结论；而多数研究公共资本（或公共投资）与经济增长关系的文献都表明前者对于后者具有正效应，如阿肖尔（Aschauer，1989）发现生产性公共资本每增长1%，将带动GDP增长0.39%。但也有一些文献表明两者没有显著关系（如赫尔滕和施瓦布（Hulten and Schwab，1991））。此外，伊斯特利和雷贝洛（Easterly and Rebelo，1993）、巴罗和萨拉-伊-马丁（Barro and Sala-i-Martin，1995，ch12）等考察了公共教育、国防等支出类型与经济增长的关系；安吉尔（Agell et al.，2006）、福斯特和翰林克森（Folster and Henrekson，2001）等考察了公共支出总量与经济增长的关系，由于他们采用的变量、数据类型、函数设定、估计方法不同，得出的结论也各异。当然也有少量外国学者研究中国的经济发展方式转型，如诺兰和桑（Noland and Son，2012）比较了亚洲还在转型期的各发展中国家的状况，借鉴转型成功国家的经验，提出如何避免发展中国家常出现"陷阱"的建议，其一就是要重视制度的演变。

综上所述，现有文献对财政支出与经济发展方式转变的关系进行了广泛的理论与实证研究，并提出了大量的政策建议。然而，中国经济发展的粗放型特征仍在继续，为了有效转变发展方式，我们需要对财政支出及其体制安排与经济发展方式转变之间的内在关系做进一步深入与系统的实证考察，并提出更合理、更有针对性的政策建议。

2. 从财政收入角度

收入分配改革是转变经济发展方式的中心课题之一，而经济发展方式转变需要构建公平与可持续发展的收入体制保障。在经济发展的初级阶段收入差距的扩大对经济增长是有促进作用；但是经济发展到一定水平，到了中等收入阶段，如基尼系数扩大会形成"中等收入陷阱"。因此，在经济发展到中等收入以后，随着经济结构发生变化，需要实现经济发展方式从生产推动型向消费推动型转变。只有大幅度提高居民收入，缩小城乡差距、地区差距、贫富差距，才能扭转近几年中国消费率不断走低的趋势，才能促进服务业的发展，由此真正促进经济发展方式转变（宋晓梧，2011）。显然，现行收入分配格局既有市场机制因素，更有政府收入体制因素。

收入分配改革决定发展方式转变进程，因此，地方收入体制改革对经济增长方式转变意义重要。中国当前的体制不协调表现在政治体制上的高度集中而财政体制上的高度分权。财政分权又主要表现在收入体制上，地方政府有"超常"的筹资能力。这种"超常"筹资主要表现在：地方财政收入的规模连年远超越经济增长速度；在筹资方式上非税收入的规模和比重日益增大；在筹资渠道上"一般预算"以外的体制外筹资自由畅通。造成地方财政收入的"超常"增长的原因，除了地方政府领导在地区竞争压力下片面追求以 GDP 和财政能力扩张的粗放式增长，即受片面的政绩观驱动外，主要是地方财政收入管理体制的不健全、不完善，表现在纵向上是中央政府只控制了"一般预算"内的那些税收收入（通过集中税权，统一税法），而非税收入（特别是土地收入）却缺乏控制；表现在横向上是地方权力机关和公众对地方政府的筹资行为约束弱化，地方政府可以自定筹资规模、结构和管理方式。现行地方政府收入的这种体制反过来又强化了地方政府领导追求 GDP 和财政收入的目标，加强了粗放式投资，忽略了环境治理、产业升级转型、社会建设。这就说明，现行的地方收入管理体制对经济增长转型和和谐社会建设起着阻碍作用。

从国外研究文献来看，由于国外政府管理体制、财政体制与中国的差异性甚大，而且发达国家的政府管理体制、财政体制相对比较稳定，大多数发达国家的地方政府拥有的事权和财权较小，所以地方财政（税收）体制、地方政府财政税收行为与经济发展方式相关性问题不是国外研究的重点，在这一领域里的研究主要集中于地方财政体制与经济增长速度的关系：如迪诺·斯坦赛尔（Dean Stansel, 2005）利用美国 314 个城市的资料研究证明，地方分权与经济增长正相关。也有不少学者认为税权分散会产生扭曲地方政府的社会经济目标等"副作用"，如罗伯特·英曼、丹尼尔·鲁宾费尔特（Robert P. Inman and Daniell Rubinfeld, 1996）在考察了欧盟、俄罗斯、南非、澳大利亚、加拿大、美国等国家和经济组织的"经济联邦化"过程中的财政政策后指出，较低层级政府的税收可以导致显著的无效率和不公平，相当于联邦（如欧盟组织）一级的政府组织对下级政府政策的限定是一种纠正这些失灵的办法。当今发生的欧洲债务危机的本质问题印证了他们的这个分析结论。他们的结论虽然是关于国际联合体内部的财政政策关系问题，但却值得中国处理中央与地方财政税收权限体制时借鉴。又如罗宾·鲍德威、让-弗兰索瓦·特安布雷（Robin Boadway and Jean-Francois Tremblay, 2011）认为蒂布特模型中忽略了财政分权后由于各地采用了不同的累进税率等措施而导致的地区之间的税收不公平，并且在不统一的税制下，无法观察各地税收努力程度，因此确定上级政府给下级政府的转移支付也失去了标准。还认为，如果州与州之间及其与联邦政府采用了不同的税收制度（包括税率、税基结构），那么就会扰乱中央政府全国性的收入再分配目标。还有学者研究了地方政府拥有税收自主权后的地区间税收竞争问题，如大卫·威尔达辛（David E. Wildasin，2011）认为扩大地方政府的税收自主权会强化税收竞争，而地区之间竞争和相应的财政税收政策调整会导致劳动力、投资和其他生产资源的流动。

3. 从财政转移支付角度

作为地方财政体制的重要组成部分，省以下转移支付会有怎样的制度绩效，如何设计省以下转移支付制度，这两个问题一直是分权体制的一个重要研究内容。不过已有文献在研究转移支付上并不仅局限于省以下财政体制，但尽管如此，已有文献获得的许多结论对我们理解省以下转移支付影响和制度设计重要性还是具有启发意义的。已有关于转移支付问题的研究涉及内容虽然非常广泛，但主要可概括为以下三个方面：一是转移支付资金的分配问题；二是转移支付的激励问题；三是转移支付的经济社会效应问题。

就转移支付资金分配而言，奥茨（Oates，2005）和卫噶斯特（Weingast，2009）等在深入剖析分权体制特征时指出，在设计转移支付资金分配方案上应体现公平、透明这一制度要求，但这种公平并不是各地区接受相同的转移支付资金，而是倾向于强调制度公平。这意味着转移支付资金分配应有明确并不受接受地政府影响的分配依据，所确定的依据不仅需要客观，而且应尽可能兼容地区间差异性，更重要的是透明。因为只有透明的依据，接受地政府才能准确预见可能获得的转移支付。然而从已有文献提供的证据看，中国转移支付资金分配，无论是中央对地方还是省以下转移支付制度，都没有达到这一要求。资金分配上的制度缺陷直接导致转移支付无法充分实现其均等化地区间财力差异这一制度目标。例如曾军平（2000）通过比较 1994～1997 年转移支付前后省际人均财政收入和支出的基尼系数和变异系数，发现转移支付后的不均等指标上升了。刘溶沧等（2002）运用 1988～1999 年的省级数据，比较各省人均财政收入和支出的变异系数也发现在接受中央财政补助以后，地区间财政能力差异没有明显变化。类似证据还包括曹俊文等（2006）、解垩（2007）、基里尔·托克考夫（Kiril Tochkov，2007）等文献。同时较弱的均等化能力也表现在省以下财政转移支付制度上。例如尹恒、康琳琳、王丽娟（2007）和尹恒、朱虹（2009）通过 2000 多个县级地区数据分析发现，上级财政转移支付不但没有起到均等县级财力的作用，反而拉大了财力差异，特别是在分税制改革后，转移支付造成了近一半的县级财力差异，其中专项补助和税收返还是非均等性最强的转移支付。王广庆、王有强（2010）利用 28 个省份各级财政获得的转移支付数据，从三个维度对上级对县级转移支付资金分配的变化特征研究表明，越是落后地区，县级财政获得的转移支付越少。非均等化转移支付不仅违背了转移支付的公平性要求，而且弱化了公共服务均等化能力。所以，自 1994 年之后就出现一系列研究转移支付资金分配制度的研究。较早的如马骏（1997）、钟晓敏（1997），最近的包括伏润民等

(2011)。这些研究的共同特点就是通过建立明确公式识别接受地政府财政缺口。

就转移支付的激励问题而言,第二代分权理论特别强调,激励是转移支付的最关键特征。从逻辑上说,转移支付是政府之间的一种财政资金再分配机制,这种机制会对转移支付接受地政府产生不同的影响,尤其当地区间存在激烈竞争时,激励效应更加明显。转移支付对接受地政府产生的激励效应首先源于转移支付资金特征。对接受地政府而言,转移支付资金是一个免费公共资源,接受地政府往往会通过改变自身财政收支行为过渡消费转移支付。这方面的经验证据就是阿瑟·奥肯(Arthur Okun)所说的苍绳纸效应。在中国,乔宝云等(2006)、张恒龙等(2007)以及李永友等(2009)研究也表明,虽然存在地区间差异,但转移支付引致了接受地政府道德风险的情况都非常显著。在转移支付制度下,接受地政府不仅会增加支出,而且有降低税收努力的激励。刘勇政等(2009)、付文林(2010)也在实证研究中发现,中国转移支付制度明显抑制了接收地政府的征税努力程度。当然,转移支付接受地政府的财政收支决策除了源于转移支付资金的公共池特征,还与转移支付资金的分配方式有关。有研究表明,相比较专项补助,一般性转移支付或均衡性转移支付对地方政府的征税努力影响更大,但也会刺激地方政府自己的支出扩张冲动。例如袁飞等(2008)利用中国县级面板数据研究发现,转移支付增加与地方财政供养人口膨胀有明显的因果关系。贾俊雪等(2010)利用空间面板数据模型进行的研究也发现,转移支付对地方政府之间竞争性支出行为有较为显著的影响。不过近年来也有研究表明,转移支付对抑制接受地政府之间的恶性税收竞争有一定的作用。例如考藤伯戈(Kothenburger, 2002)使用传统资本流动的税收竞争模型研究发现,在一个税基均等化机制下,转移支付接受地政府会选择一个比没有转移支付情况下更高的税率。同时在分析了税收竞争和均等化转移支付之间关系后发现,均等化转移支付能够有效降低无效税收竞争的影响。鲍德威(Boadway, 2003)等也认为,转移支付制度在允许较穷辖区和财政上较强辖区展开有效竞争时充当一个重要角色。

就转移支付的经济社会效应而言,转移支付对经济社会产生的影响主要表现在增长、收入分配以及发展等方面,发展又主要表现在地方公共品供给方面。就转移支付的增长效应而言,马拴友等(2003)、江新昶(2008)等通过1994年税制改革后转移支付与地区经济收敛关系分析发现,转移支付总体上没有达到缩小地区差距的效应。李永友等(2010)通过政府间财政收入分配关系研究认为,中国转移支付的资金分配对发达地区经济增长产生了明显抑制效应。里欧(Riou, 2006)和梁琦、吴俊(2008)等研究表明,财政转移支付能够打破区域的对称均衡,促使产业稳定地向上级行政区集聚。就收入分配而言,姚(Yao, 2006)利用2002年县级数据分析发现,转移支付对城乡差距存在显著的反均等化效应和挤出效应。就公共品供给而言，解垩（2007）研究认为，转移支付在缩小城乡公共品的差距上的作用不大。宋小宁、苑德宇（2008）的研究也认为，转移支付对公共服务均等因素的效应并不显著。转移支付除了对县域教育、医疗卫生等公共品供给产生影响，近年来有关转移支付对生态环境的保护作用也开始受到人们的关注。例如有研究对各地实施的生态补偿专项补助的环保效应进行的研究表明，生态补偿转移支付对生态保护的作用与制度设计有关。

从上述三个方面的研究文献可以得出，转移支付作为分权体制的重要制度安排，公平透明激励性分配依据非常重要。但已有文献在讨论转移支付问题时都忽略了转移支付的体制环境，以及在这个体制环境下转移支付制度安排在中国粗放式发展模式形成上所扮演的角色。尤其随着省以下财政关系的调整，转移支付在县级政府粗放式发展方面产生的影响。

五、经济增长方式转变的相关配套改革研究

转变经济发展方式是一项系统性工程，各项改革措施需要协调、有序地推进。与地方财政体制改革相配套的改革措施及其研究文献，主要可以梳理和整理为以下几个方面。

（一）推进经济体制改革，理顺政府与市场之间的关系

面对经济增长方式转变中所遇到的种种问题和阻力，学者们的观点虽多，提出的方案也各不相同，但是有一点普遍认同的，那就是转变政府职能，合理定位政府在市场经济中的地位（刘溶沧，2000；林伟玲，2006；蒋伏心，2008；卢现祥等，2010）。但是，政府的职能究竟该如何转变、转变的目标该如何确定，学者们的观点却存在一定的差异。

尽管如此，政府在经济增长方式转变中仍然发挥着极为重要的作用，而政府职能转变目标的确定，就是关键（蒋伏心，2008；姜国强，2010）。政府应由利益导向向效率导向转变，增长的理念也应当转变，应尽可能给社会提供高质量的公共产品；地方政府经济绩效激励机制需要改变，改变以往单纯依靠GDP来衡量官员政绩的观点，同时，政府应该创造一个公平竞争的市场环境。这些目标的实现又需要有效的公共政策。

中国要发挥本身的潜力和优势，成功地应对经济发展方式转变过程中面临的挑战，必须在体制上和政策上做出重大调整和改革：转变政府功能，加强其社会保障和维护市场秩序的服务功能，减少其介入商务运作的干预功能；避免政府和官员卷入商务利益，用法治、舆论和民意来监督约束公权力，使其更好地服务于

全民的长远福利（陆丁，2011）。

当然，如何正确处理政府与市场之间的关系，国内学者关注和研究的重点各有不同和侧重。按照欧美发达国家以及东亚国家经济增长方式转变的成功经验，有效发挥市场机制在资源配置中的作用，同时政府也应当积极地进行干预。政府干预过多，会使"有形之手"摁住"无形之手"；同样，角色错位，调节功能错位，也会使得市场作用无法正常发挥。可以说，国家的存在是经济增长的关键，又是人为经济衰退的根源（刘溶沧，2000）。这就有必要合理定位政府在市场经济中的作用。按照中共十八届三中全会的精神，市场应在资源配置中发挥决定性的作用。政府所起的作用应当是协调配合，主要体现在经济政策引导和规范法律制度上（林伟玲，2006）。然而，最优经济增长方式内生决定于发展阶段，政府干预往往导致增长方式悖论（刘培林，2012）。刘培林指出了经济增长方式转变的一般性规律和原则，并指出了经济增长方式转变讨论中存在的误区。他认为，不能简单地以全要素生产率增长的贡献度判别增长方式优劣，也不宜把发展服务业作为所有地区转变增长方式的重要途径。原因在于，劳动密集和资本密集型制造业部门转变经济增长方式的重点各异，区域不同增长方式转变的路径也不完全一致；转变经济增长方式必须促进就业，通过确立符合要素禀赋结构的生产方式，在初次分配领域能够兼得公平和效率。

另外，就关注度较高的资源价格形成机制问题，有学者研究指出要积极稳妥地推进石油、天然气等资源性产品价格形成机制改革，逐步矫正价格扭曲；较大幅度地提高资源税率，建立健全资源有偿使用制度和生态环境补偿机制，形成引导和激励市场主体节约资源、提高资源利用效率的机制。资源价格改革涉及利益结构的调整，还会遇到低收入者承受能力问题，但不下决心推进这项改革，价格扭曲状况便很难扭转，转变经济发展方式也很难落到实处（王一鸣，2008）。

建立一个真正统一的现代市场体系，保证各类市场主体和各种所有制经济成分能够平等地使用各种市场生产要素，不断提高资源的利用效率。当前的重点是进一步落实鼓励支持引导非公有制发展的各种措施，消除非公有制经济发展的体制性障碍因素，打破行业垄断，鼓励民间资本进入石化、交通、通讯以及城市基础设施经营等领域（孔祥敏，2010）。

构建有利于经济发展方式转变的微观基础。刘世锦（2006）不仅正确评价了现有的经济增长模式，对经济增长方式转变中的"真问题"和"假问题"作了区分，同时从多个角度回答了我国经济增长方式转变的方向和路径。在他看来，应该纠正被扭曲的要素价格，推进国有经济的战略性调整，重点是要加快垄断性国有企业的改革；正确认识政府尤其是地方政府在经济发展中的作用，改进对政府经济社会发展实绩的考核指标和机制，创造和维护公平竞争的市场环境，加强政府的公共服务职能。

　　企业是市场经济的主体，也是转变经济发展方式的微观基础。要继续深化国有企业改革，加快建立规范的现代企业制度；优化国有经济布局和结构，增强国有经济活力；积极推行公有制的多种有效实现形式，发展混合所有制经济；深化垄断行业改革，引入竞争机制；积极推进企业重组并提高产业集中度，培育有国际竞争力的大公司；促进民营企业制度建设和管理规范化，提高集约经营水平（王一鸣，2008）。崔巍（2010）从经济增长的要素和经济结构调整的角度提出相应的应对措施。他认为，当前的中国经济增长方式转变，重点在于在现有企业和现存经济体中增加科技因素进行结构优化升级，同时要淘汰部分过剩产能。在经济供给结构调整特别是产业供给结构调整中政府应起主导作用。这就表明，经济增长方式的调整，不仅要转变政府职能，更要使企业增加活力和竞争力，并且要对经济结构进行调整。

　　由此可见，学界在探讨经济增长方式转变的路径时，不仅从宏观的角度指出了方向，如转变政府职能，同时又对微观经济主体的行为进行了讨论，如增加其技术含量，调整产业结构等。

（二）推进社会管理体制改革，构建服务型政府，改善公共服务供给水平

　　关信平（2009）强调，为适应和促进经济发展方式的转型，中国应在以下一些重点领域内加强社会政策行动：积极建立和完善适度普惠型的基本公共服务体系；重点加强公共教育和培训体系，建立适应技术密集型经济发展方式的高水平的教育及培训体系；加快建立和完善城乡公共卫生和基本公共医疗服务体系；进一步健全和完善与促进就业相关联的社会保障体系；应该加快城乡一体化的社会保障制度及公共服务体系建设。

（三）建立权责一致、分工合理、决策科学、执行顺畅、监督有力的行政管理体制

　　诚如汪青松（2010）所言，经济基础与上层建筑的矛盾运动表明，行政体制改革不力是经济发展方式转变不力的深层背景。因此，以行政体制转型促经济发展方式转变，政府经济职能必须从"越位"处"退位"，从无限政府转为有限政府，履行好经济调节职能；政府宏观调控职能必须变"弱位"为"强位"，从全能政府转为责任政府，履行好市场监管的职责；政府社会管理职能必须变"缺位"为"到位"，从管制政府转为服务政府，加强公共服务。

　　加快完善政府绩效考核体系和领导干部政绩考核机制，克服地方政府的短期

化行为（华兴顺，2010）。有研究指出，目前中国需要用科学发展的"指挥棒"来引导各级地方政府和领导干部的发展行为，把各级领导干部的决策行为和工作重心引导到推动经济发展方式转变的轨道上来（孔祥敏，2010）。

围绕确定的政府职能，必须制定一系列关于政府工作程序和规则的立法和行政规范，使政府工作规范化。政府工作中存在的低效率、随意性、政出多门、责任不清，以及种种寻租、腐败行为，大都与缺乏明确的政府行为规范和制度有关。以政府投资项目为例，从项目论证、立项、工程招标、资金管理，到进度和质量跟踪、项目验收，再到项目综合评价、事后审计和责任追究，都应当有一系列的具体制度。否则就无法杜绝目前政府投资中存在的巨大漏洞，也无法对各级政府官员和相关工作人员的工作进行评价（王一鸣，2008）。

政府改革更大的难题还不在于如何建立制度规则，而在于如何切实保证制度的执行。因此，一方面应当把政府权力界定纳入到社会产权制度的框架中来，通过立法确保政府的强制性交易权力和市场的平等性交易权力达到均衡状态；另一方面，使社会对政府的监督权有一个明确的法律构架和组织构架，从而使得政府行为能够在法制化的制度框架下规范、透明地运行，构建良治的市场型政府，形成政府与市场双重均衡互依循环的发展制度和机制（王宗道，2010）。

（四）积极稳妥地推进政治体制改革，从根本上保证经济发展方式的成功转型

虞崇胜、张光辉（2011）指出，经济发展方式转变所折射出的问题从根本上来说仍然是中国权力过分集中的政治体制的产物。如果不改变权力过分集中的政治体制，就改变不了地方各级政府官员向上负责的取向，那么"公众满意度"的考核指标就沦为一种点缀，也就很难实现由 GDP 情结向以人为本和公平正义的价值理念转变。与此同时，由于权力过分集中，政府治理结构和职能很难转变，行政管理体制改革也就很难取得预期的效果。因为在一定意义上来讲，政府治理结构和行政管理体制不过是政治体制所设计的具体权力运行或执行的载体而已。另外，虽然政治锦标赛可能是产生经济发展方式转变所折射的众多问题的直接诱因，但却非根本诱因。因为政治锦标赛其实是一种工具性的东西，它主要是提供一种激励，至于激励所起作用的方向往往由政治体制所决定，如果权力不是过分集中而公众能够影响甚或在一定程度上决定官员任免，那么激励方向就会偏向公众的利益诉求。

总而言之，只有通过积极稳妥的政治体制改革，才能有效地推动经济发展方式转变的实现。当然，在中国推动政治体制改革，并不是要照搬别国的政治体制模式，而是要根据中国的实际情况和经济发展方式转变的要求，积极稳妥地加以推进。当然，政治体制改革必须坚持党的领导，因为"中国的政治体制改革是中

国共产党领导制定并实施的改革开放总体战略中的一个重要组成部分，企图绕开共产党的领导另起炉灶，寻求所谓'体制外突破'，这只能是使政治体制改革从根本上失去可能性"（金太军，2000）。在此基础上，理论研究需要继续解放思想，大胆探索有利于推进中国政治体制改革和完善的具体形式，并根据经济发展方式转变的客观要求，寻找政治体制改革的关键点和现实可行的突破口。

六、本研究成果的主要结论和政策建议

通过研究，我们得到的主要结论有：

（1）财政是国家治理的基础和重要支柱，地方财政体制是调控区域社会经济发展的重要制度安排，地方财政体制改革是推动经济发展方式转变的重要切入口和突破口，它能够有效推动经济发展方式的转变，并能够在产业结构、民生保障以及资源环境等方面提供有效和有力的体制性条件支撑。

（2）在中国政治集权体制下，地方政府治理是大国治理核心。中国60多年发展经验表明，地方政府责任及其履行偏好不仅影响了经济增长，也影响了社会发展。改革开放前后的经济发展差异，一个非常重要原因就是地方政府治理机制变化，赋予地方政府较大行政自主权，使他们有了发挥主观能动性空间，而财政体制改革赋予地方政府更大剩余索取权，从而极大调动了地方政府履行责任积极性。由于中国特殊税制结构，所以在上述激励机制下，地方政府经济责任得到了极大强化，无论是经济发达地区还是经济不发达地区，地方政府都对经济责任投入了巨大热情。更何况，政府履行经济责任还具有非常高私人受益，这种收益不仅体现在政治晋升，还体现在腐败方面。也正是在这种作用推动下，中国经济有了过去30多年的辉煌。然而财力总是有限的，地方政府将有限财力投入经济性公共品供给的同时，必然挤出社会性公共品。所以纵向观察中国，社会发展滞后经济增长是必然结果。然而随着经济发展水平提升，国际国内环境剧烈变化，社会发展滞后正在拖累中国发展。所以如何加快社会发展，跟上经济增长步伐成为中国政府重要任务。然而，历史经验告诉我们，在中国，全面推进社会建设，关键还是地方政府治理，没有地方政府参与，社会建设不可能成功。

（3）不同的地方财政体制机制的安排会对地方政府行为产生不同的激励效应，从而影响区域经济发展方式转变的方向和进程。地方财政体制机制可从地方财政收入、地方财政支出、转移支付三个不同维度对区域经济发展方式的转变产生不同的影响或效果。除此之外，对地方财政体制机制的外部约束条件也会影响到经济的发展方式。

（4）我国以间接税为主体的税制结构模式和收入划分不利于产业的转型升级

和经济发展方式的转变，现行财政收入体制决定的作为地方政府主体收入的税收收入过分弱小，地方政府"体制内"收入难以满足以城市化建设为主要建设任务的需要，于是地方政府不得不寻求"体制外"拓展收入渠道，而以往的财政体制中却是中央对地方政府的这些"体制外"收入的筹集渠道、筹集规模缺乏约束，这就导致地方财政不仅收入结构畸形，而且规模超越了地方经济可承受的能力。而环境税、资源税的缺失或不合理也难以使政府用税收来限制环境资源的破坏。狭义的资源税对资源征税的范围不够宽，税负偏轻。另外，只在消费税中包含了具有资源补偿性质的部分税目，这使得资源使用代价太低，不能正确反映资源的价值，使得资源使用者、消费者未能承担资源及其资源产品的全部成本，因而导致资源的过度消耗和消费。

（5）无论是从财政支出规模，还是从财政支出结构来看，我国的地方财政支出整体上仍表现为粗放型态势，粗放式的经济发展模式在财政支出体制和政策制定上的表现是：政策制定者在制定财政支出政策时，更多关注是的短期的 GDP（增长数量）目标，而忽视长期经济增长的质量目标。从而，财政支出的总量和结构（尤其是结构）表现为粗放式的形态，政策制定者的关注点集中于能够直接拉动 GDP 的投资领域，不仅公共投资是粗放式的，也带动了大量粗放式的社会投资。我们的实证分析表明，地方财政支出总量显著地阻碍了全要素生产率的增长，地方财政支出总量与 GDP 的占比对全要素生产率的变化率呈显著的负相关关系，特别是在 1% 水平上显著地抑制了技术进步；地方财政支出规模反映了地方政府的活动范围以及政府对市场经济的干预程度，财政支出规模越大，说明政府的活动范围越广，政府对市场经济的干预力度越大，就更有可能出现政府的"越位"行为，从而阻碍了经济的有效率生产，降低全要素生产率。

（6）在财政支出内部结构中，教育支出和科学技术支出分别在 1% 和 5% 水平上显著地促进了全要素生产率的增长；此外，我们还发现各地区经济基础设施投资与全要素生产率增长之间存在正相关关系，但不显著。

（7）不合理的事权划分是经济发展粗放式的一个主要因素。以宏观调控为例，当中央政府希望采取适度的扩张性政策时，地方政府纷纷积极参与，会形成过度投资，必然导致经济过热，重复建设，效率低下，这些都是粗放式发展的典型特征。而当中央政府希望采取紧缩性政策或进行结构调整时，由于会影响到地方的短期经济增速，地方政府往往表面配合，实际不合作，依然采取扩张性的"以邻为壑"政策，其结果是使得中央政府希望转变经济发展方式的努力付诸东流。到了下一次扩张，地方政府就进一步变本加厉，使得整个国家的发展方式长期被锁定在粗放型发展道路上。

（8）政府间财政转移支付制度的安排会对地方政府公共治理行为和区域经济

社会发展方式产生重要影响。中国的政府间财政转移支付制度的设计没能成为协调相邻县财政的竞争机制，从而发挥弱化政府间恶性竞争作用，反而有加剧相邻县财政竞争嫌疑。中国转移支付采用集中分配模式，即融资阶段不断集权，分配阶段不断项目化。这种模式虽然在结果上有助于平衡地区财力，但也为相邻县竞争提供了激励。尽管其中的一般性转移支付有弱化竞争的效果，但在整个转移支付中所占比重较低，所以未能成为中央政府协调相邻县财政竞争的有效机制。我们的实证分析证明了现行的政府间财政转移支付制度通过影响地方政府的治理行为导致了粗放式的发展方式、社会性公共产品提供不足。即便在部分地区实现的生态转移支付制度也未能很好地扭转这种粗放式的发展方式。

（9）从约束地方政府行为的约束条件方面看，官员异地交流制度、任期限制制度在一定程度上强化了粗放式经济发展方式；获取收入的约束条件，一方面刺激了地方政府获取各种"非规范收入"的动力，另一方面也扭曲了市场公平竞争的环境，阻碍了微观主体的技术创新，固化了已有的粗放式经济发展方式；而政府预算的软约束为地方政府提供了配置资金的自由裁量权，在政绩考核目标下，这些自由裁量权将被尽可能用在追求短期经济增长、扩大地方收入方面。任何一个约束条件都没有起到抑制粗放经济增长方式的作用，相反，而是助长了粗放经济增长，使得转变经济增长方式的任务难以完成。

本研究报告的主要政策建议有：

（1）适当上收事权、下放税权，完善各级政府间支出责任与财政事权相匹配的纵向财政体制。对属于中央并由中央组织实施的财政事权，原则上由中央承担支出责任；对属于地方并由地方组织实施的财政事权，原则上由地方承担支出责任；对属于中央与地方共同财政事权，根据基本公共服务的受益范围、影响程度，区分情况确定中央和地方的支出责任以及承担方式。在资源配置方面，全国性事务归中央，地方性事务归地方，同时要明确收入分配和经济稳定职能必须由中央政府主导。就税收而言，要赋予地方政府更多的、也是必要的税收自主权。根据基本的税种划分原则划分税种，完善地方税体系。

（2）加强地方横向财政体制建设，建立和优化地方财政收入体制治理结构。健全财政预决算体系，加强地方权力机关和公众对政府财政的审批监督，强化预算约束。提高地方财政管理的透明度，为公共监督提供保障。

（3）完善地方政府债务管理体制，加强地方政府债务监管。认真落实新预算法和国务院、财政部关于加强地方政府债务管理的精神，强化地方政府债务的纵向和横向监管，建立地方政府债务的自我约束机制。

（4）优化税制结构，为完善分税制财政体制铺平道路。通过适当合并增值税税率、降低增值税负担来缩小增值税规模，为所得税腾出税基空间。通过扩大个人所得税税基来壮大个人所得税，提高地方税规模。通过重塑财产税体系来壮大地方税体系。整合和健全资源环境税，提高资源产地的分享比例。

（5）彻底调整政策目标体系，从以维持经济稳定（保增长）的短期化目标转向以促进跨期社会福利增长的长期化目标。特别是对于地方政府而言，宏观经济调控从来都不应该成为地方政府的经济职能，地方政府应致力提供良好的公共服务，改善市场环境，促进居民效用水平，提升社会经济的长期供给能力。适当缩小地方财政支出相对规模（即降低地方财政支出总额与GDP的比值），在资源配置上，让市场发挥更多的作用。加强对公共项目的成本收益评估，重点是要提高地方公共投资的资金使用效率。改革财政支出预算的基数法，转向零基预算。

（6）在财政支出内部结构中，应该提高教育支出、科学技术支出水平；一般公共服务、公共安全、文化体育与传媒、社会保障和就业等方面的支出也要有相应的保证；适当减少目前交通运输、城乡社区事务和农林水事务等支出，对于公共医疗卫生支出，也应该适度降低其支出水平，重点是要提高公共医疗卫生的管理水平，在医疗行业适当地引入竞争。

（7）政府间财政转移支付制度的改革要以重构地方政府在不对称分权下更好负责的激励结构为目标，而不是简单地弥补地方财力的问题。

（8）在设计生态转移支付制度时，在激励方式上应融合"奖励"和"惩罚"两种机制，实现对环境治理的整体性激励，不能只侧重治理活动的某个方面。在政策力度上需要扩大其在一般性转移支付中的比重，整合各类生态环保专项资金，使地方政府切实感受到环境改善产生的财政收益，以及环境恶化带来的利益损失。在考核指标上应尽可能全面反映生态质量、污染排放和治理进度，防治地方政府采取"转移污染""集中排放"等机会主义行为扭曲制度效果。在筹资渠道上应由政府为主转向政府和市场并重，将污染成本真正内化为企业生产成本，"倒逼"企业采用更清洁的生产技术。

（9）彻底改变对地方政府官员的考核机制。要真正改变以往长期推行的单纯GDP考核机制，建立多元化的考核体系，考核的主要指标从效率转向公平，把提升居民消费水平、促进企业生产效率、资源环境保护等指标纳入考核体系。同时加强普通民众及第三方对干部的考核。

（10）在政府权力的监督和制衡机制上，可以从"扩大财政信息透明度""充实扩大公民选举权"入手，逐步扩大到"完善'一府两院'监督""完善政府问责制度"，最后到"建立宪法监督"的路径。

（11）进一步厘清政府和市场的边界，制定清晰明确的政府"事权清单"。从"减少垄断和行政权力配置资源"入手，逐步扩大到"减少政府对土地、资本、劳动力的价格干预"，最后到"建立公平、宽松、法治化的市场环境"。

第二章

经济发展方式转变与地方财政体制之间的机理分析

第一节 经济发展方式转变的提出背景及其目标方向

一、经济发展方式转变是我国经济社会发展进程中的大趋势和大事件

经济发展方式转变是目前以及未来相当长时期内我国经济社会发展进程中的大趋势和大事件。从中国经济的发展历程及其内在需求来看,经济转型过程不仅是一个经济体制(包括财政体制)的转变过程,更是一个经济发展方式的转变过程,且两者呈现相互交织、互动关联的复杂关系。正是在此背景下,十八大报告中才明确提出"两个加快",即要加快完善社会主义市场经济体制和加快转变经济发展方式。任何国家和地区经济发展方式的转变都不可能是无条件地、自然而然发生的,客观上都需要相匹配的财政体制机制以及金融等其他体制机制的"保驾护航"。进一步分析不难发现,作为经济体制的最重要组成部分以及治国理政的重要基础和支柱,财政体制安排对一国或地区的经济总量、经济结构、消费、储蓄、企业行为以及政府投资等选择偏好都具有至关重

要的影响和作用，因而可被视为影响经济发展方式转变的"显性"或"隐性"基因。当然，这种理论假设尽管看上去很合理，但依然需要进一步加以分析和论证。

从现有文献来看，经济转型概念较早是在20世纪60年代的苏联提出，我国从1995年第九个五年计划也曾提出将粗放型经济向集约型经济转变以及从计划经济转为市场经济。然而，多年来我国的经济转型并没有取得明显的进展。随后我国政府在多个五年发展规划或中央工作报告中对经济发展方式的转变做出了更明确的战略部署（如图2-1所示）。在国内，经济发展方式转变领域的学术研究在宏观政策推动下也呈现出日益增多的趋势。例如，李炳炎、向刚（2008）、戴创（2012）等对经济增长方式与经济发展方式之间的关系进行了辨析，阐述了我国转变经济发展方式的背景及落后的现状，认为经济发展的内涵比经济增长更广泛、深刻。黄毓哲（2008）、方竹正（2009）和赵琴霞（2012）等分析了我国转变经济发展方式的历史过程，提出了加快转变经济发展方式的必要性以及必要途径。周淑莲（2010）等认为我国的经济结构矛盾依然突出，资源环境的压力也在不断加大，重点领域和关键环节改革还不够到位，社会建设中也仍存在不少的矛盾和问题，需要加快转变经济发展方式。魏胤亭（2010）等提出经济本身的固有缺陷和国际金融危机的"倒逼"机制使得中国经济发展方式的根本转变已经十分紧迫，但转变经济发展方式需要转换政府职能，启动政府自身改革，保障和改善民生。王书升、尹璐、王辉（2011）、邓子基（2011）、关信平（2011）和李祥兴（2013）则分析了当前中国面临的国情，认为中国经济发展方式的转变已经刻不容缓，并且是个长期而漫长的过程，需要多管齐下的协同治理机制。

可以说，国内学者的基本共识是：

（1）可以从不同角度阐述经济发展方式转变的重要性，经济发展方式的转变需要跟经济增长方式区分开来。

（2）从更高的层次和更深的内涵来看，客观上中国经济发展方式需要转变，并在适当经济增长的基础上，从经济结构、产业结构、资源、环境、民生等更多角度，实现经济发展方式的转变。

（3）在未来相当长时期"以改革促转变"的实践中，中国经济发展方式转变已迫在眉睫，并承受着"不得不转"以及"早转胜晚转"的政策期望和现实压力。

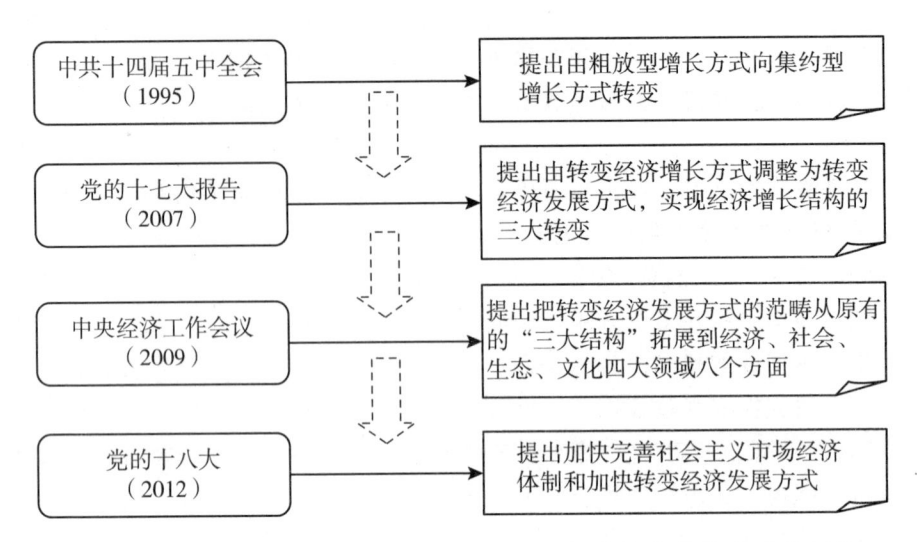

```
中共十四届五中全会      →    提出由粗放型增长方式向集约型
（1995）                    增长方式转变

         ⇓

党的十七大报告          →    提出由转变经济增长方式调整为转
（2007）                    变经济发展方式，实现经济增长结构的
                            三大转变

         ⇓

中央经济工作会议        →    提出把转变经济发展方式的范畴从原有
（2009）                    的"三大结构"拓展到经济、社会、
                            生态、文化四大领域八个方面

         ⇓

党的十八大              →    提出加快完善社会主义市场经济
（2012）                    体制和加快转变经济发展方式
```

图 2-1　1995 年以来我国政府对经济发展方式转变的认识及其深化

二、转变经济发展方式的重大现实意义

作为一种已取得较大共识的科学论断，以转变经济发展方式为主线的核心是"加快"和"转变"两个关键词，其重大现实意义主要体现在三个方面。

（1）以加快转变经济发展方式为主线，是推动科学发展的必由之路。不难发现，传统的经济发展方式以高投入、高消耗、高污染、低效益（"三高一低"）为主要特征。这种外延式、粗放型的经济发展方式固然奠定了中国经济长期、快速发展的良好基础，但其不良弊端越来越暴露出来，以致使得中国经济发展方式陷入了"非转不可"或"不得不转"的困境和窘境。传统经济发展方式导致了经济社会发展中的一些较尖锐的矛盾和问题。例如，以片面追求 GDP 为导向，忽视民生的保障和改善，忽视社会事业的健康发展，忽视资源节约和环境保护；贫富差距拉大，城乡和区域发展不平衡；投资、消费和出口不协调，产业和产品的低端化扩张倾向愈演愈烈；等等。以加快转变经济发展方式为主线，就是要走上科学发展之路，更加注重以人为本，更加注重全面协调可持续发展，更加注重统筹兼顾，更加注重保障和改善民生，促进社会公平正义。

（2）以加快转变经济发展方式为主线，符合我国的基本国情和发展阶段性新特征。经过改革开放 30 多年来社会生产力的快速发展，我国的综合国力大幅提升，人民生活得到明显改善。但作为拥有 13 多亿人口的发展中大国，我国仍处于并将长期处于社会主义初级阶段，人民小康生活还处于低水平、不全面、不平衡状态，发展仍是解决我国所有问题的关键，全面建成小康社会的压力依然巨大。国内外形势正发生新的变化，我国当前发展呈现一系列新的阶段性特征，科学发展的目标任务十分繁重，既面临难得的历史机遇，也面对诸多可以预见和难以预见的风险挑战。在当代中国，坚持发展是硬道理的本质要求即坚持科学发展。以加快转变经济发展方式为主线，着重解决发展不全面、不协调、不可持续的"瓶颈"问题。

（3）加快转变经济发展方式本质上是我国经济社会领域的一场广泛而深刻的变革或革命。加快转变经济发展方式不仅是我国经济领域的一场深刻变革，而且还是我国社会领域的一场深刻革命，必须贯穿经济社会发展的全过程和各领域。理论上，科学发展与加快转变经济发展方式具有内在的统一性，转变经济发展方式的内涵和外延与科学发展相互重叠。因此，理应坚持在发展中促转变、在转变中谋发展，实现经济社会又好又快发展。

上述分析已经初步证明，经济发展方式转变是推动我国经济科学发展的必由之路，"为何转变"的问题已经基本回答清楚，但"转向哪里"的问题仍须解答。

三、经济发展方式究竟应转向哪里？

基于经济活动本身的复杂性和系统性，任何国家或地区经济发展方式转变必然是多维度的，而不是单线条的。立足不同层面或观测视角，图 2-2 较全方位地刻画了我国经济发展方式转变的复杂过程及其内在逻辑关联。应指出，从经济发展方式或模式的旧常态转向新常态是仅具有相对意义上的过程演变和状态切换。这里，作为一个含义丰富、具有深意的重要表述，经济"新常态"已在政府和社会各层面得到认同并成为某种共识[①]。我们认为，虽然经济"新常态"在很多情形下尚未完全成为一种稳固的形态，但仍可从哲学层面和战略层面来前瞻性地探索和探讨其雏形。高度概括地讲，这里所描述的经济转型"新常态"是指现代中国经济发展在新理念和新规则的基础上构建的较稳固和可持续的新秩序、新态势和新状态。结合当前我国的财税实践和改革新政，新常态下的转型特征初具雏形。应指出，这种转变必然引致且客观需要相应的地方政府行为评价指标体系的转变。

基于多维度视角或不同观测层面，图 2-2 简要或不完全地描述了我国经济发展方式从旧常态向新常态动态演化的可能过程。

---

① 自习近平总书记 2014 年 5 月在河南考察时首次以"新常态"描述新周期中的中国经济后，"新常态"迅速成为一个深入人心的经济关键词。

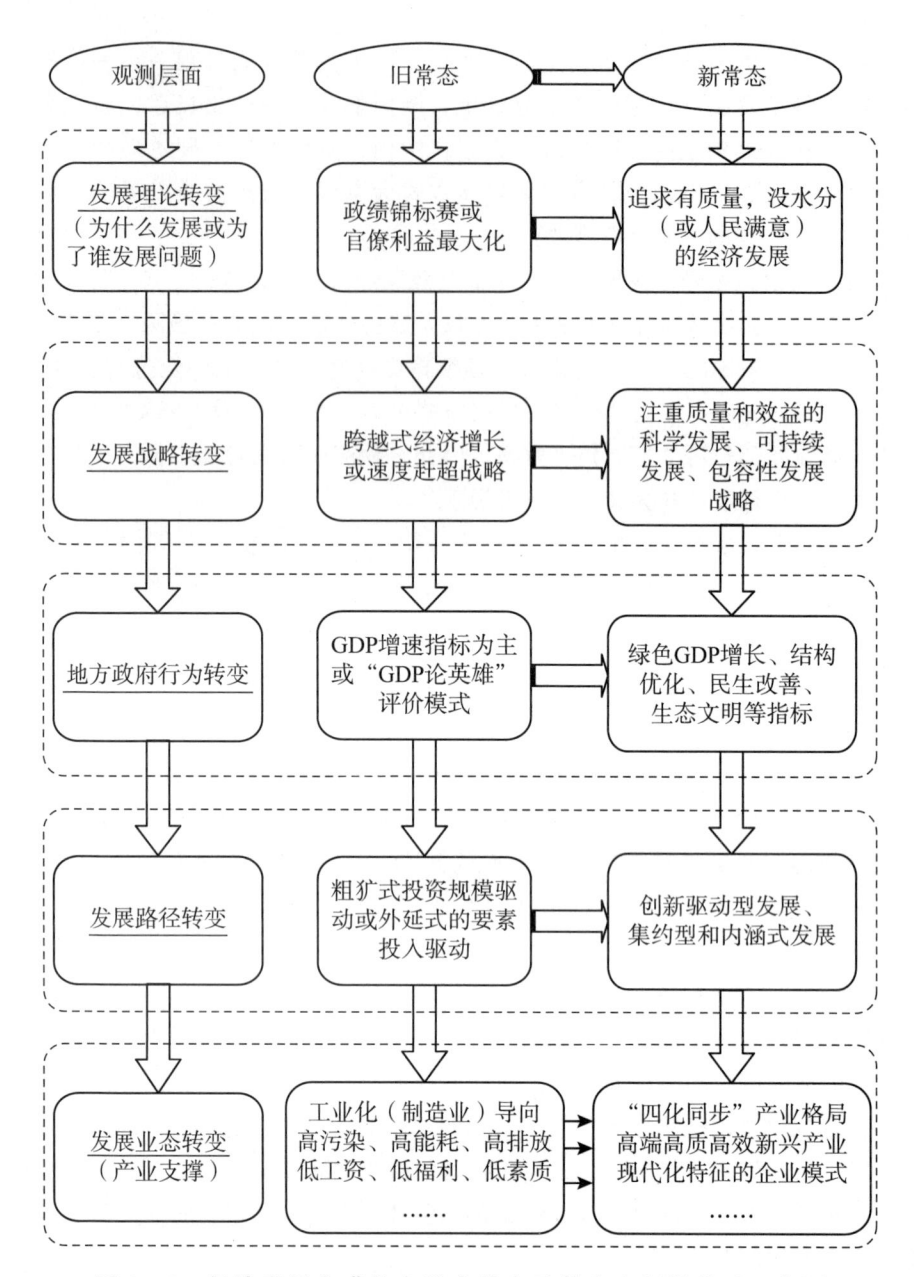

图 2-2 经济发展方式的多维度转变及其内在逻辑关系示意图

（一）经济发展方式转变由旧常态转向新常态即使是一个不可逆转的大潮流或大趋势，转变过程也可能是较为漫长的，而非一朝一夕之功

例如，从经济增长速度来看，我国经济正从高速增长转向中高速或中低速增

长；从经济发展方式来看，正从规模速度型粗放增长转向质量效率型集约增长；从经济结构来看，正从增量扩能为主转向调整存量、做优增量并存的深度调整；从经济发展动力来看，正从传统增长点转向创新驱动下的新增长点。显然，我国经济发展与过去相比已发生了较大的趋势性变化，形成了一些经济发展阶段性特征，说明我国经济发展正在向形态更高级、分工更复杂、结构更合理的阶段演化。显然，当下我国仍处在经济发展新常态的波动过渡期或初始阶段，还未真正进入新常态的稳定期。

（二）经济发展方式转变是一种表象或结果，而背后的发展理念转变既是先导也是灵魂

在某种程度上，经济发展理念解答了为什么发展或者为了谁发展的根本性问题。在我国，为什么发展的问题看似不是一个问题，但却值得深入思考。基于经济人的假设和政治锦标赛理论，地方政府在推动区域经济发展过程中的目标取向往往带有短期性、自利性（包括各类显性和隐性腐败行为）和政绩最大化等行为特征。显然，这与现代市场经济条件下民众的民生需求或公共偏好时常会出现较尖锐的矛盾冲突。正是基于此，2012年11月15日在党的第十八届中央委员会第一次全体会议上刚当选中共中央总书记的习近平同志在记者招待会上说："我们的人民热爱生活，期盼有更好的教育、更稳定的工作、更满意的收入、更可靠的社会保障、更高水平的医疗卫生服务、更舒适的居住条件、更优美的环境，期盼孩子们能成长得更好、工作得更好、生活得更好。人民对美好生活的向往，就是我们的奋斗目标。"[①] 显然，让人们过上美好的生活而不是满足官员的政绩需要，既是一个执政党的奋斗目标，也是经济发展的根本宗旨。因此，2012年11月30日在中共中央召开的党外人士座谈会上，习近平总书记再次强调，应"坚持以科学发展为主题、以加快经济发展方式转变为主线……增强经济增长的内生动力和活力，增长必须是实实在在和没有水分的增长，是有效益、有质量和可持续的增长。"[②]

（三）经济发展战略是发展理念的具体化，而经济发展战略的切换或转变更多地贯穿于制度和政策的变迁过程

改革开放以来，无论是国家层面还是地方层面，跨越式经济增长或赶超型发展战略似乎是一种常态（例如20世纪80年代风行一时的"深圳速度"）。在较

---

① 习近平：《人民对美好生活的向往就是我们的奋斗目标》，载《人民日报》，2012年11月16日。
② 习近平：《谈治国理政》，外文出版社2014年版，第111~112页。

低的生产力水平和发展基数上,追求较高或较快的经济增长速度既是可能的,也是合理的。但受到经济发展规律以及有限资源能源的强大约束,一味地追求较高或较快的经济增长速度则既不可能,也不合理。正是基于此,2014 年习近平出席 APEC 工商领导人峰会并发表主旨演讲,着重指出中国经济呈现出新常态,并定义了新常态的三个主要特点:一是从高速增长转为中高速增长;二是经济结构不断优化升级,第三产业消费需求逐步成为主体,城乡区域差距逐步缩小,居民收入占比上升,发展成果惠及更广大民众;三是从要素驱动、投资驱动转向创新驱动。显然,在经济发展方式转变的大趋势和大背景下,不计代价和后果的增长速度型战略已经且应该逐步摒弃,而注重质量和效益的科学发展、包容性发展战略正上升为主流的经济发展新战略或新常态①。可以说,新常态下的发展必然是遵循经济规律的科学发展,必然是遵循自然规律的可持续发展,必然是遵循社会规律的包容性发展。

(四) 经济发展战略的转变必然引致且客观需要相应的地方政府行为评价指标体系的转变

单纯从增速来看,改革开放 30 多年来,我国综合国力迅速增强,经济增长速度名列世界首位(年均增长速度约 9.8%),2010 年已超越日本成为仅次于美国的第二大经济体,"中国速度"举世瞩目。在某种程度上,这也是相应的政绩考核或"以 GDP 论英雄"为主要特征的增长绩效考评制度助推的一种结果。但伴随着粗放型经济增长方式,我国环境问题、民生问题、发展结构不平衡问题等日益突出。例如,由于工业粉尘、汽车尾气等所造成 PM2.5 过度排放,导致雾霾天气日趋增多和严重,生态文明建设面临着严峻的考验。在经济发展绩效评价研究方面,国内学者朱承亮等(2011)就曾用随机前沿法对 1998~2008 年中国经济增长效率及影响因素进行实证分析,其研究表明我国经济增长已处于技术非效率状态。正是基于此背景,2012 年党的十八大报告首次明确提出了建设生态文明的发展要求。可以说,经济发展方式的顺利转变客观上需要重构科学的政绩观,构建包括绿色 GDP 增长、结构优化指标、民生改善指标、生态文明指标等的发展绩效评价体系。这里,作为发展追求目标之一的 GDP 既不能盲目崇拜,但也不能简单抛弃,绿色的、高质量的 GDP 才是经济发展的最优选择,并应纳入地方政府的发展绩效考核指标体系。事实上,国内已有学者在此领域展开有益

---

① 应指出,在经济发展新战略或新常态下,经济增长速度并不是不重要,而是从绝对重要的核心地位降至资源环境能承受的合理水平(如从高速增长降至中高速增长水平),与此相对应,经济发展的质量要求和效率要求的重要性大大提升。

的实证研究。例如，2015年1月由中国科学院可持续发展研究组编著的《中国发展质量研究报告》在北京发布，该《报告》首创"中国GDP质量指数"，从经济质量、社会质量、环境质量、生活质量、管理质量五个方面，定量地展示中国GDP质量的整体内涵。研究发现：1993年以来中国GDP质量指数已经呈现稳定上升的态势；20年间GDP质量比1993年提高了46.5%，年平均递增2.3%；从2012年中国各省市自治区的GDP质量来看，GDP质量为优、良的省份都位于东部经济发达地区（北京、上海、浙江位列前三），GDP质量为中或一般的省份大多位于中西部地区。其中，北京、上海在经济质量、社会质量、生活质量和管理质量四个方面均表现优异，唯独在环境质量上有待加强。此外，该《报告》对2012年各省市自治区的GDP质量与数量进行了对比分析，结果显示：全国近一半地区GDP发展呈现低数量、低质量状况，大多位于中西部欠发达地区；只有经济发达的长三角、珠三角及渤海地区的GDP呈现高数量、高质量的发展态势①。值得指出，公共产品和公共服务的供给质量对支撑高质量的经济增长具有重要意义。

应指出，政绩考核往往是贯彻经济发展战略的"指挥棒"，并对地方政府行为产生深刻的导向性效应。在我国，进一步完善地方政府及其官员的政绩考核制度，才能令政府工作更加适应经济社会发展的需求。2014年7月21日，国务院办公厅印发《大气污染防治行动计划实施情况考核办法（试行）》，标志着我国历史上最严格大气环境管理责任与考核制度的正式确立，客观上对推进生态文明建设具有重要的积极意义。当然，相关环保法的执行是"棉花棒"还是"杀手锏"，关键的问题还在于是否把环境保护纳入政府官员的政绩考核之中，使官员的乌纱帽和蓝天、青山、绿水有所"挂钩"。从目前来看，这仅仅是在我国局部地方进行了试点，还没有成为新常态下事关地方政府官员升迁或调任的重要影响因素②。

（五）从经济发展路径来看，由粗放式的投资规模驱动或外延式的要素投入驱动转向创新驱动型发展、集约型和内涵式发展，将是中国经济发展方式转变的必然趋势

投资驱动型发展模式是促进我国经济高速增长的主要推动力，同时也是导致我国经济结构失衡的重要推手。改革开放以来，中国经济的持续高增长是依靠持

---

① 牛文元：首创"中国GDP质量指数"，建议纳入地方考核，中国新闻网，http://finance.eastmoney.com/news/1348，20150121470253532.html。

② 在我国，2014年4月24日全国人大常委会表决通过了《环保法修订案》，新法已于2015年1月1日施行。至此，这部中国环境领域的"基本法"，完成了25年来的首次修订。新《环保法》已经规定，地方各级人民政府和其他负有环境保护监督管理职责的部门如违规准予行政许可，对环境违法行为进行包庇等，将对直接负责主管的人员和其他直接负责人员给予记过、记大过或者降级处分，其主要负责人应当引咎辞职。当然，在新法执行过程中，民众期待不会对问责官员"高高举起、轻轻放下"。

续的高投资和高资本积累来推动的,这在国内理论界基本上已经形成共识。但须看到,投资驱动型发展模式在经济实现起飞以及经济发展到较高阶段之后就难以为继了,必须适时地加以动力转换。否则,经济发展方式转变的目标就难以达成。主要的理论依据在于:

(1) 在需求结构上,高投资必然会相应地降低消费需求。例如,在 2001~2010 年间,我国投资率从 36.5% 上升到 48.6%,而消费率相应地从 61% 下降到 47%,其中居民消费从 45.3% 下降到 33.8%[①]。消费的萎缩造成内需不足,就不得不依靠外需来维持较高的总需求,结果是越来越依赖出口维持高增长。

(2) 在投入结构上,高投资导致资本投资效率必然下降。首先,高投资使得总量生产率难以提高。投入由资本、劳动和技术进步等要素构成。技术进步是提高总量生产率的决定因素,由于资本投入比例高,促进技术进步的创新就比较薄弱。因为企业能够依靠高投资获得高额利润,就没有动力去追求创新和变革。其次,高投资导致资源消耗过快,环境不断恶化,从而对生态文明建设带来巨大压力。

(3) 在产业结构上,高投资导致我国经济结构越来越重工业化。我国大部分投资倾向于工业,尤其是重化工业和基础设施,而对农业和现代服务业的投资相对较少,结果是工业部门比重不断提高,尤其是近 10 年来重化工业比率上升较快,重化工业比率从 20 世纪末的 50% 上升到 2013 年的 70% 左右(发达市场经济国家通常在 60% 左右),而轻工业和服务业发展则相对滞后。由于工业部门发展越来越重型化,造成了重工业部门产品积压、产能过剩。从以上分析中可知,投资驱动型发展模式是导致我国经济结构失衡的症结所在,因此调整经济结构必须把改变投资驱动型发展模式作为主要着力点,发展动力路径逐渐转向创新驱动型发展、集约型和内涵式发展。为此,客观上需要扭转 GDP 崇拜的环境氛围,推动经济增长模式的动力结构转换;加快财税制度的改革和社会保障体系的完善;通过财政体制机制改革减少地方政府对经济活动的直接投资,使得经济建设型政府逐渐转变为公共服务型政府。

当然,必须正视的一个现实仍是:就目前中国的经济发展阶段而言,城市化背景下投资驱动的"推土机"仍在运转,而创新驱动模式在很大程度上仍是美好愿景(在我国某些地区可能只是一辆仅供观赏而无法真正发挥功用的"玩具汽车")。根据全球商业管理界"竞争战略之父"迈克尔·波特(Michael E. Porter)的国家经济发展四阶段论(即生产要素驱动、投资驱动、创新驱动和富裕驱动),前三个阶段都是经济处于成长阶段,而富裕驱动阶段则意味着国家已经走到经济衰退阶段。一国处于创新驱动阶段的主要特征如下:依赖生产要素而形成竞争优

---

① 郭熙保、韩纪江:《改变投资驱动型经济发展模式》,载《经济日报》,2013 年 3 月 29 日。

势的企业越来越少；很多企业克服了生产成本或汇率变化的冲击；大规模海外投资潮的出现；产业集群向纵向深化或横向跨行业发展；政府无为而治等。迈克尔·波特的观点认为，英国在19世纪前半叶已经跨入创新驱动阶段，美国、德国、瑞典则在20世纪初进入创新驱动阶段，日本、意大利是在20世纪70年代中后期进入了创新驱动阶段，韩国则在21世纪初进入创新驱动阶段。就中国而言，过去10年经济平均增速超过10%，总体上无疑仍处于高速增长阶段。显然，过去10年拉动中国经济高速增长主要靠投资，投资对GDP增长的贡献绝大部分年份都在50%以上。因此，简单地判断，中国经济还未到达创新驱动阶段。考虑到前期廉价劳动力、廉价土地资源及廉价环保成本的时期已经过去，房地产投资、基建投资、出口导向型经济模式成为主导经济的力量，因此，中国经济总体上尚处在投资驱动阶段。由此可见，我国经济发展路径的模式转换将是较为漫长而痛苦的过程。

（六）优化产业结构，提升产业水平，推进经济结构战略性调整，无疑是我国经济发展方式转变的主攻方向

应该说，近年来我国在经济发展方式转变方面已经取得了一些新突破，产业结构调整取得了一些新进展。例如，三次产业协同性增强，需求结构明显改善，城镇化水平明显提高，区域结构不断优化，经济发展的全面性、协调性和可持续性明显增强。但应看到，我国产业结构不合理、科技创新能力不强、核心技术缺乏、发展层次偏低、先进制造业和现代服务业发展滞后等矛盾问题还比较突出。从加快经济发展方式转变角度，产业支撑的重要意义在于：

（1）优化产业结构并提升产业水平是新时期加快转变经济发展方式的根本出路。当前，我国经济发展的内外部环境正在发生深刻变化。从国际看，全球经济格局深度调整，产业竞争异常激烈。国际金融危机爆发后，发达国家纷纷提出"再工业化"战略，试图在新的技术平台上提升制造业和发展新兴产业，继续以核心技术和专业服务牢牢掌控全球价值链的高端环节，对我国提升产业层次、发展先进制造业形成巨大压力；新兴市场国家也在加快产业升级，一些发展中国家利用其低成本优势，加紧与我国在传统国际市场展开竞争，我们面临着发达国家抢占战略制高点和发展中国家抢占传统市场的双重压力。从国内看，经济结构性矛盾突出，传统发展模式面临诸多调整。高投入、高消耗、高排放的粗放发展方式还没有根本改变，劳动力、土地、房产等生产要素价格持续上升，能源资源和生态环境约束日趋强化，对优化产业结构形成了一定的倒逼机制。产业结构调整优化不到位，不仅影响短期"稳增长促转型"目标的实现，还将严重制约经济可持续发展和全面建成小康社会目标的顺利实现。

（2）优化产业结构并提升产业水平是加快形成新的经济发展方式的重要途

径。加快形成新的经济发展方式，把推动发展的立足点转到提高质量和效益上来，使经济发展更多依靠内需（特别是消费需求拉动），更多依靠现代服务业和战略性新兴产业带动，更多依靠科技进步、劳动者素质提高、管理创新驱动，更多依靠节约资源和循环经济推动，更多依靠城乡区域发展协调互动。因此，就应通过产业结构优化和转型升级，提高产业创新能力和技术水平，改变产品附加值低、产能过剩、高端产品供给不足的状况，促进产业发展模式向绿色低碳、清洁安全转变，提升在全球产业分工中的地位并打造新优势，从而增强我国产业的核心竞争力和国际竞争力。

（3）优化产业结构并提升产业水平是推进经济结构战略性调整的主要着力点。通过优化产业结构，努力实现消费、投资、出口协调拉动经济可持续发展。把优化产业结构作为促进消费结构升级的重要动力，创新品种、提升质量、创建品牌、改善服务，努力向消费者提供适销对路的产品和服务，引领创造新的消费需求，扩大消费市场。从区域发展来看，优化产业结构是促进区域协调发展的重要支撑（如通过优化产业布局来促进区域产业的集聚发展），同时，优化产业结构也是促进新型城镇化、城乡一体化和农业现代化的重要依托。

总之，基于经济发展方式转变的大战略，无论是国家层面还是区域层面，都应着力构建现代产业发展的新体系。具体内容包括：加快传统产业转型升级；推动战略性新兴产业、先进制造业健康发展；推动服务业特别是现代服务业发展壮大（服务业具有涉及领域广、带动就业多、消耗资源少、拉动增长作用强等特点）；合理布局建设基础设施和基础产业；发展现代信息技术产业体系等。最终，在我国逐步形成以农业为基础、工业为主导、战略性新兴产业为先导、基础产业为支撑、服务业全面发展的产业格局。

第二节　地方财政体制促进经济发展方式转变的机理假设

一、地方财政体制是调控区域社会经济发展的重要制度安排

深化改革是加快转变经济发展方式的关键，这为我国今后加快转变经济发展方式指明了方向和路径。尽管深化改革的范围很广，但地方财税体制改革显然是经济体制改革最重要的组成部分之一。在某种程度上，地方财政体制改革以及财政转型（如从经济建设型财政转向公共服务型财政）也是地方政府转型的重要标志之一。

进一步分析，转变经济发展方式客观上需要政府和非政府等多种经济主体的

共同努力。也就是说,这既需要从微观主体角度调整经济要素的配置方式并提高配置效率,也需要宏观层面的财政体制机制的保障与推动。地方财政体制作为调控社会经济发展的重要制度安排,具有范围广、规模大、影响深等特点和优势,并在加快转变经济发展方式中有着非常重要的基础地位。例如,1994 年以来浙江省地方财政体制进行了积极探索并创造了诸多"浙江经验"(见表 2-1),这些地方财政体制对浙江的区域协调、城乡平衡以及战略新兴产业发展都产生了全面而深刻的影响。可以说,改革和完善财政体制等相关的体制机制,将是推进区域经济发展方式转变的重要保障和根本任务。这使得如何构建有利于经济发展方式转变的地方财政体制显得尤为重要,也将在一定程度上决定着区域经济发展方式转变的快慢及其成效。

表 2-1　　1994 年以来浙江省地方财政体制的改革与完善

年份	浙江省地方财政体制改革的主要内容
1995 年	出台了针对富裕县的"亿元县上台阶"奖励政策以及针对贫困县的"两保两挂"政策
1997 年	对实行"两保两挂"以外的县市实行了"两保两联"政策
1999 年	对"两保两联"的地区又增加"一保一联"
2003 年	把对发达和较发达县市的财政政策调整合并为"两保一挂",实行省奖励与地方财政收入增收额相挂钩
2007 年	为调动县市发展第三产业,加强小税种征收以及优化财政收入结构的积极性,实施了优化收入结构财力性奖励办法
2008 年	根据经济社会发展变化的情况,将"两保两挂"和"两保一挂"财政政策,调整为分类分档激励奖补机制。之后,又对主要水系源头所在地实行了生态环保财力转移支付制度
2012 年至今	财政收入方面:完善了浙江省金融业和电力生产企业的税收收入预算分配管理体制。金融业的营业税调整为省与市、县市共享收入,统一按"六四"比例分享。企业所得税全部下放市、县市。原来属于省级的电力生产企业增值税、企业所得税均下放市、县市 财政支出方面:省级支出包括省级一般公共服务、公共安全、教育、科学技术、文化体育与传媒、社会保障和就业、医疗卫生、环境保护、城乡社区事务、农林水事务、交通运输、工业商业金融等事务支出,以及省级其他支出;市、县市级支出包括市、县市级一般公共服务、公共安全、教育、科学技术、文化体育与传媒、社会保障和就业、医疗卫生、环境保护、城乡社区事务、农林水事务、交通运输、工业商业金融等事务支出,以及市、县市级其他支出

续表

年份	浙江省地方财政体制改革的主要内容
2012年至今	区域统筹发展的激励奖补政策：对欠发达地区，在确保实现当年财政收支平衡、完成政府职责任务的前提下，实行省激励补助与其地方财政税收收入增长挂钩。对发达地区和较发达地区，在确保实现当年财政收支平衡、完成政府职责任务的前提下，实行省奖励与其地方财政税收收入增收额挂钩的办法。 转移支付方面：围绕省委、省政府的特定政策目标，省级各部门将本部门现有专项转移支付资金整合成一个专项性一般转移支付项目

二、地方财税体制改革与经济发展方式转变的复杂机理

（一）地方财政体制改革是推动经济发展方式转变的重要切入口和突破口

地方财政体制改革同时具有经济性、社会性和政治性的广义内涵，因此，其有可能成为当前复杂背景下经济发展方式转变的一个重要切入口和突破口，但实际影响可能有好有坏、有大有小。从改革进程来看，自从1998年我国政府公开提出建立公共财政制度框架以来，我国在公共财政体制改革方面进行了许多改革尝试和积极探索，包括实行部门预算管理制度改革，推行"乡财县管"和"省直管县"等体制创新，推行财政绩效评价制度和绩效预算制度试点等，这些都为都为各级地方政府有效调节辖区经济以及助推经济发展方式转变奠定了有利的体制条件。

这里，着重以浙江"省管县"财政体制改革为例，阐明不同地方财政体制改革对区域经济发展方式转变的差异化效应。值得指出，"省管县"财政体制是财政分权模式的一种新的探索，有利于提高地方政府的财政职能，也是对财政放权和促进县域经济发展的一种制度创新。新中国成立以来，由于自然和历史的原因，浙江省一直实行省直管县的财政管理体制模式。改革开放之后，浙江省积极发挥财政的分配职能，不断创新分配体制，在调动省与市县的积极性、缩小各地区差距、促进区域经济协调发展等方面取得了显著的成效，并得到了中央的肯定。从1992年至今，浙江省已经连续多次出台政策，逐步扩大了县级政府的经济管理权限。实践证明，"省管县"财政管理体制实行，激发了浙江县域经济的活力。省直管县财政体制在配套体制改革和政策制度设计下，极大程度地增强了县域经济实力，取得了良好的绩效。"省管县"财政体制减少

了财政的管理层次，大大降低了行政成本，提高了资金的运转效率，也加大了省级财政对县级财政的支持力度，提高了管理效率，这有利于区域经济的均衡发展。同时，"省管县"财政体制将财政资金投向了最需要的地方，从更高的层次上规划了全省的发展格局，避免了重复建设问题的出现，这使得在体制改革中推进经济发展方式的转变。另外，"省管县"财政体制的实行，使得更多的财政资金投入到农村基础设施以及公共产品的提供上，带动了农村经济的发展，从根本上解决了城乡均衡发展的问题。值得指出，强县扩权改革是浙江"省管县"财政体制的自然延伸。随着"省管县"地方财政管理体制的不断推进，在行政上的"市管县"越来越明显地约束了财政体制，因此，浙江在一些地区实行了强县扩权改革。图2-3为浙江省在1992年、1997年、2002年和2006年四次强县扩权的历程。

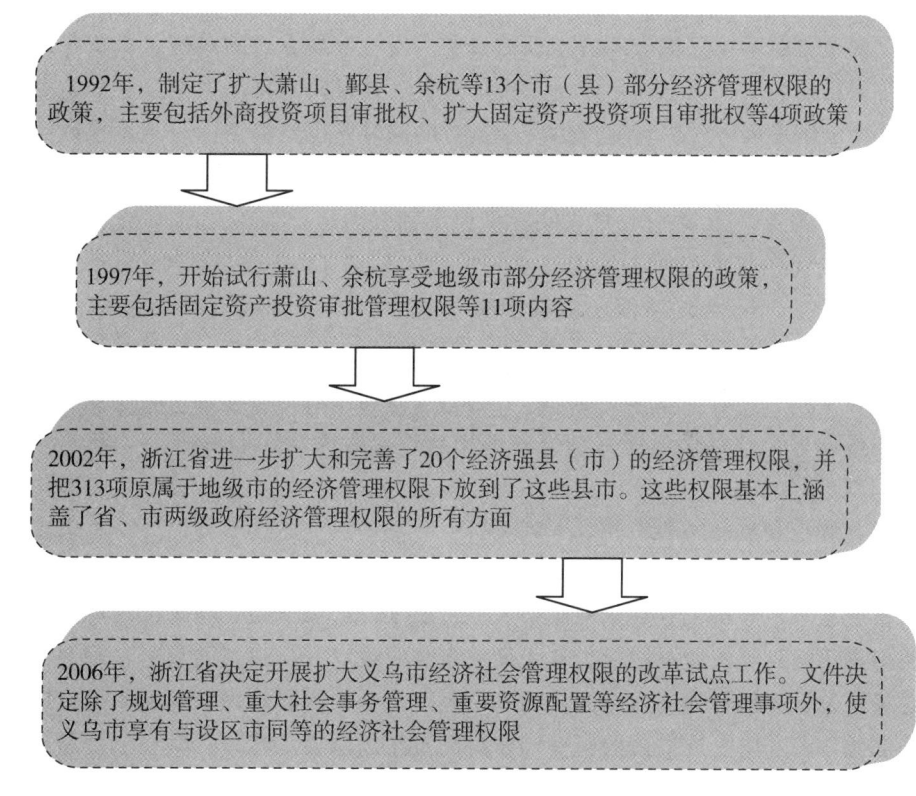

```
┌─────────────────────────────────────────────────────────┐
│ 1992年，制定了扩大萧山、鄞县、余杭等13个市（县）部分经济管理权限的  │
│ 政策，主要包括外商投资项目审批权、扩大固定资产投资项目审批权等4项政策 │
└─────────────────────────────────────────────────────────┘
                            ↓
┌─────────────────────────────────────────────────────────┐
│ 1997年，开始试行萧山、余杭享受地级市部分经济管理权限的政策，          │
│ 主要包括固定资产投资审批管理权限等11项内容                        │
└─────────────────────────────────────────────────────────┘
                            ↓
┌─────────────────────────────────────────────────────────┐
│ 2002年，浙江省进一步扩大和完善了20个经济强县（市）的经济管理权限，并   │
│ 把313项原属于地级市的经济管理权限下放到了这些县市。这些权限基本上涵    │
│ 盖了省、市两级政府经济管理权限的所有方面                           │
└─────────────────────────────────────────────────────────┘
                            ↓
┌─────────────────────────────────────────────────────────┐
│ 2006年，浙江省决定开展扩大义乌市经济社会管理权限的改革试点工作。文件决 │
│ 定除了规划管理、重大社会事务管理、重要资源配置等经济社会管理事项外，使  │
│ 义乌市享有与设区市同等的经济社会管理权限                           │
└─────────────────────────────────────────────────────────┘
```

图2-3 基于强县扩权的浙江省"省管县"体制改革历程

通过对浙江"省管县"体制（含强县扩权体制改革）的实证分析，可考察地方财政体制改革对转变经济发展方式转变的实际影响。在利用DID模型对浙江2002年"省管县"扩权改革对经济发展方式转变的影响时，将扩权县确定为处理组，未扩权县确定为控制组。在双重差分方程中，用 DU = 1 表示处理组，DU = 0 为控制组。另外，剔除时间趋势因素对样本产生的影响，所以在差分方程中，引用时间虚拟变量，将 DT = 1 表示改革后，DT = 0 表示改革前。书中定义 2002 年以及以后为改革后，2001 年及其之前为改革前。回归方程（略）中，Y 是被解释变量，即经济发展方式转变的衡量指标；i 代表各样本县，t 代表时间，ε 代表残差，即其他影响因素。对于 Y 的选择，由于它代表的是经济发展方式的转变，所以可从经济结构、产业结构和民生改善三个方面选择了部分指标作为分析对象。"省管县"体制下的强县扩权改革对经济发展方式转变的影响，即交叉项系数 β_3，就是所要研究的双重差分估计量。从模型估计结果来看，主要有以下研究结论。

（1）该改革政策对全社会固定资产投资的影响显著为正。这说明浙江省强县扩权改革实施以后，县级政府在各自权力得到扩大以后，更加注重经济的发展，但也反映出可能存在只追求经济增长的现象。经济发展方式的转变，不仅仅包含对经济增长的要求，更要注重经济发展的质量。县级政府在加大全社会固定资产投资量为经济发展方式的转变提供资金支持的同时，也要注重因过于追求政绩而降低了固定资产的利用率，较片面地追求了粗放型经济增长。

（2）该改革政策对基本养老保险投保率和基本医疗保险投保率的影响显著为正。这说明强县扩权改革使得民生相关政策得到了较好的落实。在经济发展方式的转变中，民生改善程度占据了重要位置，地方各级财政通过加大对教育、医疗、社会保障等的支出，有效改善了居民的生活环境。强县扩权改革的实施使得县级政府拥有了更大的调控权利，同时县级政府更了解各地的民生需求，因此能够将各自扩大的权利更好地用在各地居民条件的改善上，并收到了很好的效果。

（3）该改革政策对辖区第三产业的 GDP 贡献率的影响为负。这除了由于外部的竞争压力以及政府官员晋升激励机制的影响外，我们认为这与浙江"省管县"强县扩权改革的内在逻辑有重要关系。从实际经验来看，各地的扩权下放的主要依据仍然是经济总量增长，这无疑给市县级政府一个强烈的信号，即只有经济总量增长了才能得到扩权可能。在一定程度上，在该财政体制作用下，产业结构的调整以及经济发展方式的转变尚未得到真正的落实。此外，从控制变量的选择上来看，经济发展水平对固定资产投资和产业结构的影响有较明显的促进作用，这说明宏观经济政策对区域经济发展方式转变的影响还是较显著的。当然，地方财政体制机制本身对区域经济发展方式的作用有好有坏、有正向亦有负向，这取决于具体的财政体制机制安排及其实践执行情况。

（二）以深化预算改革为核心的地方财政体制机制改革，可以进一步强化财政预算对经济发展方式转变（如产业转型升级）的基础和支撑作用

（1）财政是国家治理的基础和重要支柱，因此，需要理顺县级以上各级地方政府在扶持产业发展、促进经济发展方式转变事项上的支出责任。事实上，构建有利于转变经济发展方式的财税体制，首要之义就是要按照财力与事权相匹配的要求，进一步理顺各级政府间财政分配关系。

（2）打破部门之间条块分割的格局，对现有扶持产业发展的专项资金进行全面清理、深度整合，可进一步提升产业性财政资金支持的系统性、针对性和有效性。例如，压减、整合或清理各种过多过滥的财政专项资金，杜绝财政专项资金安排固化、僵化或无绩效化；积极调整一批，进一步减少对一般竞争性领域的直接财政补助，按照存量调结构、增量优方向的资金扶持原则，积极调整更多资金用于扶持重点产业发展；着力整合一批，集中财力办大事，积极推动部门内部和跨部门的产业资金整合，实现"一个部门、一个专项"（如浙江省财政厅首创的"专项性一般转移支付制度"模式）①，加快解决专项资金用途交叉、使用分散的问题；加快下放一批，即对一些适合市县政府统筹管理的专项资金，要切块安排，并尽可能把同类资金打捆下达，由当地政府结合地方实际自主安排，从而给予地方政府一定的转变经济发展方式的自主权。

（3）深化财政资金分配方式改革，可进一步提升财政资金对产业发展的扩张效应。例如，由以往直接定项目向竞争性分配转变。在资金分配环节，改变过去层层按额度报项目、批项目的做法，采取竞争性分配方法，实现项目选择多中选好、好中选优，真正把有限的资金用在最急需支持的区域产业和项目上。再如，由财政单一扶持向财银（即财政与银行）、财企（即财政与企业）合作扶持新机制转变。积极采用贷款贴息、以奖代补、政府购买等方法，充分发挥地方财政资金的"四两拨千斤"作用或种子机制作用。

（4）强化预算绩效管理制度改革，可以在现有的财力约束下，按照"奖优罚劣"的绩效原则，进一步提升区域经济发展方式转变的质效水平。强化绩效管理，将绩效评价从具体项目扩大到对各部门、各地区开展扶持产业发展的活动，

---

① 在浙江，随着地方公共财政越来越向民生倾斜，义务教育阶段免学杂费和课本费、新型农村合作医疗制度、生态公益林补偿机制等民生项目曾经都被设为专项转移支付项目，但其实质上是对这些受益人群普惠性的转移支付资金，更多的是体现均衡性、均等化。即从资金性质上看属于一般财力性补助。因此，浙江省财政厅从2009年起，进一步规范了这类资金的财政管理运行机制，创新性地将14项约45亿元资金纳入一般转移支付范畴，并称之为专项性一般转移支付制度模式。

可以提高财政的资源配置效益。例如，建立健全财政扶持产业专项资金的绩效评价和项目跟踪反馈机制，积极推动绩效评价对象由企业和项目向部门、地区整体转变，加快建立"花钱必问效、无效必问责"的绩效管理运行新机制，从而可以进一步强化财政预算对经济发展方式转变（如产业转型升级）的基础和支撑作用。

值得指出，盘活财政存量资金或闲置资金是地方财政预算改革的重要方向，对提高财政资金使用效益、促进经济发展方式转变具有重要意义。例如，全面核实地方财政、部门存量资金基数，限期办理存量资金收回、交回手续。制定财政存量资金盘活方案，对统筹使用沉淀的存量资金建立任务清单和时间表，用于增加公共服务供给以及区域经济转变发展亟须资金支持的重大领域和项目。

（三）通过深化地方财政体制改革，可以进一步扩大地方财政的资源聚集和产业助推功能

地方财政体制改革对扩大地方财源、助推产业转型发展的重要作用表现在：

（1）地方财政体制改革，可以促进地方政府事权与支出责任相匹配，共同落实产业发展的政府责任。从分级负责角度，通常省级财政要负责做好专项资金政策的顶层设计、健全制度体系；市县财政处在财税政策落实的第一线，要强化监管，负责审核项目申报材料的真实性。从部门分工协作角度，财政部门和业务主管部门要各司其职、各负其责，共同落实扶持产业发展的相关责任。实践中，业务主管部门解决项目管理中"做什么、怎么做"的问题，财政部门则解决资金供给管理中"给多少、怎么给"的问题。

（2）正确处理各级政府间的收入关系，对区域产业升级和发展转型至关重要。例如，遵循公平、效率原则，将税基分布不均衡、税基流动性大的税种，更多地向上集中（如中央或省级），进一步减少下级政府对企业跨地区发展或者兼并重组的行政限制，则会更有利于打造大企业、大集团的转型发展模式；减少或摈弃按企业行政隶属关系划分政府间税收的税收体制，显然会更有利于企业跨地区、跨行业兼并重组和做大做强；为充分调动各级政府加快发展重点产业的积极性，省级政府宜强化对各地财税收入质量的考核，对各地财政收入中重点产业所提供的税收占比提升较快的给予一定的财政奖励。

（3）构建有利于资源积聚的财税机制，助推区域经济发展方式转变。例如，以平衡地区间利益关系为切入点，加快建立健全区域间分工合作、互惠共赢的财税协调机制，引导更多资源向重要地区、重点园区集中（如2011年上升为国家战略的浙江海洋经济发展示范区），打造区域经济的新增长极，以点带面地促进区域经济的转型发展。

总体上，地方政府可以通过财政支出工具来影响和引导经济结构的优化以及发展方式的转变（如图2-4所示）。其中，在产业结构方面，经济发展方式的转变要求产业结构由第一、二产业带动转变为由第一、二、三产业协调发展（如加快现代服务业的发展速度）；在民生方面，教育支出引致的人力资本提升，科技创新投入增强了经济转型技术含量，以及社会保障综合投入等都对推动经济发展方式的转变意义重大；在资源环境的开发和保护方面，政府的财政支出是投资环境保护的重要来源之一，并且对引导企业和社会环境保护投入起到了重要的带头作用。随着财政支出政策不断完善，财政对环境保护的投入力度不断加强，为加快转变经济发展方式提供了有效的资金保障。通过加大财政支出对资源环境的投入力度，支持节能技术改造、水污染防治、淘汰落后产能、建筑节能、农村环保以及环境检测监察等，把节能减排作为经济发展的重点，促进节能增效和生态环保，这有利于资源的节约和环境保护的产业结构调整，有利于生产方式和消费模式的改善，从而有助于实现资源节约型和环境友好型社会的理想蓝图。

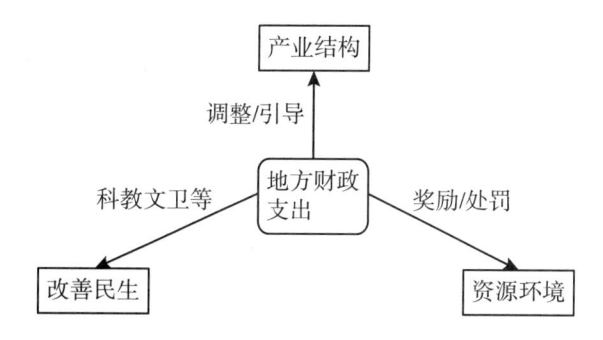

图2-4 地方财政支出促进区域经济发展方式转变的简单模型

（四）进一步深化财政转移支付制度体系改革，可助推区域经济发展方式的渐进转变

在我国，加快转变经济发展方式，推动经济社会全面协调可持续发展，一个重要任务是缩小地区间发展差距，推动东中西经济协调发展。当前，我国城乡、区域之间的发展差距，首先体现在财力和公共服务水平的差距上。财力和公共服务水平的差距既是经济发展不平衡的结果，又是造成经济社会发展新的不平衡的原因。因此，扭转区域和城乡经济发展不平衡的趋势，就必须完善财政转移支付制度，充分发挥财政均衡制度功能。通过建立健全省对下财政转移支付制度，进一步实现区域和城乡均等化发展，对经济发展方式转变的协调和均衡推进具有重要的意义。同中央对地方转移支付类似，省以下转移支付也包括一般性转移支付和专项转移支付两种。其中，一般性转移支付包括均衡性转移支付、调整工资的转移支付、政策性转移支付、农村税费改革的转移支付、激励性转移支付以及生态转移支付等（如图2-5所示）。实践中，均衡性转移支付、调整工资的转移支付、农村税费改革的转移支付是省级对下的一般性转移支付的主要种类，并在规模上占了主体地位。值得指出，在财政转移支付制度体系中，大多数转移支付项目都与民生保障、公共服务供给等政策目标息息相关，而这些政策目标的实现程度则将直接或间接地为经济发展方式转变提供重要支撑。进一步扩大教育、卫生、文化等领域基本公共服务的均等化供给，就可在一定程度上实现改善民生目标的同时，还可不断培育出区域经济增长的新动力或新方向。例如，地方财政的生态型转移支付制度就明显地有利于辖区生态文明相关企业或产业的生成和做大。

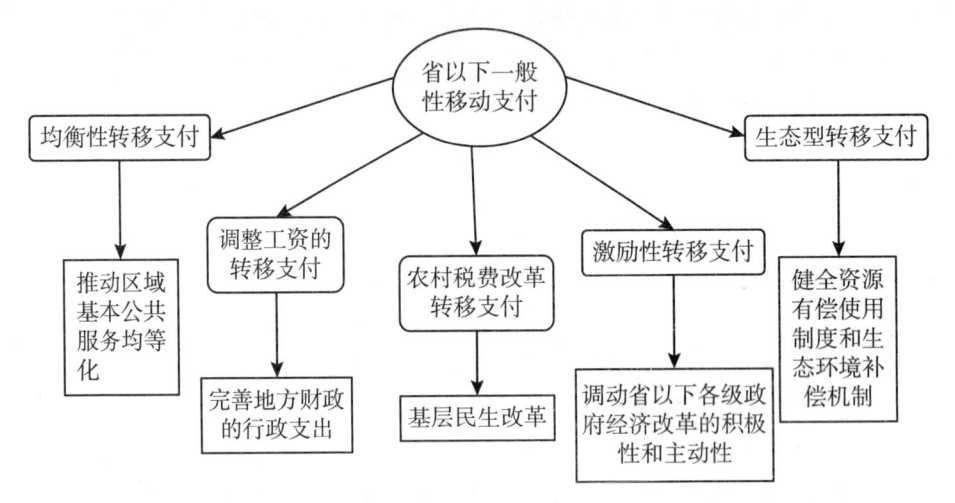

图2-5 省以下一般性财政转移支付的复杂构成及助推作用

进一步的分析发现，不同的转移支付制度通过不同的路径对区域经济发展方式转变产生重要影响。具体内容包括以下方面。

（1）均衡性转移支付对经济发展方式转变的影响。均衡性转移支付重点用于保障机关事业单位职工工资的发放以及机构正常运转的基本支出等，特别用于保证重点民生支出的需求，支持农业、教育、科技等事业的发展，推动区域基本公共服务均等化。均衡性转移支付在维持地方财政本级财政支出的同时，还对民生支出加以平衡，从而提高居民的生产生活、受教育程度以及实现科技创新等，这些都直接或间接推动了区域经济发展方式的转变。另外，有些地方政府规定补助资金不得用于"形象"和"政绩"工程，一经发现，会酌情扣减下一年度的转移支付资金。这也就间接性地抑制了地方政府为了政绩而发展的扭曲发展观，从而在新的经济发展方式中有利于推动本地经济的发展。

（2）调整工资的转移支付对经济发展方式转变的影响。调整工资的转移支付是为了改革现行公务员工资制度，调整事业单位工作人员的收入分配制度，以及增加离退休人员离退休费等设立的。而政策性转移支付是用于弥补公检法司部门的基本运转经费不足，主要为了解决公检法司民警的工资发放以及部门正常运转经费的需要，切实提高县市的政法经费基本保障能力。这两项转移支付也是为了完善地方财政的行政支出，通过阳光化工资制度，也能有效地避免政府官员的贪污腐败现象的发生，为经济发展方式的转变肃清道路。

（3）农村税费改革转移支付对经济发展方式转变的影响。农村税费改革转移支付是为了确保农民负担得到明显的减轻，保障乡镇机构和村级组织的正常运转，保证农村义务教育经费的正常需要，主要用于农村义务教育、农村"五保"供养、人口与计划生育、乡村道路建设、义务兵家属优待、乡镇及参与农村税费改革的农村办事处保运转、村干部报酬和村级办公等方面。该类型转移支付从基层的民生改革出发，加大了向经济相对落后的农村地区的财政投入，加大了农村基础设施建设投入，建立了财政支农资金投入稳定增长机制，有利于建立均等化的区域公共服务体系，从而为经济发展方式转变创新有利条件。

（4）激励性转移支付对经济发展方式转变的影响。激励性转移支付是省对下转移支付制度的重要组成部分，目的是通过建立激励约束机制，在兼顾市县的基本保障和财力均衡的同时，鼓励市县加强财政预算管理，增加财政收入，并有效控制人员增长和消化历史欠账，来进一步缓解市县的财政困难。在浙江，主要包括对一般预算增幅超过全省的平均水平市县给予定额或者是分档比例的奖励。在激励性转移支付的作用下，能够充分调动省以下各级政府实现经济改革的积极性和主动性。地方政府会依据总体的发展要求建立适合自己的发展规划，从而助推区域经济发展方式的转变。

（5）生态转移支付对经济发展方式转变的影响。生态转移支付是指对实施生态建设和保护的市县给予一定财政补贴的一项转移支付制度，是有利于实现科学发展的财税制度，是建立健全资源有偿使用制度和生态环境补偿机制的重要内容。在我国，由于生态污染和保护问题具有明显的跨辖区、跨流域的特征，所以其治理过程往往涉及多个同一级别的行政单元和利益相关方，这就决定了地方政府财政转移支付操作的复杂性和特殊性。因为很难在互不隶属的同级地方行政单位间建立一种直接的财政预算资金拨付关系，因此，可以通过建立生态补偿基金的方式，对流域水环境、自然保护区和生态功能区的环境保护进行横向转移支付。横向转移支付是地方政府间传统意义上的纵向转移支付的一种必要补充，这种透明度较高的补偿手段可以在协调和处理不同辖区之间的利益关系方面发挥不可替代的作用。

(6) 专项转移支付对经济发展方式转变的影响。省对下的专项转移支付，即为实现某种特定的政策经济目标或者专项任务，由省级财政向省以下政府提供的专项补助，旨在重点解决国计民生的急需事项，以及地方经济发展中的急需事项，这体现了地方政府对宏观经济的引导作用。专项转移支付的使用能够体现出省级政府的政策意图，对医疗、教育等专项补助需要根据不同时期的经济社会发展薄弱环节和宏观调控的变化而进行调整。围绕转变经济发展方式的宗旨，地方政府可以通过专项对资源的合理配置进行宏观的调控，重点选择经济发展中的薄弱环节来进行补助（如浙江的海洋经济产业发展战略）。对专项转移支付的规范和完善，有利于地方财力与事权相匹配，能够促进基本公共服务均等化，进而促进转变经济发展方式，推动经济社会可持续发展。

（五）地方税制改革是影响区域经济发展方式的重要变量，而优化地方税制安排显然可为经济发展方式转变创造良好的外部发展环境

这里，我们重点以烟草税制改革为典型案例，进一步阐述地方财税体制对区域经济发展方式的重要影响及其两者之间的复杂关联。在我国，目前烟草业涉及的税种有 10 多个，其中：烟叶税和城市维护建设税等属于地方税种；消费税属于中央税种；增值税、企业所得税等属于中央地方共享税种。可见，现行烟叶税是地方税种，收入完全归属地方政府。显然，在上述税种中与地方财政收入联系最密切的，就是烟叶税。事实上，自 2006 年烟叶税独立征收后，其性质由农业税变为商品税，其收入全部归地方政府，从而大大调动了地方政府发展特色经济（如烟草行业）的积极性。例如，自 2006 年烟叶税开征以来，云南省在各级地方政府的大力支持、扶持和培育下，烟草行业逐渐成为该省产业建设的重要龙头、拉动经济增长的重要力量以及促进城乡居民增收的重要引擎，相应地，烟草业实现的税收也日益成为云南省地方财政收入的主要来源之一。以 2013 年为例，当年云南烟草税收总额约 1 014.67 亿元，占税收总额的比重为 42.05%，烟草制品业占云南工业税收的比重高达 63.99%；从当年全省烟叶收购以及缴纳烟叶税情况来看，全年实际收购量约 1 967.40 万担，收购金额约 254.74 亿元，收购均价为 25.89 元/千克，实现烟叶税收入约 59.35 亿元①。单纯从烟叶税的角度来看，云南烟叶税收也增长相当快。例如，2006～2013 年，云南省烟叶税的收入规模由

---

① 资料来源于云南省地方税务局调研室。这里应指出，中国针对烟草行业征收的各种税收往往通称为"烟草税"或"烟草税收"，事实上可分解为烟草增值税、烟草消费税以及烟叶税。从现行税收体制来看，占大头的增值税和消费税由国税部门征收，烟叶税由地税部门征收。

17.8亿元增长到59.35亿元,年均增长18.77%,8年累计征收烟叶税278.86亿元(具体数据见表2-2)。其中,2013年征收烟叶税59.35亿元,占地税部门组织地方税收入的5.22%,占全省地方公共财政预算收入的3.68%,占全国烟叶税收入的39.52%(即1/3强),远高于全国其他省(区、市)烟叶税收入。曲靖、玉溪、红河、大理、昆明、楚雄6个烟叶主产区入库烟叶税37.91亿元,占全省烟叶税总收入的63.88%。上述情况表明:云南省税源和财源集中度较高,烟草经济创税能力较强;但是,这种过度倚重烟草的经济和税收结构容易受国家限制性政策和外部市场波动的冲击,未来产业转型发展的难度和变数较大。

表2-2　　　2006年以来云南烟叶税收收入及其增长变化趋势

年度\指标	当年烟叶税收入（万元）	烟叶税增收额（万元）	烟叶税增长率（%）
2006	177 985	—	—
2007	201 768	23 783	13.36
2008	256 541	54 773	27.15
2009	296 532	39 991	15.59
2010	305 702	9 170	3.09
2011	395 454	89 752	29.36
2012	561 147	165 693	41.90
2013	593 459	42 383	5.76
合计	2 788 588	425 545	18.77

资料来源:云南省地方税务局。

显然,现行烟叶税制对云南省地方政府发展烟草经济提供了较强的财政激励,从而使得烟草经济以及烟草行业逐渐成长为云南省的支柱产业。但这一相对畸形的产业结构受下一步税制改革的冲击较大(如取消或合并烟叶税改革),从而使得云南经济面临产业结构转型的巨大压力。

进一步分析,我国是世界上最大的烟草生产国和消费国,也是受烟草危害最严重的国家之一。全国吸烟人数超过3亿人,15岁以上的人群吸烟率为28.1%,7.4亿非吸烟人群遭受二手烟的危害,每年死于吸烟相关疾病的人数达到136.6万[①]。国内多位财税及控烟专家联合发布的《中国的烟草税收及潜在的经济影响》报告研究显示,我国若每包卷烟增加从量税1元,则政府财政收入将增加

---

① 胡德伟、毛正中、石坚、陈文东:《中国的烟草税收及其潜在的经济影响》,研究报告,http://www.tcrc.org.cn/html/zy/dmt/kyhd/2710.html。

649亿元，同时，还将挽救 340 万人的生命，减少医疗费用 26.8 亿元，并创造 99.2 亿元的生产力收益①。应指出，世界上公认的最具有成本效应的控烟措施就是提高烟草的税收和价格，这也是世界卫生组织推荐的最为有效的单项的控烟策略。在此背景下，经国务院批准，自 2015 年 5 月 10 日起，我国政府将卷烟批发环节从价税税率由 5% 提高至 11%。在全球普遍对烟草产品课以重税的大趋势下，我国此次"税价联动"调整烟草政策释放出重税控烟的强烈信号。更重要的是，此次烟草税价调整重要的意义是完善了烟草消费税的政策，即改变了过去烟草税过度集中在生产环节的做法，而更多地增大了消费环节的烟草征税力度。显然，这对于促进烟草统一大市场建设、打破地方保护、促进烟草要素资源优化配置具有重要意义。从未来我国税制改革的方向来看，取消烟叶税并将之归并入消费税似乎已是大势所趋，而消费税的功能则定位于"寓禁于征"，改革方向就是向高能耗、高污染和高消费要税源。显然，即使收入属性不发生变化，但在消费环节而不再是生产环节征收烟叶税，也必将大大弱化地方政府支持烟草行业的发展冲动（因为税源因消费的流动而变得非常不稳定），从而有利于在宏观上控制烟草的生产和消费。就云南而言，这种地方税收体制改革的大趋势必将倒逼云南经济转型，改变过于信赖烟草行业的产业结构模式。

显然，现行烟叶税制对区域烟草行业的快速崛起以及烟草经济在全国的普遍发展（如很多省份的烟草企业都高居当地纳税排行榜的前列）具有较强的现实解释力，是区域性烟草经济发展格局（如较为典型的云南省）的重要原因。当然，未来我国烟叶消费税制改革的深入推进，必将"倒逼"或推动区域经济发展方式的转变。

最后应指出，构建有利于转变经济发展方式的地方财税体制，需要地方税制改革的进一步推进和优化，具体包括：

（1）改革和完善税收制度，扩大增值税征收范围，合理调整消费税范围和税率结构，完善有利于产业结构升级和服务业发展的税收政策。全面完成营业税改征增值税工作后，可切实消除重复征税现象，加快发展第三产业和现代服务业，助推区域产业经济转型。

（2）从经济发展方式转变的角度，通过循序渐进的税制改革逐渐降低间接税比重，不断提高直接税比重也是改革的大方向。从比例关系上来讲，我国是比较明显的间接税制度（约 68% 左右），而间接税比例太高客观上刺激地方政府追求产值的最大化或粗犷型经济扩张，不利于内涵式或质量型经济增长。此外，直接税比重偏低也不利于各级政府通过税收调节居民收入分配的过大差距。从经济发

---

① 胡德伟、毛正中、石坚、陈文东：《中国的烟草税收及其潜在的经济影响》，研究报告，http://www.tcrc.org.cn/html/zy/dmt/kyhd/2710.html。

展方式转变的角度讲，我国的税制结构存在明显的改进空间。

（3）积极探索资源税由从量计征向从价计征转变，加快将现行的排污费改为环境保护税，可有效促进企业生产外部成本的内部化进程，不仅有利于增强地方财政收入，更重要的是有利于区域生态文明的建设。

（4）全国范围内加强对区域性税收优惠政策的清理规范，建立公平税负、公平竞争的统一市场，可为企业竞争和产业发展创造良好的外部环境。从转型发展的角度，应强化税收优惠政策的产业导向，以产业优惠政策代替区域优惠政策。与此同时，建立高效的税收优惠政策监督反馈机制，准确衡量税收优惠政策的成效与必要性，及时调整优惠政策，不折不扣地落实好面向小微企业的各项税收优惠政策。

（5）促进经济发展方式转变，税制改革的核心任务之一是重新设计税种和税收的分享比例，重点则是健全地方税体系，增强地方财政收入的自主能力，完善税收对区域资源配置的内在功能。换句话说，中国经济的转型升级与发展方式转变，客观上需要税制结构的优化调整；而中国税制结构的进一步优化调整也将会有利于推动经济发展方式的渐进转变。

三、地方财政体制影响经济发展方式转变的三大理论假设

在前文分析研究的基础上，这里提出如下理论假设，即地方财税体制是影响经济发展方式转变的重要变量之一，且不同的地方财政体制安排会对经济发展方式转变产生一定的差异性效应。此外，不同的财政体制和机制安排会对地方政府行为引致不同的激励效应，从而对区域经济发展方式转变产生不同的作用结果（见图2-6）。

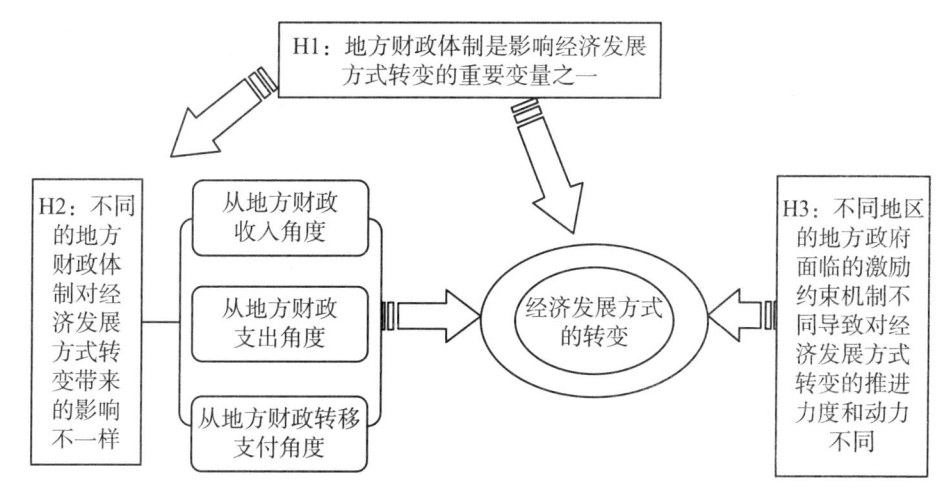

图2-6　地方财政体制促进经济发展方式转变的基本假设模型

进一步地分析，可阐述如下：

（1）财政是国家治理的基础和重要支柱，而地方财政体制机制则是影响经济发展方式转变的重要变量之一。地方财政体制的改革能够有效推动经济发展方式的转变，并能够在产业结构、民生保障以及资源环境等方面提供有效和有力的体制性条件支撑。

（2）地方财政体制机制可从地方财政收入、地方财政支出以及转移支付三个不同维度对区域经济发展方式的转变产生不同的影响或效果。现有研究文献已经表明：不同的地方财政体制对经济发展方式转变带来的影响是不一样的。大致来讲，地方财政收入主要通过税收总量与结构效应对区域经济发展方式的转变产生重要影响；地方财政支出则是通过对产业结构调整、民生投入以及资源环境的投入等实现对经济发展方式转变的推动；地方财政转移支付则通过不同类型的转移支付制度安排以及针对不同的转移支付对象，会引致不同的地方政府公共治理行为，进而实现对区域经济发展方式的转变产生渐进性影响。

（3）不同的地方财政体制机制的安排会对地方政府行为产生不同的激励效应，从而影响区域经济发展方式转变的方向和进程。显然，地方财政体制激励程度的高低直接或间接引致地方政府等相关经济主体的不同行为反应，也就关系到各地方推进经济发展方式转变的方向和力度。例如，促进产业集群发展的激励机制引导各地进行产业结构的优化配置；缓解下级政府财政困难的激励机制则重点在于引导财政困难的地方政府提高财政收入，保障各项公共财政支出；生态环保类的激励性财政体制安排则注重生态建设，对不利于生态环保的行为给予财政惩罚也是为了在实现经济发展方式转变过程中"建立资源节约型、环境友好型社会"的基本目标而建立的。显然，在不同的财政体制激励以及约束条件下，各地政府推进区域经济发展方式转变以及开展相应改革的动力和力度往往是有差异的。

第三章

促进经济发展方式转变的
地方财政收入体制改革

2015年起实施的新预算法继续沿袭了原有的五级财政层级体系，这也与宪法规定的五级政府体系相衔接。广义的地方财政体制应该包括中央对省、省对地市、地市对县、县对乡镇四个层面的财政体制关系，在省管县财政体制的省区是中央对省、省同时对地市和对县、县对乡镇三个层面。从理论上说，应该全面分析各级层面的财政收入体制，但由于占有资料和篇幅所限，根据需要，本章主要以中央对省、省对县两个层面的财政收入体制对象，研究财政收入体制对地方经济发展方式的影响。对于中国这样行政管理权较为集中的政府管理体制下，财政体制的核心利益是财政收入的划分，历次财政体制改革都是围绕财政收入的划分与调整展开的。因为财政支出划分是依据"事权"而确定的，财政支出职责的调整必须依附于上下级政府事权（称政府职责）的调整。从历史经验看，上下级政府之间的事权职责很少作重新划分、调整，即使有，幅度也不大。纵向的政府间职责结构的变化是由各级政府自身职责的扩张与调整，如中央政府扩大军事支出、外交支出、援外支出等项目，或者是本属中央支出项目的内部结构发生变化；又如在城市化建设中地方职责的扩张，社会保障体系建设中的地方政府职责的加重。这些职责的结构性变化属于同一级政府层面上的横向变化，而不是上下级政府之间的纵向调整。只有少数情况涉及了纵向调整，例如义务教育支出职责的上收，一些支农支出项目的下放，未来有可能实施的社会保障体系的全国统筹。总体来看，由于纵向职责调整而引起的财政收支划分调整的情况和比重很少，更多的情况和主要的因素是各级政府自身职责发生变化引起了上下级政府承担的职责份额发生变化，从而引起在财政收入总量分配份额中各级政府所占比重的变化。更明确地讲，中央政府除了军事、外交等支出具有因国际形势需要而具有阶段性、波动性之外，从长远趋势看，随着社会经济的发展，中央财政的行政管理支出职责有稳定化趋势，而地方职责有进一步扩张之势，所以地方支出任务进一步加重，地方分得的财力即地方可支配收入比重有提高之势。由此可见，上下级政府之间的职责和财政支出责任的重新调整较少发生，但各级政府自身职责的扩张也引起了上下级政府职责及其所需要财力份额变化，这就导致了历次财政体制改革都是围绕争取财政收入而展开的，各级政府关心的核心利益是财政收入的划分。从这个角度讲，地方财政收入体制是制约地方财政支出体制、地方社会经济事业发展的基础。本章第一节主要阐述现行地方财政收入管理体制的构造及其基本特征；第二节重点解析现行地方财政收入管理体制的弊端及其根源；第三节则从经济发展方式的视角就地方财政收入管理体制得改革路径与政策提出一些建设性的建议。

第一节　现行地方财政收入管理体制的构造特征

一、现行地方财政收入管理体制的基本构造

现行财政收入管理体制的基本框架是1994年分税制改革形成的。分税制的基本精神是中央与地方的财政收入以划分税种为依据，将所有税种划分为中央税、地方税、中央地方共享税。中国的分税制与其他国家的分税制的不同之处在于：在其他国家的分税制框架下，中央（联邦）税的规模较大，共享税规模不大，中央（联邦）对不同发达地区的财政收支缺口是通过差异性转移支付来弥补的，换言之，中央（联邦）对不同经济发达程度、不同财力基础的地区，通过差异性（财力性）转移支付来实现公共服务的均等化提供。而中国的分税制是设置了较多的共享税，结合上缴下拨的转移支付来实现地区间的财力均衡，所以中国的共享税比重较大。1994年以后，随着经济发展的税源结构变化，以及面对中央收入逐渐下降的局面，中央又通过调整企业所得税、个人所得税的分享比例来调节中央与地方的分成比例，增强中央调控能力，包括满足中央自身支出的需要、增加对欠发达地区的转移支付能力。而2012年开始试点到2016年5月开始全面实行的营业税改征增值税后，暂按5∶5分成，今后中央和地方之间的收入分

配体制还将重新调整。

1994年分税制出台及以后的调整过程，除了关税、消费税这两个纯粹的中央税外，现行中央与地方间通过税收实现的财政收入体制可以归纳为表3－1。

表3－1　　　　　中国当前中央与地方财政收入分配体制

收入来源			分享比例（%）		说明
中央与地方共享收入	增值税		中央	50	2016年5月1日起，由原来的增值税75%归地方，25%归地方，营业税100%归地方，改为增值税收入后，中央与地方五五分成
			地方	50	
	所得税	企业所得税	中央	60	除铁路运输、国家邮政、四大国有商业银行、三家政策性银行、中石化及中海油等企业外，2003年前中央与地方各分享所得税的50%，2003年调整为中央60%，地方40%
			地方	40	
	资源税	海洋石油资源税（费）	中央	100	海洋石油开采企业没有向中央上缴这一税收，而是以矿区使用费的形式上缴，从而对其他资源征收的资源税成为单纯的地方税种
			地方	0	
		其他资源	中央	0	
			地方	100	
地方固定收入	证券交易印花税		中央	97	1997年中央与地方分享他们比例由50%∶50%调整为80%∶20%，2000年后调整后97%∶3%。只有上海和深圳分享
			地方	3	
	营业税		地方	100	不含铁道部门、各银行总行、各保险公司总公司集中交纳的营业税。随着营改增完成，不再存在这种地方税
	城市维护建设税		地方	100	不含铁道部门、各银行总行、各保险公司总公司集中交纳的部分
	契税、房产税、车船使用税、印花税、耕地占用税、烟叶税、土地增值税、城镇土地使用税等				

资料来源：刘志广：《中国地方政府财政收入来源及其规模》，载《地方财政研究》2010年第4期。根据2010年以后的情况作了修正补充。

分税制财政收入体制的实施是中国财政体制改革史上的一个重要转折，以往实施的各种财政体制基本上都以收入总额为分成对象，无非划分的比例不一样，或者基数与增长的分成比例不一样，而分税制却是以划分税种为依据来分配财力。分税制财政收入体制增强了对地方的财政激励，产生了诸多方面的积极效果。

第一，显著提高了中央财政能力。全国"公共财政收入"中的中央财政收入所占份额从分税制之前1993年的22%跳跃式地提高到了1994年的55.7%（具体各年数据见表3-2），以后的比例虽有变化，但基本稳定在一半左右。虽然1993年中央收入占比很低地方收入占比很高的重要原因是不少地方预期到财政收入分成办法即将调整，因而大幅度增加当年收入，但总的来说，分税制以后显著提高了中央收入比重却是不争的事实。第二，调动了各级政府组织财政收入的积极性。分税制实施以后，全国整体和各个地方的财政收入都大幅增长，虽然这种增长得益于经济快速增长，但税收收入远远高于经济增长，即税收弹性系数远大于1，有的年度甚至在2以上，接近3，这不能不说是与分税制体制激励有关。第三，缓和了地方偏爱税收高产出行业，有利于促进经济结构的转变。由于各种产品、各种行业的税率不一样，在总额分成和基数加增长分成的体制下就会激励地方发展高税率产品和行业，而高税率产品和行业常常是高能耗或高污染产品和行业，但地方政府却由于能从中征到更多的税，尤其是在中国货物与劳务税占主体税种的情况下，地方所得更为可观，所以地方就可能会不顾后果发展那些高能耗高污染产业。分税制将这些行业确定征收消费税，并将消费税划归为中央，这就对地方发展这些行业的积极心起到釜底抽薪的作用，这有利于贯彻促进经济发展方式转变的战略。所以，从这些角度讲，分税制比以往的财政收入体制有较大的进步。

至于省对县或省对地市的财政收入体制的基本模式与中央对省的模式大体相同。应该说明，中国历次的财政体制改革（包括这次分税制改革）制度设计都是只解决中央与各省、直辖市、自治区的纵向财政关系，因为财政体制改革是中央政府发起和设计的，是确立全国范围的基本财政体制框架。所以，历次的财政体制改革制度设计和改革方案均未包括省以下各级政府间的财政体制问题。事实上，关于省以下各级政府间的财政体制不可能也不应该由中央设计和确定。因为第一，从分级治理的政府管理体系来说，省以下财政体制的设计和实施不属于中央职责；第二，省以下各个地区的社会经济情况千差万别，经济发达程度不一样，因而财政能力不一样；第三，各个地方经济结构不一样，因而税源结构和提供的税种收入有结构性差别；第四，各地的地理地貌不一样，因而提供相同水平的公共服务的成本不一样。这些差异都决定了各县、乡镇应该上缴下拨的具体数额和比例不同。所以，在技术上不可能由中央制定省对下各级政府的财政体制，只能根据分级治理的原则，由各地政府制定实施本地区的财政体制，不实行省管县体制的地方，省级制定实施省对地市的财政体制，地市制定实施对县的财政体制；实行省管县的地方省不仅制定省对地市的体制，还制定省对县的体制；县制定实施县对乡镇的财政体制。可以想象（事实也是这样），全国各地省以下的财政体制就千姿百态。所以，我们无法一一具体描述各个省以下的财政体制。但是，从多数地区看（特别是较发达的地区），省对县或地市的财政收入分成体制还是以分税制的基本框架为基础，只是针对财力薄弱的不同地区，通过其他渠道给予补助。正如我们在后面将较详细分析说明的那样，整个财政收入分配体系是由多层次构成的，在第一层次的按税种划分的分成中，各地基本上执行了中央确定的分税制框架，而在以后的各层（如超收返还、专项转移支付）中，各地的差别就会很大，体现为有些地市、县的上缴比例较高，有的地方则较低。虽然各省对下面的体制具体的分成办法、分成比例不一样，但各省的基本模式还是选择一些主要行业的税收作为省级固定收入，其余的税种确定不同的分成比例。

　　县对乡镇的财政收入体制从某个角度看实际上是如何对待乡镇的财政地位。与"财政体制依附于政府体制"的规则相一致，在乡镇地位及其变迁过程中，乡镇财政地位、财政能力、财政自主权也几经沉浮。当前的乡镇财政状况是在1994年实行分税制的总体改革中初步形成，并经历了2006年的农村税费改革，近年来的拆乡并镇、强镇扩权等一系列改革后逐步完善的。由于乡镇基层政府的组织机构、覆盖地区和人口、拥有的经济实力和财政规模等差异很大，因此各地的县对乡镇财政收入管理体制差异就更大，在经济发达地区，一个乡镇的财政规模会超过欠发达地区一个县乃至一个地市的财政规模，这些发达乡镇的财政管理体系、管理制度都较健全，而一些欠发达地区的乡镇严格讲还算不上一级预算单位，基本上是县政府的一个报账单位。大致来说，我国当前的乡镇财政体制从财权和财政规模来看，可以分两种典型类型：一种是乡镇经济发达，也即第二、三产业高度发达，第一产业占比很小的乡镇，这些乡镇事实上已进入了城镇化状态，甚至比一些欠发达地区的城市还要发达繁荣，这些乡镇的财政规模较大，县对这些乡镇的收入分成方式基本上套用了分税制框架，拥有的财权也比较大，筹资渠道广泛，预算管理体系健全，个别地方还将乡镇财政所改为了财政局，增强了在乡镇一级财力统筹的能力，将预算内、预算外财力纳入统一管理，甚至将政府债务融资等也统一管起来，在综合管理财力，提高财政管理效能方面初见成效。而另一种典型是乡镇财力不强，管理体系不健全，因而实行了"乡财县管"的模式，乡镇一级没有金库，这种类型的财政模式严格说来只是半级财政。目前，后一类乡镇财政体制还是主体，截至2009年底，全国实行"乡财县管"模式的乡镇有2.8万个，占全部乡镇的80%[①]。由此也从一个侧面反映了我国乡镇财政总体上还属于一个较薄弱的环节。

---

① 中华人民共和国财政部编：《中国财政基本情况》(2009)，经济科学出版社2010年版，第85页。

二、现行地方财政收入管理体制的基本特征

我国1994年实施的分税制至今已有20多年，虽经多次局部调整，但基本格局仍未改变。概括起来，我国现行的财政收入体制有以下四个特征。

（一）一般公共预算收入财权高度集中，而其他预算的财权高度分散

中国现行的各级政府的收入项目众多，按新预算法所定的预算体系，政府管理的财政包括了"一般公共预算""政府性基金预算""国有资本经营预算""社会保险基金预算"，我们这里所指的"一般公共预算"中的那部分也就是分税制所覆盖的收入项目。因为这部分收入是政府正常经费来源，是政府最基本职能履行的保障。分析现行的财政体制，我们可以看到，作为安排用于保障和改善民生、推动经济社会发展、维护国家安全、维持国家机构正常运转等方面的收支预算的一般公共预算是以税收为主体的财政收入，其收入管理权限高度集中。不仅中央税的立法权归中央，而且地方税的立法权也全部归中央，就连以减免税为核心的税收管理权也基本归中央，地方税务机关（包括国税局和地方税务局）只有征收的责任和义务，而且这种集权有加剧之势，中央前后多次强调要上收减免税权，2015年实施的新预算法进一步强调了这一精神。在这样的收入管理体制下，所谓的分税制只剩下收入的划分，而没有税权的划分，这与分税制的本来意义相去甚远。本来意义上的分税制是指中央（联邦）政府、地方各级政府都有自己的税收立法权和管理权，也即地方可以根据自身的需要，经过本级权力机关的税收立法征税，更不用说日常的税收管理权也归属于相应级别的政府了。总之，中国现行的所谓分税制仍然属于集权型财政管理体制，而这种集权型财政体制主要是指收入分成体制。

然而，除了"一般公共预算"之外的其他财力项目的管理权限却极为分散。对于"政府性基金预算"来说，大部分基金收入项目虽然法律法规的制定权一般都归中央，但具体的征收却归地方，而且中央也不十分重视对征收过程的检查，所以地方还是有一定的调控自主权，更为突出的是作为"政府性基金预算"中主体的土地出让金，中央主要通过征地审批来控制，同时规定了要上交中央的比例和用于民生项目支出不得少于某个比例，而后者是对支出的管理。在收入方面的管理其实十分薄弱，不仅收入的大头归基层地方，而且中央对于征地用作储备的数量的监控十分薄弱。"国有资本经营预算"按国有企业的隶属关系分别由各级政府管理；"社会保险基金预算"，现行体制尚未实行更高层次的统筹，所以各地

也是各行其是。如果我们把地方政府债务（包括各种形式的融资渠道）也看作是一种政府筹资的渠道，那么，至今为止的地方政府债务也十分缺乏垂直监控。由此可见，在各大类财政收入中，只有税收收入是高度集权的，而在整个地方政府筹集和支配的财力中，税收收入仅是不足一半的组成部分（具体比例下面将展开分析），所以，我们可以说，整个财政收入体制中，中央仅仅对税收这部分进行了权限高度集中的管理，而其他各部分财力的管理是十分分散的。这样的财政收入体制状况与我国财政体系的块状化有关。

（二）一般预算的收入高度集中，其他政府收入高度分散

与体制内财政收入管理权限分配的高度集中相适应，我国财政收入的分配中也体现体制内收入高度集中，而体制外收入高度分散的特征，从而造成地方财政收入结构中非税收入比重过高。

1. 一般预算的税收收入高度集中

从收入分成、财力集中度的角度观察，我们会发现，一方面，现行中央与省级政府的一般预算的税收收入分配状况决定了全国财政收入分配中中央占比过高，省级地方财政收入分配比例过低，这将根据压力传递机制，省级政府也会效仿中央集中财力，从而导致了省以下的税收收入分配向省一级集中。

虽然1994年确定了分税制基本框架，但以后对税种收入的分成制度不断调整，也有的情况是税种改革导致相应的收入分成调整，如"营改增"及消费税扩大征收范围、调整征税环节，以及相应的财政收入分成调整，势必引起地方与中央之间的财力重新分配，这种调整将不会改变甚至还会加剧高度集中的态势。

表3-2、图3-1反映了1994年分税制改革扭转了中央税收收入比重过低、中央财力拮据的局面：自1994年分税制财政体制实施以来公共财政收入中中央收入迅速提高，2002年达到了55%的高峰。进入21世纪后，由于一般公共财政收入中更大份额归地方的非税收入不断提高，导致中央收入比重又呈现逐步下降，地方收入占比逐步提高，但中央财政收入目前仍维持在45%以上。

表3-2　1993~2013年中央、地方公共财政收入所占比重　　　单位：亿元，%

年度	全国财政收入	中央财政收入	地方财政收入	中央占比	地方占比
1993	4 348.95	957.51	3 391.44	22.00	78.00
1994	5 218.10	2 906.50	2 311.60	55.70	44.30
1995	6 242.20	3 256.62	2 985.58	52.20	47.80
1996	7 407.99	3 661.07	3 746.92	49.40	50.60

续表

年度	全国财政收入	中央财政收入	地方财政收入	中央占比	地方占比
1997	8 651.14	4 226.92	4 424.22	48.90	51.10
1998	9 875.95	4 892.00	4 983.95	49.50	50.50
1999	11 444.08	5 849.21	5 594.87	51.10	48.90
2000	13 395.23	6 989.17	6 406.06	52.20	47.80
2001	16 386.04	8 582.74	7 803.30	52.40	47.60
2002	18 903.64	10 388.64	8 515.00	55.00	45.00
2003	21 715.25	11 865.27	9 849.98	54.60	45.40
2004	26 396.47	14 503.10	11 893.37	54.90	45.10
2005	31 649.29	16 548.53	15 100.76	52.30	47.70
2006	38 760.20	20 456.62	18 303.58	52.80	47.20
2007	51 321.78	27 749.16	23 572.62	54.10	45.90
2008	61 330.35	32 680.56	28 649.79	53.30	46.70
2009	68 518.30	35 915.71	32 602.59	52.40	47.60
2010	83 101.51	42 488.47	40 613.04	51.10	48.90
2011	103 874.43	51 327.32	52 547.11	49.40	50.60
2012	117 253.52	56 175.23	61 078.29	47.90	52.10
2013	129 209.64	60 198.48	69 011.16	46.59	53.41
2014	140 370.03	64 493.45	75 876.58	45.95	54.05
2015	152 269.23	69 267.19	83 002.04	45.49	54.51

注：以上公共财政收入中不包括国内外债务部分。
资料来源财政部网站。

也可以用趋势图形象地表明中央和地方占比变化情况。1994年实施分税制以后，从根本上改变了1993年以前中央收入占比过低的局面，此后中央收入与地方收入基本上是各占半壁江山；近3年来中央收入又略显下降趋势。

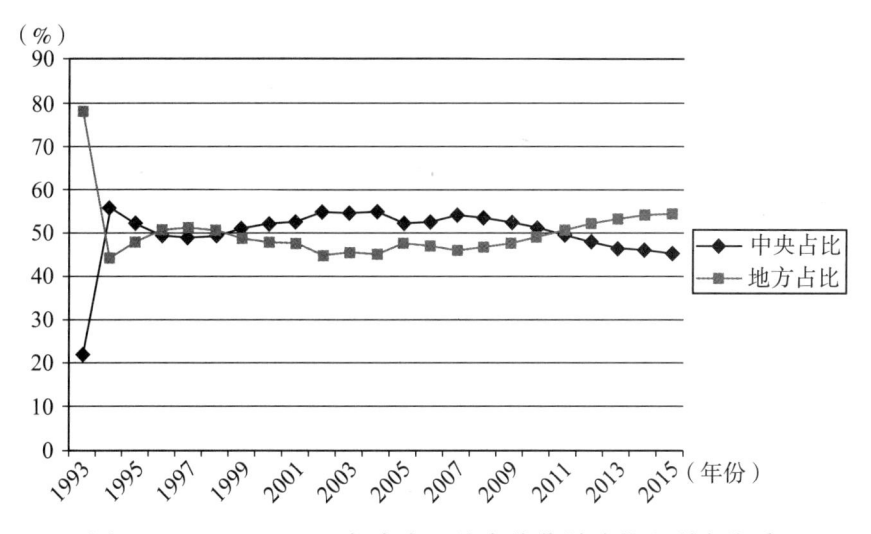

图 3-1　1993~2015 年中央、地方公共财政收入所占比重

2. 广义非税收入高度分散，造成地方财政收入结构中非税收入比重过高

由于一方面，地方政府承受着越来越重的社会经济建设任务，特别是中国经过了前期的改革开放，经济迅速增长，各项事业得到了快速发展，这时，既为社会进步发展奠定了物质基础，又由于社会结构发生了多层面、多领域的裂变，换言之，社会的许多领域积累了诸多矛盾，进入 21 世纪以后，通过以城市化为综合枢纽的社会建设来化解这些问题，因而城市化建设进入了迅猛的扩张期，而城市化建设的任务主要由地方政府承担，这就促使地方政府支出迅速扩张。另一方面，如上所述的财权体制规定了地方政府不可能通过"一般公共预算"来增加财政收入，所以地方政府就只能通过垂直约束较弱的土地出让金、举借债务来筹资，以满足城市化建设的大量资金需要。这就造成了地方政府在垂直约束较强的"一般公共预算"的税收收入增长慢于垂直约束较弱的其他收入的局面。下面我们把地方非税收入分"列入一般公共财政收入"内的非税收入和列入"政府性基金预算"的非税收入两部分来考察，债务性收入在本章最后分析。

（1）一般公共预算内的非税收入地方收入占比较高。根据现行预算管理体系，"一般公共预算"表分两类：一类是"税收收入"，另一类是狭义的非税收入。这块非税收入是预算管理工作中的分类和名称，有别于理论分析中的非税收入。理论分析中的非税收入指除税收收入之外的全部非税收性收入。表 3-3 和图 3-2 都显示了纳入"一般公共预算"表的非税项目在中央与省级地方政府之间的分配状况。非税收入是"公共财政"内的非税收入，包括"专项收入""行政事业性收入""罚没收入""其他收入"，而不是指"基金预算"中的非税收入。从表中看出，非税收入即使列入了"一般公共预算"，属于"公共财政收入"的组成部分,但由于这些非税项目的设立意图就在于为地方政府的特殊用途筹集专项资金,所以地方所得部分的分成比例就比税收收入的分成比例更高,体现了中央政府对这类收入的控制程度较低。2015 年全国一般公共预算中,非税收入占整个收入的比例为 18%,中央一般公共预算中非税收入占比为 10% 左右,而地方相应的比例高达 25% 左右。

表 3-3　　2007~2015 年"一般公共财政"内非税收入中的中央、地方各占比重

单位：亿元；%

年度	非税收收入合计	中央非税收入	中央占比	地方非税收入	地方占比
2007	5 699.81	1 379.30	24.20	4 320.50	75.80
2008	7 106.56	1 711.88	24.09	5 394.68	75.91
2009	8 996.71	2 551.56	28.36	6 445.15	71.64
2010	9 890.72	1 979.17	20.01	7 911.55	79.99
2011	14 136.04	2 659.67	18.81	11 440.37	80.93
2012	16 639.24	2 880.03	17.31	13 759.21	82.69
2013	18 678.94	3 558.66	19.05	15 120.28	80.95
2014	21 194.72	4 458.05	21.03	16 736.67	78.97
2015	27 347.03	7 006.92	25.62	20 340.11	74.38

资料来源：财政部网站。

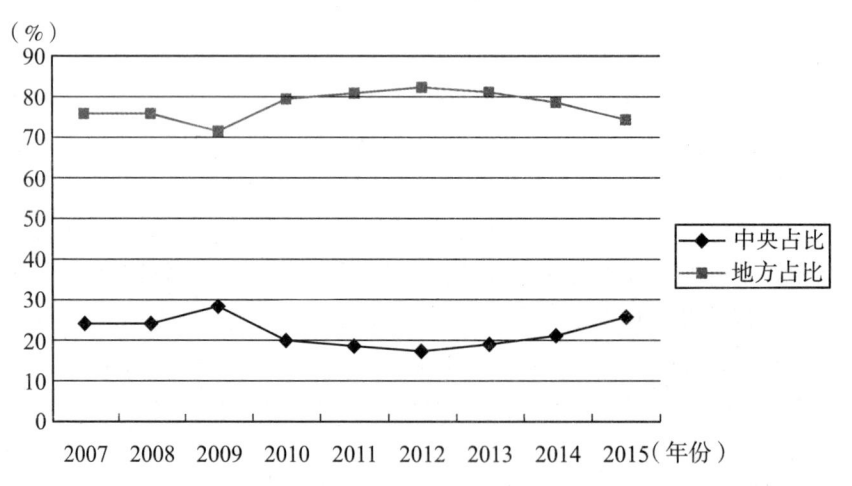

图 3-2　"一般公共财政"内非税收入中的中央、地方各占比重

随着政府管理、政府服务的改革,这类狭义的非税收入规模逐步缩小,2015 年的政府预算中进一步调低了非税收入增速,主要原因是政府将简政放权、取消

行政审批带来行政事业性收费的减少,以及国际油价下行使得石油特别收益金收入的减少。以后随着国家简政放权、"政府瘦身"等现代国家治理建设的推进,行政事业性收费还将进一步下降。

国有资本经营收入将有增长,2014年国有资本经营预算收入实现收入2 030亿元,比2013年决算数增长了90%,完成了年度预算的158.6%,但从结构上看,主要是金融机构上缴利润增加较多,这与国家从2014年下半年起放松银根、银行业业务规模增长有关,更与2014年下半年起的股票市场火爆、证券公司业绩大增有关,但这样的金融政策、证券市场行情是否具有持续性值得存疑。今后,随着中央关于国企改革,国有企业实行混合所有制的推进,国有企业的活力将得到激发,但国有股份比例也将有所改变,所以国有资本经营收入也不能寄予太大的希望。这些改革将对税收与非税收入的结构有所改善,当然不可能从根本上改变"一般公共预算"之外的非税收收入("政府性基金收入"、债务收入)在地方政府收入中的重要地位。同时,还需指出,就基层地方的情况来看,国有企业的规模很有限,而且不像中央企业那样具有垄断经营的优势,地方国有企业的盈利水平不高,所以地方国有资本经营收入上交财政的比重几乎是微不足道,其变化趋势对地方财政收入的影响也很不显著。

(2)在传统的"预算外收入"中,地方收入占比日益提高。需要说明,由于政府预算表编制方法和管理口径不断变化改进,所以指标名称和口径也有调整,2010年以前中国财政管理中有预算外管理,2007年后陆续将土地出让金纳入"基金预算"以后,"预算外"逐步被"基金预算"取代,2010年的预算管理改革中取消了预算外资金,所以《中国财政年鉴》等统计资料反映"预算外收支"只是2010年以前的状况。下面我们根据《中国财政年鉴》中可得资料,分"预算外收支""政府性基金预算"两个表分析说明(见表3-4、表3-5)。

表3-4　　　　　　　中央、地方预算外收支比重　　　　单位:%

年度	预算外收入		预算外支出	
	中央占比	地方占比	中央占比	地方占比
1982	33.7	66.3	30.9	69.1
1983	37.2	62.8	34.3	65.7
1984	39.6	60.4	37.7	62.3
1985	41.6	58.4	40.9	59.1
1986	41.2	58.8	40.6	59.4
1987	40.8	59.2	40.3	59.7

续表

年度	预算外收入		预算外支出	
	中央占比	地方占比	中央占比	地方占比
1988	38.4	61.6	39.3	61.0
1989	40.3	59.7	39.0	60.7
1990	39.6	60.4	38.3	60.1
1991	42.6	57.3	49.0	61.7
1992	44.3	55.7	43.6	59.1
1993	17.2	82.8	15.1	56.4
1994	15.2	85.8	13.2	84.9
1995	13.2	86.8	15.1	86.8
1996	24.3	75.7	27.0	73.0
1997	5.1	94.9	5.4	94.6
1998	5.3	94.7	4.8	95.2
1999	6.8	93.2	5.3	94.7
2000	6.5	93.5	6.0	94.0
2001	8.1	91.9	6.7	93.3
2002	9.8	90.2	6.8	93.2
2003	8.3	91.7	7.9	92.1
2004	7.5	92.5	9.0	91.0
2005	7.3	92.7	8.7	91.3
2006	7.3	92.7	6.4	93.6
2007	7.8	92.2	7.4	92.6
2008	7.4	92.6	6.3	93.7
2009	5.5	94.5	7.4	92.6
2010	6.9	93.1	6.7	93.3

资料来源：《中国财政年鉴》（2013年）。

从表3-4中，我们可以观察到预算外收支在中央与地方之间的分配比重更大幅度地向地方倾斜，地方所占预算外收支从1982年的2/3提高到2010年的93%以上，中央政府只获得了零头。

（3）政府性基金收入几乎都给了地方。2013年全国政府性基金收入52 268.75亿元，中央政府性基金收入4 238.44亿元，地方上缴中央基金收入13.42亿元，地方基金收入48 030.31亿元，中央转移支付给地方政府性基金收入 1 420.18 亿元，体制结算后中央可用的政府性基金收入 2 831.68 亿元，地方可用的政府性基金收入 49 437.07 亿元[①]。具体见表 3-5。

表 3-5　　　　2013 年政府性基金收入中央、地方占比　　单位：亿元、%

项目	中央	地方
政府性基金收入	4 238.44	—
地方上缴中央的政府性基金收入	13.42	—
地方政府性基金收入	—	48 030.31
中央转移支付给地方政府性基金收入	—	1 420.18
体制结算后	2 831.68	49 437.07
占比	5.42	94.58

说明：由于"政府性基金"的管理体系改革变动较大，前后数据可比性较低，所以我们只列了 2013 年的数据情况。

值得注意的是，目前地方政府支配的财力除了"公共财政收入""基金预算收入"之外，还有数量巨大的债务收入。我们无法从财政部各种报告和国家审计署的检查报告中获得 2012 年当年地方政府举借债务的数额，2012 年的报告只反映地方政府必须到期偿还的债务是"政府负有偿还责任的债务"为 24 949.06 亿元，"政府负有担保责任的债务"为 2 472.69 亿元，"政府可能承担一定求助责任的债务"为 5 522.67 亿元，共计 32 944.42 亿元。即使按最小的口径来观察，政府在 2012 年当年的债务收支额肯定大于"政府负有偿还责任的债务"有 24 949.06 亿元。审计署 2013 年审计报告中反映，截至 2013 年 7 月底，地方政府的债务总额有 158 858.32 亿元，其中"政府负有偿还责任的债务"有 96 281.87 亿元、"政府负有担保责任的债务"有 24 871.29 亿元、"政府可能承担一定求助责任的债务"有 37 705.16 亿元。

如果将上述一般预算中的"公共财政收入"中的中央与地方占比关系，和以土地出让金为主体的"政府性基金收入"中的地方与中央占比关系进行比较，可以看出，一般公共预算收入中的地方占比相对低些，而"政府性基金收入"中的地方占比相对高些。我们分析这可能有两个主要原因：第一，政府性基金收入项目大多是地方性收入项目，即这些收入项目来源与去向受益具有较强的地域性。值得指出的是，尽管传统的财政理论是基于财政收入的主体是税收来展开，而税收体现了"统收统支"，即政府将向各种纳税人征收的所有税款用于向所有社会

---

① 根据财政部公布的"2013 年全国财政决算"中的《2013 年全国政府性基金收入决算表》《2013 年中央政府性基金收入决算表》《2013 年地方政府性基金收入决算表》摘录并计算而得。

公众服务，纳税与受益之间很少体现受益关系，正是这个性质，所以税收具有充分的无偿性和强制性。而"政府性基金项目"具有相对较强的受益性。从经济伦理的角度讲，受益原则是人类最为广泛接受的原则，或者说是最广泛地支配人类行为的准则。因为依据受益原则发生的相互关系维护了双方（各方）的利益，所以双方（各方）都是自愿接受、自愿遵循的；因而也会被大多数认为正义的原则。从这层意义讲，如果政府财政收支中能遵循受益原则，那将会使财政管理工作的效率显著提高。然而，由于政府财政活动的另一个重要职能是再分配职能，再加上公共服务提供过程中的规模效应等原因，政府筹集财政收入和安排财政支出过程中不可能也不应该普遍采用受益原则。但是，在地方（尤其是基层地方）财政收支活动中，一方面是基金、费的缴纳者与受益者可以明确地确定，另一方面是缴纳与受益数量也可以有效地测度计量，这就在技术上保证了在基金、费之类财政项目中建立并贯彻受益原则。由此我们也可以推论，对于地方政府来说，基金和费有其税收所不能及的优势。从客观结果看，越是基层的地方政府，基金、费之类的非税收入份额也就越大。这一点，在税制成熟完善的发达国家也呈现出越是向下的基层地方政府财政收入中，非税收入的比重也越大的状态。

第二，政府性基金收入中的那些主要项目（如与土地相关的收入、车辆通行费收入、地方教育附加费收入等本身的来源具有较强的地区性），在较大程度上依赖于地方自然资源和经济资源，所以将收入的更大份额分配给收入来源地也可以有效调动地方积极性。中央在这些收入项目中具有坐享其成的意义，如在土地出让金分配中，土地的征用、开发、拆迁补偿、廉租房建设等都由当地政府直接投资，而且土地出让金的高低还在很大程度上取决于当地经济发达程度、城市建设水平，而这些受益也得益于地方政府支出的重要贡献，所以政府性基金等非税收入分配中更大比重归属地方，也可以调动地方建设公共事业、发展地方社会经济的积极性。

从以上地方政府的税收收入和广义的非税收入（包括预算外收入或基金收入）的结构看，税收收入部分中央集中偏多，归地方所有的税收收入的增长远远满足不了地方政府日益增加的支出需要，所以地方政府被迫向广义的非税收入扩张。目前的格局是税收收入即所谓的公共预算收入成了吃饭财政，而土地出让收入和债务收入却成了建设资金的主要来源，所以也称为"建设财政"，不少地方的债务收入和土地出让收入甚至超过了税收收入。而且土地出让金往往与债务收入联动，土地出让收入既是地方政府建设资金的来源，也是偿债的来源，有的甚至还将土地出让收入作为未来偿债的抵押。这种联动一方面导致地方政府收入高度依赖房地产业：房地产业繁荣，则土地价格高涨，土地出让收入就大幅度增长，建设资金就有保障，而一旦房地产萎缩，地价下降甚至土地卖不出去，则土地出让收入就急剧减少，地方财政压力陡增，这种情况自2014年下半年起至今各地正严重出现。另一方面，以土地出让收入为后盾的地方债务也急剧膨胀，这一局面十分堪忧，很有可能引发地方政府财政危机甚至破产。中央政府对此已引起高度重视。对于地方政府债务问题将在后面专门研究探讨。

（三）地方公共财政的自给率逐年下降

从地方可支配财力中自筹与上级拨付比例角度看：地方公共财政的自给率逐年下降，这说明了地方财政体制的另一特征，即中央对地方财政的控制率提高。

地方可支配财力中的自筹与上级拨付比例结构表面看，也是从某个角度观察的地方政府财政收入结构问题，但实际上反映的是财政体制问题，是财政体制运行在收入分配层面的结果。这一点上面已经阐明。由此而言，财政体制的改革调整必然会影响地方可支配财力的结构。这种可支配财力结构从两个方面影响着地方社会经济的发展，从而影响社会经济结构：第一，根据现行的财政预算规则和财政管理实践，有相当部分财力项目与相应的财政支出联系，更明确地说，某些财力具有指定专用性，所以财力结构就会影响到支出结构；第二，地方财力结构变化也常常引起地方可支配财力总量的变化，从而影响地方社会经济发展的规模和速度。从全国的角度看，地方财政收入结构的变化调整也就关系到地方社会经济发展速度问题、区域间发展的均衡性问题、国家的稳定统一等诸多重大问题，这就使我们清楚地看到，地方财力结构后面是财政体制问题，而财政体制后面是中央（上级）政府对地方政府的支配控制问题，也是从一个侧面反映了我国行政管理层级关系的集权型特征。所以，我们有必要进一步从体制角度深入分析地方财力结构。

现行财政体制表现在收入结构上的一个重要特征是，地方自有财力占比偏低，而地方可用财力较高，这说明地方对中央的财政依赖度偏高，换言之，中央对地方的财政控制力偏高。在以"分税制"为核心的财政收入"初次分配"中，地方所得比重过低，而经过"两税增长返还""出口退税""专项转移支付"等一系列上缴下拨的体制结算（体制的"再次分配"），最终分配给地方支配的财力即地方财政最终实际支出份额大幅度提高，地方财政支出在全国财政支出中占绝对的份额，2015年达到了85.48%。表3-6具体反映了全国财政收入在中央与地方之间的分配份额、中央和地方全国最终财力分配即财政支出份额的历史动态状况。

表 3-6　　全国公共财政收入、公共财政支出中央和地方
所占比例、地方财政对中央财政的依存度　　单位：亿元、%

年度	地方财政收入	地方财政支出	地方财政支出自给率	地方财政收入占全国财政收入的比例	地方财政支出占全国财政支出的比例
1993	3 391.44	3 330.24	101.84	78.0	71.7
1994	2 311.60	4 038.19	57.24	44.3	69.7
1995	2 985.58	4 828.33	61.83	47.8	70.8
1996	3 746.92	5 786.28	64.76	50.6	72.9
1997	4 424.22	6 701.06	66.02	51.1	72.6
1998	4 983.95	7 672.58	64.96	50.5	71.1
1999	5 594.87	9 035.34	61.92	48.9	68.5
2000	6 406.06	10 366.65	61.79	47.8	65.3
2001	7 803.30	13 134.56	59.41	47.6	69.5
2002	8 515.00	15 281.45	55.72	45.0	69.3
2003	9 849.98	17 229.85	57.17	45.4	69.9
2004	11 893.37	20 592.81	57.75	45.1	72.3
2005	15 100.76	25 154.31	60.03	47.7	74.1
2006	18 303.58	30 431.33	60.15	47.2	75.3
2007	23 572.62	38 339.29	61.48	45.9	77.0
2008	28 649.79	49 248.49	58.17	46.7	78.7
2009	32 602.59	61 044.14	53.41	47.6	80.0
2010	40 613.04	73 884.43	54.97	48.9	82.2
2011	52 547.11	92 733.68	55.66	50.0	84.9
2012	61 078.29	107 188.34	56.98	52.1	85.1
2013	69 011.16	119 272.51	57.82	53.41	85.35
2014	75 876.58	129 092	58.76	54.05	85.12
2015	83 002.04	150 335.62	55.21	54.51	85.48

资料来源：各年《中国财政年鉴》及财政部网站。"地方财政自给率"系作者计算，方法是：地方财政收入与地方财政支出之比，即地方财政支出中有多大比重是自我筹集的；"地方财政对中央财政的依赖度"是地方财政支出中有多大比例来自于中央财政各种形式的转移支付，"地方财政对中央财政的依赖度" = 1 - "地方财政自给率"。

从"地方财政收入占全国财政收入比例"与"地方财政支出占全国财政支出比例"的对比中发现，前者在 1993 年，即准备开始实施分税制的上一年达到了 71%，与地方财政支出的比例几乎相当，但此后就急剧下降，到了 2002 年只有 45%，近 5 年又有所回升，提高了 9 近百分点。收入比例的总体趋势还算相对稳定，虽有波动，但基本上都在 45%~55%；而地方财政支出所占比重却逐年稳步提高，从 1994 年的 69.7% 提高到了 2015 年的 85.48%，提高了近 16 个百分点。两者对比分析说明，中央财政在收入分配中的份额虽然有所减少，但减少并不太大，而支出比重却有显著下降。这一变化说明了两个重要问题：第一，在当代中国社会经济开创性发展阶段，中央政府与地方政府的职能发生了变化，地方政府职能有暴发式扩张。分税制改革以来，中央政府除军事、外交支出外，由于中央本级支出主要是保证政府运行的管理性支出，所以相对稳定（从理论上讲增长幅度应该很小甚至零增长）；而地方支出无论从绝对额规模还是从相对比例看都有大幅度提高，其原因是这段历史时期中国正处于经济社会大发展时期，以城市化建设为核心的各项政府职能主要都落在地方政府身上，无论是城市公共设施、农村公共工程，还是社会保障、民生工程，其基本职责几乎都由地方政府承担，即使是中央给予财力支持（主要是对欠发达地区），也反映在地方可支配财力、地方支出中，所以地方政府支出迅速扩张，比重逐步提高，这就导致原来的分税制框架内，来自于地方自我筹集收入的比重逐渐下降。第二，中央政府掌握着财政控制权，地方政府对中央政府的依赖度增强。因为尽管地方财政支出的份额提高了，甚至占了绝对份额，但是从财政收入份额到财政支出份额的提高主要是通过中央为权力主体的转移支付实现的。中央政府通过规模较大的转移支付使得地方财政支出来自地方自筹财政收入的比例（我们可以称之为"地方财政自给率"）逐步降低，从 1997 年最高的 66.02% 下降到 2014 年只有 58.76%，而来自中央政府转移支付的比重却逐步提高，这就使地方政府对中央政府在财力上的依赖度在同期从 33.98% 上升到 41.24%。图 3-3 形象地描述了这个期间全国公共财政收入、支出中地方财政的占比以及地方财政支出的自给率三项数据的变化趋势。

值得进一步指出的是，上述分析还只是限于纳入"一般公共财政"预算部分的财政收支，而预算外即目前财政核算管理中的"政府性基金预算"部分的财力则地方政府的占比更要高得多。所以，财政支出也即政府职能的下沉趋势表现得更为显著。

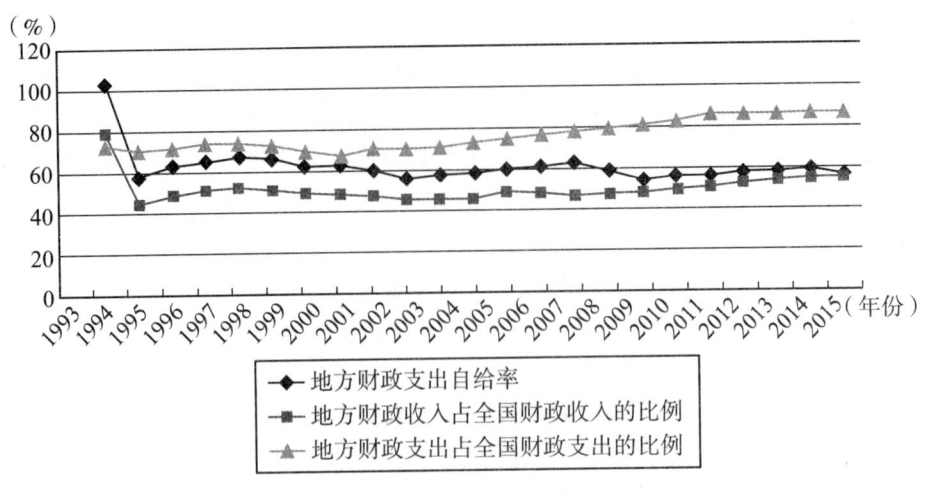

图 3-3　地方财政自给率

　　这种财政收入分配中的占比份额与财政支出分配中的占比份额的巨大差异不仅表明了中央政府对财力分配的控制，还通过财力分配推行、实施了中央的一系列社会经济政策目标。中央政府仍然通过各种转移支付手段控制着财力分配权，包括采用转移支付拨款中要求地方政府资金配套来控制各地支出结构①，发挥对社会经济发展中的导向作用，也包括通过从富裕地区抽取财力转移支付给欠发达地区来实现全国均衡发展。这样的策略也许对于中国这样的地区间差距如此之大、社会结构如此多元的国家来说是必要的，这有助于实现国家统一、全国平衡、长远发展等国家整体利益。

　　然而，从地方层面看，对中央财政过高的依赖度也限制了地方政府自主性的发挥和责任心的增强。其实，当下中国的财政体制使得地方政府在三个方面都缺乏自主权。

　　首先，虽然说中国实行了分税制，但这种分税制与"标准"、规范的分税制有不少的差距，"标准"、规范的分税制是各级政府拥有自己的税权和收入权，而中国的分税制框架下地方政府基本上没有税权，即地方政府没有增税与减税的立法权和行政权，充其量只有收益权，而且这种收入分成权自始至终掌握在中央（上级）政府手中，中央政府不仅在颁布实施分税制之初有权确定分税种、分收入的权利，而且在以后的实施运行中可以按照有利于中央自身的原则随时调整。这也导致了地方政府在体制内财政收入筹资权限高度集中的情况下缺乏筹资自主权，这与主要由地方政府承担庞大的社会经济建设、推进城市化发展的职责任务

---

① 在新一轮改革中，中央对地方的财政转移支付已不再要求地方配套资金了。

不匹配，从而迫使地方政府在体制外寻求财源，甚至违规开辟财路，大量出让土地，高额负债就是典型的例证。

其次，在由中央政府掌握的体制内财政收入分配结果是财力向上集中，然后中央又通过各种转移支付调剂给地方，造成了地方政府对中央政府的高度依赖，地方政府发展经济、增强财力的责任压力减弱。

最后，中央（上级）政府通过大规模的转移支付来推行实施其政策目标，然而这种格局也使地方政府无论是在规模还是结构上都在很大程度上失去了自主性、自主权，这从区域自治的理论原则来看，也不一定能符合以区域内居民偏好为导向的资源优化配置标准。而"预算是政府行动的纲领"，财政活动的背后是政府实施、主导的整个社会经济管理和建设活动，所以，中央（上级）政府对地方（下级）政府财权的过度限制意味着也是对地方政府管理职能的过度限制，这是值得深入研究的问题。同时，从财政体制自身来说，将整个政府财力切分成"一般公共预算""政府性基金预算""政府债务"等多块，每一块财力的财权、财政收入切分迥然相异，这使中国的财政体制处于无序失范状态，几大块财力之间缺乏协调，这无论在横向地方财政管理中的统筹协调，还是上下级财力统筹、财政政策协调中都造成了极大的困难，也为下一步完善财政体制、建立统一的财政管理体系设置了障碍。换言之，今后中国的财政体制完善必须建立在统一的财政体系基础上。

贾俊雪、郭庆旺、宁静对县级财政收入结构、财政收支关系的研究也得到了同样的结论，他们认为，"全国30个省自治区和直辖市1 938个县和县级市2000~2005年的自有财力占财政收支的比值只有39.05%。县级政府的财政困难程度呈现出持续加剧的态势。我国县级政府普遍承担着较重的支出事务，但拥有的财力份额较为有限，二者呈现出明显的不匹配状态，财政收入水平呈现明显的持续下降的态势，而财政支出却呈现出上升的势头，反映了我国政府间财政收支责任安排呈现出收入层层上移，支出责任则层层下放。"[①] 这说明在县级层面上，一是"事权"与"财权"不匹配，财政平衡困难，其主要原因是收入划分体制不合理；二是下级财政对上级财政的依赖度偏高，财政自主性弱。

（四）各地财政能力差异较大

中国目前各地之间的财力状况差异还很大，这主要是由财政体制中的转移支付机制和各地的经济实力决定的。而经济实力又分为总量和结构两个因素。

---

① 贾俊雪、郭庆旺、宁静：《财政分权、政府治理结构与县级财政解困》，载《管理世界》2011年第1期。

1. 财政体制的转移支付对地区财政能力的影响

关于财政体制的转移支付究竟是扩大了还是缩小了地区间的财力、经济发展速度，学术界有过诸多研究，但观点有分歧，甚至截然相反。一些学者认为由于现行财政体制中两税超收返还是按各地的上交基数计算的，因此发达地区得到的返还多于欠发达地区，这就扩大了地区间的财力差异，这也导致了各地经济发展速度的差异，也就是财政转移支付的效应是发散了。但是我们认为，这些学者的观察具有片面性，因为他们只看到了返还数的逆向分配逆向调节，但他们忽视了基于计算返还数的上交基数却是正向分配正向调节，即发达地区的上交数远大于欠发达地区，扣除返还数后的净上交数也是发达地区远大于欠发达地区，正如前面指出的，按省观察，全国只有6个省市是上交地区。所以我们认为现行的财政转移支付缩小了地区间财力和经济发展速度的差距，其效应是收敛的①。

2. 地区经济总量悬殊决定了财力差异

从一般原理来说，地方财政收入取决于地方经济发展水平和规模，但也有不同于国家财政规模决定的特殊性。第一，在短期内，经济是提供财政收入的基础，也就是说经济是税本；从长期看，经济与财政收入是互相影响、互相促进，舍略财政支出效率这一变量而仅就财政收入规模与经济发展速度的关系来看，经济基础越是强壮，负税能力越强，就能提供越多的财政收入，但从长远的角度看，过重的财政负担会抑制经济的发展。第二，作为一个地方政府机器的存在和运行有一个"最低标准"，所谓"麻雀虽小，五脏俱全"，就是说，与发达地区和经济规模（经济产出总量、人口总量、区域面积）较大的地区相比，经济欠发达地区、规模较小的地区的政府规模并不会以相同比例缩小，特别是在中国的政府组织体系及其层级制度下，欠发达地区和规模较小地区政府经费相对负担水平就必然要高于发达地区和规模较大的地区。第三，在比较一个国家内不同地区的地方财政收支平衡变量组时，与分析国与国之间时决定一个国家的财政负担的变量组是不一样的，在一个国家内的一个地方在财政关系上不是一个封闭体，而是与上下级政府发生着财力的纵向和横向的转移支付关系，在中国当前的财政体制下，除了中央自己取得的收入外，还从各省（区、市）获取财力；同时也向各省（区、市）下拨财力，绝大多数省是净拨入省（区、市），只有少数发达省市向中央净上缴财力。在这样的一种财政流量体系中，一个地区的财力，从需求角度看，就不仅取决于本地区的政府需要，还必须根据具有行政强制力的体制流出财力、支援全国其他地区的需要。所以，如果根据财政学一般原理解释，地方最佳

---

① 详见李永友和沈玉平的2篇论文：《转移支付与地方财政收支决策》（《管理世界》，2009年第11期）、《财政收入垂直分配关系及其均衡增长效应》（《中国社会科学》2010年第6期）。

财政规模是资源在区域内的公共部门与私人部门之间的最佳配置模式应完善为："地方创造的经济资源（如 GDP）减去上缴上级政府的财力，加上上级政府拨入的财力，作为可以在公共部门与私人部门之间分配的资源，然后根据地方居民对公共产品数量与私人产品数量的偏好，以公、私产品生产的边际转换率等于它们消费的边际替代率时，资源在区域范围内的公共部门与私人部门之间达到了最佳配置，这时的地方财政收入规模也是最佳规模"。

下面我们根据以上原理再运用各省市经济规模与财政负担资料进行实证分析。从以上一般原理分析我们可以得到这样的初步结论：第一，从长期看，财政负担过重会抑制经济增长；第二，有两个变量了决定一个国家内的地方财政负担水平不同于一个国家财政负担水平，一是地方政府决定其财政规模具有非完全自主性；二是地方财政不是一个封闭体，而是与上下级政府发生着财力流入、流出。这样，各地方的财政负担水平可能不一致，并且各个地方的财政负担水平与他们的经济发展水平不一定完全成正比。下面我们来观察 2013 年中国各省（区、市）人均财政收入与人均 GDP 水平及相对位次（见表 3-7）。

表 3-7　　　　2013 年各省（区、市）人均 GDP、人均财政收入及其排名状况

地区	人均 GDP（元/人）	人均 GDP 排序	人均财政收入（元/人）	人均财政收入排序
天津	99 607	1	14 411	3
北京	93 213	2	17 500	1
上海	90 092	3	17 139	2
江苏	74 607	4	8 283	4
浙江	68 462	5	6 919	6
内蒙古	67 498	6	6 901	7
辽宁	61 686	7	7 618	5
广东	58 540	8	6 669	8
福建	57 856	9	5 635	10
山东	56 323	10	4 697	15
吉林	47 191	11	4 206	17
重庆	42 795	12	5 725	9
陕西	42 692	13	4 652	16
湖南	42 613	14	3 047	28

续表

地区	人均GDP（元/人）	人均GDP排序	人均财政收入（元/人）	人均财政收入排序
宁夏	39 420	15	4 739	13
河北	38 716	16	3 140	26
黑龙江	37 509	17	3 331	25
新疆	37 181	18	5 019	12
湖北	36 763	19	3 785	19
青海	36 510	20	3 890	18
海南	35 317	21	5 399	11
山西	34 813	22	4 700	14
河南	34 174	23	2 567	30
四川	32 454	24	3 441	23
江西	31 771	25	3 592	19
安徽	31 684	26	3 453	21
广西	30 588	27	2 803	29
西藏	26 068	28	3 067	27
云南	25 083	29	3 448	23
甘肃	24 296	30	2 354	31
贵州	22 922	31	3 454	21

资料来源："人均GDP""人均财政收入"来自《中国财政年鉴》（2013）计算。

从表3-7的人均GDP和人均财政收入可以看到，如果我们将全国31个省（区、市）的中位数（河北）区分为上下两部分，那么宁夏、湖南、吉林三个省的人均财政收入低于中位数，而人均GDP高于中位数，这意味着这些地区的财力相对较弱；只有山西、新疆、海南3个省区的人均GDP在中位数以下，而人均财政收入却高于中位数，这意味着这些地区的财力相对较强。而且这6个省（区、市）的人均GDP与人均财政收入的排位偏离也不是很大。这确实表明，以人均GDP为代表的经济财源差异提供了相应差异的财政收入，也即经济作为基础从提供财源可能性上决定了财政收入水平。地区人均财政收入会受到中央政府转移支付的影响，但也从一定侧面反映了各地区的经济发达程度与财政产出能力是正相关，这也正说明了经济是税源税本，经济决定了税收，地区间经济发达程度决定了地区间税收产出能力和财力差异。

3. 区域经济结构差异决定了现有的地方财政收入结构差异

由于非税收入的征收依据不严格依据产业的产值，换言之，非税收入与产业产值规模的相关度低，因而非税收入结构与产业结构相关度低。所以当观察经济结构对财政收入结构乃至财政收入产出能力的影响时，应该主要观察不同产业的税收产出能力。表3-8反映了全国、各省市的在三次产业的产值结构和相应的税收结构。

表3-8　　　　2013年全国各省（区、市）三大产业产值及其税收产出率　　　　单位：亿元、%

地区	第一产业		第二产业		第三产业	
	产值占比	税收占比	产值占比	税收占比	产值占比	税收占比
全国	10	0.11	43.9	49.51	46.1	50.38
北京	0.8	0.05	22.3	12.51	76.9	87.44
天津	1.3	0.04	50.6	71.23	48.1	28.73
河北	12.4	0.10	52.2	61.78	35.5	38.12
山西	6.1	0.04	53.9	66.80	40.0	33.15
内蒙古	9.5	0.10	54.0	59.13	36.5	40.77
辽宁	8.6	0.25	52.7	55.99	38.7	43.21
吉林	11.6	0.11	52.8	62.09	35.5	37.80
黑龙江	17.5	0.01	41.1	61.73	41.4	38.20
上海	0.6	0.01	37.2	48.13	62.2	51.86
江苏	6.2	0.09	49.2	54.78	44.7	45.12
浙江	4.8	0.01	49.1	48.71	46.1	51.18
安徽	12.3	0.08	54.6	51.39	33.0	48.53
福建	8.9	0.01	52.0	53.83	39.1	46.05
江西	11.4	0.22	53.5	50.66	35.1	49.12
山东	8.7	0.19	50.1	56.11	41.2	43.70
河南	12.6	0.12	55.4	50.72	32.0	48.16
湖北	12.6	0.01	49.3	53.77	38.1	46.21
湖南	12.6	0.10	47.0	55.54	40.3	43.35
广东	4.9	0.10	47.3	46.59	46.47	53.31
广西	16.3	0.05	47.7	50.77	35.41	49.18
海南	24.0	0.50	27.7	48.64	48.3	50.86

续表

地区	第一产业		第二产业		第三产业	
	产值占比	税收占比	产值占比	税收占比	产值占比	税收占比
重庆	8.0	0.24	50.5	44.03	41.4	55.73
四川	13.0	0.38	51.7	42.44	35.2	57.18
贵州	12.9	0.12	40.5	52.07	46.6	47.81
云南	16.2	0.15	42.0	55.83	41.8	40.29
西藏	10.7	0.11	36.3	19.60	53.0	80.30
陕西	9.5	0.12	55.5	65.27	34.9	36.62
甘肃	14.0	0.06	45.0	69.47	41.0	30.47
青海	9.9	0.14	57.3	68.80	32.8	31.06
宁夏	8.7	0.12	49.3	57.22	42.0	42.67
新疆	17.6	0.34	45.0	55.53	37.4	44.13

资料来源：三次产业产值占比来自《中国统计年鉴》（2014年）；三次产业的税收占比由笔者根据《中国统计年鉴》（2014年）和《中国税务年鉴》（2013）年计算。

就全国总体的产业结构及其相应的税收结构情况而言，可以看到这样几个特点：首先，来自第一产业的税收收入已微不足道。除了三次产业中第一产业的产值占比逐步缩小这一产值自身因素外，自从2006年全国取消农业税和农村税费改革以后，目前税收占比更小，几乎可以忽略不计，所以从这个角度讲，如果哪个省市的第一产业占比大，就可能会拖累这个省市整个税收产出率。其次，全国平均的第二、第三产业的产值占比和税收占比都比较接近。第三产业的产值略高于第二产业的产值2个百分点（46.1%对43.9%），而税收占比也比较接近，也是第三产业的税收占比高出第二产业的税收占比1个百分点（50.38%对49.51%）。如此看来，可以有这样的初步结论：当前中国的第三产业产值和税收都已超过了第二产业，而且第二、三产业的税收产出率也比较接近。

基于分析的需要，我们可以根据全国的三类产业的税收占比、产值占比来推算出各产业的产值税收系数或税收产出率。那么，计算所得的三次产业的"产值税收产出率"分别如下：

第一产业的产值税收产出率是0.0100

第二产业的产值税收产出率是0.1133

第三产业的产值税收产出率是0.1093

可见，第二产业的税收产出率最高，第三产业其次，第一产业最低。从这个角度讲，第二产业占比越高的地区，税收产出能力就越强，而第二产业发展落后于第三产业的地区的税收产出能力相对较弱。这就说明产业结构决定了税收结构,因而也影响了税收收入总量。

还应该指出,由于在统计中商品流通也归于第三产业,而商品流动实际上是制造业活动的延伸,如果把这种商品流动的产值和税收从第三产业中划入第二产业,那么留下的纯第三产业产值及其税收占比就要低得多。但就各省情况看,地区之间还是有较大差距:北京、上海、重庆三个直辖市第三产业产值占比和税收占比都比较高,可能的原因一是这些直辖市的城市化程度较高,第三产业发展有较好的基础,特别是北京,全国性公司总部数量较多,产值计算和税收缴纳在北京也较多;而从各省来看,大部分省的第三产业产值占比和税收占比都低于全国平均值,只有广东、浙江的产业结构显示第三产业也较高。值得说明的是西藏、海南的第三产业产值和税收占比高是因为这些地区第二产业实在太薄弱,而旅游业和垄断性提供的服务业(如邮政电讯、银行、保险等)相对较发达;陕西、甘肃、青海三省是典型的资源型第二产业发达而导致整个第二产业占比较高,而第三产业则落后。总而言之,虽然各省市的三次产业产值占比、税收占比有差异,但总体来看,在各个省市内的产业结构与税收结构还是基本一致的。所以我们认为,由于不同产业的税收产出率有差距,因此优化产业结构会使 GDP 总量不变的情况下税收总量增加;随着产业结构的优化,税收结构也会随之优化,税收产出能力也将增强。

需要进一步分析指出的是,在三大产业内部的结构也有"转型升级"问题,我国第二产业总体上技术含量偏低,先进的高端制造业不多,产品附加值不高,提供税收的能力远低于发达国家;其实第一产业的情况也是同理,参照国外的情况看,农业的技术含量和产品附加值大有提升空间,因而农业的产值税收率并不是没有潜力;第三产业就更是如此,我国的服务业大多是人海战术的手工服务,而现代服务业不够发达,随着整个社会经济的发展,现代服务业也必将有长足发展,第三产业的产值和税收占比都将进一步提高,税收总量也将增加。

再从个别行业来看,某些特殊行业的起伏波动将对当地财政收入及其结构产生较大的影响,例如当前各地都普遍关注(更确切地说是担忧)房地产行业变动对地方收入结构、地方收入增长速度的影响,个别地方曾经是新增财政收入中大部分来自于房地产相关的税费收入,这说明土地财政现象依然严重。据上海易居房地产研究院发布的《2013 年房地产业对财政收入贡献率研究》报告的结论,2013 年全年房地产业对地方财政收入的贡献度再创新高,其中契税为 3 844 亿元,增长 33.8%;土地增值税为 3 294 亿元,增长 21.1%;耕地占用税为 1 808 亿元,增长 11.6%;城镇土地使用税为 1 719 亿元,增长 11.5%。从房地产征收的"五类税收"达到 12 215 亿元,占地方财政收入的比重达到 17.7%,比 2012

年增长约 21%，是 2001 的 24 倍，年均增长 40.4%。如果加上房地产营业税和房地产企业的所得税，这一比重接近 30%。当前一些地方的房地产行业正经历着十分敏感和剧烈的振荡，在整个经济下行过程中，房地产业的下滑情况可能最为严重，不仅房地产企业到了无法承受的格局，甚至连许多地方来自房地产业的税收与非税收入也急剧下降，以致整个地方收入受到较大影响，甚至威胁到地方财政安全，这也从反面有力地证明了产业结构的质量深刻影响着财政收入结构的质量。

另外，产业的空间布局也影响着地方财政能力。第一，现有的地区间经济发达程度和产业结构差异是由历史形成的，在历史形成现有的产业发达程度和结构过程中，地理位置差异影响了投资成本和投入产出比，即，形成同样的生产力、产出相同的产值需要不同的投资。第二，已有的经济发达程度又决定了新投资的接纳和承接能力，这种能力不仅表现在该地区的交通、公共服务、市场需求等，还表现在当地居民的劳动技能、法制道德、劳动态度和劳动纪律等劳动力素质差异上，欠发达地区也常常由于劳动力素质较低而无法承接先进科技企业，只能从低端制造业起步，这就限制了贫困落后地区产业结构的改善和经济发展速度。第三，已经落地的原有企业由于所处地理位置不同，在获得技术、信息、经营管理理念、交通运输成本等方面存在较大差异。落后地区不仅招商引资难度大，而且原有企业很有可能外迁到发达地区，除了尚存大量资源开发潜力优势的地区之外，大多数欠发达地区原有经济条件和地理条件都使他们处于马太效应的不利一端。这就是说，不同地区的自然条件、交通等基础设施、人文环境、原有经济基础决定了投资环境差别，对投资具有不同的吸引力，在单位土地上的投资密度（强度）差距很大，而且吸引和容纳高科技产业能力差距更大。

综上所述，产业的地区布局无疑也决定了不同地区的财政能力，根据产业经济学的一般原理，如果没有上级政府出于地区开发、资源挖掘等的直接投资，欠发达地区与发达地区的经济发达程度将日益扩大；如果不是由于上级政府以收入和生活水平均等化为目标的转移支付，欠发达地区与发达地区的生活质量也将日益扩大，而且经济结构优劣程度也将日益扩大，财政结构和财政能力也将日益扩大。

第二节 现行地方财政收入管理体制弊端的解析及其根源

地方财政收入管理体制存在弊端包括地方财政收入的总量及其增长状况、现行财政收入分配体制对经济增长和社会发展产生的不利影响，所以我们可以从以下四个方面分析。

一、地方财政总量及其增长趋势对经济增长的影响

现行财政收入体制决定了作为地方政府主体收入的税收收入过分弱小，地方政府"体制内"收入难于满足以城市化建设为主要建设任务的需要，于是地方政府不得不寻求"体制外"拓展收入渠道，而以往的财政体制中却是中央对地方政府的这些"体制外"收入的筹集渠道、筹集规模缺乏约束，这就导致地方财政不仅收入结构畸形，而且规模超越了地方经济可承受的能力。

从财政与经济的辩证关系看，一方面，地方财政通过财政支出支持了地方经济增长和社会事业发展，另一方面地方财政收入无疑构成了对地方经济的负担，因为毕竟政府征收的财政收入是从私人部门经济中抽取一定的资源，使私人部门经济增长减少了资源流量，从这个角度看，地方财政收入负担抑制了地方的经济社会发展。由此可见，财政收入与财政支出构成了影响经济增长的完整机制，最终的净效应究竟为正还是负，取决于财政支出产生的边际效益大于还是小于私人部门的边际效益，这一问题归结为资源在公共部门与私人部门的优化配置。

在动态上，地方财政收入的可靠性和持久性影响着地方政府提供公共服务的可靠性和持久性，这不仅影响经济的发展，也影响区域公共服务、社会福利的稳定提高，乃至影响区域的社会和经济安全稳定。从分税制改革以来的情况看，政府收入的增长远远高于经济的增长，财政收入增长率与经济增长率之比的弹性系数远大于1，有的多数年份在2以上，个别年份甚至达到3。这种情况在以下两方面表现得尤为突出：一是地方财政收入增长快于中央财政收入和全国财政收入的增长速度；二是广义的非税收入增长高于税收收入增长。这两点集中起来是地方非税收入以更快的速度高于经济增长。不少地方政府为了加快地方经济增长和社会事业发展，往往过度运用社会资源，以大量出让土地、举借债务等形式筹集财力，而这样动员起来的财力超越了地方偿债能力，无论地方筹资还是地方偿债、地方支出都很难具有可持续性。这种财政收入表现在结构上很不科学，可持续性较差。而且，当前中国地方政府的支出中，大部分地区的税收收入只能用于日常政府运转的行政管理，而公共投资、支持企业支出大多依赖出让土地和举债，地方过度举债现象十分严重，这种地方财政收入的畸形将势必影响到地方经济的可持续增长和社会的可持续发展，这在中国历史上有过惨痛教训，甚至在美国也不乏其例。这一问题将在后面进一步深入研究。

二、现行税制结构和收入划分不利于产业的转型升级和经济发展方式的转变

不管现行分税制存在各种各样的问题,但在收入的初次分配上还是体现了按税种划分收入的特征,因而税制结构的模式制约着地方收入规模和结构,所以我们必须分析现行的税制结构模式如何通过影响地方收入,从而刺激了地方政府在追求经济增长方式选择中持怎样的态度。

我国现行的税制结构是以间接税为主体的税制结构模式,2013年各税类的占比情况(见表3-9):包括增值税、消费税、营业税、进口货物增值税、车辆购置税的货物与劳务税占比是62.25%;包括企业所得税、个人所得税的所得税占比是25.35%;以房产税为主体的与相房地产相关的税收占9.73,加上所得税以后的直接税占比是35.08%。"营改增"完成以后,间接税就剩下消费税、增值税、关税,其中增值税将达到40%以上。再具体到地方税的结构中,虽然在1994年的分税制财政体制改革中选择了消费税、关税为中央税,增值税为共享税,而且增值税中75%归中央(2016年5月1日起实行五五分成),在两个所得税中60%归中央,其余税种大部分归地方,看起来在间接税中中央所得份额大,地方所得份额小,但由于整个税制体系中间接税的比重太大,所以即使在分税制中作了这样的划分,但经过转移支付后,仍明显造成地方税体系中也以间接税为主体。换言之,只要经济总量增加了,销售扩大了,地方政府就有可能增收,因此地方政府也会追求规模扩张,而忽略督促帮助企业提高效益和地区经济质量。

表3-9　　　　　　　2013年各类税收收入占比情况　　　　单位:亿元、%

税收各类	收入	占比
全部税收收入	119 959.92	100
一、货物劳务税类	74 674.65	62.25
1. 增值税	42 174.86	35.16
2. 消费税	9 095.31	7.58
3. 营业税	17 238.54	14.37
4. 城市维护建设税	3 419.45	2.86
5. 车辆购置税	2 596.33	2.16
6. 烟叶税	150.16	0.13
二、所得税类	30 411.12	25.35
1. 企业所得税	23 879.59	19.91
2. 个人所得税	6 531.53	5.44

续表

税收各类	收入	占比
三、资源税类	3 198.25	2.67
资源税	1 005.52	0.84
城镇土地使用税	1 718.77	1.43
车船税	473.96	0.40
四、与房地产相关的税收	11 675.87	9.73
房产税	1 581.50	1.32
印花税	1 245.48	1.04
土地增值税	3 293.92	2.75
契税	3 815.03	3.18
耕地占用税	1 739.94	1.45
五、其他税类	2 192.73	1.83
1. 车船税	473.96	0.40
2. 城镇土地使用税	1 718.77	1.43

资料来源：根据《中国税务年鉴》（2013）计算。

三、间接税具有累退性质，不利于收入再分配

整个税制结构乃至地方税体系也体现出以间接税为主体，这样的税制结构削弱了税收调节收入和财富的功能。一般的理论分析和实证研究都表明间接税对收入和财富的调节功能不如直接税。因为，第一，尽管间接税中的消费税和关税由于属于选择性商品税，所以也有一定的调节收入功能，但由于增值税所占份额过大，消费税和关税的调节功能还不能弱化更不能完全抵消增值税的税负分配的累退性。这里可能存在一个学术上的误识与误导，即人们往往强调增值税是中性税收，因而误以为增值税在税负分配、收入调节中也保持中性。然而，增值税的中性是指在对资源配置效应中保持了中性，而在税负分配过程中却明显地表现出累退的非中性，因为增值税是对所有商品征收的"一般商品税"，而且采用比例接近的中性税率，那么，在消费边际递减规律的作用下，低收入者消费支出占收入的份额大于高收入者，因而低收入者负担的增值税税额与收入的比例会大于高收入者。在此还需要指出，增值税对资源配置的所谓中性功能也是值得质疑的，因为即使是像增值税设置了较少的几档税率，在税率形式上体现出对不同产业、不同商品的所谓中性，然而由于增值税对增值额征税，而增值额中包含支付给职工的工资报酬，实际情况是那些高科技行业往往工资报酬较高，表现为另一种形式

的劳动密集型，对这较大份额的工资报酬征税意味着让投资者为员工负担税收，降低了投资收益，从而抑制了高科技产业的发展，从这个角度看，增值税对资源配置的效应也并非中性，而是存在打击高科技产业的"超税负担"，增值税并非最优税种。

第二，从理论上讲，对收入和财富的调节应该在全国范围内统一设置，统一行动，尤其是对那些流动性税源征税时，应该尽量在全国范围内平衡税负，否则容易引起税源不必要的流动而损失效率（地方税收竞争就属于这种情况），因而收入和财富的调节职责应归中央，在税制相对成熟的发达国家就是将税源容易流动调节收入的税种——所得税——确立为中央（联邦）税（虽然州、地方政府也可能有所得税，但税率一般都很低），对那些税源不易流动的调节性税种——财产税——可以划归地方。但我国现行分税制却由于间接税过大的比重，而且中央政府也只注重收入稳定性，所以将与销售有密切关系的税种，即间接税大部分确定为中央税，而直接对居民个人征收的财产税却聊胜于无，这样，在一定程度也弱化了中央政府运用税收调节收入和财富的功能。这也是今天税制改革和财政体制改革——分税制完善的重要方面。

四、未开征环境税，政府缺乏通过税收来限制环境资源的破坏

资源和环境问题日趋严重的情况已是有目共睹，政府正在采取多重措施保护资源和环境。现行涉及资源和环境保护的税种在中央和地方之间很难划清，从现实发挥的作用来看，现行税制对资源环境的保护未能达到理想的效果，主要存在两个方面的问题。

第一，资源环境税弱小，未能对资源过度消耗和环境污染起有效的抑制作用。

先来看资源过度消耗问题。现行税制中资源税还较为薄弱，狭义的资源税的征税范围不够宽，税负偏轻。另外，只在消费税中包含了具有资源补偿性质的部分税目，这使得资源使用代价太低，不能正确反映资源的价值，使得资源使用者、消费者未能承担资源及其资源产品的全部成本，因而导致资源的过度消耗和消费。对污染的征税范围更窄，许多商品和劳务的生产和消费的外部成本不能内部化，也导致消耗和消费付出的代价太低，过度消耗和消费。例如，普通商品的过度包装既消耗了资源能源，又严重污染了环境，但生产者和消费者负担这种成本几乎很小。从经济效率的角度看，具有外部成本的商品会过度生产和消费，因而扭曲了资源优化配置。

再来看环境污染问题。环境污染和治理污染都有外部性，即产生污染的主体

给他人、给其他地区带来了危害，这种给他人的危害使得一部分成本不需由污染商品负担，于是就会使这种商品的生产和消费过度；而治理污染这种商品就会供给不足，污染得不到有效治理，所以治理污染的职责只能由政府承担。政府治理污染的措施可以是行政管制，制定环境保护法律体系，对污染者进行惩罚。而在税收体系中尚缺乏独立的环境保护税，只是消费税中的部分税目体现了对环境保护的功能。但从世界成功经验看，更有效的措施还是开征环境保护税（也称绿色税收），目前一些国家对碳排放这种主要污染行为正积极筹划推出碳税，美国将在2020年实施负担较重的碳税，欧洲一些国家也正在积极响应，届时对中国的钢铁等行业将产生重大的不利影响。我国目前对环境治理的经济措施主要是采用罚款等惩罚性措施。其他国家征收碳税这样的环境保护税必将会对我国的产业产生冲击，我们应该积极应对，一方面应努力实行经济增长方式的转型，另一方面也应该考虑加强环境保护税。

第二，资源环境税的弱化也使得资源开采地区的分享缺乏基础，因为资源环境税太弱小就难于让地方政府有获得足够的资金来保护资源和环境。因而对于资源开采地区的利益得不到补偿，环境得不到修复，经济发展更加缓慢；对于污染产生地区来说，也缺乏相应专项资金来建设公共工程、购建公共设施设备、加强治污机构和人员队伍，以致目前对污染的治理十分软弱，尤其表现在县以下空间区域，污染更为严重，政府及其相关部门常常感到力不从心，甚至无能为力。再如，对私人部门从事的有利于资源和环境保护措施，政府本应根据需要给予补助鼓励，例如，当前报废汽车正以惊人速度增加，对报废汽车的回收、拆解、再利用对于保护资源和环境具有重要性和迫切性，但回收公司却因收入和成本相抵后的效益过分低微而缺乏积极性，报废汽车的堆积量越来越大，拆解回收跟不上报废汽车的速度，而政府只作壁上观，这无疑是政府不作为、政府失职，政府应该筹集专项资金进行补贴，或者对这样的经营进行轻税免税鼓励，以支持汽车报废的回收利用，而这都与现行的财政收入体制有关。

第三节 基于经济发展方式视角的地方财政收入管理体制改革路径与政策建议

一、依据"事权财权匹配"原则，完善纵向财政体制

如上所述，财政体制包括纵向和横向两个维度，也包含权和利两个要素。我

们先来探讨纵向维度的财权和财政收入体制完善方向和途径。

(一) 根据社会经济发展的客观要求，适当下放税权

中国是一个幅员辽阔、民族众多、地区差别很大的国家，在这样的国家的特定（起步）发展阶段应该保持必要的中央集中度，以保障民族团结和国家统一，也有利于在更广阔的范围内促进公平程度的提高，而且也有利于经济建设的和谐、协调、可持续发展。同时，中国目前面临的国际政治、军事环境压力空前之大，必须认识到，一个国家发展到一定阶段必须是开放经济，并且必须实施"走出去"战略，而建立和维持国家的军事实力和国际地位对于本国经济向外拓展，保护本国企业的海外投资与贸易建造一个安全环境和秩序极为重要，这是一个国家、各地区、每个企业增长和发展所必不可少的保障体系。由此，我们认为在一定阶段内提高和维持中央的这些支出是必要的，因而也有理由在一定历史阶段提高中央收入比重是合理的。然而，我们在这里需要研究阐明的是在确定了中央与地方的财力分配框架下，应该赋予地方政府怎样的财政筹资自主权以决定地方财政规模。

根据分级治理的财政理论，由于各地居民对公共产品的规模、公共产品的结构及其时期上的安排都有各自的偏好，各地方政府应该根据本地居民的偏好来确定征多少税、征什么样的与公共支出结构相适应的税收。这就是说，地方政府应该有一定的税收自主权。在分权程度较高的国家，征税的规模和结构基本上由地方权力机关决定，中央政府只决定给予多少转移支付的补助。即使肯定我国应该有更高的财力集中程度，但我们认为，根据中国各地的社会经济结构差异，应该给予地方必要的税收管理权。中央（上级）政府可以规定地方政府筹集财政收入的总量规模，还可以进一步规定地方政府大致的税制结构体系，但应该赋予地方政府在中央规定的幅度内调整制度要素（如征收范围、税率等）的权利。比如，若开征对居民征收的财产税，其征税基础在全国差异必将很大，各地就应该有权根据自身的经济发达程度、房价高低、土地稀缺程度、城市大小、存量房产即税基大小等因素来确定房产税的征税范围、税率高低、起征点或免征额大小、征收方式等。退一步讲，中央可以规定一定的幅度，但应该赋予地方一定的空间来自主选择确定。

其实，纵向财政体制中的"权"主要是关于财政收入的自主权。赋予地方政府更多的、也是必要的税收自主权是激励相容的财政体制应有的特征，是调动地方政府积极性的需要，也有利于地方政府利用税收政策实现自身各项社会经济目标。例如，对于发达地区日益严重的环境污染和资源短缺，发达地区本该利用税收政策来促进节能减排，更加有效地实现经济发展方式的转变，但在现行税收管

理体制下，地方政府却无能为力。再如，对于社会保障体系，各地的人口年龄结构、收入水平、物价高低、生活成本都相差很大，因而各地的社会保障税和缴费水平应该有所差异，中央也可以规定最低保障水平和社会保障税（缴费）的最低水平，或者规定一定的幅度区间，由地方政府根据科学测算结果来选择自己的社保税率和缴费水平。总之，财政收入权限的分配应该根据集中与分散相结构的原则，扩大地方自主权。

（二）完善按税种划分收入的分配制度，优化纵向政府的收入分配结构

1. 完善分税制应该遵循的原则

我们认为，划分我国中央税、地方税应该遵循以下原则。

第一，"事权与财权相匹配的原则"。2016 年 8 月 16 日国务院发布的《国务院关于推进中央与地方财政事权和支出责任划分改革的指导意见》明确提出确定中央与地方财政体制要"做到支出责任与财政事权相适应"。还指出，"对属于中央并由中央组织实施的财政事权，原则上由中央承担支出责任；对属于地方并由地方组织实施的财政事权，原则上由地方承担支出责任；对属于中央与地方共同财政事权，根据基本公共服务的受益范围、影响程度，区分情况确定中央和地方的支出责任以及承担方式"。

这一原则实际上是财政收入与支出匹配原则。依据这一原则，中国当前和今后一段时期内城市化建设和社会事业发展中大量职责主要由地方特别是基层政府承担，因此，地方政府的支出增长速度应该继续快于中央政府，地方政府支出的份额也将扩大，这就总体上规定了在划分中央、地方税种过程中，应将更大份额的税种划归为地方税，在具体的税种划分中要充分考虑这一点。

第二，受益原则。《国务院关于推进中央与地方财政事权和支出责任划分改革的指导意见》明确：划分财政事权和支出责任要"体现基本公共服务受益范围"的原则。由于各地的社会经济结构、资源禀赋差异较大，因而各地的经济基础、税源结构有较大差别。某些地区性资源不仅具有区域特有禀赋特征，而且其开发、保护、利用还有赖于该地区的投入，所以如果按照受益原则，将某些地区的特有禀赋资源和税种、收入项目划归地方，或者给予这些地区较大的分成比例，具有一定的正义性、合理性和可接受性，也便于这些地区对特有的资源利用、开发作出长期规划。同时，拥有这种特有资源的地区往往是欠发达地区，将这些地区特有资源收入项目较多地分配给地方，也有助于平衡地区经济社会发展，还有利于调动这些地方的积极性，开发培养税源，发展社会经济。再从纳税人角度讲，进入这一地区虽然会承受较重的政府经济负担，但也会从获得和利用

这些资源中得益，所以既是正义合理的，也不会产生驱赶税源的效应。

第三，避免税源流动，减少效率损失原则。根据财政学的区域竞争理论，税收负担是蒂布特机制中影响投资者和居民流动的重要变量，所以如果由于地区性税种造成了地方之间税收负担差异，就会造成经济税源的流动，从而产生效率损失。其实，中国现有的地方竞争中就存在这样的恶性税收竞争，这恐怕也是中央高度集中、控制税权的一个理由。所以，在划分税种时，应将税源具有高度流动性的税种划归中央税，使其在全国具有税收负担的统一性、平衡性，避免税收诱发的税源流动；而将税源不易流动，流动阻力较大的税种划归为地方税，这些税种的税收负担的地区差异不会诱致较大的税源流动的效率损失，从而有益于维护资源在地区间的优化配置。

第四，提高税收征管效率原则。《国务院关于推进中央与地方财政事权和支出责任划分改革的指导意见》阐明，要"结合我国现有中央与地方政府职能配置和机构设置，更多、更好发挥地方政府尤其是县级政府组织能力强、贴近基层、获取信息便利的优势，将所需信息量大、信息复杂且获取困难的基本公共服务优先作为地方的财政事权，提高行政效率，降低行政成本。信息比较容易获取和甄别的全国性基本公共服务宜作为中央的财政事权。"根据这一原则，一般来说，为了提高收入项目的征管效率，应该将规模较大的主体税种划分为中央税，这既有利于统一全国税制和征管手段，尤其是在税收征管系统高度信息化的今天，也要求将全国性税源基础的税种划分为中央税。而将零星税种、具有地方特色的收入项目划归为地方税种，既有利于调动地方积极性，又可以动员地方各部门、各种协税护税组织，齐抓共管地做好征收工作，提高征收工作的有效性。

第五，法制化规范化原则。这一原则可以包含纵横两个维度的含义：首先从纵向理解，这一原则是指税种在中央和地方各级之间的归属划分应该依法确定，并保持必要的稳定性；税种在多级政府之间的划分必须有法律制度保障，应该保持稳定，而不应该频繁、随意调整变动。但由于中国的经济体制和社会建设正处于快速推进过程中，因而难免会对财政体制作出频繁的局部调整，尽管1994年实现了分税制，确定了税收权益的纵向分配框架，但实施至今已有了多次变动，中央政府面对自身收入占比偏低的局面和增加财力集中的需要，不断调整一些重要税种的收入划分办法和分成比例。这种体制性变动，就使地方政府收入结构处于不稳定状态，同时体制内收入份额得不到保障，这也是迫使了地方政府在体制外拓宽筹资渠道，从而扭曲地方政府收入结构的重要成因。所以，优化地方收入结构必须在优化纵向的收入分配体制，科学划分收入项目的基础上保持必要的稳定，而这都必然要求体制法定，非经严肃程序不应随意调整。财政体制法定是国家整个体制法定的重要方面。对此，《国务院关于推进中央与地方财政事权和支出责任划分改革的指导意见》指出:"要将中央与地方财政事权和支出责任划分基本规范以法律和行政法规的形式规定,将地方各级政府间的财政事权和支出责任划分相关制度以地方性法规、政府规章的形式规定,逐步实现政府间财政事权和支出责任划分法治化、规范化,让行政权力在法律和制度的框架内运行,加快推进依法治国、依法行政。"

其次要求作为收入划分基础的税收制度保持相对稳定。因为分税制框架下地方税收入依赖于地方税和共享税,而中国现行的分税制毕竟不是彻底的分税制,不但共享税的税权而且地方税的税权也掌握在中央,那么,一旦中央地方税共享税改革调整,地方税收入就可能得不到保障,典型的就是"营改增"税制改革完成后,原来作为地方税的营业税不复存在,迫使中央与地方的收入分配要作相应调整。不仅是税种的拆并,而且中央或地方的某个税种的税基、税率及其由此产生的税负变动还会影响相邻相关税种的税基变动,如商品劳务税的变动会影响企业所得税的税基,企业所得税与个人所得税的税基、税率会相互影响。这些都说明,税种的改革可能会影响地方收入结构的稳定;科学的地方收入结构也要求有一个相对稳定的税制结构。

2. 完善转移支付制度

完善转移支付制度包括加大一般性转移支付、缩小专项转移支付以及科学确定转移支付额度两个方面。前者属于转移支付的形式管理问题,中央已明确了其基本方向。后者却仍是值得深入研究的问题。

中国的社会、经济发达程度的地区差异决定了中央政府必须有较大的财力集中度,转移支付体现了中央在地区间调剂财力的意志和力度。规范的分税制理论和实践模式是各级政府有独立的税种,共享税的规模很少,甚至没有共享税,在这样的独立型分税制框架下,各级政府的税权互不干涉,经济薄弱地区依靠自己的地方税难于满足自身财政支出的需要,就主要靠上级政府的转移支付。可想而知,在标准的分税制下各地的经济差异应该较小,换言之,标准的分税制是按资源配置效率和基于地区差异较小或忽略地区差异的假定基础上划分各级政府间支出职责后来划分税种或税收收入的。但现实中,一方面,在政治上,中国的政府体系是垂直型控制的,在确定收入划分体制时,几乎是由上级政府单向确定的,地方政府没有讨价还价的资格。另一方面,上级政府在划分财力分配时,首先要考虑的是政治因素,即地区差异与社会稳定、国家统一、公平正义,尤其是在一个开放、民主的国家里,基于人权意识而提出的缩小地区差异的呼声越来越高,所以上级政府必须把更多的财力用于缩小地区差异。而且缩小地区差异,保持全国整体的协调发展是国家整体利益所在,也有利于整个国家更加健康、美好、可持续地发展。保持国家统一、安全、稳定发展也是发达地区经济社会持续发展的必要条件；同时，通过共享税和转移支付维护国家统一还有利于在国际上维护国家整体利益。所以从这个角度观察中国的分税制中共享税的比重势必就要高，转移支付的力度也势必要大。

从抽象的一般意义上，转移支付的目标是实现地区之间基本公共服务均等化，那么就应该考虑自有财力基础和财力缺口两个基本变量。应该根据"转移支付额＝基于基本公共服务均等化所需的人均可用财力—人均自有财力"的基本原则确定的，从公式的抽象意义上看，"人均可用财力"与"人均自有财力"在确定转移支付数额，解决基层财政困难中居于同样重要的地位。所以，解决基层地方财政困难必须两条腿走路：一是要发展地方经济；二是要完善财政收入分配制度和转移支付制度。由此，我们需要进一步研究的是在确定转移支付数额过程中必须充分考虑影响地区间财力差异的因素：（1）地区经济总量水平（如人均GDP产出）；（2）经济质量或产业结构（不同的产业有不同的税收贡献率）；（3）自然资源禀赋状况（数量和质量，如拥有丰富的自然资源，出售自然资源即可获得可观的财政收入，自然资源的质量也同样影响地方财政收入，如发达地区的土地出让金就高，而欠发达地区的土地出让金就少）；（4）地理地貌，不同的地理地貌差异使得产出同样公共服务效能所需的财政支出差异很大（如道路建设、不同人口密度的教育支出的效能差异），这就会产生不同的财政缺口和财力压力；（5）财政收入分成状况；（6）公共设施的受益边界与财政支出职责划分中的匹配度。某些公共服务设施虽然位于某个地区，但却为区域外的公众所共享，这时上级政府就应该承担部分或大部分支出职责，或者对该下属政府实行转移支付补助。如某地级市区内的火车站更新改造需花150亿元，但这个火车站属于整个地级市乃至更大范围所享用，其实这样的公共服务很多，许多市政公共设施都属于这一类，如果这一类的公共设施支出由市政府承担或者在地区间分配支出份额时，按人均分配显得更合理，应该主要由地级市政府承担或给予足够的转移支付补偿。

二、加强地方横向财政体制建设，建立和优化地方财政收入体制治理结构

从抽象而完整的意义上讲，所谓体制实质上是一种权力的制衡结构，从中国现行的财政体制看，地方政府一方面要在上级政府确定的权力框架内动作，另一方面也必须在地方权力机关确定的权力框架内动作，所以，完整的财政体制所包含的权力结构应该体现在上下级纵向之间的权力结构与横向的权力机关与行政性政府之间的权力结构。地方财政体制的横向结构是指财权在地方层面的权力机关

与政府及其职能机构之间分配的制度。体制的本来含义是权力分配制度,然而学界常常把财政体制解释为上下级之间划分财政权限和收支的制度,同样,把税收体制解释为上下级政府之间划分税权和税收收入的制度,却忽略财权、税权横向维度的分配关系,也许这是中国现行地方财政体制运行实践给学界造成的错觉。确实,中国历次财政体制、税收体制改革都是在中央与地方的纵向维度展开的。这一方面是在面对与上级政府的财政关系时,地方内部的利益是一致的,横向的财政体制只不过财权、税权的分配,不涉及财政收入、财政支出的流入或流出,所以看起来属于非实质性的问题,因而每次财政体制和税收体制改革中人们都只关注纵向的权限、权利划分。另一方面是由于中国在的公共财政建设尚在逐步推进过程中,地方财政权限主要由政府及其职能部门行使,权力机关拥有或实际行使的财权还不够充分,人大、人大常委会对预决算的审批、监督在不少地方未能尽职到位,有的甚至严重缺位,需要大力推进。

第一,加强地方权力机关和公众对政府财政审批监督。从理论上讲,公共财政的本来意义是政府收支活动应该由权力机关代表公众决策审批,接受权力机关和公众的监督审核。然而,正如前述,我国当前地方政府的收入结构不合理的重要表现是政府在预算(包括"一般公共预算""基金预算")外还有大量的收入及其以这种收入作支撑的支出,其主要内容如地方政府债务收支。过大的债务收支的规模已经威胁到地方财政的安全。而导致地方政府债务失控的体制性根源是这些债务收支既未纳入纵向政府体系的上级政府的控制监督,也未纳入横向体制中的地方权力机关的审批、控制、监督。可喜的是2014年下半年起对地方政府债务问题的垂直控制监督开始重视,国务院和财政部连续出台控制地方政府债务收支的管理措施,地方政府和财政部门正在贯彻落实中。但是,我们认为仅凭垂直性监督还是不够的,还必须加强地方权力机关和公众对地方政府以债务收支为主要对象的监控。虽然国务院和财政部法规、规章中已经明确地方政府债务管理要接受权力机关的审批监督,但这种粗略的规定是不够的,还必须在根本上、总体上高度重视和明确权力机关、公众对政府财政的控制监督,完善制度和机制,确立权力机关在财政管理中的主体地位,在观念和理论上真正确立起未经权力机关审批、监督的政府收支是无效乃至违法的思想,特别是地方政府官员任期制和异地任职的情况下尤其必要。因为在任期制和异地任职制下,地方政府官员的行为难免短期化,会片面追求以GDP为核心的政绩,这种不科学的政绩导向势必要通过膨胀性、畸形的财政支出来实现,而这种膨胀性、畸形的财政支出又必须有膨胀性、畸形的财政收入为支撑。相对而言,地方权力机关、公众的利益与当地的社会经济健康发展存在长期的利益一致性,因而会有较强的自我约束,一般会避免行为短期化。所以我们认为提高权力机关和公众在财政管理中的地位,有助于克服地方政府财政行为的短期化，从而促进地方财政收入结构的优化。

值得欣喜的是新预算法规定了"县、自治县、不设区的市、市辖区、乡、民族乡、镇的人民代表大会举行会议审查预算以前，应当采用多种形式，组织本级人民代表大会，听取选民和社会各界的意见"。目前有些地方基层财政管理中人大（包括人代会、人大常委会）正在发挥积极的作用，各种形式的财政民主正在推进，一些地方改革举措日趋成熟完善，建立了较为稳定的、素质较高的公民参政议政人员库，将政府重大财政收支项目交由公民代表讨论选择，这些公民代表的选择意见作为人代会表决财政预决算的重要参考依据。这种接近直接民主形式的公众监督值得赞许，也许是基层公共财政管理的有效、可行的方向。

另外，在此还值得指出的是，针对当前情况，在赋予权力机关更多财权的同时，作为权力机关必须提高自身素质，增强履职能力，作为权力机关的任职人员必须强化对财政监督的责任心和事业性。

第二，健全财政预决算体系，建立权力机关和公众对政府财政监督的基础。我们至今尚未建立起健全完整的财政预决算体系，人代会、人大常委会只是对部分政府收支实施审批监督，仍有数量不少的政府收支游离于权力机关的监督之外，这就使得政府有可能（事实也是）通过另外渠道筹集资金，安排支出。如果说纳入了预算，经过了人代会、人大常委会审批监督的收支反映了地方公共意志，符合地方公众的利益偏好，那么，从逻辑上说，未纳入预算的收支就不一定符合公共意志和公众利益偏好，就可能使公共资源偏离了最佳配置标准，也可能使地方财政收入结构畸形。这在现实地方财政实践中不乏其例，以前的"预算外"收支就是在权力机关监督之外，土地出让金也是不久前才纳入"基金预算"，至今还有规模巨大的政府债务仍置于预算体系之外。同样令人欣喜的是中国的财政管理体系正以坚定的步伐向公共财政的目标迈进，2015年起实施的新预算法确立了"政府的全部收入和支出都应当纳入预算"的原则，并详细规定"各级政府、各部门、各单位应当依照预算法规定，将所有政府收入全部列入预算，不得隐瞒、少列"。对未将所有政府收入和支出列入预算或者虚列收入和支出的，要责令改正，对负有直接责任的主管人员和其他直接责任人员依法给予降级、撤职、开除的处分。国务院2014年9月颁布的《国务院关于深化预算管理制度改革的决定》明确指出要完善政府预算体系，要将政府的收入和支出全部纳入预算管理，加大政府性基金预算、国有资本经营预算与一般公共预算的统筹力度，建立将政府性基金预算中应统筹使用的资金列入一般公共预算的机制。对于加强权力机关对政府预算的依法审批监督必将起到重要的推动作用，当然也必将对于控制地方政府债务，优化地方财政收入结构起到极为重要的推动作用。我们期望从此中国的地方财政体制的横向结构得到强化，地方权力机关的财权得到充实加强，地方财政行为得到规范，地方财政收支结构得到优化。

第三，提高地方财政管理的透明度，为公共监督提供保障。从理论上讲，公共财政的本质是政府财政收支应该实现公共利益，实现公共利益就必须体现公共意志，体现公共意志就必须有公众参与财政决策；民主的"政治规则"是直接民主优于间接民主，因而能采用直接民主的就尽量采用直接民主，民主的"技术规则"是越是基层政府越有条件采用直接民主。归纳上述表述的逻辑结论是，在地方财政决策、财政监督中，公众是财政权利的终极所有者，应该尽量广泛吸收公众意见，接受公众监督。换言之，为了实现权力机关和公众对政府财政行为的审批和监督，就必须向社会公开财政信息，实现财政透明公开。然而，中国的地方财政透明度还依然很低，从而阻碍了公众对政府财政收支的监督。而且即使提供了财政信息，其质量也是差强人意，财政信息的完整性、真实性、正确性、及时性都难于满足公众的监督需要；财政信息的详细、明了程度更低，即使是财政学者也难于看懂全部财政信息，更何况非专业人士的人大代表和公众。财政信息的公开透明度低严重阻碍了权力机关和公众对财政行为的监督，那么，财政收支结构的合理性、科学性评价也就无人谈起，财政收入结构优化也就得不到保障。所以，为了加强权力机关和公众对政府财政行为的控制和监督，就必须提高财政透明度。国务院强调要积极推进预决算公开，要细化政府预决算公开内容，除涉密信息外，政府预决算支出全部细化公开到功能分类的项级科目，专项转移支付预决算按项目、按地区公开；扩大部门预决算公开范围，除涉密信息外，中央和地方所有使用财政资金的部门均应公开本部门预决算；并且还要细化部门预决算公开内容，逐步将部门预决算公开到基本支出和项目支出，让权力机关和公众更详细地了解政府收支，以便实现更深入具体的监督。尽管从目前的情况看，公众最关心的是政府支出，所以对政府支出项目及其内容公开的呼声更强烈，但是我们认为，随着权力机关和公众监督意识和监督能力的提高，他们的监督必然会进一步深入到对收入规模和收入渠道的监督。事实上，在完善的财政体系和规范的、法制化的财政管理局面下，对收入的监督才是源头的监督。对收入的监督审批，促进财政收入结构优化，才是将财政权力关进笼子里的源泉性措施。

新预算法规定了决算必须做到收支真实、数额准确、内容完整、报送及时的要求，这实际上提出了对财政信息质量的要求，应该说这是一个可喜的进步，但现实情况是政府公布的财政信息离权力机关、公众对财政监督的要求还有相当大的距离，因为目前的财政信息不仅在上述四个质量特征上有差异，而且内容还不够详细，指标体系设计、归类等方面还不够科学，监督者还难以利用财政数据信息进行有效监督，同时，更没有规定信息披露中的违法责任，财政信息公开还任重而道远。

三、完善地方政府债务管理体制,加强地方政府债务监管

如上所述,地方政府的债务既是地方财政收入结构不合理的突出问题,同时也是影响地方财政安全的核心问题,其体制根源是缺失健全的地方政府债务的管理体制。可以说,目前地方政府收入结构不合理的主要表现是地方债务收入与一般公共预算收入的比重地位倒置,地方收入结构呈现畸形。从一般原理说,正常情况下地方政府收入主要来自两大部分:一部分是本地征收的税收收入和非税收入,另一部分是上级政府的转移支付收入。在健康规范的地方财政管理体系中,这两部分收入的结构状态应该是非税收入的比重较小;各地间的上级转移支付收入的比重因经济发达程度差异而异。但无论如何,不论是自有收入还是上级转移支付收入都应纳入预算管理,并且努力做到近期和中长期的收支平衡,确保财政安全。然而,令人忧虑的是当前中国地方政府的债务规模过大,一些地区的地方政府被沉重的债务压得喘不过气来,在任的地方政府官员也有难言的感慨。如此庞大的地方政府债务主要指望土地出让金归还,截至2012年底,11个省级、316个市级、1 396个县级政府承诺以土地出让收入偿还的债务余额为34 865.24亿元,占省市县三级政府负有偿还责任债务余额为(93 642.66亿元)的37.23%[1],而且还呈快速增长之势,从2010年底到2013年6月的地方政府债务年均增长19.97%[2]。其中:省级、市级、县级年均分别增长14.41%、17.36%和26.59%。土地出让金与地方政府债务结成了恶性循环。如果一旦土地出让金后继乏力,地方政府债务风险就会立即凸现,使我们的担忧不无理由的事实是土地出让金与房地产业深度相关,而房地产业尽管在政府的努力调控下仍然呈现出幅度远大于整个国民经济的波动,因而土地出让金波动幅度也很大,在房地产业繁荣时期,部分县市的地方财政收入增长中与房地产相关的税收和非税收入贡献了70%~80%,而房地产衰退时,与房地产相关的收入就大幅度减少,首当其冲的是土地出让金的波动。国土部官方网站发布的2015年一季度全国出让房地产用地2.47万公顷,下降38.7%,考虑到土地价格下降,土地出让金减少幅度就更大。目前地方政府债务主要聚集在县以下政府,因为地方政府债务主要因城市化建设和公共工程而起,而城市化建设和公共工程主要是由县以下政府承担,地市一级也会承担部分城市化建设任务,但公共工程相对较少,所以县以下政府的债务负担最沉重。上面我们分析了全国总体的地方政府债务情况,其实,如果分

---

[1] 参见国家审计署2013年审计报告。
[2] 参见国家审计署2013年审计报告。

政府层级来看，县以下政府的债务情况更为严重，而且越往基层的地方政府应对债务危机的回旋余地越小：第一，地方政府不能像中央政府那样发行货币来填补财政缺口；第二，越是基层的地方政府在财政体制中的主导权越小，只能处于"服从"和"接受"的地位，在纵向财力分配中基本上没有发言权；第三，在处置、出让土地过程中也缺乏自主权和收益分配权，所以从土地出让中可得的收入既不可观也不稳定；第四，地方基层政府体量小，区域范围小，财力的调剂回旋余地小。这些因素都说明基层地方政府应对债务风险的能力是十分脆弱的。然而，当前地方基层政府的举债欲望却十分强烈，一些地方的债务状况到了十分危急的地步。下面来看一些不算典型的案例：

案例一：据某省财政厅科研机构的调查研究所得的资料，该省某县级市乡镇街道的政府债务情况是：县财政局向政府报告的 2011 年末全市乡镇政府性债务余额为 72 802 万元（含街道债务 6 790 万元），而县审计局审计报告反映的乡镇政府性债务余额为 214 320 万元（含街道债务 56 051 万元），财政口径数据比审计口径少 141 518 万元。审计债务指标是财政的近 3 倍，差异的构成及原因有以下几方面：一是统计口径不同差异是 94 138 万元，占统计差异的 66.5%；二是有部分街道债务统计在县本级而不是统计在乡镇一级，合计是 28 353 万元，占统计差异的 20%；三是经营性项目负债未纳入债务系统统计，共 17 823 万元，占统计差异的 12.6%。

根据该科研机构的调研报告，造成乡镇债务膨胀的主要原因有以下几方面：一是乡镇工业平台建设未能量力而行、循序推进。一般性财力甚至不够偿还当年债务利息，导致债务越滚越大，乡镇负担越来越重；二是招商引资投入产出不匹配。一方面，乡镇工业招商引资竞争激烈，政府"倒贴"多。如某镇的一个工业开发园区引进的工业项目占地 600 余亩，土地出让价格为 12 万元/亩，但实际开发成本高达 28 万元/亩，该项目直接导致该乡镇负债近 1 亿元；而另一方面，入园企业数量不多、质量不高，地方财政贡献少。三是民生项目密集，资金配套压力大。如某街道近年来配套资金需求超 8 700 万元，而每年可用财力不到 2 000 万元。乡镇长普遍担忧"因债返贫"风险。

案例二：本课题组在 2014 年夏天去某省某市的一个镇调查政府债务情况时了解到，这个镇是纳入省第一批强镇扩权的小城市培育建设试验范围，每年得到了省财政 4 000 万元的建设资金资助，地级市也给予一比一的配套。于是这个镇就加速启动了城镇化建设，各项公共工程大规模铺开，民生支出大幅度增加，原有民生支出项目的标准也显著提高，于是政府债务开始迅速扩张。截至 2014 年 6 月底的各项政府债务已累计达到近 20 亿元，平均的利息成本在 10% 左右，那么年利息支出将达 2 亿元，而这个镇一年可以从县财政按体制分配得到的"一般预算收入"是 0.65 亿元,依此推算,3 年的体制内财政收入还不够还一年的利息。事实上,"一般预算收入"是满足政府日常行政管理支出,包括中小学教育经费,因而根本不可能动用来偿债。偿债的主要来源就是土地出让金。而从 2013 年起,与全国的房地产市场一样,当地房地产业跌入了低俗,同时,经济增长也步入了下行通道,所以不论是商品房用地还是工业用地都骤然减少,土地出让金大幅萎缩,这就给该镇政府提出了严峻问题,使政府领导整天处在焦虑之中,主要的任务就是如何招商引资,出卖土地变钱。其实当前基层地方政府陷入债务危机,政府将卖地还债作为头等大事的地方已不在少数。

以上这些分析说明中国当前地方政府债务已到了十分危急的程度,据报道,某一堪称著名的江南发达城市政府也被超过千亿的政府债务拖到几近破产的程度,就连公务员工资都发不出,只能发生活费,由于出让土地受阻,土地出让金和偿债资金没有着落,再也搞不到钱,而庞大的债务到期要还,政府处于山穷水尽的地步。必须指出,国际上一些国家的债务危机事件并不鲜见,欧债危机至今尚未走出困境。美国从 1927 年颁布破产法以来,已经有 600 多个地方政府发生破产(实际上是债务重组),事实上,依据美国地方政府的破产条件,中国会有不计其数的地方政府破产,有的地方政府甚至够得上破产几次。我们应该清醒地看到,虽然中国的地方政府债务不直接向公众借钱,债务危机不是直接还不了老百姓的钱,不会导致群体性公众事件,但是中国地方政府债务大多直接间接地向银行和其他金融机构借钱,一旦危机发生,是直接拖累甚至拖垮金融体系,而如果中国的金融体系被拖垮,那么整个国民经济会有被拖垮的危险。其完整的债务危机链是这样的:房地产危机—土地出让金萎缩甚至枯竭—地方政府债务危机—金融危机—经济体系危机。总之,地方政府债务到了迫切需要整治的时刻。我们认为,地方政府债务治理主要应该从以下两方面着手。

(一)认真落实新预算法和国务院、财政部关于加强地方政府债务管理的精神,强化地方政府债务的纵向监管

针对全国地方政府债务问题日益严重的态势,国务院、财政部开始高度重视。2015 年起实施的新预算法对地方政府债务管理确定了平衡预算的原则,"地方各级预算按照量入为出、收支平衡的原则编制,除本法另有规定外,不列赤字";考虑到当前和今后一个时期内地方政府承担以城市化建设为核心的社会经济建设的重任,新预算法也规定了"经国务院批准的省、自治区、直辖市的预算中必需的建设投资的部分资金,可以在国务院确定的限额内,通过发行地方政府债券举借债务的方式筹措",但是"举借的债务应当有偿还计划和稳定的偿还资金来源,只能用于公益性资本支出,不得用于经常性支出"。意思是说,政府日常管理经费不得举债。"举借债务的规模,由国务院报全国人民代表大会或者全国人民代表大会常务委员会批准。省、自治区、直辖市依照国务院下达的限额举借的债务,列入本级预算调整方案,报本级人民代表大会常务委员会批准",除此之外,"地方政府及其所属部门不得以任何方式举借债务"①,这说明新预算法确立了对地方债务实行垂直和横向双重控制的体制原则。

为了贯彻新预算法,加强对地方政府债务管理,国务院出台了《国务院关于加强地方政府性债务管理的意见》(以下简称《意见》),进一步具体规定了对地方政府债务规范管理的办法。这个《意见》的主要精神包括以下四个方面。

第一,为了控制地方政府债务规模,《意见》明确"经国务院批准,地方一般公共预算为没有收益的公益性事业发展可编列赤字,通过举借一般债务予以弥补,地方政府一般债务规模纳入限额管理,由国务院确定并报全国人大或其常委会批准";"地方政府举借的债务,只能用于公益性资本支出和适度归还存量债务,不得用于经常性支出"。第二,为了加强政府对地方政府债务的管理和权力机关对地方政府债务的监督,国务院的《意见》规定了对地方政府债务实行分类管理,"地方政府债务分为一般债务、专项债务两类,分类纳入预算管理。一般债务通过发行一般债券融资,纳入一般公共预算管理。专项债务通过发行专项债券融资,纳入政府性基金预算管理。"第三,国务院的《意见》还十分强调要"建立债务风险预警及化解机制。财政部根据债务率、新增债务率、偿债率、逾期债务率等指标,评估各地区债务风险状况,对债务高风险地区进行风险预警。债务高风险地区要积极采取措施,逐步降低风险。对甄别后纳入预算管理的地方政府存量债务,各地区可申请发行地方政府债券置换,以降低利息负担,优化期限结构。"为了使这种风险预警及化解机制落到实处,还进一步规定"国务院建立地方政府债务风险评估和预警机制、应急处置机制以及责任追究制度。国务院财政部门对地方政府债务实施监督。"第四,《意见》清晰地确定了地方政府在其债务关系中的职责,一方面,"赋予地方政府依法适度举债权限,建立规范的地方政府举债融资机制。经国务院批准,省、自治区、直辖市政府可以适度举借债务;市县级政府确需举借债务的由省、自治区、直辖市政府代为举借。"另一方面,"要硬化预算约束,防范道德风险,地方政府对其举借的债务负有偿还责任,中央政府实行不救助原则。"从而摆脱了地方政府对中央(上级)政府的依赖和指望求助的幻想。

在随后颁布的《国务院关于深化预算管理制度改革的决定》中也强调政府要建立跨年度预算平衡机制,要求"财政部门会同各部门研究编制三年滚动财政规

---

① 以上引语都来源于2015年起实施的新《中华人民共和国预算法》。

划，对未来三年重大财政收支情况进行分析预测，对规划期内一些重大改革、重要政策和重大项目，研究政策目标、运行机制和评价办法。强化三年滚动财政规划对年度预算的约束。"对于"地方一般公共预算执行中如出现超收，用于化解政府债务或补充预算稳定调节基金"。

为了具体贯彻新预算法和执行国务院规定，财政部制定实施了《地方政府存量债务纳入预算管理清理甄别办法》《2015年地方政府一般债券预算管理办法》和《2015年地方政府专项债券预算管理办法》。主要精神包括以下四个方面：第一，再次重申对地方政府债务实行纵向垂直和横向监控，制止地方政府不经上级政府和同级权力机关批准的借债。而且为了控制债务规模，还规定"省、自治区、直辖市政府（以下简称省级政府）发行的专项债券不得超过国务院确定的本地区债券规模。"省级地方政府发行债务必须在全国人大或人大常委会批准的额度内，报国务院批准具体落实发债计划。具体发行再经当地人大常委会批准。各级地方财政部门通过编制预算报地方权力机关批准后举债，县级政府债务额度由省政府批准。在上级批准和分配的额度内，县新发债务由县权力机关批准，置换债务由县人民政府批准。第二，具体落实对地方政府债务的分类管理。对将政府一般债券和专项债券分门别类纳入全口径预算管理，项目没有收益、计划偿债来源主要依靠一般公共预算收入的，甄别为一般债务，一般债券收入、安排的支出、还本付息、发行费用纳入一般公共预算管理；项目有一定收益、计划偿债来源依靠项目收益对应的政府性基金收入或专项收入、能够实现风险内部化的，甄别为专项债务，专项债券收入、安排的支出、还本付息、发行费用纳入政府性基金预算管理。在时间上又分为2015年1月1日起新发行的债券和为转换2014年底之前债券而新发行的债券。第三，财政部规章中也进一步明确了地方政府债务的权利义务主体，"省、自治区、直辖市政府为一般债券的发行主体，具体发行工作由省级财政部门负责。市县级政府确需发行一般债券的，应纳入本省、自治区、直辖市一般债券规模内管理，由省级财政部门代办发行"，代为结算支付。需要指出，尽管在对外的与债务人权利义务中省政府是地方政府的主体，但在债务收入支配使用和偿还时县及以下政府是利益主体，当然必须承担自身债务的偿还支出。一旦县及以下政府不能偿还时，上级政府可以通过财政体制结算时扣回相应资金。第四，为了加强对地方政府债务的监管，财政部规章中要求"省级政府应按照有关规定，做好债券发行的信息披露和信用评级等相关工作。披露的信息应包括一般债券基本信息、一般公共预算财力及相关债务情况、偿债资金安排以及对投资者做出购买决策有重大影响的其他信息等"。对于"违反《预算法》等法律法规的，依法追究有关人员责任，涉嫌犯罪的，移送司法机关依法处理。"

上述法律法规和规章说明了中央再也不能对地方政府债务坐视不管，因为中央政府已经认识到地方政府债务危机绝不只是危害于地方层面、局部地区；也不只是损害了债权人利益，而是会波及整个经济体系乃至整个社会安全。中央的态度也很明确，一是体现了自上而下的严格垂直监控，二是管理的机制是依法管理，加强权力机关对地方政府的监管，三是把地方政府债务纳入预算管理（包括分类管理），使监控落到实处，四是明确地方政府是债务的主体，中央实行不救助原则，以此加强对地方政府债务行为的自我约束。

然而，在为中央政府开始着力整治地方政府债务欢欣鼓舞的同时，我们还必须意识到地方政府债务治理是一个艰巨而漫长的过程，因为可以说，目前的地方政府债务已是积重难返，虽然中央已要求各级政府将债务纳入预算管理（包括一般公共预算、基金预算），并要求编制三年中期财政规划。2015年批准的地方政府债务限额为16万亿元，但新增的地方政府债务限额仅为0.6万亿元。这相比近20万亿元的规模是杯水车薪，第一，从额度大小看，既满足不了已经铺开摊子的工程项目追加资金而新增债务的需要，同时置换原有债务的规模也很有限；第二，从预算管理业务工作看，如果将地方政府债务余额或当年需偿还金额纳入本级预算并编入三年中期财政规划，那么，不仅近年内地方政府建设所需资金几乎没有着落，就连预算报表上也难以实现收支平衡；第三，如果按要求将地方政府债务纳入预算并编制三年中期财政规划，那么，根据现有的地方政府债务规模，地方政府将在近期多年内不能举债，也不能新增建设资金，而只能是首先归还存量债务，这也是不切实际的，无法实现的，即使实现了，对国家、地方的社会经济将产生剧烈的甚至破坏式的震荡。所以我们建议应专门编制单独的中长期地方政府债务计划，确定在某个目标期限内，将地方政府债务压缩到目标规模之内，然后确定每年的偿债计划，再将这一偿债额度纳入预算，实现预算收支并衡。

（二）加强地方权力机关和公众对地方政府债务行为的监督，建立地方政府债务的自我约束机制

说到底，地方政府债务也是地方政府的一种投融资活动，属于政府财政行为的一部分，是地方政府公共职能活动在时期上所作的一种超越经济发展阶段的安排，从本来意义上讲，是地方政府提前动用公共资源来提供更高水平的公共服务，当然，提供的这种公共服务一般具有持久发挥作用的特点（如公共服务设施、公共工程），从这个意义上讲，这种投融资行为有助于公众福利的最大化，是保障公众提前跨入更高福利状态的公共行为；用将来的税收来偿还目前的债务是"延期的税收"，这种举债和延期税收是地方政府积极作为的表现，应该值得拥护。之所以值得拥护的原因是这种地方政府债务行为反映了地方公众意愿，促

进了地方公共利益的最大化。然而，目前地方政府的债务行为性质有些变味，目的有所偏离，规模严重失控，最终后果将要导致地方公众的长期利益损失，走向公众意愿的反面。如果说以前中央尚未明确地方政府是其自身债务的责任主体（即中央政府对地方政府债务危机不救助），那么现在中央明确这种债务责任主体以后，就更加需要加强地方权力机关和公众对地方政府债务的控制监督。这种控制监督在政治理论和政府治理理论上是成立的，在现实管理中也是必需的、有效的。既然地方政府是代表人民的政府，政府权力的终极所有者是公众，其职责使命是服务公众，其目标是公众长远利益最大化，那么地方权力机关和公众就有权加强控制监督；既然中央已经明确对地方政府债务不救助，并为地方政府债务治理制定了一系列法律规范，那么地方权力机关和公众就是责无旁贷的主体。所以，在新的地方政府债务治理格局下，我们应该根据中央的政策方针和法律法规，研究建立地方政府债务的横向治理体制，探讨治理地方政府债务的各种措施。

1. 落实预算法和国务院的法律法规精神，强化地方权力机关在地方政府债务管理中的权力中心地位

地方权力机关是地方公共财政的权力主体，这在理论上是没有疑义的，但在现实财政实践，特别是在地方政府债务管理中，地方权力机关的权力主体地位几乎被淹没，大量的地方政府债务置于地方权力机关的监控之外，以致地方政府债务几乎到达失控和濒临危机的地步。所以，我们认为在地方政府债务治理过程中的首要措施是根据预算法、国务院和财政部的要求，确实将地方政府债务纳入预算，并通过规范、完善地方政府债务决策、审批、报告、检查，将筹集、支出、偿还等全过程活动置于权力机关的监控之下，强化权力机关对地方政府债务的控制监督，对于地方政府的违法违规行为，严格追究集体和个人的行政和法律责任，杜绝违法违规的地方政府债务行为。

2. 加强地方政府债务的计划管理

由于如上所述地方政府债务属于动用未来资源提前增进公共福利，也是延期的税收，而且往往跨期较长，所以比一般的财政收支行为更有必要进行计划管理，实现地方政府债务的动态平衡和长期安全、地方政府债务与地方社会经济发展的动态、长期匹配和协调。这就要求在将地方政府债务纳入预算管理的同时，必须独立编制地方政府债务的中、长期计划，反映地方政府债务的中长期收支活动、收支规模、缺口和盈余情况，并与"一般公共预算""基金预算"相衔接，明确每个年度有多少债务资金可纳入预算安排支出，有多少到期债务需要通过纳入预算安排支出，实现预算与债务的长期动态平衡。同时，也要通过中长期债务计划来分析地方经济税源增长，判断地方的偿债能力；通过与地方社会经济发展规划来判断地方政府债务安排的必要性、可行性、科学性，地方政府债务计划是否与地方社会经济发展规划相协调、相衔接，使地方政府债务真正成为地方财政预算的有机组成部分，成为促进地方社会经济快速、安全发展的助推器。

四、优化区域经济结构，实现经济增长方式转变，增强地方财政造血功能，奠定地方财政的坚实基础

壮大地方财政、经济实力，提升地方财政在整个财政收入体制中的地位，实现地方经济社会的快速、持久发展。除了优化财政体制之外，在根本上、基础上还是要发展地方自身经济。因为如上所述，经济是财政的基础，经济的产出是财源，经济结构①决定了财政收入结构尤其是税收结构，所以，优化财政收入结构在根本上就是要优化经济结构。然而，中国各地区传统的产业结构最初是受到传统的封建意识影响，因为在中国长期的封建社会里，自给自足的小农经济形态容易形成封闭式的经济体系，追求大而全小而全。在一个地区内可以形成自我循环的经济体系，这样，各地方的经济结构雷同，缺乏自身优势特色，违背了专业分工合作的规律。新中国建立以后实行了计划经济体制，全国几乎所有的生产资料和生活资料都由中央统一计划、统一安排生产任务、统一调拨流通、统一零售配给，同时，财政体制也是统一统支，于是各地方财政收入结构几乎与经济结构相脱节。进入到计划经济后期，实行了各项形式的收支总额分成的财政体制，地方财政收入结构及其财政收入总量与地方经济结构开始发生联系，因为不同产业的财政收入产出率（主要是税收产出率）不同，于是各地开始追求发展高产出率的产业，但是在计划经济体制下，各地自主布局产业结构的权力空间有限，所以基本上还是沿袭了原有的产业结构。直到改革开放以后，中国的地区产业结构在以下因素催化下发生了急剧变化。

首先，计划经济和行政管理体制逐渐被市场经济体制替代，目前除了以央企为载体的少数行业仍实行行政垄断之外，所有的经济领域和行业基本上都由市场调节，全国性市场体系逐步形成，要素流动不仅没有行政障碍，而且各地还积极招商引资，这就为各地产业结构的形成提供了制度和体制上的条件。

其次，发达的交通基础设施建设为地区产业结构形成提供了自然条件。无论是初级资源产品还是生活消费的终端产品的生产、流通、消费，都需要发达的交

---

① 严格地讲，经济结构与产业结构有区别，经济结构含义广于产业结构，但这里所有的经济结构也包含和泛指产业结构。

通来支撑,改革开放以后我国致力于大规模的交通基础设施建设,这尤其为欠发达的偏远地区的社会经济发展带来了春天,既为欠发达地区经济总量增长打开了空间,也为各地产业结构的形成铺平了道路,具有自然资源优势的地区可以把资源运输出来,具有生产加工优势的地区可以将生活消费品运出去,形成优势互补的分工协作。

再次,地方政府积极的招商引资态度和众多的优惠政策促进了生产力向欠发达地区梯度转移,欠发达地区为了摆脱贫困落后的局面,纷纷出台各自招数,开始承接从较发达地区转移来的企业,形成粗放式的生产力结构,随着这些欠发达地区经济启动,污染问题也开始严重起来,再加上这些地区劳动力成本逐步提高,这些地区也开始追求经济质量,追求产业结构的优化,但总的来说,欠发达地区产业结构、经济质量还是落后于发达地区,与发达地区形成梯度落差。

最后,现行的财政体制、收入(尤其是税收)分成制度也在一定程度上阻碍了地区产业转型升级、经济结构优化,因为现行中国税制中货物与劳务税是主体税种,其中增值税更是占据半壁江山,而增值税这种税基本上是以经济流量为征收依据,尽管以增值额为征税对象,但还是与经济流量即销售总收入有密切关系,现行财政收入分配体制规定了增值税是共享税,只要经济总量增长,增值税就会增长,地方财政收入也可以增长,从前述地方财政收入结构分析中可以看出,增值税对地方财政收入的贡献还是居各税种之首,所以地方政府仍然青睐增值税,因而还是竭力追求经济总量的扩张而忽略经济结构的优化和产业的升级转型。这是现行财政体制改革中应该重视的问题。

我们在此需要重点研究的是城镇化进程中的地方产业结构优化问题。当前中国的城镇化建设正处在如火如荼的历史时期,从正面讲,这是中国社会发展的必经阶段,而且也正好处于爆发式发展阶段。这无论对于中国经济的快速持续增长,还是社会补偿性、跨越式发展,都具有重要的作用,可以说是中国当前乃至今后一段时期内社会经济发展的强大引擎。但从另一方面看,当前的城镇化进程中也存在着不可忽视的问题,那就是城镇化建设的路径和模式存在不健康现象,不少地方将城镇化变成了造城运动,而没有在城镇化进程中同时抓住机遇,努力实现产业的升级转型,培植厚实的财源,这就可能给地方政府埋下严重的隐患:一是当前的建设规模和速度脱离了当地社会经济发展的速度和进程,使建设资金的供给难以为继;二是单纯的造城运动建成了大量的公共工程,而持续的公共工程维护费用却缺少可持续的来源;三是城镇化以后大量的农民进城、大量的失地农民在没有强大的产业支撑的情况下会有更多的人口(包括城镇居民和农民)没有足够的就业岗位,需要政府提供显著扩张的养老保险、失业保险、医疗保险、低收入保障,将可能成为政府沉重的包袱,政府很有可能不堪重负。所以,我们认为，城镇化建设过程必须量力而行，必须与经济增长速度相协调，同时，必须十分重视产业的升级转型，努力实现产业结构的优化，为城镇化建设奠定稳定、安全的经济基础。这就需要地方政府正确认识城镇化的科学含义，认识到城镇化是一项系统的社会发展工程，而绝不是单纯的基础设施建设的造城运动，要全面规划包括产业转型升级的社会经济建设，要有先进、科学的新型城镇目标定位，要抓住城镇化的契机，淘汰落后产业，发展先进科技，大力发展服务业，实现社会经济的全面升级转型。

五、优化税制结构，为完善分税制财政体制铺平道路

因为在分税制财政体制下，中央税与地方税的划分实际上是将不同的税种选择确定为中央税或地方税，所以按征税对象划分的税制结构是税制在上下级政府间划分税种，因而也是改革地方财政收入体制的基础。像中国现行税制按征税对象划分的结构下，货物劳务税占了统治地位，尤其是"营改增"后的增值税将是"半壁江山"，在这样的税制结构下，地方税的地位受到进一步挤压，在整个税制体系中，地方税很难称得上有独立地位，共享税的比例日益增大，本来意义上的分税制色彩日渐淡化，几乎近似于总额共享税的财政体制，与总额共享税体制的区别无非是不同税种的分享比例有差别，但共享税的数量太多，真正的地方税收入规模太小。所以为了保障地方税的独立规模和地位，为了优化地方收入结构，为了真正意义上的分税制原则得到遵循，这也要求优化税制结构，进一步深化我国税制改革，发展壮大地方税体系。为此，针对我国现行税制体系，我们认为应该主要通过以下两方面的税制改革来壮大可以作为地方税潜质的税种。

（一）通过适当降低增值税负担来缩小增值税规模，为所得税腾出税基空间

完成了"营改增"以后，我国现行增值税实现了对所有货物和劳务的普遍征税，虽然基本税率为17%，但具体适用的税率及征收率仍有多个。但由于我国现行增值税还实行多档税率，不少企业的进项税率低于自己生产产品的适用税率，因而隐形税率较重；营改增后服务行业增值税率较低，制造业购买服务价值后仍存在重复征税。更重要的是由于我国的科技和生产力水平仍然相对落后，附加值和营利额（即所得税征税对象所得额）相对较低，所得税的规模和比重就相对较小，因而也反衬出增值税的相对规模更大。换言之，增值税在一定程度上抑制了所得税的壮大，所以应该适当降低增值税负担，缩小增值税规模和比重，促进税制结构优化，初步设想可以在适当合并增值税税率的基础上再降低增值税税率。

（二）通过扩大个人所得税税基来壮大个人所得税，提高地方税规模

我国现行个人所得税存在诸多弊端已为人所知，这里我们只阐述如何扩大个人所得税税基，培植和发展个人所得税，以壮大地方税规模。我们认为应该通过以下方面改革措施来扩大我国现行个人所得税的税基。

1. 应该扩大个人所得税的征税范围

首先，将个人投资入股的股份公司的未分配利润纳税征税范围。现行个人所得税对公司未分配利润不征税，这一方面导致个人不同所得项目之间的税负不公平，另一方面也导致分配利润的公司与不分配利润的公司之间的不公平，再一方面造成国家税收收入无限期延迟。所得税制度成熟的发达国家都规定了公司未分配利润不征收个人所得税只能有一定期限的延迟，超过一定期限就要"视同"分配利润征税。所以，我们认为应该确定公司未分配利润给予宽限一年的延期，超过一年应该视同分配利润征税。当然也应该指出，对于公司所得税后利润的个人所得税与公司所得税的重复征税必须采用科学方法进行消除，最为"准确"的办法是将公司税后分配利润除以（1-公司所得税率）换算成公司税前利润，在综合个人所得税制下，并入综合所得，计算出个人总的应纳税额，再减去所承担的公司所得税就是应纳的个人所得税；如果在分项计征制下，应该并入"红利所得"计算个人所得税，再扣除所承担的公司所得税就是应纳的个人所得税。

其次，应将个人的养老保险收入纳入征税范围。因为养老保险收入只能在一头不征税，要么在发放工资时扣除，这是绝大部分国家的做法，也是比较合理的做法，因为发放工资即缴纳养老保险时没有实际收到这笔货币收入，根据纳税与现金流匹配的原则，应该在发放工资即缴纳养老保险时扣除，而在退休以后实际收到养老保险收入时并入全部收入按规定纳税。而我国现行的个人所得税仍未对这种养老保险收入征税。如果说当20世纪80年代出台个人所得税时，因为退休收入过低，并入征税不合理，而且事实上退休收入也未超过免征额。那么，现今的许多人退休收入远高于免征额，有不少还在万元以上，有的甚至还有可观的其他收入，可以说退休人员中有不少人有较强的纳税能力。再者，那些退休人员的收入也可能远高于在职辛勤工作人员的收入报酬，高收入的退休人员无须纳税，而辛勤工作的低收入者却要纳税，这也是极其不公平的，应该将养老保险收入并入全部收入再来衡量是否超过免征额，如果超过免征额就应按规定征税，如果仍未超过免征额就可以不征税，这才是公平。

最后，应该将住房公积金恢复并入征税。当年实施这项免税政策时为了支持住房公积金的实施，然而，牺牲国家税收收入来保障效应极不稳定因而极有争议

的住房政策实施，其代价极不值得。同时，住房公积金免税也导致了低收入者与高收入者之间的税负不公，收入越高的人，免税的住房公积金数额越大，而收入越低的人，免税的住房公积金越低，有的甚至包含住房公积金的全部收入都在免征额以下；也有的单位本来就未给员工发住房公积金。所以这项免税引起的不公平是显而易见的，应该将住房公积金并入征税。

2. 根据宪法原则科学确定个人所得税的免征额

一直以来，社会舆论和理论界都有不少人主张继续提高个人所得税的免征额，有的人甚至主张提高到一万元以上。这种观点首先是违背了宪法原则。根据宪法原则，公民在满足基本生活需要后有能力时应该尽纳税义务，如果公民都不承担纳税义务，那么政府就无法履行职责，国家就将无法存在。而且超过基本生活需要后纳税并不意味着将超过免征额的收入全部没收，事实上，我国现行个人所得税对于超过免征额以上的刚进入纳税圈的人们适用的税率在世界范围内都是偏低的。再者，如果将免征额提高到只有少数人纳税，那就使个人所得税变成了只对少数人征收的"贵族税种"，这对于培养公民的纳税意识、民主精神也是不利的，将使个人所得税永远无法壮大。所以我们认为应该在实行综合计征、按家庭申报基础上，按人科学设置免征额及抵扣项目，使个人所得税逐步壮大并逐步成为主要税种。

（三）通过重塑财产税体系来壮大地方税体系

中国当前对个人财产征税聊胜于无，倒是在房产流转环节征收诸多税种，税负甚重，而且房产的流转次数越多，税负可以层层叠加，这严重阻碍了房产的流转，按经济效率原则判断，这种房产税体系是损害效率的。相反，对个人居住房产却不征税，只对生产经营用房征税，而纳税人主要是企业；同时，对个人遗产赠与财产（包括房产）根本不征税，这种税制体系既严重制约了地方税体系的壮大，也严重限制了财产税对财产和收入的调节作用，需要强调指出，财产税的征收既有调节财产的作用，又因为财产可以产生收入而具有间接调节收入的作用，财产税与所得税的配合对财富和收入的调节具有合成加速效应，所以从优化税制结构的目标看，极为需要完善财产税，具体地说，就是应该将现有房产税的征收范围扩大到对居民个人的居住房产征税；同时尽早开征遗产赠与税。而且财产税的税基不具有流动性，因此，无论从税收理论上论述，还是从各国的实践来看，财产税是最合适的地方税，也是最主要的地方税。总之，我们认为应该通过降低增值税这样的货物劳务税比重，提高个人所得税、财产税比重来优化税制结构，为优化地方收入结构提供基础。

（四）整合和健全资源环境税，提高资源产地的分享比例

近年来，随着资源紧张和环境恶化，各国都在纷纷探讨出台环境保护税制，一些国家已经开征了各种形式的资源和环境保护税，并有进一步扩大规模与提高地位的趋势。与此相应，国内外税收学界都开始重视环境保护税的研究。但学者们对什么是资源税和环境税、怎样界定资源税和环境税的范围等重要政策问题存在分歧。针对我国资源贫乏而使用浪费（能耗系数高）、世界资源日益趋紧、环境日益恶化的严重趋势，中共十八届三中全会决议明确提出了不再盲目追求以牺牲生态环境、缺乏可持续性的快速增长，也确立了生态建设的目标，指出应该加强资源和环境保护税体系的建设。所以我们认为应该努力强化资源税和环境保护税。其理由主要是：第一，资源产地分享资源税收益符合受益公平原则；第二，通过分享可以适当支持资源产地（一般也是欠发达地区）的发展；第三（也是最重要的），通过提高资源税、环境税的征收强度，使消耗、消费资源环境的外部成本内部化，从而进一步发挥税收对资源环境的保护作用。下一步的工作应该是研究如何对现有分散在各相关税种的条款进行归并整合，设置成独立的税种，以完善环境保护税种体系。

第四章

促进发展方式转变的地方财政支出体制改革

第一节 引 言

转变经济发展方式是一个巨大的系统工程。中共十七届五中全会强调"加快转变经济发展方式,加快财税体制改革",中共十八届三中全会进一步指出,"财政是国家治理的基础和重要支柱,科学的财税体制是优化资源配置、维护市场统一、促进社会公平、实现国家长治久安的制度保障。"这表明要转变经济发展方式,建立现代国家治理体系,就要加快财税体制的改革,甚至可以说财税体制改革对转变经济发展方式起到了支柱作用。

财政支出是其中一项必不可少的财税工具,因此要加快转变经济发展方式,就要加快财政支出体制的转型。由于财政支出是影响社会总需求、促进供给能力、调整收入分配的重要力量,甚至可以说,财政支出体制转型本身就是经济发展方式转型的重要方面。

到目前为止,无论从财政支出规模,还是从财政支出结构来看,我国的地方财政支出整体上仍表现为粗放型态势,主要体现为:

第一,在结构方面,一般公共服务支出一直是地方财政支出的主要组成部分,虽然近年来一般公共服务支出对地方财政支出的占比有所下降,从2007年的15%下降到2014年的8.7%，但仍处于前四的位置。作为推进人力资本积累的主要工具，教育支出占地方财政支出的比值虽有所提高，但幅度不大。在实现经济发展方式转变过程中，技术原始创新、集成创新等组合创新应当是首位，而在我国的地方财政支出中用于科学技术方面的支出仍仅占很小的一部分。

第二，地方财政支出存在与需求错位的现象，即存在着对无须政府出资的地方的大量财政供给，而必须由政府承担的地方却出现财政供给不足。

第三，在管理方面，我国财政支出管理方法通常是根据前几年支出实际平均数，再加上因物价上涨和事业发展增长部分，编制预算单位的支出预算。这种管理方法基本上还是粗放型，不仅会造成机构间经费供应上的不科学，导致财政支出中的不足和浪费；还将导致财政资金在具体使用过程中，存在着乱支、挪用、浪费等不良现象，资金使用效益不高。

第四，一些工程项目的支出由少数人决策，缺乏透明度，容易滋生权钱交易、贪污受贿等腐败现象，不利于廉政建设。因此，为促进未来的经济发展方式从粗放型向集约型转变，急需对目前的财政支出体制进行改革，转变这种粗放型财政支出。

本章旨在系统考察财政支出与转变经济发展方式之间的理论逻辑与实证关系，并提出相关的政策建议。其研究意义是双重的，在理论上，厘清财政支出目标定位、政策安排及其规模与结构调整对经济发展方式转型的作用路径与影响程度；在实践上，提供有助于促进经济发展方式转型的财政支出政策建议。本章余下部分安排如下：第二节列举一些典型事实以说明财政支出与粗放式经济发展模式之间的密切关系。第三节通过两个不同的理论框架，分别探讨什么样的财政支出政策是粗放型的，什么样的财政支出政策是集约型的。第四节和第五节则从经验层面分别考察地方财政支出规模及其结构变化对全要素生产率（及其组成部分）和居民消费的影响。第六节从财政支出分权体制的视角考察不合理的分权体制与发展方式之间的关系。最后一节是简短的本章总结和政策建议。

第二节　财政支出与粗放式经济发展：典型事实

粗放式的经济发展模式在财政支出体制和政策制定上的表现是：政策制定者在制定财政支出政策时，更多关注的是短期的GDP（增长数量）目标，而忽视长期经济增长的质量目标。从而，财政支出的总量和结构（尤其是结构）表现为粗放式的形态，政策制定者的关注点集中于能够直接拉动GDP的投资领域，不仅公共投资是粗放式的，也带动了大量粗放式的社会投资。本节列举了中国的财政支出政策导致粗放型增长的一些典型事实。

一、对地方官员的考核以 GDP 作为核心指标

改革开放以来，中国地方官员在地区的经济增长中扮演了一个非常重要的角色。伊斯特利（Easterly，1993）指出，增长需要提供"合适的激励"，因为人们确实对激励作出反应。那么，地方官员推动经济增长的激励是什么呢？中共十八届三中全会通过的《中共中央关于全面深化改革若干重大问题的决定》指出"完善发展成果考核评价体系，纠正单纯以经济增长速度评定政绩的偏向，加大资源消耗、环境损害、生态效益、产能过剩、科技创新、安全生产、新增债务等指标的权重，更加重视劳动就业、居民收入、社会保障、人民健康状况。"这一表述间接承认了以往对官员的考核以 GDP 作为核心指标。

根据公共选择理论，地方官员追求个人效用最大化。对于官员来说，晋升是影响效用的一项重要因素，因为晋升成功与否存在巨大的利益差。若官员把晋升作为自己任职期间的目标，而晋升的几率大小与当地 GDP 增长率有很大关联，这就激励地方官员把 GDP 的增长作为首要任务。再加上地方官员掌握众多当地重要的资源，如行政审批、土地征用、税收优惠等，一些官员可能会不惜一切手段来进行投资，推动地方经济的发展，导致许多只顾短期利益而不顾长期后果的政策出台。例如在支出结构上，投资性支出规模很大，甚至重复建设；地方官员与地方利益联盟，纵容本地企业生产假冒伪劣产品，助长高污染行业发展；公共支出规模扩张很快，当入不敷出时，就依靠土地财政及地方债务等，最终导致地方经济粗放型增长。

国内学者的研究也表明了这一点。周黎安（2010，2007）将官员之间的竞争行为称之为"官员晋升锦标赛"。他认为改革开放以来，"晋升锦标赛"最实质的变化就是考核标准的变化。地方官员的选拔和提升标准由过去的纯政治指标变成经济绩效指标，尤其是地方 GDP 增长的绩效；他认为地方官员之间围绕 GDP 增长而进行的"晋升锦标赛"模式是理解政府激励与高速经济增长的关键。"晋升锦标赛"本身可以将关系仕途的地方政府官员至于强力的激励之下。因此"晋升锦标赛"是将行政权力集中与强激励兼容在一起的一种治理政府官员的模式，它的运行不依赖于政治体制的巨大变化。但"晋升锦标赛"也产生了一系列扭曲性后果，导致阻碍了政府职能转型和经济增长方式转型。他认为由于"晋升锦标赛"自身的一些缺陷，尤其是激励官员的目标和政府职能的设计之间存在严重冲突，这种地方官员的治理模式是当前经济面临各种重大问题的主要根源。周黎安

(2004)建立了地方官员政治晋升博弈模型,发现处于政治经济双重竞争的地方官员之间合作空间非常狭小,存在地方保护主义和重复建设问题。

另一些学者的经验研究也证实了这一点。李宏斌和周黎安（Li and Zhou, 2005）、周黎安等（2005）利用改革以来的省际数据验证了地方官员晋升与地方经济绩效的显著关联。他们发现,省际官员的升迁概率与省区 GDP 的增长率呈显著的正相关关系。李勇刚和张士杰（2014）依据 1978～2011 年中部六省面板数据分析了晋升激励对中国经济增长绩效的影响,发现地方关于的晋升激励促进了经济增长,但不利于经济增长绩效的提高;晋升激励和土地财政之间存在正向的互动关系;土地财政降低了经济增长绩效,而官员晋升激励通过土地财政的传导作用,抑制了经济增长绩效的提高。得到的结论是晋升激励和土地财政是近年中国粗放型经济增长的一个重要根源。

二、历年的财政政策变迁核心目标：保增长

自 1994 年首次召开以来,一年一度的中央经济工作会议的任务是总结一年的经济工作成绩,分析当前国际国内情况并绘制下一年中国经济发展路线图。它是级别最高的经济工作会议,是判断当前经济形势和定调第二年宏观经济政策最权威的风向标。因此历年的中央经济工作会议内容折射出了中国政府历年来所采取的宏观政策及其核心目标。以 1998 年亚洲金融危机进一步蔓延和 2008 年全球金融危机爆发为分界点,可以将我国历年的经济工作主基调分为三个阶段。

第一阶段是 1994～1997 年：基于继续把握"抓住机遇、深化改革、扩大开放、促进发展、保持稳定"的全党全国工作大局,中央经济工作会议指出,经济工作的主要任务就是要继续加强和改善宏观调控,实行适度从紧的财政货币政策,抑制通货膨胀,提高经济的整体素质和效益,保持国民经济发展的好势头。

第二阶段是 1998～2007 年：1998 年亚洲金融危机进一步蔓延并继续加深,国际金融市场持续动荡,我国经济也受到了不小的影响。中央认识到,世界多极化和经济全球化的趋势,且科技进步的突飞猛进和知识经济的出现正深刻地改变着整个世界的面貌。中央经济工作会议指出,在谨慎参与经济全球化的同时,我们要继续推进改革开放,把扩大国内需求作为促进经济增长的主要措施,实行积极的财政政策,并辅之以适当的货币政策,保持对经济增长必要的支持力度。经过连续几年的积极宏观政策的推动以及针对经济生活中出现的新情况、新问题,2004 年起中央决定采取进一步加强和改善宏观调控的政策措施,抑制经济运行中的不健康、不稳定因素,实行稳健的财政货币政策,巩固宏观调控成果,保持经济发展的良好势头。

第三阶段是 2008 年至今，受国际金融危机快速蔓延和世界经济增长明显减速的影响，2008 年中央经济工作会议指出，必须把保持经济平稳较快发展作为明年经济工作的首要任务，实行积极的财政政策和适度宽松的货币政策，继续推动经济社会又好又快发展。2011 年中央经济工作会议又进一步提出了要把握好"稳中求进的工作总基调"。此后，在稳中求进的工作总基调下，一直采取着积极的财政政策和稳健的货币政策。

综上所述，历年中央经济工作会议的一个不变主题就是保持经济平稳增长。从历年中央经济工作会议主题与政策组合（如表 4 - 1 所示）可以看到，中国的宏观政策一直围绕着经济增长来制定的。不管是受到亚洲金融危机的冲击，还是受到全球金融危机的冲击，为保持经济持续增长，中国政府一贯的做法就是以积极的财政政策来应对（见表 4 - 1）。

表 4 - 1　　1994 ~ 2015 年中央经济工作会议主题与政策组合

年份	会议主题	财政政策	货币政策
2015	坚持稳中求进工作总基调	积极	稳健
2014	坚持稳中求进工作总基调	积极	稳健
2013	坚持稳中求进工作总基调	积极	稳健
2012	继续把握好稳中求进工作总基调	积极	稳健
2011	把握好稳中求进的工作总基调	积极	稳健
2010	稳经济调结构控通胀	积极	稳健
2009	保持经济平稳较快发展	积极	适度宽松
2008	保增长扩内需调结构	积极	适度宽松
2007	控总量稳物价调结构促平衡	稳健	从紧
2006	经济继续又好又快发展	稳健	稳健
2005	继续搞好宏观调控	稳健	稳健
2004	巩固宏观调控成果	稳健	稳健
2003	保持宏观经济政策连续性	积极	稳健
2002	积极财政稳健货币	积极	稳健
2001	保持经济增长和社会稳定	积极	稳健
2000	加强和改善宏观调控	积极	稳健
1999	抓好国有企业改革	积极	稳健
1998	实行积极财政政策	积极	稳健
1997	继续稳中求进	适度从紧	适度从紧

续表

年份	会议主题	财政政策	货币政策
1996	加快国有企业改革步伐	适度从紧	适度从紧
1995	继续加强和改善宏观调控	适度从紧	适度从紧
1994	继续加强和改善宏观调控	适度从紧	适度从紧

与此同时，我们也要注意到，2015年中央经济工作会议提出了"供给侧改革"的思路，指出"着力加强结构性改革，在适度扩大总需求的同时，去产能、去库存、去杠杆、降成本、补短板，提高供给体系质量和效率，提高投资有效性，加快培育新的发展动能，改造提升传统比较优势，增强持续增长动力，推动我国社会生产力水平整体改善"。如果这一思路能够得到贯彻，将有助于推动我国发展发展方式的转型。

三、大规模公共投资计划的实质

从1997年亚洲金融危机爆发以来，我国政府开始运用积极财政政策和大规模公共投资应对各种来自国内外的冲击。以2008年国际金融危机为例，受金融危机冲击，中国经济受到很大影响，到2008年第四季度，不但第二产业增长继续下滑到6.1%的低点，第三产业的增长率也开始明显回落，下降到7.4%；11月和12月全国进出口总值开始出现负增长，同比下降10%左右，这表明中国经济增速快速回落。为了应对这种危局，中国政府推出了进一步扩大内需、促进经济平稳较快增长的"四万亿投资"计划，包括加快建设保障性安居工程；加快农村基础设施建设；加快铁路、公路和机场等重大基础设施建设；加快自主创新和结构调整；加快地震灾区后重建各项工作；全面实施增值税转型改革，鼓励企业技术改造等十项措施。

在中央投资的引导和带动作用下，"四万亿投资"政策取得了一定的作用：表现为拉动了全社会投资，在中央扩大投资政策带动下，全社会投资增长势头强劲，前9个月全社会投资增长33.4%，增幅比2007年同期提高6.4个百分点，对稳定经济发挥了重要作用；同时重大基础设施建设得到推进，汶川地震灾后重建有力展开。

然而，根据2008年第四季度到2010年底的"四万亿投资"重点投向和资金测算可知，其中用于铁路、水利等重大基础设施建设和城市电网改造的投资约达1.5万亿元，占比37.5%，而用于自主创新和结构调整的投资仅占比9.25%，说明了政府仍然把投资作为拉动经济增长的首要动力，仍然依靠增加生产要素的数量来提高生产水平，在科技进步、劳动者素质提高等方面的投资则严重不足。这表明"四万亿投资"政策没有体现经济增长方式转型的态势。另一方面，经济发展方式转型，不仅包括经济增长方式的转型，还要求优化结构（产业结构、城乡结构、地区结构等）、提高经济运行质量和效率、同时要顾及收入分配、居民生活、生态环境等一系列社会需要问题。然而从图4-1可以看出，用于医疗卫生、文教等社会事业发展以及节能减排和生态工程的投资占比分别仅为3.75%、5.25%，用于民生工程的投资占比也仅为9.25%，说明了"四万亿投资"政策将大部分资金投向经济建设方面，重视短期的经济增长收益，对有利于长期经济发展的科技创新、节能生态工程以及人力资本的投资则严重不足，这是典型的粗放型财政政策。从4万亿元新增投资的资金来源情况看，其中中央政府投资仅为1.18万亿元，另外的2.82亿万元由地方政府以及民间投资，这也说明了政府的粗放型财政支出带动了民间资本的粗放型投资。

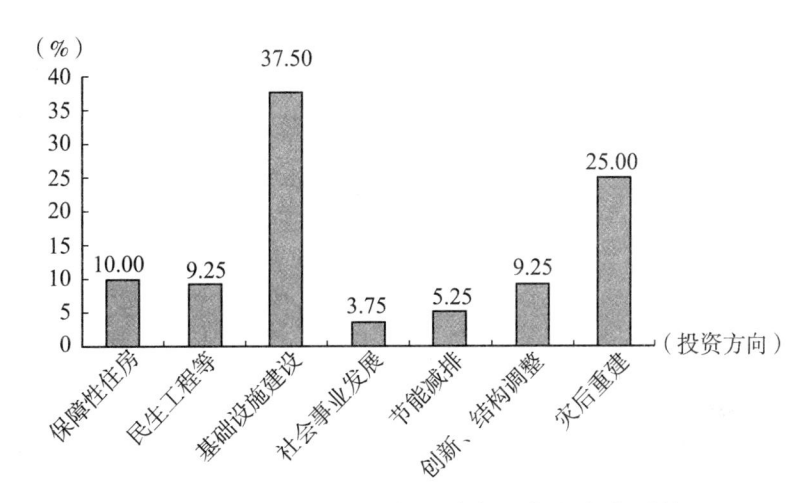

图4-1 四万亿元投资的重点投向和资金测算

四、历年政府支出分析

根据现行预算法，全部政府支出包括一般公共预算支出（即财政支出）、政府性基金预算支出、社会保险基金预算支出和国有资本经营预算支出。由于社会保险基金预算独立运作，本书不将其纳入考虑范围。这样，本书界定的政府支出包含财政支出、政府性基金支出和国有资本经营支出三大类。其中，财政支出的历史数据是最完整的。但由于我国立法进程缓慢，政府性基金预算支出直到2007

年才公布；中央国有资本经营预算支出直到 2010 年才公布；全国国有资本经营预算支出直到 2012 年才公布。此外，我国还存在庞大的预算外资金支出。但从 2011 年起，取消了预算外的概念，全部政府支出都要纳入预算管理，因此预算外资金支出数据从 2011 年起不再公布。

表 4-2 给出了三类预算支出和预算外支出的历年变化趋势。

表 4-2 1978～2015 年各类政府支出及其占 GDP 的比例   单位：亿元、%

年份	财政支出		政府性基金支出		国有资本经营支出		预算外资金支出	
	金额	占 GDP 比例	金额	占 GDP 比例	金额	占 GDP 比例	金额	占 GDP 比例
1978	1 122.09	30.7						
1979	1 281.79	31.5						
1980	1 228.83	27.0						
1981	1 138.41	23.3						
1982	1 229.98	23.0					734.53	13.8
1983	1 409.52	23.5					875.81	14.7
1984	1 701.02	23.4					1 114.74	15.5
1985	2 004.25	22.1					1 375.03	15.3
1986	2 204.91	21.4					1 578.37	15.4
1987	2 262.18	18.7					1 840.75	15.3
1988	2 491.21	16.5					2 145.27	14.3
1989	2 823.78	16.5					2 503.10	14.7
1990	3 083.59	16.4					2 707.06	14.5
1991	3 386.62	15.4					3 092.26	14.2
1992	3 742.20	13.8					3 649.90	13.6
1993	4 642.30	13.1					1 314.30	3.7
1994	5 792.62	12.0					1 710.39	3.5
1995	6 823.72	11.3					2 331.26	3.8
1996	7 937.55	11.3					3 838.32	5.4
1997	9 233.56	11.8					2 685.54	3.4
1998	10 798.18	12.9					2 918.31	3.5
1999	13 187.67	14.8					3 139.14	3.5

续表

年份	财政支出 金额	财政支出 占GDP比例	政府性基金支出 金额	政府性基金支出 占GDP比例	国有资本经营支出 金额	国有资本经营支出 占GDP比例	预算外资金支出 金额	预算外资金支出 占GDP比例
2000	15 886.50	16.1					3 529.01	3.6
2001	18 902.58	17.4					3 850.00	3.5
2002	22 053.15	18.4					3 831.00	3.2
2003	24 649.95	18.2					4 156.36	3.1
2004	28 486.89	17.8					4 351.73	2.7
2005	33 930.28	18.4					5 242.48	2.8
2006	40 422.73	18.6					5 866.95	2.7
2007	49 781.35	18.5	9 684.44	3.6			6 112.42	2.3
2008	62 592.66	19.6	14 984.7	4.7			6 346.36	2.0
2009	76 299.93	22.1	16 118.79	4.7			6 228.29	1.8
2010	89 874.16	22.1	32 582.64	8.0	563.43	0.1	5 754.69	1.4
2011	109 247.79	22.8	39 642.43	8.3	769.54	0.2		
2012	125 952.97	23.6	36 069.04	6.8	1 479.66	0.3		
2013	140 212.10	24.0	50 116.46	8.6	2 133.82	0.4		
2014	151 785.56	23.9	51 463.83	8.1	2 013.71	0.3		
2015	175 767.78	26.0	42 363.85	6.3	2 078.57	0.3		

资料来源：历年《中国统计年鉴》，历年《中央和地方预算执行情况的报告》，历年《全国财政决算》。

从上表可以看出，在四类支出中，财政支出占 GDP 的比例最高，其次是政府性基金支出。以下，我们对这两类支出进行重点分析。

1. 财政支出分析

财政支出是指纳入政府一般公共预算管理的政府支出，也称为一般公共预算支出。通过考察 1978 年以来财政支出的规模变化，我们可以从一个侧面观察到中国经济粗放型增长的事实。表 4-3 给出了 1978~2015 年历年公共财政支出（分中央、地方）及其占 GDP 的比例。

表4-3 1978～2015年公共财政支出及其占GDP的比例

单位：亿元、%

年份	公共财政支出			GDP	财政支出占GDP比例	地方财政支出占GDP比例
	合计	中央	地方			
1978	1 122.09	532.1	590.0	3 650.2	30.7	16.2
1979	1 281.79	655.1	626.7	4 067.7	31.5	15.4
1980	1 228.83	666.8	562.0	4 551.6	27.0	12.3
1981	1 138.41	625.7	512.8	4 898.1	23.2	10.5
1982	1 229.98	651.8	578.2	5 333	23.1	10.8
1983	1 409.52	759.6	649.9	5 975.6	23.6	10.9
1984	1 701.02	893.3	807.7	7 226.3	23.5	11.2
1985	2 004.25	795.3	1 209.0	9 039.9	22.2	13.4
1986	2 204.91	836.4	1 368.6	10 308.8	21.4	13.3
1987	2 262.18	845.6	1 416.6	12 102.2	18.7	11.7
1988	2 491.21	845.0	1 646.2	15 101.1	16.5	10.9
1989	2 823.78	888.8	1 935.0	17 090.3	16.5	11.3
1990	3 083.59	1 004.5	2 079.1	18 774.3	16.4	11.1
1991	3 386.62	1 090.8	2 295.8	21 895.5	15.5	10.5
1992	3 742.20	1 170.4	2 571.8	27 068.3	13.8	9.5
1993	4 642.30	1 312.1	3 330.2	35 524.3	13.1	9.4
1994	5 792.62	1 754.4	4 038.2	48 459.6	12.0	8.3
1995	6 823.72	1 995.4	4 828.3	61 129.8	11.2	7.9
1996	7 937.55	2 151.3	5 786.3	71 572.3	11.1	8.1
1997	9 233.56	2 532.5	6 701.1	79 429.5	11.6	8.4
1998	10 798.18	3 125.6	7 672.6	84 883.7	12.7	9.0
1999	13 187.67	4 152.3	9 035.3	90 187.7	14.6	10.0
2000	15 886.50	5 519.9	10 366.7	99 776.3	15.9	10.4
2001	18 902.58	5 768.0	13 134.6	110 270.4	17.1	11.9
2002	22 053.15	6 771.7	15 281.5	121 002	18.2	12.6
2003	24 649.95	7 420.1	17 229.9	136 564.6	18.1	12.6
2004	28 486.89	7 894.1	20 592.8	160 714.4	17.7	12.8
2005	33 930.28	8 776.0	25 154.3	185 895.8	18.3	13.5

续表

年份	公共财政支出			GDP	财政支出占GDP比例	地方财政支出占GDP比例
	合计	中央	地方			
2006	40 422.73	9 991.4	30 431.3	217 656.6	18.6	14.0
2007	49 781.35	11 442.1	38 339.3	268 019.4	18.6	14.3
2008	62 592.66	13 344.2	49 248.5	316 751.7	19.8	15.5
2009	76 299.93	15 255.8	61 044.1	345 629.2	22.1	17.7
2010	89 874.16	15 989.7	73 884.4	408 903	22.0	18.1
2011	109 247.79	16 514.1	92 733.7	484 123.5	22.6	19.2
2012	125 952.97	18 764.6	107 188.3	534 123	23.6	20.1
2013	140 212.10	20 471.8	119 740.3	588 018.8	23.8	20.4
2014	151 785.56	22 570.1	129 215.5	635 910.2	23.9	20.3
2015	175 767.78	25 549.0	150 218.8	676 708	26.0	22.2

资料来源：1978～2014 年数据《中国统计年鉴》，2015 年数据来源为国家统计局网站和《2015 年中央和地方预算执行情况与 2016 年中央和地方预算草案的报告》。

从表 4-3 可以看出：从财政支出绝对规模来看，1978 以来，全国财政支出只有 2 个年份出现下降，其余年份均上升，特别是 1988 年以来，每年都出现了增长，总体上财政支出表现出不断扩张的趋势；其次，无论中央还是地方，财政支出的绝对规模都在不断扩张。尤其是地方财政支出，增长幅度非常大。

如图 4-2 所示，1979 年来，财政支出的相对规模表现为 V 字走势，即从 1979 年的 31.5% 下降到 1996 年的最低点 11.1%，其中地方财政支出占 GDP

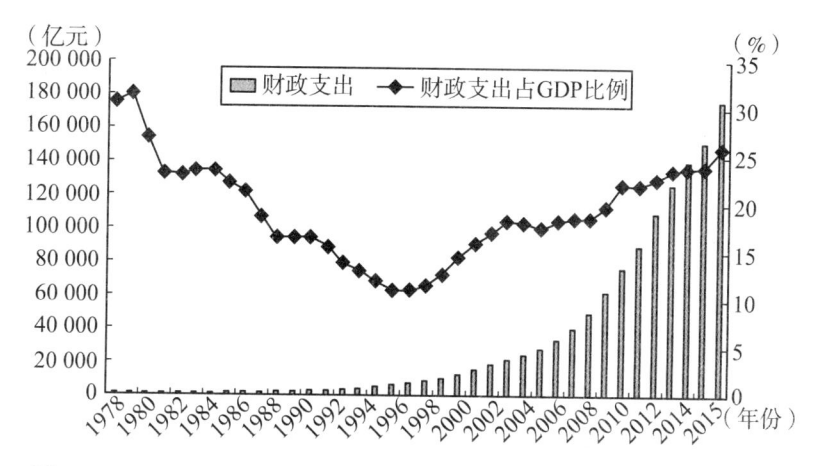

图 4-2 1978～2015 年中国财政支出及其占 GDP 比例变化趋势

的比例在 1995 年达到最低 7.9%。随后全国财政支出占 GDP 比例又上升到 2015 年的 26%，其中地方财政支出占 GDP 的比例为 22.2%。根据瓦格纳法则，公共支出的相对规模一般表现为不断扩张的趋势，而我国却表现为"先下降后上升"的趋势，这与我国特殊的经济背景有关。

1979 年之后规模的下降趋势体现了从计划经济转向市场经济的过程：政府部门不断从竞争性生产领域退出，相应的政府支配的资源不断缩小。另一个解释是 1988 年开始的财政包干体制使地方政府没有很大的积极性筹集财政收入，相应的财政支出规模也下降。直到 1994 年的分税制改革，财政支出规模不断下降的趋势才得以扭转。分税制导致中央收入逐年增长，带动公共支出逐年增长，再加上随着经济的发展，人们对公共服务的需求不断变大，财政支出的规模也会不断扩大。值得注意的是，近年来公务员数量大幅增加，公共部门机构臃肿，也可能导致公共支出规模不合理的扩张。公共支出的相对规模变大说明公共支出的增长率大于 GDP 的增长率，显然是一种粗放型增长。

2. 政府性基金支出分析

政府性基金是我国财政收入的重要组成部分。不同于一般税收，它的设立是为特定公共服务提供资金支持。为改善种类繁多、管理混乱的状况，我国从 1997 年开始设立政府性基金预算。截至 2007 年，政府性基金全部纳入预算管理。按照 2012 年财政部公布的全国政府性基金项目目录，政府性基金按支出用途分类，主要包括铁路、公路、民航和港口等建设基金 6 项；水利建设基金 5 项；教育、文化、旅游等事业发展基金等 5 项；生态环境建设基金 9 项等及 2008 年起纳入的土地出让金、彩票公益金等。政府性基金支出即纳入政府性基金预算管理的支出，收入来源为政府性基金预算收入，因而政府性基金是专款专用。政府性基金对地方经济的发展起重要作用，因此通过分析政府性基金支出规模，我们也可以看到经济发展的方式。

表 4-4 给出了历年全国和地方政府性基金支出数据。

表 4-4　　　　　　2007~2015 年政府性基金支出
及其占 GDP 的比例　　　　　　　　　　单位：亿元、%

年份	政府性基金支出	地方政府性基金支出	GDP	政府性基金支出占 GDP 的比例	地方政府性基金支出占 GDP 的比例
2007	9 684.44	8 624.4	268 019.4	3.6	3.2
2008	14 984.7	12 927.98	316 751.7	4.7	4.1
2009	16 118.79	14 291.55	345 629.2	4.7	4.1
2010	33 951.16	31 667.11	408 903	8.3	7.7

续表

年份	政府性基金支出	地方政府性基金支出	GDP	政府性基金支出占 GDP 的比例	地方政府性基金支出占 GDP 的比例
2011	39 946.61	37 789.75	484 123.5	8.3	7.8
2012	36 330.87	34 155.7	534 123	6.8	6.4
2013	50 500.86	47 741.58	588 018.8	8.6	8.1
2014	51 463.83	48 499.96	635 910.2	8.1	7.6
2015	42 363.85	39 339.36	676 708	6.3	5.8

资料来源：历年《中央和地方预算执行情况的报告》、历年《全国财政决算》。

从表 4－4 可以看出，（除 2012 年和 2015 年）无论是全国政府性基金支出还是地方政府性基金支出，绝对规模都在扩张。从相对规模来看，政府性基金支出规模也在快速扩大。进一步分析可以发现，地方政府性基金支出占全国的 90% 左右，而且 2010 年以来所占比重进一步变大，说明地方政府性基金支出规模远超过中央，且有进一步扩张趋势。这是可以解释的，因为地方政府性基金很大一部分是土地出让金，显然土地出让金已成为地方政府的主要收入来源。有学者认为，地方政府收到的与土地相关的基金收入约占基金收入的 70%（吴旭东、张果，2014）。在房地产行业迅速发展、房价居高不下的背景下，地方政府对"土地财政"的依赖程度越来越高，土地财政又会进一步推动房价的上涨，国民收入分配恶化，寻租现象愈演愈烈，最终阻碍经济的可持续发展。

五、历年的（经济）基础设施投资

由于统计年鉴中没有对全国经济基础设施投资单独列项统计，我们根据历年《中国统计年鉴》中按主要行业分的全社会固定资产投资数据，将水利、环境和公共设施管理业，信息传输、软件和信息技术服务业，交通运输、仓储和邮政业，电力、热力、燃气及水生产和供应业等四项的加总作为全国经济基础设施投资的总投资额。由全国经济基础设施投资与 GDP 的比值曲线图（见图 4－3）可知，受全球金融危机的影响，为保持经济的平稳增长，政府在 2008～2011 年间明显加大了对全国经济基础设施投资，使得在这段时间内全国经济基础设施投资与 GDP 的占比明显上升；此外，从 2003 年到 2014 年的整个时间段来看，全国经济基础设施投资占 GDP 的比例也显出上升趋势，从 2003 年的 11.92% 上升到 2014 年的 18.29%。这表明经济基础设施的投资仍然是中国政府保持经济增长的重要手段。改革开放以来我国的 GDP 一直保持着 10% 左右的高增长率，近两年虽有所下降，但仍处于 7%

左右，而经济基础设施投资的增长率还要高于 GDP 的增长率，且一直处于上升的趋势。这也说明了为促进经济增长，我国采用的仍是粗放型的投资方法。

从全国经济基础设施投资的结构来看，2003~2014 年，在水利、环境和公共设施管理业方面，其投资额占全国经济基础设施投资比值呈现出明显的上升趋势，从 2003 年的 26.82% 上升到 2014 年的 39.72%，说明了政府逐渐重视水利、环境方面的建设和治理以及公共设施的管理，认识到一个良好的社会环境有利于经济的发展。但是在电力、热力、燃气及水生产和供应业以及信息传输、软件和信息技术服务业方面，其投资占比均显下降的趋势，尤其是信息传输、软件和信息技术服务业方面，从 2003 年的 10.20% 下降到 2014 的 3.53%。而在全国经济基础设施投资中，用于交通运输、仓储和邮政业方面的投资占了 40% 左右，将近一半。这说明了在全国经济基础设施投资中，其投资结构仍存在明显的失调，造成这种投资结构失调的根源在于决策者只注重经济增长的数量，而不注重经济发展的质量。这种粗放式的投资结构给国家带来的是粗放式的经济发展，要转变经济发展方式，就必须转变这种投资结构，合理调整各项投资占比。

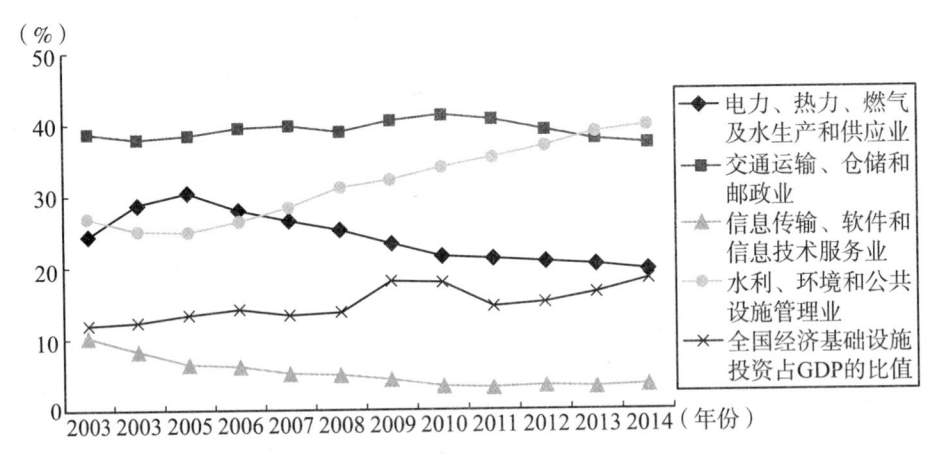

图 4-3　全国经济基础设施投资占 GDP 比例及基础
设施投资内部各部分的占比

第三节　财政支出与经济增长模式的
关系：两个理论框架

本节给出两个不同的理论框架，分别考察粗放型发展模式和集约型发展模式下的财政支出政策。

一、财政支出政策推动经济粗放型增长的理论逻辑

一般而言，以通过拉动总需求为手段来促进 GDP 增长的扩张性财政支出政策是导致整体经济粗放型增长的重要因素。这是因为，这样的政策通常只能产生短期效果，而从长期来看，如果政策不能真正改善市场环境和生产效率，推动技术进步和人力资本积累，那么它就不会改善长期经济增长质量，也无法提高社会福利。这样的政策实际上是无效的，甚至会对经济增长产生长久的负面影响。

在本小节，我们通过一个简单的宏观经济模型来分析其中的理论逻辑。为了方便分析，我们假定经济是一个封闭体（即我们不考虑进出口），则总产出 Y 可以表示为：

$$Y = C + I + G \tag{4.1}$$

其中，C 为私人消费，I 为私人投资，G 为政府购买性支出。我们假定消费是消费者的可支配收入的函数，即：

$$C(Y) = \bar{C} + mpc(Y - T) \tag{4.2}$$

其中，$\bar{C}$ 为自主消费，T 为净税收，（Y - T）表示消费者的可支配收入，mpc 为消费者的边际消费倾向。

下面我们考虑政府购买性支出的一个外生扩张对经济产生的影响。首先，我们假定在非常短的时期内，私人投资 I 是外生给定的。我们对（4.2）式和（4.1）式两边全微分，得到：

$$dY = dC(Y) + dG = mpc(dY) + dG \tag{4.3}$$

由上式，我们可以推出：

$$\frac{dY}{dG} = \frac{1}{1 - mpc} \tag{4.4}$$

（4.4）式给出了短期的政府购买乘数。假定消费者的边际消费倾向为 0.6，这意味着增加 100 万元的政府购买，可以带来 GDP 增长 250 万元。这个巨大的乘数效应是各级政府官员所看重的。尤其是在"唯 GDP 增长"的地方官员考核机制下，地方政府官员特别看重这一乘数效应。

然而，随着时间推移，这一乘数效应会很快打折扣，直至完全消失。因为，在极短期的时间内，我们可以假定利率和价格都不变，这样才能产生（4.4）式的乘数效果；但是，从更长的时间来看，利率和价格都会改变。

首先，扩张性财政政策将导致产出上升和利率提高，而利率提高又将引起私人投资下降，即所谓的挤出效应。

如图 4-4 所示，IS 曲线表示所有产品市场达到均衡的点，LM 曲线表示所有货币市场实现均衡的点，两条曲线的交点为 E，表示两个市场同时实现均衡的点。假定一项扩张性财政政策导致 IS 曲线向右上方移动到 IS′，如果利率水平不变，则新的均衡点为 E′，产出为 Y′。问题是，产出增长会导致货币需求上升，给定货币供给不变，利率（作为货币的价格）就会上升，利率上升挤出了私人投资，产出水平就会下降。因此，实际的均衡点为 E″，实际的均衡产出从 Y′ 下降到了 Y″。

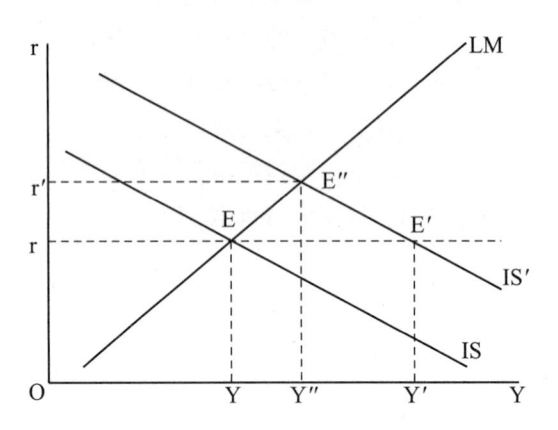

图 4-4　财政政策的挤出效应

为了抵消公共支出扩张对私人投资的挤出，中央银行通常需要采取扩张性货币政策，即扩大货币供应量和降低利率。

如图 4-5 所示，政府通过货币政策（增加货币供给），使 LM 曲线向右移动到 LM′，与 IS′曲线交于 E′点，市场利率回到初始水平，则均衡产出为 Y′，财政政策的"挤出效应"看起来消除了。

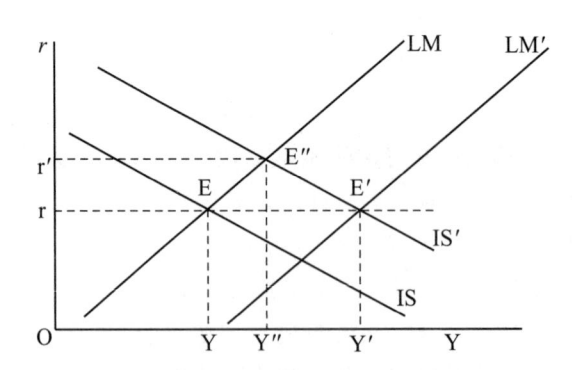

图 4-5　财政政策与货币政策的共同作用

然而，进一步，货币供应量的扩张必然导致价格上升。一般来说，企业主会比工人更早观察到物价上升，于是他们愿意以更高的名义工资来雇用更多的劳动来扩大生产量。这是工人的工资幻觉。但工人对工资的预期会很快调整，他们很快会意识到他们的实际工资并没有改变，从而劳动供给回到初始水平，产出也回到初始水平。

因而，从长期来看，一轮扩张性财政支出政策（以及与之相配合的货币政策）只能导致价格上升和名义变量的变动，而无法对实际变量产生持续影响。这就是新古典宏观经济学家（包括理性预期学派）所批评的政策无效性。

如图4-6所示，初始产出Y由长期总供给曲线LAS决定，这时，短期总供给曲线AS与总需求曲线AD的交点E位于长期总供给曲线LAS上。政府采取的扩张性宏观经济政策可以使总需求曲线AD向右上方移动到AD′，与短期总供给曲线AS交于E′点，决定了新的短期均衡产出水平Y′。但是，从更长的时间来看，短期总供给曲线会向左上移动到AS′，这样，产出水平将回到初始产出水平。但价格却停留在了较高的水平。

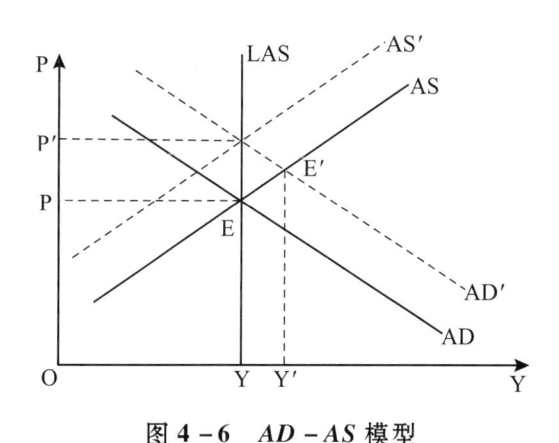

图4-6 *AD-AS*模型

当然，政策制定者不会就此罢手。为了实现他们所希望的产出水平，他们会一轮接着一轮采取更为扩张性的财政支出政策和货币政策。正如我们在现实中所观察到的，公共支出的规模和货币供应量的规模不断扩张。不仅绝对规模扩张，相对规模（与GDP的比例）也不断上升。

以上就是财政支出政策推动经济粗放型增长的理论逻辑。

二、财政支出政策推动经济集约型增长的理论逻辑

新古典宏观经济学家并非反对财政政策，而是反对短期性的以需求管理为手段的粗放型财政政策。

新古典宏观经济学家所支持的财政政策是长期性的，以供给管理为手段，以

长期经济增长和福利最大化为目标。这样的财政政策显然不是粗放型，而是集约型的。

那么，财政支出政策如何从改善供给的角度促进长期经济增长和社会福利？这一问题的实质是财政支出政策与生产函数的关系。

一般而言，我们可以把总生产函数写作，$Y = AF(K, L, H, G_1)$，其中 A 表示知识（技术），K 表示私人（物质）资本存量，L 表示劳动力规模，H 表示人力资本，G_1 表示政府提供的公共基础设施服务。

知识（技术）和人力资本都是经济增长所不可或缺的核心动力。但由于知识的生产（主要通过研究开发活动）和人力资本的积累（主要通过教育）都会对整个经济产生很强的正外部性，如果没有政府的干预，私人部门所生产的知识和积累的人力资本数量是不足的。相应地，市场生产（供给）能力也就会受到影响。为了改善供给能力，政府需要对研究开发活动和教育活动进行补贴，以矫正其外部性，实现有效率的配置。这就是公共研究开发支出和公共教育支出的经济学意义。

除了矫正外部性，财政支出最重要的作用是提供各类必需的公共服务。首先是公共基础设施服务。基础设施是整个经济赖以增长的基础，世界银行（1994）将基础设施比作经济增长的"车轮"。实践中，很多基础设施服务具有公共产品或准公共产品性质，私人提供是不足的，需要政府来主导以实现有效提供。其次是公共消费性服务。虽然公共消费性服务（如各类民生支出）不会直接改善供给促进增长，但它能提高消费者的效用水平和社会福利水平。

简言之，有助于改善供给，促进增长和社会福利的集约型财政支出政策如图 4-7 所示。

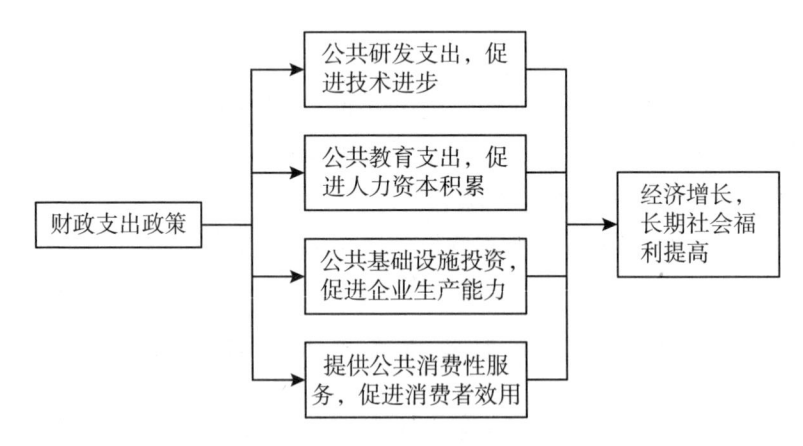

图 4-7 集约型财政支出政策

下面，我们重点考察公共基础设施投资和公共消费性支出促进经济增长和社会福利提高的机制，以及实现社会福利最大化时的最优公共投资和公共消费规则。我们参照巴罗（Barro，1990）和金戈（2014）的理论模型，假定经济中存在 N 个同质的无限存活的消费者，代表性消费者的跨期效用函数形式为：

$$U = \int_0^\infty u(c, g_C) e^{-\rho t} dt \tag{4.5}$$

其中，c 和 g_C 分别表示人均私人消费和人均消费性公共服务（公共消费）。我们假定公共消费以消费外部性的形式进入效用函数。效用函数为二阶连续可微的严格凹函数，满足 $u_c > 0$，$u_g > 0$。

假定每一个消费者都拥有一家企业，企业的数量与消费者的数量相等，并且保持不变。代表性企业的生产函数为：

$$y = f(k, g_I) \tag{4.6}$$

其中，k 和 g_I 分别为人均资本和人均生产性公共服务（公共投资）。生产函数是一个二阶连续可微的凹函数，满足 $f_k > 0$，$f_g > 0$。

我们假定初始资本 $k(0) = k_0$。资本属于消费者。

政府通过公共投资和公共消费分别向企业和消费者提供生产性和消费性公共服务。社会资源约束为：

$$\dot{k}(t) = y(t) - c(t) - g_I(t) - g_C(t) \tag{4.7}$$

下面我们重点考察社会最优配置。假定政府以社会福利最大化为目标，即政府在社会资源约束（4.7）式和初始资本的约束下，通过直接选择私人消费、公共消费和公共投资的动态路径，以最大化代表性消费者的跨期总效用（4.5）式。

该问题的汉密尔顿函数为：

$$H(c, g_C, g_I; \theta) = u(c, g_C) + \theta[f(k, g_I) - c - g_C - g_I] \tag{4.8}$$

由于 u，f 两个函数都是凹的，从而 H 对（c，g_C，g_I）是凹的，根据曼加林（Mangasarian，1966）充分条件，其一阶必要条件和横截条件是充分的。

首先，我们可以得到一个关于人均消费的一阶条件：

$$\frac{\partial H}{\partial c} = u_c - \theta = 0 \Rightarrow u_c = \theta \tag{4.9}$$

进而我们可以得到一组关于最优公共支出的一阶条件，分别为：

$$\frac{\partial H}{\partial g_C} = u_g - \theta = 0 \Rightarrow u_g = u_c; \tag{4.10}$$

$$\frac{\partial H}{\partial g_I} = \theta(f_g - 1) = 0 \Rightarrow f_g = 1 \tag{4.11}$$

上述条件给出了最优公共支出规则，即政府应通过配置公共支出的动态路径，使得在任何一个时刻，人均公共消费的边际效用与人均私人消费的边际效用都等于汉密尔顿乘子 θ（代表资本的社会价值）；而人均公共投资的的边际产出应等于 1。

我们可以将上述结论总结为命题 4.1。

命题 4.1

在社会最优状态下，公共投资、公共消费与私人消费的动态路径应满足：在任意时刻，公共投资的边际产出等于 1；公共消费的边际效用和私人消费的边际效用都等于资本的边际社会价值。

命题 4.1 的经济含义是很容易理解的：最优生产性公共支出的选择应使得最后 1 单位的公共支出所产生边际收益（这里是边际产出）等于其边际成本（以产出来衡量等于1）。同理，最后 1 单位的消费（无论是公共消费还是私人消费）带来的即期边际效用也应该等于 1 单位投资（也就是资本增量）带来的跨期边际效用。

关于汉密尔顿乘子的运动方程为：

$$\dot{\theta} = \theta\rho - \frac{\partial H}{\partial k} = \theta(\rho - f_k) \tag{4.12}$$

θ 的运动方程实际上是该社会最优问题的欧拉方程，利用这一方程和其他信息可以导出所有变量的最优增长率，包括人均消费、资本和公共支出的增长率。

下面我们考虑一个在文献中被广为采用的特例。假定瞬时效用函数具有对数形式：

$$u(c, g_C) = \ln c + \beta \ln g_C \tag{4.13}$$

其中，β>0，为人均公共消费的效用系数，反映了消费者对公共消费服务的偏好强度。

假定生产函数为柯布—道格拉斯形式：

$$y = f(k, g_I) = Ak^{1-\alpha}g_I^{\alpha} \tag{4.14}$$

其中，$\alpha \in (0, 1)$ 表示公共投资的产出弹性。

政府面临的问题是在社会资源约束和初始条件下，直接选择各种数量，最大化消费者的跨期效用，这一问题的汉密尔顿函数为：

$$H(c, g_C, g_I; \theta) = \ln c + \beta \ln g_C + \theta(y - c - g_C - g_I) \tag{4.15}$$

关于人均消费的一阶条件为：

$$\frac{\partial H}{\partial c} = \frac{1}{c} - \theta = 0 \Rightarrow c = \frac{1}{\theta} \tag{4.16}$$

关于公共消费和公共投资的一阶条件为：

$$\frac{\partial H}{\partial g_C} = \frac{\beta}{g_C} - \theta = 0 \Rightarrow g_C = \frac{\beta}{\theta} \tag{4.17}$$

$$\frac{\partial H}{\partial g_I} = \lambda(f_g - 1) = 0 \Rightarrow g_I = \alpha y \tag{4.18}$$

汉密尔顿乘子 θ 的运动方程为：

$$\dot{\theta} = \theta\rho - \frac{\partial H}{\partial k} = \theta(\rho - r) \quad (4.19)$$

其中，$r = f_k = (1-\alpha)\frac{y}{k}$。上式两边乘以 k，则：

$$\dot{\theta} k = \theta\rho k - \theta(1-\alpha)y = \theta\rho k - \theta(y - c - g_C - g_I) - \theta c - \theta g_C = \theta\rho k - \dot{\theta} k - 1 - \beta \quad (4.20)$$

进而得到：

$$\dot{\theta} k + \dot{k} \theta = \theta\rho k - 1 - \beta \Rightarrow \theta = \frac{1+\beta}{\rho k} \quad (4.21)$$

利用式（4.21）和 θ 的运动方程，可以得到人均资本 k 的最优增长率（社会最优的欧拉方程）：

$$\gamma = \left(\frac{\dot{k}}{k}\right) = (1-\alpha)A^{\frac{1}{1-\alpha}}\alpha^{\frac{\alpha}{1-\alpha}} - \rho \quad (4.22)$$

最优人均公共消费、公共投资以及私人消费三个变量与人均资本的比例由以下方程给出：

$$\frac{g_C}{k} = \frac{\beta\rho}{1+\beta} \quad (4.23)$$

$$\frac{g_I}{k} = \alpha\frac{y}{k} = (A\alpha)^{\frac{1}{1-\alpha}} \quad (4.24)$$

$$\frac{c}{k} = \frac{\rho}{1+\beta} \quad (4.25)$$

以上，我们给出了一个以整体社会福利最大化为目标的最优财政支出分析框架，并给出了一个具有代表性的例子。主要结论是，一个动态经济的最优财政支出路径应满足：公共投资的边际产出等于 1；公共消费的边际效用等于私人消费的边际效用，并等于资本的边际社会价值。如果即期效用函数为 $u = lnc + \beta lng_C$，生产函数为 $y = Ak^{1-\alpha}g_I^{\alpha}$，则可以证明，最优公共投资与产出的比例应等于公共投资的产出弹性，最优公共消费与资本的比例应等于 $\frac{\beta\rho}{(1+\beta)}$。

至此，本节从理论层面分别探讨了什么样的财政支出政策是粗放型的，什么样的财政支出政策是集约型的。简言之，以短期需求管理为目标的财政支出政策是粗放型的，以长期福利最大化为目标的财政支出政策是集约型的。两种不同类型的政策具有不同的理论框架，并产生了完全不同的经济后果。

第四节　财政支出体制与经济发展模式：分权的视角

以上理论分析没有区分中央政府和地方政府。现实中，中央政府和地方政府之间存在着不同的职能分工和支出结构差异。下面我们进一步从财政分权的视角考察我国当前的财政支出分权体制与经济发展方式的关系。

一般而言，一国政府具有三大经济职能：资源配置职能、收入分配职能和经济稳定职能。从理论上，三大职能在中央和地方政府之间的合理分工如下。

（1）资源配置职能是中央政府和地方政府的共同职能。通常，各地居民偏好存在着地域差异，而地方政府相比中央政府更了解本地居民的偏好（Oates，1972）。从这个角度，区域性公共产品更适于地方政府提供。而中央政府则适于提供全国性公共产品。此外，由于某些区域性公共产品具有规模经济和外部性，为了实现有效率的配置，中央政府需要对此类公共产品的地方提供进行一定的中央干预。

（2）收入分配职能主要是中央政府的职能。一般而言，由地方政府进行收入分配会引起居民在区域之间的不合理的流动，不仅扭曲资源配置，而且也会影响地方政府进行收入分配的效果。比如，当某个地区的政府实行对富人征收高额所得税、对穷人给予高福利的收入分配政策，将导致富人离开该地区，而其他福利水平较低地区的穷人将迁入，结果是该地区税基减少，而福利负担加大，最终穷人的福利也无法提高，无法实现调节收入分配的初衷。

（3）经济稳定职能也是一项属于中央政府的职能。首先，地方政府并不具备充分实施宏观经济政策的条件和手段。众所周知，财政政策的实施需要货币政策相配合，而后者是由中央银行制定的，地方政府无法实施。其次，由地方政府实行宏观调控将会产生地区间的外部性问题，从而导致无效率的结果。假定某地方政府想采取扩大本地区需求、刺激经济的扩张性政策，而扩张性政策通常将导致本地区价格上升。由于在一国境内，地区间要素流动是相对较为自由的。一个地区的价格上升必将传播到其他地区，从而对其他地区产生负外部性。因此，稳定经济和宏观调控职能只能由中央政府在全国范围内实施（具体见表4-5）。

表 4–5　　　　中央和地方政府事权及相应支出责任的划分

内容	责任归属	理由
国防	中央	全国性公共产品或服务
外交	中央	全国性公共产品或服务
国际贸易	中央	全国性公共产品或服务
金融与货币政策	中央	全国性公共产品或服务
管制地区间贸易	中央	全国性公共产品或服务
对个人的福利补贴	中央、地方	收入再分配、地区性服务
失业保险	中央、地方	收入再分配、地区性服务
全国性交通	中央、地方	全国性服务、外部效应
地区性交通	地方	地区性服务
环境保护	地方、中央	地区性服务、外部效应
对工业、农业、科研的支持	地方、中央	地区性服务、外部效应
教育	地方、中央	地区性服务、外部效应
卫生	地方	地区性服务
公共住宅	地方	地区性服务
供水、下水道、垃圾	地方	地区性服务
警察	地方	地区性服务
消防	地方	地区性服务
公园、娱乐设施	地方	地区性服务

资料来源：转引自马骏：《论转移支付》，中国财政经济出版社 1998 年版，第 138～139 页。

然而，在实践中，我国各级政府之间的事权划分存在很大问题，既缺乏法律规范，也不清晰、不合理（楼继伟，2014）。除了外交、国防属于中央事权外，在其他方面，各级政府的职能基本没有形成明确的分工，中央政府和地方政府的职能和事权严重同构。一方面，本该由中央政府负责的事务，中央政府没有负起责任，如跨流域大江大河治理、跨地区污染防治、海域和海洋使用管理和食品药品安全等全国性或跨区域事务；另一方面，多项事务由多级政府共同管理，导致效率低下，浪费严重。这里又包含两个方面：一方面，对一些本该由地方政府管理的地方性事务，中央政府不愿彻底放手，如基础教育；另一方面，对一些本该由中央政府承担的全国性事务，如收入分配和宏观调控，地方政府往往都热衷参与。

不合理的事权划分是经济发展粗放型的一个主要因素。以宏观调控为例，当中央政府希望采取适度的扩张性政策时，地方政府纷纷积极参与，会形成过度投资，必然导致经济过热，重复建设，效率低下，这些都是粗放式发展的典型特征。而当中央政府希望采取紧缩性政策或进行结构调整时，由于会影响到地方的短期经济增速，地方政府往往表面配合，实际不合作，依然采取扩张性的"以邻为壑"政策，其结果是使得中央政府希望转变经济发展方式的努力付诸东流。到了下一次扩张，地方政府就进一步变本加厉，使得整个国家的发展方式长期被锁定在粗放型发展道路上。

因此，要转变发展方式，必需建立科学的财政支出分权体制。对此，中共十八届三中全会通过的《中共中央关于全面深化改革若干重大问题的决定》已明确提出：要适度加强中央事权和支出责任，国防、外交、国家安全、关系全国统一市场规则和管理等作为中央事权；部分社会保障、跨区域重大项目建设维护等作为中央和地方共同事权，逐步理顺事权关系；区域性公共服务作为地方事权。中央和地方按照事权划分相应承担和分担支出责任。中央可通过安排转移支付将部分事权支出责任委托地方承担。对于跨区域且对其他地区影响较大的公共服务，中央通过转移支付承担一部分地方事权支出责任。2016年8月16日，国务院出台了《关于推进中央与地方财政事权和支出责任划分改革的指导意见》。明确了要逐步将国防、外交、国家安全、出入境管理、国防公路、国界河湖治理、全国性重大传染病防治、全国性大通道、全国性战略性自然资源使用和保护等基本公共服务确定或上划为中央的财政事权。要逐步将社会治安、市政交通、农村公路、城乡社区事务等受益范围地域性强、信息较为复杂且主要与当地居民密切相关的基本公共服务确定为地方的财政事权。要逐步将义务教育、高等教育、科技研究、公共文化、基本养老保险、基本医疗和公共卫生、城乡居民基本医疗保险、就业、粮食安全、跨省（区、市）重大基础设施项目建设和环境保护与治理等体现中央战略意图、跨省（区、市）且具有地域管理信息优势的基本公共服务确定为中央与地方共同财政事权，并明确各承担主体的职责。并且，要建立财政事权划分动态调整机制。

第五节　地方财政支出与全要素生产率：实证研究

从本节起，我们将转向经验层面，实证考察地方财政支出规模和结构对经济发展的影响。经济发展方式转型的核心在于经济增长效率的提高和整体社会福利的提高。基于数据的可得性，我们以全要素生产率来刻画经济增长的效率，以居民消费增长来刻画社会福利的提高。以下两节将分别考察地方财政支出规模及其结构变化对全要素生产率（及其组成部分）和居民消费的影响。

一、引言

长期以来，中国经济保持着一种粗放式的高速增长，主要依靠投资和出口拉动，消费需求不足；存在大量高能耗高污染投资，物质投资效率低；这些不容忽视的问题会引发经济中的一系列不平衡。这种以提高资本、劳动等生产要素的投入而不是以技术的进步或者生产效率的提高来增加产量的粗放型经济增长方式，不仅会带来资源浪费现象，而且会造成生态环境破坏，并摧残着我国的生态文明的建设。况且石油、煤炭这些资源是不可再生的，不能永远地开采下去，因此我们为保证经济的持续稳定增长，必须改变这种粗放式的经济发展方式。随着经济的发展，作为衡量经济效率的主要指标，全要素生产率（TFP）逐渐进入人们的视野，成为各国学者研究经济增长的一个重要对象。

如何转变政府职能，从而科学地划分事权和财权，通过提高财政支出的使用效率来提高全要素生产率，显得举足轻重。本节利用中国2007～2012年各省（区、市）的财政数据，实证研究各省（直辖市、自治区）的公共支出规模及其结构与全要素生产率之间的关系，为政府如何更好地运用公共支出手段来调节社会总需求和资源的配置，从而提高经济效率和经济发展质量，提供理论和经验依据。

在国内外，已有大量关于全要素生产率的研究文献。国外学者对TFP的分析与测度已经相当成熟了。比如，法勒等（Fare et al., 1994）使用数据包络分析（DEA）和马奎斯特（Mulquist）指数法，对1979～1988年的17个OECD国家的TFP增长率进行了估算和分解。结果显示，美国TFP的增长主要来自技术进步；日本的TFP增长率最高，其中一半的贡献来源于效率的变化。杨（Young, 1995）对东亚的几个国家和地区进行了TFP测算，结果发现这几个国家或地区的TFP没有对他们的高增长率起到任何作用，反而是要素投入的增加引起高增长率，这也说明东亚这几个国家和地区经济的增长不是TFP提高的原因。国外学者对中国TFP的研究也不在少数，例如世界银行研究表明，TFP是中国1978～1995年经济增长的最主要来源；而杨（Young, 2000）认为TFP对于中国经济增长的贡献份额是有限的，中国经济呈现出一种高增长、低效率的增长模式。考吉尔（Cowgill, 2001）对1984～1997年我国28个省份的TFP进行了研究，从而得出了TFP变化率的波动范围为－4.7%～0.3%，各地区的规模效应没有差别，大约为TFP变化平均值的0.5%。

国内对于全要素生产率的研究虽然起步比较晚，但发展非常迅速，目前已经有大量文献利用不同的测度方法对全要素生产率进行研究，其中利用DEA测度方法来研究中国全要素生产率的文献相当多。例如，郑京海和胡鞍钢（2005）研究发现我国经济在1978~1995年表现为高经济增长、高生产率增长，称之为TFP高增长期，这与大多数相关文献的结论是基本一致的；1995~2001年表现为高经济增长、低生产率增长，称之为TFP低增长期，具体特征为技术进步速度减慢、技术效率有所下降。在测算期内如果我们把环境因素考虑进去之后，我们可以发现东部地区技术效率最高，中部地区次之，西部地区最低。郭庆旺、赵志耘和贾俊雪（2005）分析表明，由于技术进步率的增长各省的差异较大，而且这个趋势还有着进一步拉大的趋势，从而导致我国各省份的全要素生产率的增长也逐渐拉大，进而导致我国省份经济增长差异较大且有逐步增大的趋势。

尽管测度全国或地区全要素生产率的文献数量很多，但专门研究公共支出对全要素生产率影响的文献却相对较少。其中，郭庆旺和贾俊雪（2005）研究了1998~2004年之间的财政政策分别对全国经济全要素生产率和各省的全要素生产率增长的影响。结果表明：从全国经济来看，财政总支出和财政投资都较显著地促进了全国经济全要素生产率增长，其中财政投资的促进作用更为明显，就财政支出而言，只有科学研究支出对全国经济的全要素生产率增长具有很强的促进作用，而基本建设支出，支农支出、抚恤和社会福利支出及教育支出均显著地抑制了全国经济全要素生产率增长，而且还有恶化的趋势，其中教育支出的抑制作用最为突出。从各地区经济来看，财政总支出和财政投资对省份经济全要素生产率增长和技术进步变化率具有较强的正面影响，而对效率变化具有反面影响，其中财政投资的影响更显著，力度也更大。就财政支出构成而言，基本建设支出、科学研究支出、支农支出、抚恤和社会福利支出及文教卫支出对省份经济全要素生产率增长和效率变化的影响各不相同，但均不具有统计显著性，只有基本建设支出及抚恤和社会福利支出对技术进步变化率具有显著的正向影响，其中抚恤和社会福利支出的影响力度很大，而支农支出对技术进步变化率具有显著的反向影响且力度很大。戴毅、牛昕和代明（2009）指出基础设施建设支出对全要素生产率的提高作用最为明显，教育、医疗、文化等支出对全要素生产率也具有明显的促进作用，且比科学事业费等直接科技支出、文教支出的促进效果更为明显。曾淑婉（2013）运用静态和动态空间计量模型，对我国30个省市的1998~2010年数据进行分析，结果表明：1998年财政改革开始后，财政支出与我国全要素生产率和技术进步存在着显著性的正相关性，且财政支出不仅对本地区经济增长具有积极作用，还会对相邻地区有着空间溢出效应。

特别需要指出的是，已有文献多数是根据2006年以前划分的财政支出结构数据来进行研究的。众所周知，2006年中国财政支出分类进行了一次大的改革，从 2007 年开始，公共支出分类数据采用新的统计口径来统计，因此已有文献对当前政策借鉴的价值已大大下降。另一方面，近年来中国经济增长速度减缓，急需转变经济发展方式，而财政支出与 GDP 的占比逐年递增，因此研究财政支出与全要素增长率的关系，从而合理调整财政支出结构以促进转变经济发展方式，就显得更为重要和紧迫。

鉴于此，本节采用 2007 年统计口径调整后的数据，重点考察地区财政支出规模和结构对全要素生产率（及其分项）变化率的影响，并从如何调整公共支出结构以提高全要素生产率的视角为转变经济发展方式提出政策建议。

本节余下内容安排如下：首先，介绍全要素生产率的核算方法及数据；其次，通过核算 2007~2012 年中国 31 个省（自治区、直辖市）的全要素生产率的变化率及其分解项（包括：技术进步、纯技术效率和规模效率）的变化率，综合考虑了变化率在横截面上的差异以及在时间序列上的动态变化趋势；再次，接下来重点考察地方财政支出规模和支出结构分别如何影响全要素生产率及其组成部分；最后，根据实证研究结果，为如何调整财政支出结构以更好地促进经济发展方式的转型提出政策建议。

二、全要素生产率的核算方法及变量选取

我们首先利用 DEA 方法测算各地区全要素生产率变化，然后进一步考察地方公共支出规模和公共支出结构等不可控因素对地区全要素生产率的影响。使用 DEA 方法核算全要素生产率变化具有许多优点，主要有：第一，DEA 是一种非参数估计方法，它可以有效地避免模型设定误差问题；第二，使用 DEA 方法时，选择 Mulquist 指数可以将全要素生产率变化分解为技术进步变化、综合技术效率变化，方便进一步实证研究公共支出影响全要素生产率的途径。

在测算全要素生产率过程中，DEA 模型使用了决策单元可以控制的投入和产出，没有考虑其他一些决策单元不可控制的因素。而这些不可控因素（包括公共支出总量和公共支出结构等）的差异往往是造成决策单元全要素生产率差异的重要原因。为了研究公共支出如何影响全要素生产率，这就需要通过计量经济方法进行第二步实证分析，即利用第一阶段 DEA 模型测算出的各决策单元的全要素生产率等的变化率对公共支出总量及公共支出结构等各种不可控因素进行回归。以下对 DEA 测算方法、变量选取以及数据来源作简要说明。

（一）DEA 方法及 Malmquist 生产率指数

数据包络分析（DEA）是一种非参数线性规划估计方法，可用于测评一组具

有多种投入和多种产出的决策单元。根据规模报酬是否可变的假设，DEA 模型可分为基于固定规模报酬（CRS）的 CCR 模型（查恩斯等，Charnes et al.，1978）和基于规模报酬可变（VRS）的 BCC 模型（班克等，Banker et al.，1984）。BCC 模型可将 CCR 模型中得出的综合技术效率变化分解为纯技术效率变化和规模效率变化。另外，DEA 方法可以从投入和产出两个角度来核算效率得分，分别称为投入导向模式和产出导向模式。Malmquist 指数方法就是基于 DEA 方法提出的。选择 Malmquist 生产率指数有两个主要的优点：第一，它不需要相关的价格信息。这里，由于相关投入（劳动量、资本存量）和产出（GDP）的数据较易获得，而要素的价值份额和价格等信息较难获得，故 Malmquist 生产率指数的第一个优点就显得尤为重要。第二，它可以分解为综合技术效率变化和技术进步变化两部分。这样，不仅可以测算出全要素生产率的变化率，还可以测算出综合技术效率和技术进步的变动情况。这里使用法勒（Fare）等人定义的 Malmquist 生产率指数（Malmquist Productivity Index，MPI）：

$$M_{i,t+1}(x_i^t, y_i^t, x_i^{t+1}) = \frac{D_i^t(x_i^{t+1}, y_i^{t+1})}{D_i^t(x_i^t, y_i^t)} \left[\frac{D_i^t(x_i^{t+1}, y_i^{t+1})}{D_i^t(x_i^t, y_i^t)} \frac{D_i^t(x_i^t, y_i^t)}{D_i^{t+1}(x_i^t, y_i^t)} \right]^{\frac{1}{2}}$$

(4.26)

其中，从 t 到 t+1 期的综合技术效率变化 $TE = \dfrac{D_i^t(x_i^{t+1}, y_i^{t+1})}{D_i^t(x_i^t, y_i^t)}$，从 t 到 t+1 期的技术进步变化 $TC = \left[\dfrac{D_i^t(x_i^{t+1}, y_i^{t+1}) D_i^t(x_i^t, y_i^t)}{D_i^t(x_i^t, y_i^t) D_i^{t+1}(x_i^t, y_i^t)} \right]^{\frac{1}{2}}$。若 TE > 1，代表效率改善，TE < 1 代表效率下降；如果 TC > 1，则说明技术进步；反之，则说明技术退步了。

以下，我们将运用 DEA 模型来测算各省（自治区、直辖市）全要素生产率变化、技术进步变化、纯技术效率变化以及规模效率变化。测算过程通过 DEAP2.1 软件来实现。为了更深入地研究公共支出如何影响全要素生产率，我们将程序设定为 Malmquist – DEA，从而不仅可以测算出全要素生产率的变化率，还可以测算出技术进步、纯技术效率和规模效率的变化情况。其中，全要素生产率变化率（即 MPI 指数）= 技术进步变化率 × 纯技术效率变化率 × 规模效率变化率。另外，由于这里测评的是一组具有多种投入和一种产出的决策单元，因此选择产出导向模式。

（二）变量选取与数据来源

这里的研究对象是各省（区、市）的全要素生产率变化（以及公共支出等变量对全要素生产率变化的影响），从而将全国 31 个省级行政区看作 31 个决策单元进行研究。由于 2007 年前后的公共支出结构划分方法异同，且 2012 年以后的数据还无法完全获取，因此选取 2007~2012 年作为研究时期。为了使实证结果更具有可靠性、说服力，我们将所有数据换算成以 2007 年为基期的实际值。

在利用 DEA 模型测算全要素生产率变化时，所使用的决策单元可以控制的产出因素为实际国内生产总值（GDP），投入因素为各省（区、市）的实际资本存量和年平均就业人口。其中，实际国内生产总值（GDP）是以 2007 年为基期的 31 个省（自治区、直辖市）的实际国内生产总值。

在实证分析不可控制因素（即解释变量）如何影响全要素生产率及其分解技术进步、纯技术效率和规模效率时，首先需要确定的是不可控制因素（即解释变量）包含哪些内容。除了由政府决定的财政支出总量、财政支出结构以及公共投资（用全国经济基础设施投资来表示）外，在开放性经济体中，决策单元的不可控制因素还包括外商直接投资额（FDI）、研发投入（R&D）和进出口贸易（TRD）三个外生变量。由于实证分析中的被解释变量（全要素生产率及其分解项技术进步、纯技术效率和规模效率的变化率）是由第一步利用 DEA 模型直接测算出来的，这里就不再赘述。下面对这些不可控制变量（解释变量）的选取进行介绍。

财政支出是政府为社会提供公共服务而花费的支出，反映了政府职能的活动范围以及对市场经济的干预。财政支出的规模会影响企业的生产能力和行为决策，从而影响经济的全要素生产率。衡量财政支出规模主要有两种方法：财政支出的绝对规模和财政支出的相对规模。财政支出绝对规模就是以当年财政支出的绝对额表示，它并没有考虑通货膨胀因素带来的影响，反映的只是名义上的财政支出规模，因此缺乏可比性。财政支出相对规模是以当年的财政支出总额与当年的 GDP 的比值表示，该指标可以剔除通货膨胀因素的影响，具有一定的可比性。因此这里使用的是财政支出相对规模，即以 2007 年为基期的实际财政支出总量与实际 GDP 的比值。

财政支出不仅通过规模影响全要素生产率，还可以通过其内部结构来影响全要素生产率。根据不同的标准和方法可以对财政支出结构进行不同的划分。我们按照 2007 年新的科目分类方法，重点考察一般公共服务、公共安全、教育、科学技术、文化体育与传媒、社会保障和就业、医疗卫生、节能环保、城乡社区事务、农林水事务、交通运输 11 项财政支出对全要素生产率的影响。

在我国官方统计资料中，财政支出的统计中基本没有包含政府部门的公共投资。而公共投资是政府进行宏观调控的重要手段，也是影响全要素生产率的重要因素。考虑到公共投资主要集中于经济基础设施领域，且经济基础设施领域的投资主要由公共部门主导，因此，将经济基础设施投资视为公共投资的代理变量不失为一个次优选择。进一步，为了统计经济基础设施投资，借鉴金戈（2012），我们将分行业的全社会固定资产投资与经济基础设施领域有关的四个行业（即电力、热力、燃气及水生产和供应业；交通运输、仓储和邮政业；水利、环境和公共设施管理业；信息传输、软件和信息技术服务业）的投资总和作为经济基础设施总投资，并将其视作公共投资的代理变量。

外商直接投资（FDI）指的是外国投资者通过取得或者拥有企业经营管理权和控制权来获得利润的投资。FDI对东道国经济影响是多重的，从国内外文献来看，一般认为FDI会影响东道国的生产效率和技术水平以及产业结构的升级，因此外商直接投资也被经济学家所看重。由于官方统计年鉴中FDI数据以美元来衡量，因此首先需要将每年的外商直接投资用人民币汇率换算成人民币金额（亿元），再以2007年为基期的GDP平减指数进行平减。

进出口贸易指的是不同国家地区之间商品和劳务的交换活动，促使要素在全球范围内流动。出口企业为了要在国际市场上获得利润，占有竞争优势，一般都会提高企业的管理运营效率来提高技术效率。进口企业可以引进国外先进的企业管理经验和先进的技术设备来提高自身的生产效率。进出口贸易可以影响国内外的总需求，从而拉动经济增长。因此进出口贸易也可能是影响全要素生产率一个因素。由于统计年鉴中数据以美元来衡量，所以这里需要先换算成人民币金额，再以2007年为基期的GDP平减指数进行平减。

科学研究部门是经济中最重要的知识生产部门，按照罗默（Romer）的内生增长理论的观点，增加对知识生产部门的投入可以增加知识部门的产出，并最终影响实际经济的产出。科研投入能够促进具有创造性和新颖性的产出，鼓励创新人才队伍的建设，增强技术研究开发能力。一般认为，科研投入通过促进全要素生产率能够正向地影响到实际经济增长率。

数据来源方面：GDP、就业人口、财政支出、进出口贸易、分行业全社会固定资产投资、外商直接投资和R&D等原始数据来源于2008~2013年的《中国统计年鉴》《中国科技统计年鉴》《中国区域经济统计年鉴》以及各省（区、市）的统计年鉴。各地区资本存量数据来源为金戈（2014）。

三、全要素生产率测算结果及分析

根据处理后的2007~2012年各省（自治区、直辖市）实际GDP，资本投入量和劳动投入量的面板数据，运用DEAP软件，得到全要素生产率的变化率及其分解项的变化率。由于全要素生产率分解为技术进步和综合技术效率，而综合技术效率又可以分解为纯技术效率和规模效率，从而，全要素生产率可以分解为技术进步、纯技术效率和规模效率,因此本节就直接考虑全要素生产率及其分项技术进步、纯技术效率和规模效率,不再考虑重述综合技术效率。现根据 DEAP 软件操作所得到的数据进行分析。

(一) 全要素生产率及其分项的整体变化趋势

从图 4-8 中可以看出,在 2008~2012 年,全要素生产率的变化率一直小于 1,说明了全要素生产率一直处于衰退的状态,从 2008~2009 年,其变化率出现小幅的上升,随后便一直呈现较大幅度地下降,从 2009 年的 0.989 一直降到 2012 年的 0.955,说明我国全要素生产率的衰退越来越严重。

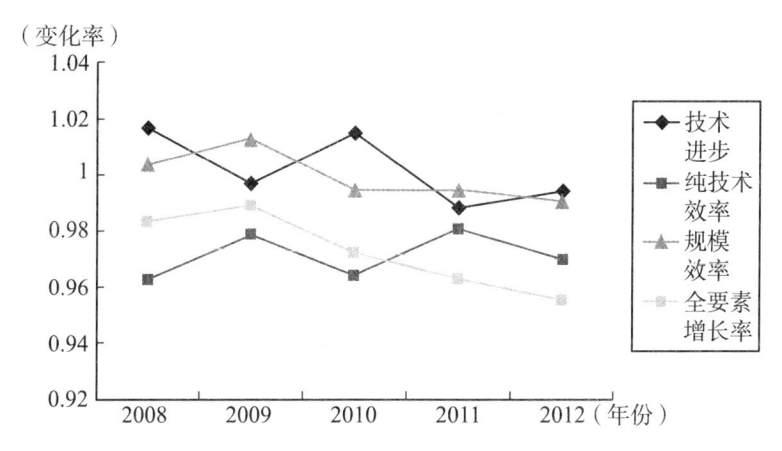

图 4-8 全要素生产率及其分项的变化趋势:2008~2012 年

全要素生产率变化可分解成三部分:技术进步变化、纯技术效率变化和规模效率变化。从全要素生产率分解的各项变化率的整体变动趋势来看,在短期,技术进步、纯技术效率以及规模效率的变化率都呈现出波浪式的变动,后两者的变动方向基本一致,而前者与后两者的变动方向完全相反,当纯技术效率和规模效率的变化率上升时,技术进步的变化率反而下降;当纯技术效率和规模效率的变化率下降时,技术进步的变化率反而上升。而在长期,技术进步和规模效率的变化率都呈下降的趋势,但技术进步的变化率波动幅度大于规模效率;而纯技术效率的变化率呈波浪式的上升趋势,但其变化率的值一直小于 1,且远低于技术进步和规模效率的变化率。这说明,虽然纯技术效率的变化率呈上升的趋势,但其一直处于衰退的状态,只是衰退程度有所减轻,它是导致全要素生产率衰退的主要原因。另一方面,技术进步和规模效率的变化率在整体上都呈下降的趋势,导致了全要素增长率的衰退程度越来越严重。

总的来说,在 2007~2012 年期间,我国的技术进步、纯技术效率、规模效率以及全要素生产率都存在着衰退，且全要素生产率的衰退程度越来越严重。要转变全要素生产率的衰退现状，最重要的是要解决纯技术效率所处的严重衰退困境；而要维持全要素生产率的上升的变化趋势，就要依赖于上升的技术进步和规模效率变化率。

（二）全要素生产率及其分项的省际差异（2008~2012年变化率的平均值）

根据各省（区、市）在2007~2012年期间各项变化率的平均值（见表4-6），发现除北京、天津、上海、浙江等7个省（区、市）的全要素生产率的变化率大于1以外，其余各省（区、市）的全要素生产率的变化率均小于1。说明了在2007~2012年期间，除了北京、天津、上海、浙江等7个省（区、市）以外，我国绝大多数的省（区、市）都受到全要素生产率衰退这一事实的困扰。

表4-6　　　各省（区、市）全要素生产率及其分项的
平均变化值：2008~2012年

省（区、市）	技术进步变化	纯技术效率变化	规模效率变化	全要素生产率变化
北京	1.032	1	0.999	1.031
天津	1.031	0.98	0.994	1.004
河北	1.007	0.963	0.987	0.958
山西	0.992	0.941	1.006	0.938
内蒙古	1.032	0.942	0.987	0.96
辽宁	1.024	0.992	0.953	0.969
吉林	1.021	0.924	1.011	0.953
黑龙江	1.002	0.958	1.005	0.965
上海	1.056	1	1	1.056
江苏	1.025	1.022	0.949	0.994
浙江	1.019	0.998	0.998	1.015
安徽	0.985	0.932	1.005	0.923
福建	0.985	0.992	1.004	0.982
江西	0.99	0.899	1.008	0.897
山东	1.007	1.012	0.967	0.985
河南	0.986	0.923	1.002	0.912

续表

省（区、市）	技术进步变化	纯技术效率变化	规模效率变化	全要素生产率变化
湖北	0.986	0.969	1.003	0.958
湖南	0.985	0.974	1.004	0.964
广东	0.999	1	1	0.999
广西	0.985	0.936	1.009	0.931
海南	0.985	1	1.03	1.015
重庆	0.996	0.984	1.007	0.986
四川	0.985	0.963	1.003	0.952
贵州	0.985	0.968	1.014	0.967
云南	0.985	0.982	1.006	0.974
西藏	0.993	1	0.989	0.982
陕西	0.987	0.966	1.006	0.96
甘肃	0.985	0.932	1.018	0.934
青海	0.987	1.015	1	1.002
宁夏	1.01	0.962	1.014	0.985
新疆	1.021	0.999	0.995	1.014
平均	1.002	0.971	0.999	0.972

从全要素生产率的分解各项来看：在所选取的31个省（区、市）中，除北京、上海、广东、江苏等8个省（区、市）的纯技术效率的变化率大于1外，其余各省（区、市）的纯技术效率的变化率均小于1。这表明我国绝大多数的省（区、市）的纯技术效率都存在着衰退。从表4-6还可以发现，在纯技术效率变化率大于1的8个省（区、市）中，就有4个省（区、市）相应的全要素生产率的变化率大于1，这说明了纯技术效率的衰退是导致全要素生产率衰退的主要原因。

在技术进步方面，在选取的31个省（区、市）中，有13个省（区、市）的技术进步增长率的变化率大于1，剩余的18个省（区、市）的技术进步的变化率均小于1。说明我国有一半以上的省（区、市）存在着技术退步。在规模效率方面，除北京、天津、河北等10个省（区、市）的规模效率变化率小于1，其余的各省（区、市）的规模效率变化率均大于1。这说明我国有2/3的省（区、市）的规模效率是进步的，但仍然无法改变由纯技术效率和技术进步的衰退导致的绝大多数的省（区、市）出现全要素增长率衰退的困境。

综上所述，从全国的角度来看，在2008～2012年期间，我国全要素生产率存在着整体衰退趋势,且衰退程度越来越严重。其分解项技术进步、纯技术效率、规模效率都出现衰退现象,其中纯技术效率的衰退最为严重。从省际角度来看,除几个经济发达省市(如北京、天津、上海、浙江等)的全要素生产率有改善的趋势外,其余各省(市)的全要素生产率的变化率均小于1。31个省(自治区、直辖市)中有近3/4的省(自治区、直辖市)面临着纯技术效率恶化的状况,而这近3/4的省(自治区、直辖市)中有超过一半的省(自治区、直辖市)还面临着技术退步的困境。

要改变全要素生产率的衰退现状,最重要的是要解决纯技术效率所处的严重衰退困境;而要促进全要素生产率的上升,则需要依赖于促进技术进步和规模效率的提高。

四、地方公共支出规模与结构对地区全要素生产率的影响

以上通过 DEA 模型利用决策单元可以控制的投入(劳动量和资本存量)和产出(GDP)测算出了中国31个省(自治区、直辖市)2008~2012年的全要素生产率以及技术进步、纯技术效率、规模效率的变化率。由于该测算过程中没有考虑其他一些决策单元不可控制的因素,而这些不可控因素(包括财政支出和公共投资等)的差异往往是造成决策单元全要素生产率差异的重要原因,为此,为了进一步研究不可控因素——财政支出、公共投资等因素如何影响全要素生产率,需要用进行第二步分析,即利用第一阶段 DEA 模型测算出的各决策单元的全要素生产率等的变化率对各种不可控因素进行回归。

(一)计量模型构建

借鉴巴罗(Barro,1990)等文献,我们把生产函数可以写作:

$$Y = A(G, X) L^{1-\alpha} K^{\alpha} \tag{4.27}$$

其中,L 为劳动量,K 为资本存量,A 为全要素生产率,G 为政府提供的公共服务,X 为其他影响全要素生产率的变量。从该式可以看出,作为决策单元不可控制的公共服务等因素会影响全要素生产率变动。

如前所述,官方统计的财政支出数据中基本没有包含政府的公共投资,为了全面考察地方政府活动对全要素生产率的影响,我们需要将地方财政支出和公共投资作为核心解释变量均引入计量经济方程。此外,结合现有经济增长相关文献的研究成果,我们还需要考虑决策单元的其他不可控因素:外商直接投资额、研发投入和进出口贸易总额。

考虑到解释变量对被解释变量的影响可能存在时间上的滞后,因此这里将采

用滞后一期的解释变量。

这样，关于全要素生产率及其分解技术进步、技术效率、规模效率的变化率的线性回归方程为：

$$TFP_{it} = \alpha_i + \alpha_1 pe_{i,t-1} + \alpha_2 pi_{i,t-1} + \alpha_3 fdi_{i,t-1} + \alpha_4 rd_{i,t-1} + \alpha_5 tra_{i,t-1} + \varepsilon_{it} \quad (4.28)$$

$$TC_{it} = \alpha_i + \alpha_1 pe_{i,t-1} + \alpha_2 pi_{i,t-1} + \alpha_3 fdi_{i,t-1} + \alpha_4 rd_{i,t-1} + \alpha_5 tra_{i,t-1} + \varepsilon_{it} \quad (4.29)$$

$$PE_{it} = \alpha_i + \alpha_1 pe_{i,t-1} + \alpha_2 pi_{i,t-1} + \alpha_3 fdi_{i,t-1} + \alpha_4 rd_{i,t-1} + \alpha_5 tra_{i,t-1} + \varepsilon_{it} \quad (4.30)$$

$$SE_{it} = \alpha_i + \alpha_1 pe_{i,t-1} + \alpha_2 pi_{i,t-1} + \alpha_3 fdi_{i,t-1} + \alpha_4 rd_{i,t-1} + \alpha_5 tra_{i,t-1} + \varepsilon_{it} \quad (4.31)$$

其中，TFP 代表全要素生产率变化；TC 代表技术进步变化；PE 代表纯技术效率变化；SE 代表规模效率变化；pe 代表各地区地方财政支出总量与当地 GDP 的占比；pi 为各地区经济基础设施投资（即公共投资）与 GDP 的占比；tra 代表各地区进出口贸易总额与 GDP 的占比；fdi 为各地区外商直接投资与 GDP 的占比；rd 代表各地区研发投入与 GDP 的占比；i 代表省份（自治区、直辖市）；t 代表年份。

进一步，为了考察财政支出内部各主要类型对全要素生产率及其分解技术进步、技术效率、规模效率的变化率的影响，我们构建回归方程如下：

$$TFP_{it} = \beta_i + \beta_1 pi_{i,t-1} + \beta_2 fdi_{i,t-1} + \beta_3 rd_{i,t-1} + \beta_4 tra_{i,t-1} + \beta_5 svi_{i,t-1} + \beta_6 scu_{i,t-1}$$
$$+ \beta_7 edu_{i,t-1} + \beta_8 sci_{i,t-1} + \beta_9 cul_{i,t-1} + \beta_{10} sse_{i,t-1} + \beta_{11} mh_{i,t-1} + \beta_{12} env_{i,t-1}$$
$$+ \beta_{13} urc_{i,t-1} + \beta_{14} af_{i,t-1} + \beta_{15} trs_{i,t-1} + \varepsilon_{it} \quad (4.32)$$

$$TC_{it} = \beta_i + \beta_1 pi_{i,t-1} + \beta_2 fdi_{i,t-1} + \beta_3 rd_{i,t-1} + \beta_4 tra_{i,t-1} + \beta_5 svi_{i,t-1} + \beta_6 scu_{i,t-1}$$
$$+ \beta_7 edu_{i,t-1} + \beta_8 sci_{i,t-1} + \beta_9 cul_{i,t-1} + \beta_{10} sse_{i,t-1} + \beta_{11} mh_{i,t-1} + \beta_{12} env_{i,t-1}$$
$$+ \beta_{13} urc_{i,t-1} + \beta_{14} af_{i,t-1} + \beta_{15} trs_{i,t-1} + \varepsilon_{it} \quad (4.33)$$

$$PE_{it} = \beta_i + \beta_1 pi_{i,t-1} + \beta_2 fdi_{i,t-1} + \beta_3 rd_{i,t-1} + \beta_4 tra_{i,t-1} + \beta_5 svi_{i,t-1} + \beta_6 scu_{i,t-1}$$
$$+ \beta_7 edu_{i,t-1} + \beta_8 sci_{i,t-1} + \beta_9 cul_{i,t-1} + \beta_{10} sse_{i,t-1} + \beta_{11} mh_{i,t-1} + \beta_{12} env_{i,t-1}$$
$$+ \beta_{13} urc_{i,t-1} + \beta_{14} af_{i,t-1} + \beta_{15} trs_{i,t-1} + \varepsilon_{it} \quad (4.34)$$

$$SE_{it} = \beta_i + \beta_1 pi_{i,t-1} + \beta_2 fdi_{i,t-1} + \beta_3 rd_{i,t-1} + \beta_4 tra_{i,t-1} + \beta_5 svi_{i,t-1} + \beta_6 scu_{i,t-1}$$
$$+ \beta_7 edu_{i,t-1} + \beta_8 sci_{i,t-1} + \beta_9 cul_{i,t-1} + \beta_{10} sse_{i,t-1} + \beta_{11} mh_{i,t-1} + \beta_{12} env_{i,t-1}$$
$$+ \beta_{13} urc_{i,t-1} + \beta_{14} af_{i,t-1} + \beta_{15} trs_{i,t-1} + \varepsilon_{it} \quad (4.35)$$

其中，svi 代表一般公共服务支出占 GDP 的值；scu 代表公共安全支出占 GDP 的比值；edu 代表教育支出与 GDP 的占比；sci 代表科学技术支出与 GDP 的占比；cul 代表文化体育与传媒支出与 GDP 的占比；sse 代表社会保障与就业支出与 GDP 的占比；mh 代表医疗卫生支出与 GDP 的占比；env 表示节能环保支出与 GDP 的占比；urc 表示城乡社区事务支出与 GDP 的占比；af 表示农林水事务支出与 GDP 的占比；trs 代表交通运输支出与 GDP 的占比。

（二）计量结果及分析

我们使用 2007~2012 年中国 31 个省（自治区、直辖市）的面板数据，对面板数据进行回归主要有固定效应模型和随机效应模型两种。我们根据豪斯曼（Hausman）检验来决定使用随机效应模型还是固定效应模型。

我们使用的软件是 STATA12.0，经过豪斯曼检验得出，用全要素生产率变化率、技术进步变化率、规模效率变化率分别对公共支出总量的回归应采用固定效应模型（FE），用纯技术效率变化率对公共支出总量的回归不能拒绝原假设，采用随机效应模型（RE）（结果如表 4-7 所示）。

表 4-7　　　　地方财政支出总量、公共投资与全要素
　　　　　　　　生产率变化及其分解项的关系

解释变量	被解释变量			
	TFP	TC	PE	SE
pe	-0.1486011 * (0.08112)	-0.1308724 *** (0.0378297)	0.0640439 (0.0555335)	-0.0649588 (0.0533261)
fdi	0.2876103 (0.4151764)	0.1100783 (0.1936143)	0.2257302 (0.2617824)	-0.1369204 (0.2729256)
rd	-2.710826 (2.261319)	-1.518218 (1.054548)	0.3641696 (0.5472938)	-3.289561 ** (1.486529)
tra	0.0321017 (0.0492331)	-0.021846 (0.0229595)	0.0402905 ** (0.0162306)	-0.0023585 (0.0323645)
pi	0.0168593 (0.0311442)	0.0097405 (0.0145239)	0.0000834 (0.0156056)	0.0147213 (0.0204734)
_cons	1.019434 *** (0.0408766)	1.053014 *** (0.0190625)	0.9343605 *** (0.0143861)	1.055975 *** (0.0268711)
R-sq	0.1002	0.1602	0.3583	0.0852
P 值	0.0262	0.0008	0.0069	0.0570
估计方法	固定效应	固定效应	随机效应	固定效应

注：括号里代表标准差，* 表示在 10% 的水平上显著，** 表示在 5% 的水平上显著，*** 表示在 1% 的水平上显著。

从表 4-7 可以看出，地方财政支出总量与 GDP 的占比对全要素生产率的变化率呈显著的负相关关系，也就是说增加财政支出总量的占比会显著地阻碍全要素生产率的提升，增加 1 单位的财政支出总量占比，会使全要素生产率的增长率下降 0.1486011 单位。地方财政支出规模反映了地方政府的活动范围以及政府对市场经济的干预程度，财政支出规模越大，说明政府的活动范围越广，政府对市场经济的干预力度越大，就更有可能出现政府的"越位"行为，从而阻碍了经济的有效率生产，降低全要素生产率。这也是财政支出总量占比与全要素生产率的变化率间成负相关关系的一个可能原因。因此，从地方财政支出规模对全要素生产率的变化率的影响上来看，我国需要降低地方财政支出规模，把更多的资源留给市场经济来配置。

从地方财政支出总量占比对全要素生产率的分解项的影响可以看出，财政支出总量占比对技术进步变化呈负相关关系，且在 1% 的水平上显著；而与纯技术效率变化呈正相关关系，与规模效率呈负相关关系，但都不显著。说明了地方财政支出总量占 GDP 比值对全要素生产率的变化率的显著负相关关系，主要是通过影响技术进步来体现的。

从表 4-7 还可以看出，各地区经济基础设施投资（公共投资）、外商直接投资、进出口贸易总额的占比对全要素生产率变化均呈现正相关关系，但都不显著。其中，经济基础设施投资占比与全要素生产率的各分解项之间也均呈正相关关系。这说明，各地的公共投资对全要素生产率增长还是产生了一定的正面效应，但不显著。

下面进一步考虑地方财政支出内部结构如何影响全要素生产率的变化。经过豪斯曼检验得出，用全要素生产率变化率、技术进步变化率、规模效率变化率、纯技术效率变化率分别对财政支出内部结构的回归均不能拒绝原假设，则全部采用随机效应模型（RE），结果如表 4-8 所示。

表 4-8　　　地方财政支出结构、公共投资与全要素生产率变化及其分解项的关系

解释变量	被解释变量			
	TFP	TC	PE	SE
fdi	0.31533 (0.2323688)	0.1005118 (0.1270352)	0.3916777 (0.2707516)	-0.1395406 (0.1600227)
rd	-0.1299352 (0.5575268)	0.4505681 (0.3253542)	-0.2971425 (0.6580494)	-0.3484645 (0.3979974)

续表

解释变量	被解释变量			
	TFP	TC	PE	SE
tra	0.0471694*** (0.0152234)	0.0164931* (0.0088899)	0.0297911* (0.0180097)	−0.0007523 (0.0108949)
pi	0.0002871 (0.0252497)	0.0257027* (0.0132994)	0.0061543 (0.0290021)	−0.0396848** (0.0169129)
svi	0.1803814 (0.4584994)	0.221849 (0.2300969)	−0.0566197 (0.5157561)	0.1752262 (0.295853)
scu	0.7836388 (0.7071257)	−0.8866366** (0.3479137)	1.090861 (0.7936184)	0.6589945 (0.4521259)
edu	1.710262*** (0.5702834)	0.1203224 (0.2830453)	0.4043711 (0.6415459)	1.076227*** (0.3666828)
sci	7.459433** (3.044016)	1.733091 (1.408583)	5.968966* (3.3407)	−0.04019 (1.862769)
cul	0.4439566 (0.3789405)	0.1395136 (0.180596)	0.3642071 (0.4179938)	−0.0879047 (0.2356088)
sse	0.487238 (0.4542991)	0.3287047 (0.2364709)	0.160759 (0.5185581)	−0.0218902 (0.301253)
mh	−2.739623** (1.180178)	−0.7348378 (0.5237935)	−0.0055006 (1.273111)	−2.113797*** (0.699893)
env	0.488003 (0.5975311)	0.3245067 (0.283977)	−0.2693255 (0.6604588)	0.2093044 (0.37179)
urc	−0.9034851* (0.5167981)	−0.3595068 (0.2438351)	−1.082067* (0.5714499)	0.4415803 (0.3207984)
af	−0.2708915 (0.6190794)	−0.2126967 (0.2932651)	−0.5728052 (0.6851758)	0.6840289* (0.3852433)
trs	−0.9524058** (0.4700228)	−0.2160186 (0.2163297)	0.2150076 (0.5135996)	−1.000803*** (0.2859523)
_cons	0.9030676*** (0.0174972)	0.9919772*** (0.0102878)	0.9282382*** (0.0207308)	0.9849903*** (0.0125669)
R−sq	0.5761	0.5321	0.3558	0.3032
P值	0.0000	0.0000	0.0132	0.0000
估计方法	随机效应	随机效应	随机效应	随机效应

注：括号里代表标准差，*表示在10%的水平上显著，**表示在5%的水平上显著，***表示在1%的水平上显著。

从表 4-8 可以看出，在地方财政支出内部各项支出类型中，教育和科学技术的支出占比对全要素生产率的变化率均呈显著的正相关关系，分别在 1% 和 5% 水平上显著。教育支出占比增加 1%，将促进全要素生产率的增长率提高 1.71%；提高同比例的科学技术支出占比，可以促进全要素生产率的变化率提高达 7.46%。这说明了提高教育和科学技术的投入占比将显著地促进全要素生产率的上升，且科学技术对全要素生产率变化的作用程度更大，但教育对全要生产率变化的作用更显著。

从全要素生产率的分解项来看，教育支出占比与技术进步、纯技术效率、规模效率的变化均呈正相关关系，且教育支出占比对规模效率的变化在 1% 的水平上显著，说明教育支出占比主要通过提高规模效率的变化来促进全要素生产率的变化。另外，科学技术支出占比与纯技术效率的变化显正相关关系，且在 10% 水平上显著；与规模效率的变化呈负相关关系，但不显著。从而，要促进全要素生产率增长，需要加大对教育和科学技术的投入力度。

地方财政支出中的一般公共服务、公共安全、文化体育与传媒、社会保障与就业、节能环保 5 个项目的支出占 GDP 比值对全要素生产率的变化率都呈正相关关系，但均不显著。从全要素生产率变化的分解项可以发现，影响全要素生产率变化的途径各不相同，其中，文化体育与传媒、社会保障与就业的支出占比主要是通过促进技术进步和纯技术效率来提高全要素生产率的增长；一般公共服务、节能环保的支出占比主要是通过影响技术进步和规模效率的变化来提高全要素生产率的增长；而公共安全的占比则主要是通过纯技术效率和规模效率来影响全要素生产率的变化率。

此外，公共支出中还有部分项目的支出占比对全要素生产率变化呈负相关关系，包括医疗卫生、城乡社区事务、交通运输以及农林水事务支出。其中，城乡社区事务的支出占比对全要素生产率变化的负相关关系在 10% 水平上显著，农林水事务的支出占比对全要素生产率变化的负相关关系不显著，而医疗卫生和交通运输的支出占比对全要素生产率变化的负相关关系均在 5% 水平上显著。从全要素生产率变化的分解项的回归结果发现，医疗卫生和交通运输的支出占比对技术进步、规模效率的变化均呈负相关关系，且对规模效率变化的负相关关系均在 1% 水平上显著。

最后，各地区经济基础设施投资、外商直接投资以及进出口贸易总额以及全国经济基础设施投资的占比均与全要素生产率的变化率呈正相关关系，这些结果与前面分析财政支出总量对全要素生产率变化的回归结果一致。

五、小结

从全要素生产率的测算和分析结果可知,我国普遍存在着全要素生产率衰退现象,且衰退程度有越来越严重的趋势。且无论是从全国角度,还是从省际角度来看,全要素生产率分解项中纯技术效率衰退最为严重,技术退步次之。

进一步,通过实证考察地方财政支出和公共投资等变量对全要素生产率及其分解项的变化率的影响,我们发现地方财政支出总量显著地阻碍了全要素生产率的增长,特别是在1%水平上显著地抑制了技术进步;在财政支出内部结构中,教育支出和科学技术支出分别在1%和5%水平上显著地促进了全要素生产率的增长;此外,我们还发现各地区经济基础设施投资与全要素生产率增长之间存在正相关关系,但不显著。据此,为提高全要生产率,促进经济发展由粗放型向集约型转变,我们提出以下几点建议。

(1)适当缩小地方财政支出相对规模(即降低地方财政支出总额与GDP的比值),留给市场更多市场可以配置的资源,这不仅将显著促进技术进步,还可以提高全要素生产率,提高经济增长的质量。

(2)在财政支出内部结构中,应该提高教育支出、科学技术支出水平;一般公共服务、公共安全、文化体育与传媒、社会保障和就业等方面的支出也要有相应的保证;适当减少目前交通运输、城乡社区事务和农林水事务等支出,对于公共医疗卫生支出,也应该适度降低,重点是要提高公共医疗卫生的管理水平,在医疗行业适当的引入竞争。

(3)尽管地区经济基础设施投资与全要素生产率之间存在正相关关系,但是从t值来看,基本都是不显著的。因此,我们认为,单纯通过扩大基础设施投资来推动全要素生产率增长效果不明显,而应该加强对公共项目的成本收益评估,重点是要提高地方公共投资的资金使用效率。

第六节　地方财政支出与居民消费:实证研究

一、引言

我国居民消费率(居民消费占国内生产总值的比重)从20世纪80年代的

50% 左右下降到 2013 年的 37%。在这高速增长的 30 多年，居民消费率却是持续下降的。

居民消费率的下降实际上是粗放型经济发展模式的一个重要特征。当政府在各项经济政策时，如果把经济增长本身作为目标，那么居民消费就会被忽视。而居民消费恰恰是与整体社会福利最为密切相关的变量，如果我们的目标是整体社会福利最大化，那么居民消费是不应被忽略的。中共十八大报告指出，"加快形成新的经济发展方式……使经济发展更多依靠内需特别是消费需求拉动"。

关于公共支出与居民消费的关系一直是国内外研究的热点。从国外已有研究看，贝利（Bailey，1971）最早提出政府消费与私人消费的相互关系，并在此基础上推导出二者存在一定的替代性；而巴罗（Barro，1981）在前者的基础上构建了一个宏观经济模型，也证明了政府消费在一定程度上挤出私人消费。科曼迪（Kormendi，1983）则利用永久性收入假说来构建私人消费函数，进一步发现公共支出和居民消费存在替代性。阿麦德（Ahmed，1986）通过模型得到的结论跟巴罗（Barro，1981）的观点一致。阿曼诺和维简托（Amano and Wirjanto，1996）等人的经验研究结果也都表明公共支出与私人消费之间存在一定的替代性。

国内也有大量学者利用中国数据进行了经验研究，得到了更为丰富的结论，大致可概括为以下几个方面：

（1）一些学者认为公共支出规模扩大能有效挤入居民消费，如胡书东（2002）、李广众（2005）、李永友和丛树海（2006）、刘东皇和沈坤荣（2010）。另一些学者则更偏向于挤出效应，如石柱鲜、刘俊生和吴泰岳（2005）认为，无论是短期还是长期来看，公共支出对居民消费都是挤出的，政府投资支出则是挤入的。

（2）公共支出不同结构对居民消费有不同的影响。姜洋和林霞（2009）、楚尔鸣和鲁旭（2007）认为：行政管理费用、社会基础建设支出会挤出居民消费，但一些旨在改善消费环境的民生工程支出项目如科教文卫、支农等公共支出对刺激居民消费的效果显著。

（3）公共支出对居民消费的影响因时间、空间而异。田青和高铁梅（2008）把 1985~2006 年这 20 年的时间段划分成几个经济发展区间，认为在政府实行紧缩性财政政策时，公共支出对居民消费产生挤出效应；与之相对的积极财政政策时期，公共支出对居民消费则是挤入效应，经济建设支出同样有利于居民消费，而行政管理费用则会挤出居民消费。洪涛和毛中根（2011）则考察了区域差异，认为在较为发达的沿海地区，公共支出的增加对居民消费产生挤出效应；而相对不太发达的地区，公共支出则会挤出居民消费。

综上所述，已有研究并没有得出确定的结论。一方面是由于对公共支出结构的分类不一导致所用的数据不一致,另一方面则是构建的模型及运用的估计方法不同。如胡书东(2002)运用时间序列数据求解;李永友和丛树海(2006)则采用哈宁(Hanen,1982)的广义矩估计法;楚尔鸣和鲁旭(2007)则构造了一个关于公共支出与居民消费的跨期模型,并对1998~2005年的省级数据进行动态面板数据分析。

本节将综合已有文献,运用2007~2012年我国31省的面板数据建立计量模型,系统考察各地区地方财政支出总量及其结构与居民消费的关系,以得到更为明确的财政支出与居民消费的实证关系,为制定有助于促进居民消费的财政支出政策的提供一个参考。之所以采用2007年以后的数据,是因为自2007年以来,我国财政支出结构的统计口径发生了较大的变化,考虑数据的前后一致,因此在时间跨度的选取上只用了2007~2012年。

本节以下内容安排如下:首先,构建一个关于公共支出与居民消费的简单理论模型,在此基础上形成计量经济模型;其次,重点考察地方财政支出规模和支出结构对居民消费的影响;最后,根据实证研究结果,提出相关政策建议。

二、公共支出与居民消费:理论模型

我们假定代表性居民的跨期效用函数为:

$$\sum_{t=1}^{\infty} \beta^t U(C_t, G_t) = \sum_{t=1}^{\infty} \beta^t \frac{(C_t G_t^h)^{1-\delta}}{1-\delta} \tag{4.36}$$

其中 β 为贴现因子,C_t 表示居民个人消费支出,G_t 为公共支出总量,h 表示个人消费支出与公共支出的关系系数,$\delta > 0$。在任意两个时点 t 和 t+1 之间消费的替代弹性不变,为 $\frac{1}{\delta}$,且消费的边际效用弹性为常数 $-\delta$。

代表性居民面临的预算约束为:

$$K_{t+1} = (1+r_t)K_t - C_t - G_t \tag{4.37}$$

给定公共支出路径 G_t 和资本报酬率路径 r_t,代表性居民在预算约束(4.37)下最大化跨期效用(4.36)。则拉格朗日函数为:

$$L = \sum_{t=1}^{\infty} \beta^t U(C_t, G_t^h) + \varphi_t [K_t(1+r_t) - C_t - G_t - K_{t+1}] \tag{4.38}$$

则一阶条件为:

$$\frac{\partial L}{\partial C_t} = \beta^t \frac{\partial U}{\partial C_t} - \varphi_t = 0 \tag{4.39}$$

$$\frac{\partial L}{\partial K_t} = \varphi_t(1+r_t) - \varphi_{t-1} = 0 \Rightarrow \varphi_t(1+r_t) = \varphi_{t-1} \tag{4.40}$$

把 (4.39) 式代入 (4.40) 式得：

$$\beta \frac{\partial U}{\partial C_{t+1}}(1 + r_{t+1}) = \frac{\partial U}{\partial C_t} \qquad (4.41)$$

进一步，根据即期效用函数的形式，我们可以得到：

$$\beta C_{t+1}^{-\delta} G_{t+1}^{h(1-\delta)}(1 + r_t) = C_t^{-\delta} G_t^{h(1-\delta)} \qquad (4.42)$$

对上式两边取对数，再整理可得：

$$\ln C_{t+1} - \ln C_t = \frac{h(1-\delta)}{\delta}(\ln G_{t+1} - \ln G_t) + \frac{\ln \beta (1+r_t)}{\delta} \qquad (4.43)$$

在 (4.43) 式中，若 $\frac{h(1-\delta)}{\delta} > 0$，意味着公共支出的增加将导致私人消费的增加，公共支出对居民消费有挤入效应；若 $\frac{h(1-\delta)}{\delta} < 0$，意味着公共支出的增加将导致私人消费的减少，公共支出对居民消费有挤出效应；若 $\frac{h(1-\delta)}{\delta} = 0$，则意味着公共支出不影响居民消费。把上式写成计量模型的形式：

$$\Delta \ln C_t = \gamma_0 + \gamma_1 \Delta \ln G_t + \mu_t \qquad (4.44)$$

(4.44) 式给出了一个基本的计量经济方程。

三、地方财政支出规模与结构对居民消费的影响

（一）计量经济模型与数据来源

由于理论模型是高度抽象的，在进行实证分析时，若遗漏其他重要的解释变量，可能会导致估计的结果有偏。结合实际情况，我们知道，人均收入状况与消费支出密切相关。此外，公共支出是一个抽象概念，包含公共消费和公共投资。而在统计上，我们知道财政支出是基本不含公共投资的，而公共投资也会对居民消费产生影响。我们用经济基础设施投资代理公共投资。

这样，我们将地方财政支出规模与公共投资对居民消费影响的计量模型设定如下：

$$\ln c_{it} = \alpha_i + \alpha_1 \ln agdp_{it} + \alpha_2 \ln pi_{it} + \alpha_3 \ln pe_{it} + \varepsilon_{it} \qquad (4.45)$$

其中，c_{it} 表示各地区居民人均消费水平；$agdp_{it}$ 表示各地区的人均地区生产总值；pi_{it} 表示各地区经济基础设施投资；pe_{it} 表示各地区财政支出。

进一步，还要考虑地方财政支出结构对居民消费的影响。我们采用的是2007年的分类标准，将财政支出分为一般公共服务、外交、国防、公共安全、教育、科学技术、文化体育与传媒、社会保障和就业、医疗卫生、环境保护、城乡社区

事务、农林水事务、交通运输及其他支出。其中外交、国防基本属于中央支出，且从经济直觉可知与居民消费关系不大，故不在模型变量选取的范围内。此外，农林水事务支出在初步计量的过程中也被剔除。

这样，关于地方财政支出结构与居民消费之间的计量模型设定如下：

$$\ln c_{it} = \beta_i + \beta_1 \ln agdp_{it} + \beta_2 \ln pi_{it} + \beta_3 \ln svi_{it} + \beta_4 \ln scu_{it} + \beta_5 \ln edu_{it} + \beta_6 \ln sci_{it} + \beta_7 \ln cul_{it} + \beta_8 \ln sse_{it} + \beta_9 \ln mh_{it} + \beta_{10} \ln urc_{it} + \beta_{11} \ln trs_{it} + \beta_{12} \ln env_{it} + \varepsilon_{it}$$

(4.46)

其中，svi_{it}表示一般公共服务；scu_{it}表示公共安全；edu_{it}表示教育支出；sci_{it}表示科学技术；cul_{it}表示文化体育与传媒；sse_{it}表示社会保障和就业；mh_{it}表示医疗卫生；urc_{it}表示城乡社区事务；trs_{it}表示交通运输；env_{it}表示节能环保。

我们使用2007~2012年全国31个省级行政区的省际面板数据进行回归，分别估计了固定效应和随机效应的结果，并通过Hausman检验选择哪种效应的结果更合理。采用的计量软件为STATA。所有原始数据均来自历年《中国统计年鉴》且都换算成以2007年为基期的实际数据，剔除了价格因素的影响，使结果更加可靠。

（二）计量结果及分析

我们首先对方程（4.45）进行回归。回归结果由表4-9给出。

表4-9　　　地方财政支出总量、公共投资与居民消费的关系

解释变量	被解释变量：lnc	
	固定效应	随机效应
lnagdp	0.8976095 *** (0.0845361)	0.850507 *** (0.0509133)
lnpe	0.1183648 ** (0.0502847)	0.1451559 *** (0.0317793)
lnpi	-0.038281 *** (0.0138057)	-0.0415531 *** (0.0135116)
_cons	-0.6010081 (0.4917568)	-0.2994508 (0.3096253)
R-sq（within）	0.9561	0.9560
R-sq（overall）	0.8829	0.8832

注：括号里代表标准差，** 表示在5%的水平上显著，*** 表示在1%的水平上显著。

豪斯曼检验支持随机效应。就回归结果来看，随机效应模型其组内 R 方小于固定效应，但整体 R 方高于固定效应，说明回归方程整体显著。从各解释变量来看：

人均 GDP 与居民消费水平有显著的正相关。人均 GDP 的高低反映了各省的收入水平，说明收入水平的提高会刺激居民消费。具体来说，人均 GDP 每提高 1%，居民消费会增加 0.85%。这很符合经济学原理和生活常识，随着收入提高，支出也相应增长。

地方财政支出对居民消费也存在显著的挤入效应。具体来说，财政支出每增长 1%，居民消费就会增加 0.15%。这与我国一些学者取得的结论类似。其中的原因可能是：我国现阶段社会经济发展层次还比较低，经济增长速度很快，但居民生活水平并没有同步提高，很多私人消费需要一定的公共产品和服务相配套，如农村基础设施的构建、稳定的社会治安及健全的法律制度等。这就要求政府提供更多更好的公共产品和服务，刺激居民的消费需求，扩大内需，转变经济发展方式。

公共投资（以经济基础设施投资作为代理变量）对居民消费存在非常显著的挤出效应。具体来说，经济基础设施投资每增长 1%，居民消费就会减少 0.04%。经济基础设施是指永久性工程构筑、设备、设施和他们所提供的为居民所用和用于经济生产的服务，包括公共设施、公共工程和其他交通部门。一般来说，当一个地区的基础设施比较落后时，那么增加基础设施投资能为居民提供更多消费的可能和便利，会刺激居民消费；但如果基础设施建设已达到一个比较高的水平，那么公共投资对居民消费就会产生挤出效应。我国自改革开放以来，对基础设施的投资保持高速增长，其平均增长速度远远超过 GDP 的增长速度，这也从侧面反映出我国的经济增长主要由投资拉动。

下面我们进一步考察财政支出结构对居民消费的影响，即估计（4.46）式的系数。回归结果如表 4-10 所示。

表 4-10　地方财政支出结构、公共投资与居民消费的关系

解释变量	被解释变量：lnc	
	模型 1：固定效应	模型 2：固定效应
lnagdp	0.849021*** (0.0773261)	0.826797*** (0.0666218)
lnpi	-0.0214957 (0.0141457)	-0.0208537 (0.0137379)

续表

解释变量	被解释变量：lnc	
	模型 1：固定效应	模型 2：固定效应
lnsvi	-0.0026739 (0.0477763)	—
lnscu	-0.0126191 (0.0370309)	—
lnedu	0.0363144 ** (0.0175751)	0.0412365 *** (0.0142425)
lnsci	0.0710878 *** (0.0228039)	0.0644783 *** (0.0195979)
lncul	0.0375959 * (0.0214405)	0.0320707 * (0.0166602)
lnsse	0.039705 (0.027599)	0.0289047 (0.0219434)
lnmh	-0.0373721 * (0.022285)	-0.034879 * (0.0209868)
lnurc	-0.0120697 (0.0185303)	—
lntrs	0.0242803 ** (0.0115644)	0.0248371 ** (0.0100127)
lnenv	-0.0012686 (0.0132206)	—
_cons	0.0778098 (0.5541751)	0.2191948 (0.5047914)
R - sq	0.9641	0.9640

注：括号里代表标准差，* 表示在 10% 的水平上显著，** 表示在 5% 的水平上显著，*** 表示在 1% 的水平上显著。

先来看模型 1。根据豪斯曼检验的结果，我们选择了固定效应的回归结果。结果显示，一般公共服务、公共安全、节能环保、城乡社区事务的系数为负，说明这些方面的地方财政支出挤出了居民消费。

一般公共服务指政府提供基本公共管理与服务的支出，包括人大事务、政府办公厅（室）及相关机构事务、发展与改革事务、财政事务、税收事务、审计事务、海关事务等，在很大程度上相当于政府的行政管理支出。政府提供公共服务本应促进居民消费，然而近年来公共部门机构过于庞大，行政经费膨胀，办事效率的低下的问题确实是社会公认的事实，反而对居民消费起到抑制作用。因此，需要控制政府行政管理类的支出，加快政府职能的转变和提高办事效率。T检验结果不显著，说明一般公共服务对居民消费起的副作用并不大。

公共安全指政府维护社会公共安全方面的支出，包括武装警察、公安、国家安全、检察、法院、司法行政、监狱、劳教、国家保密、缉私警察等。公共安全的系数为负即公共安全支出增加，居民消费会减少，说明政府过多将资金用于维持社会稳定，挤出了私人消费。但公共安全没有通过T检验，说明公共安全与居民消费之间的负相关关系在统计上并不显著。

节能环保支出对居民消费有着负向影响，但也不显著。一般意义上的环境保护支出包括环境保护管理事务支出、环境监测与监察支出、污染治理支出、自然生态保护支出、天然林保护工程支出、退耕还林支出、风沙荒漠治理支出、退牧还草支出、已垦草原退耕还草、能源节约利用、污染减排、可再生能源和资源综合利用等支出。政府对于环境方面增大了支出，在社会资源有限的前提下，减少了居民消费。

城乡社区支出对居民消费有着负向影响，但是也不显著。这里，城乡社区事务支出包括城乡社区管理事务支出、城乡社区规划与管理支出、城乡社区公共设施支出、城乡社区住宅支出、城乡社区环境卫生支出、建设市场管理与监督支出等。从上述项目中不难发现，城乡社区支出与城镇和农村都有关联，其具体支出项目对城镇居民及农村居民消费的影响可能不同，导致综合的结果并不显著。

以上四类财政支出的T检验结果都不显著，而好的经济模型应该尽可能简洁，但同时又能很好地描述复杂的经济现实。因此根据"赤池信息准则"（简记为AIC），我们在模型2中剔除了以上四项，对地方财政支出结构和居民消费进行重新回归。根据豪斯曼检验的结果，我们同样选择了固定效应。模型2的回归结果显示：

教育、科学技术、文化教育与传媒对居民消费都有显著挤入效应（其中，教育和科学技术在1%的水平上显著，文化支出在10%的水平上显著）。这三项支出每提高1%，分别会使居民消费增加约0.04%、0.06%、0.03%，这意味着，为了促进居民消费，我国应继续加大这几方面的财政支出。这里的教育包括学前教育、初等教育、中等教育、高等教育、广播电视教育、留学生教育、特殊教育、干部继续教育、教育机关服务等。科学技术包括基础研究、应用研究、技术研究与开发、科技条件与服务、社会科学、科学技术普及、科技交流与合作等。文化教育与传媒是指政府在文化、文物、体育、广播影视、新闻出版等方面的支出。改革开放以来,尤其是实施科教兴国战略以来,政府对教育科学文化事业越来越重视,财政的投入力度也逐渐加强,从经济意义上说,对教育、科学和文化方面的投资确实会带动居民消费。其主要原因:一是政府增加教育投入即可以减少私人在教育方面的支出,又可以增加居民对未来收入的信心,把更多收入用于现期消费;而是科学技术的投入带动了技术进步,进而提高了居民的消费便利程度和消费能力,网购、支付宝等的出现就是很好的例子;增加文化传媒方面的支出可以影响居民的消费观念和消费习惯,产生网络效应,从而带动更多的居民消费。

医疗卫生支出则对居民消费有较为显著的挤出效应。其相关系数为-0.034879,说明医疗卫生支出每增加1个百分点,就会相应减少居民消费约0.03个百分点。医疗卫生支出主要是指有关医疗卫生的相应支出项目,具体包括对医疗卫生的事务管理支出、医疗服务支出、医疗保障支出、疾病预防控制支出、卫生监督支出、妇幼保健支出、农村卫生支出等。医疗卫生支出挤出居民消费的原因是公共医疗支出对私人医疗支出的替代。我们知道,一个家庭私人的医疗支出往往很大,而随着城镇、农村医保制度的完善,家庭的医疗消费支出可以减少很多,在收入基本稳定的情况下,其他非医疗消费支出将会增加。但其他消费增加幅度没有医疗支出减少的幅度大,因此整体而言,居民的消费还是减少了。

交通运输对居民消费有挤入作用。具体来说,在5%的显著水平上,交通运输每增加1个百分点,就会相应增加居民消费约0.02个百分点。交通运输指的是政府交通运输和邮政业方面的支出,包括公路运输支出、水路运输支出、铁路运输支出、民用航空运输支出、邮政业支出等。一方面,是否有方便快捷的交通运输会直接影响居民的消费,如高铁的建设缩短了空间距离,带动居民旅游消费的增加;邮政快递服务方便了人们的生活,影响人们的消费习惯;另一方面,政府交通运输会带动就业,从而增加居民收入,提高消费水平。

除此之外,从估计结果可以看到,社会保障和就业促进了居民消费,但并不显著。政府在社会保障与就业方面的支出,包括社会保障和就业管理事务、民政管理事务、财政对社会保险基金的补助、补充全国社会保障基金、行政事业单位离退休、企业改革补助、就业补助、抚恤、退役安置、社会福利、残疾人事业、城市居民最低生活保障、其他城镇社会救济、农村社会救济、自然灾害生活救助、红十字事务等。一般而言,一套完整的社保制度保障了居民未来的生活,若对未来预期看好,将会减少预防性储蓄,增加当前消费。社保支出的结果并不显著的原因可能是:一方面,当前我国社会保障体系还未完善有关,如社会保险费由公共财政、企业及个人共同承担,其很大程度上还是需要居民自己支出,因而对消费并没有很强的刺激作用;另一方面,还有相当数量的城乡居民,尤其是农村居民,对社会保障制度还不了解,观念里还是认为储蓄比较安全,也导致消费并没有显著增加。

四、小结

总体而言，地方财政支出规模的扩大有利于居民消费水平的提高，而公共投资则对居民消费有挤出效应。从财政支出内部结构来看，教育、科学技术、文化事业、交通运输支出有利于刺激居民消费；而医疗卫生支出则挤出了居民消费。据此，为了促进居民消费，我们的相关政策建议如下。

（1）我们不建议通过扩大地方财政支出的规模来提高居民消费，而应该通过优化地方财政支出结构来促进居民消费。具体而言，应该扩大教育、科技、文化事业和交通运输支出在地方财政支出中的比重。

（2）社会保障和就业支出的效果尽管不显著，但正如我们在前文所分析的，从理论上，社保支出应有助于促进居民消费。因此，我们建议进一步加强社会保障制度建设，提高社保资金使用效率。

（3）鉴于公共投资（经济基础设施投资）对居民消费产生了挤出效应，我们认为应该适度压缩公共投资规模。

第七节 改革地方财政支出体制，促进经济发展模式转型：一些建议

本章围绕着地方财政支出体制与政策实践和经济发展方式的关系，从理论和经验两个层面展开了深入讨论。

我们认为，现行的财政支出体制与政策安排是导致粗放型发展模式的重要因素。其中最核心的原因是财政支出政策的制定始终是以维持短期的经济稳定为目标（保增长），而非以促进长期社会福利最大化为目标。在这样的政策目标下，地方财政支出的政策安排自然是粗放式的。而现行的不合理财政支出分权模式则又进一步加强了地方政府的粗放式行为，进而导致整个经济的粗放式发展。因此，为了促进经济发展模式转型，我们认为地方财政支出体制和政策安排应在以下方面进行改革。

（1）彻底调整政策目标体系，从以维持经济稳定（保增长）的短期化目标转向以促进跨期社会福利增长的长期化目标。特别是对于地方政府而言，宏观经济调控从来都不应该成为地方政府的经济职能，地方政府应致力提供良好的公共

服务，改善市场环境，促进居民效用水平，提升社会经济的长期供给能力。

（2）彻底改变对地方政府官员的考核机制。要真正改变以往长期推行的单纯GDP考核机制，建立多元化的考核体系，把提升居民消费水平、促进企业生产效率、资源环境保护等指标纳入考核体系。

（3）改变财政支出的分权模式。现行的中央和地方政府在支出责任的划分上是相当模糊的。事实上，除外交、国防属于中央事权外，各级政府在其他领域基本没有形成明确的分工，中央和地方的事权和支出责任存在严重同构。因此，必须进一步合理化中央和地方的支出责任，在资源配置方面全国性事务归中央，地方性事务归地方，同时要明确收入分配和经济稳定职能必须由中央政府主导。

（4）改变财政支出预算的基数法。现行支出预算在制定时往往以上一年为基数，递增一定比例，这使得财政支出规模不断膨胀，难以得到真正控制。因此，需要改变这种基数法的预算制定模式，转向零基预算。

（5）尽管实证研究表明地方财政支出规模对全要素生产率的作用为负，而对居民消费的作用为正，但进一步对财政支出的结构研究表明，不是所有支出类型都不利于全要素生产率增长，也不是所有支出类型都有利于居民消费增长。实际上，我们的计量经济分析发现，教育、科技、文化事业以及社会保障和就业支出都不仅有助于促进全要素生产率，也有助于挤入居民消费，如表4-11所示。

表4-11　　　　有利于促进全要素生产率和挤入居民消费的财政支出类型

解释变量（支出类型）	被解释变量	
	全要素生产率增长	居民消费
教育支出	显著（+）	显著（+）
科学技术支出	显著（+）	显著（+）
文化体育与传媒支出	不显著（+）	显著（+）
社会保障与就业支出	不显著（+）	不显著（+）

因此，从转变发展方式，促进全要素生产率和居民消费增长的目标出发，我们建议：适度压缩地方财政支出规模，大力调整地方财政支出结构，增加教育、科技、文化和社保支出在地方财政支出中的比重。

（6）尽管公共投资（经济基础设施投资）对全要素生产率有正的影响，但并不显著；同时却对居民消费产生了显著的挤出效应。因此，我们的建议是：适度压缩公共投资规模，至少应该控制公共投资的快速增长，同时要加强对公共投资项目的事前成本收益分析和事后绩效评估，致力于提高公共投资资金的使用效率。

第五章

转移支付与地方政府治理行为*

中国转变经济发展方式关键在于转变政府行为,因为中国是一个政府主导型社会经济治理模式,无论是经济增长粗放,还是社会发展滞后,都与政府,尤其是地方政府行为有关。其中,在经济方面,政府扩张性财政投入偏向和粗放式竞争行为是产生低质量增长的重要原因。在社会方面,社会性公共品供给严重短缺是政府有偏配置公共资源的结果。那么,在中国,地方政府为何会选择粗放式投入和竞争行为,为何在社会性公共品供给方面激励不足,一个重要原因就是,中国财政体制中转移支付没有发挥应有的激励作用。本章将从转移支付角度研究,作为财政体制中矫正分权不对称的重要机制——转移支付,对地方政府粗放式竞争和社会性公共品供给行为的影响。本章结构安排如下。

第一节主要研究转移支付对地方政府粗放竞争行为的影响,试图考察转移支付是否发挥协调政府间粗放竞争行为的作用。具体说,第一节首先在提出问题基础上建立转移支付与地方政府间财政竞争关系的理论框架,其次基于中国县级截面数据,利用空间系统估计方法,量化转移支付对地方政府间税收竞争与支出竞争的影响,最后对实证结果做扩展分析。本节研究发现,在控制了区位、经济水平等因素影响后,作为分权体制重要制度安排,中国转移支付的融资和分配机制显著强化了相邻县税收竞争,同时也促进了相邻县社会性支出竞争,后者在一定程度上改善了财政资源配置效率,提高了县域社会性公共品供给水平。转移支付对相邻县财政竞争的强化效应,不仅是直接的,而且也通过

---

* 该章部分内容已在《中国社会科学》2015 年第 10 期发表。

影响县级政府财政反应函数斜率间接发挥作用。作为中国转移支付重要组成部分，虽然一般性转移支付对相邻县税收竞争有显著弱化作用，但因其所占比重较低，所以无法发挥协调相邻县财政竞争作用。研究认为，要想让转移支付成为地方政府治理有效机制，中国需要改革转移支付制度，以重构政府间竞争激励结构。

第二节主要研究转移支付对地方政府社会性公共品供给行为影响，试图考察转移支付是否是扭曲地方政府财政资源配置行为的体制因素。具体来说，第二节首先在提出问题基础上建立地方政府目标函数，通过理论分析提出地方政府公共品供给行为与转移支付关系的三个理论命题，其次利用省级面板数据和空间计量方法对三个命题进行检验，最后对实证结果进行分析。本节研究发现，地方政府社会责任不足与中国分权体制下不对称分权结果有关，但作为大国分权治理重要机制的转移支付，却未能对地方政府社会责任不足发挥矫正作用。具有普遍缴付义务的转移支付融资方式不仅对地方政府社会责任产生直接负面影响，还通过弱化标杆竞争约束效应对地方政府社会责任产生间接影响。尽管具有普遍收益特征的转移支付分配机制，提高了地方政府社会性公共品供给能力，但由于方式缺乏激励，导致大规模转移支付没能解决地方政府社会责任缺失问题。转移支付上述效应没有因财政收入分配关系地区差异而有所不同。

第三节针对环境这个重要的社会性公共品，研究生态转移支付对地方政府生态保护行为的影响。之所以选择环境和生态转移支付，主要源于两个考虑。一是环境问题是中国社会近年来最为关注的问题，激励下级政府环境公共品的供给自党的十七大之后备受上级政府重视，并因此建立了一系列制度。二是生态转移支付具有明确针对性，对其激励效应进行识别相对较为容易。具体来说，第三节首先介绍中国各地实施的生态转移支付制度，其次建立生态转移支付与环境保护行为之间关系研究的理论框架，再次对6省54个城市的生态转移支付与环境公共品关系做定量分析，最后以浙江省为案例分析生态转移支付对地方政府环境保护绩效的影响。本节研究发现，"奖励型"和"惩罚型"两种激励方式产生不同的制度效果，前者有助于提升环境投入，后者有助于强化环境规制。此外，采取直接筹资和一般性拨款对激励效果也具有促进作用。研究还发现，地区间恶性环境竞争、高污染行业比重过大、地方财政能力不足会削弱制度效果的产生，其负面效应甚至可能超过生态转移支付的正面作用。这说明，现行体制基础限制了生态转移支付激励作用的发挥。因此，目标协调和制度设计是提高激励效果的关键。具体来说，目标协调应以扩大地方政府生态服务职能、弱化"牺牲环境换取增长"的动机为先导，制度设计应以提高地方政府治理意愿和治理能力为根本。

第一节 转移支付与相邻县财政竞争策略

一、引言

如何更好发挥地方政府作用,是中国地方政府治理核心命题。为调动地方政府积极性,中国不仅实施了财政分权体制,而且通过相对绩效考核机制在地方政府间引入竞争。中国改革开放以来的经验证实,分权体制和竞争机制对经济奇迹创造发挥了积极作用。然而,由于不对称财政分权体制缺乏有效制度安排,竞争机制却在中国其他一系列制度共同作用下,也造成了扭曲的政府行为、粗放的增长方式以及失衡的发展结果。例如钱学锋等(2012)研究发现,地区间粗放税收竞争导致资源错配,破坏市场竞争规则。傅勇和张晏(2007)、尹恒和朱虹(2011)等研究指出,为在资本竞争上获得相对优势,地方政府在收入约束下策略性配置公共资源,并主导经济增长。陶然等(2009)研究认为,地方政府通过提供低价土地、放松环境标准的竞次性发展模式不具备经济社会发展和环境可持续性。柳庆刚和姚洋(2012)研究认为,地方政府竞争策略是中国形成以高储蓄低消费为特点的经济失衡原因。

如何在财政分权体制框架内通过机制设计矫正地方政府间无序粗放竞争行为,提高竞争效率?回答这一问题,不仅需要充分认识政府间竞争两面性,更要知道形成地方政府粗放低效竞争的激励结构。温格斯特(Wengast,2009)认为,政府间竞争并不必然产生蒂伯特(Tiebout,1956)效率,关键依赖于分权体制下地方政府面临的财政激励,后者可以通过一个非线性转移支付机制予以实现。在中国,1994年分税体制改革不仅重构了地方政府激励结构,而且也通过转移支付机制提高了中央政府对地方政府影响能力。从中国政府间财政分配关系看,政府间转移支付已成为地方政府财政支出重要融资途径,2013年地方财政支出对中央转移支付依存度平均达40.28%。如此大规模转移支付对政府间财政竞争策略产生怎样影响,相关研究还非常有限。已有文献对中国大规模转移支付激励效应研究更多集中于如下两个方面。一是转移支付对地方政府财政收支行为影响。例如乔宝云等(2006)研究转移支付对地方政府财政努力程度影响。袁飞等(2008)研究转移支付与地方财政道德风险及其供养人口膨胀关系。付文林和沈坤荣(2012)研究转移支付对地方政府文教卫等支出影响。二是转移支付制度效率，例如范子英和张军（2010a，2010b）研究中国分权体制下转移支付与市场整合关系，以及转移支付如何在公平中牺牲效率。但上述两方面文献都没有讨论中国特殊的转移支付制度对地方政府财政竞争策略影响。

虽然标准财政竞争理论研究指出，转移支付能有效抑制政府间恶性竞争行为，改善竞争效率，但已有证据都来自于德国、澳大利亚、加拿大以及美国等经济体。在中国集权政治分权治理框架下，转移支付如何影响地方政府竞争策略？本书将在已有文献基础上，结合中国分权体制和制度特征，基于中国竞争最激烈县市政府收支策略，对转移支付与地方政府间财政竞争关系进行研究。与本书研究最为接近的国内文献是贾俊雪等（2010），但该文只是讨论转移支付分配对地方政府支出竞争行为的影响。尽管文章通过构造转移支付空间权重矩阵，并利用哑变量矩阵区分出转移支付高低差异，但估计结果只能反映出转移支付相近程度对地区之间支出竞争关系影响，并不能说明转移支付本身对地区间支出竞争行为的影响。和本书研究接近的国外文献有巴特那（Buttner，1999）、黑德瑞斯等（Hindriks et al.，2008）以及豪皮米尔等（Hauptmeier et al.，2012）。其中巴特那研究地方政府如何通过选择资本所得税率和支出结构最大化目标函数，但文献在解释不对称地区间税率差异时，并没有讨论转移支付影响。黑德瑞斯等建立一个异质地区间两阶段博弈模型，该模型重要特征是课税决策与公共投入决策有交互关系，但这种交互关系只是单向的，并且两者交互影响源于竞争双方减少税收竞争压力动机，而对转移支付影响竞争策略分析主要立足于财政收入边际保留率变化。此外，这篇文献只是理论探讨，并没有给出转移支付影响竞争策略经验证据。豪皮米尔等基本沿用黑德瑞斯等分析框架，不同的是，前者在效用函数设置上引入了公共投资拥挤效应，并将后者两阶段博弈改为同期决策。在此基础上，第一个实证分析课税和公共投资联合内生决定的地方政府竞争策略。但这篇文献并没有讨论转移支付融资和再分配效应对竞争策略影响机制，尽管实证部分引入转移支付，也仅作为控制变量。和上述文献比较，本书贡献表现在三个方面：第一，基于中国特殊转移支付制度，识别转移支付贡献率与收益率对地方政府竞争策略影响及其差异；第二，通过建立联立方程系统，实证揭示中国地方政府在预算平衡约束下，课税策略和支出结构选择策略互动关系；第三，在实证分析中，引入转移支付制度变量与地方政府财政竞争策略变量交互项，探究转移支付影响地方政府竞争策略机制。

二、文献基础

转移支付除了早期研究指出的可以通过均等化地区间财政差异改善资源配置

效率，是否也能通过矫正政府间财政竞争策略提高效率？斯玛特和博德（Smart and Bird，1996）、斯玛特（Smart，1998）研究给出了肯定回答。他们发现，税基均等化能够激励地方政府提高税率抑制税基，从而一定程度上矫正地方政府竞争到底课税策略。接着，简巴和皮特斯（Janeba and Peters，2000）对税收收入均等化效率机制分析同样发现，转移支付可部分内部化资本课税竞争外部性。在他们基础上，克森伯格（Kothenburger，2002）对转移支付与税收竞争关系做了更全面分析。通过内生化转移支付与地方政府课税决策，不仅比较不同均等化机制激励效应，而且还将分析扩展到开放经济和劳动禀赋差异。研究指出，税基均等化激励效应的早期发现，即使在一个大的开放经济中也不会受到强烈影响，但税收收入均等化因对地方税收隐含征税，至少在理论上不会激励地方政府改变低税竞争策略。

然而，尽管克森伯格（2002）考虑到地区劳动力禀赋差异，但并没有在更一般情况下分析转移支付与地方政府竞争策略关系。所以在其基础上，博卡斯克和斯玛特（Bucovetsky and Smart，2006）基于地方资本税竞争理论，研究均等化拨款对纳什均衡税率影响，发现均等化拨款能够激励地方政府做出有效率策略选择，和其他矫正机制相比，均等化拨款激励效应最稳健，因为它不受地方财政能力、公众支出偏好以及人口规模等地区特征变量影响。但研究同时也发现，如果资本供给有弹性，均等化拨款机制会导致过分课税。不过芮欧（Riou，2006）、克叟吉尼斯（Kotsogiannis，2010）等认为，前述研究还是忽略了联邦政府角色，所以不能完全描述政府间策略性交互作用。据此，芮欧（2006）使用经济地理模型，基于规模报酬不变假定，研究等级政府制度下带有明确再分配性质的转移支付与税收竞争关系，发现转移支付会降低地方政府课税压力。克叟吉尼斯（2010）通过扩展标准资本税竞争模型，研究纵向和横向策略交互作用下均等化机制激励效应，指出均等化激励效应会受到资本供给和需求弹性，以及垂直外部性规模影响。

可能是税收竞争较易识别，大部分文献主要研究转移支付对地方政府间税收竞争策略影响。但克森伯格（2011）指出，早先文献广泛认为地方政府只会最优化课税策略，并不能准确刻画分权体制下地方政府财政竞争行为。通过内生化最优工具选择，研究发现地方政府也会最优化支出竞争策略。豪皮米尔等研究也认为，对地方政府如何为流动性资本而竞争的全面分析，应该基于企业税率和基础设施投资两个政策工具联合决定，因为地方政府税收和公共投入都会影响投资者选择。当地方政府也可使用支出工具参与竞争时，转移支付激励效应会如何？黑德瑞斯等曾在2008年的一篇文献中对此作过研究，他们建立了一个税收和公共投资交互作用财政竞争模型，使用两阶段博弈框架，比较有和没有均等化机制时，地方政府财政竞争策略及福利变化。研究指出，地方政府之间因税收分享机制容易就第一阶段博弈中公共投资策略达成局部合作，从而通过降低公共投资水平摆脱财政竞争两难困境。均等化机制不仅对整体有益，在不对称程度较低时，对每个参与竞争地区也是有益的。豪皮米尔（2007，2009）使用黑德瑞斯等类似模型分析转移支付对地方政府公共投资策略影响。研究发现，边际贡献率外生变化产生的收入和替代效应，直接增加了公共投资相对成本，从而部分矫正地方政府支出结构偏向。这一理论发现使肯恩和马扎德（Keen and Marchand, 1997）曾发现的结构无效率在一个动态情形下得到改善。

由于缺乏有效识别技术，均等化转移支付激励效应实证研究相对较少。埃斯特里和叟里（Esteller-More and Solle-Olle, 2002）是其中一篇较早的实证文献。文章在分析加拿大省级行政单位个人所得课税策略时，通过虚拟变量考察是否接受均等化转移支付对政府间横向竞争策略影响，同时在控制变量中加入一般目的拨款和其他拨款，估计结果都显示，转移支付使地方政府对相邻政府课税策略反应减弱。在其之后，虽然巴瑞提等（Baretti et al., 2002）、达赫比和沃仁（Dahlby and Warren, 2003）、斯诺登（Snoddon, 2003）、巴特那（Buettner, 2006）等利用不同方法分别研究过不同国家均等化转移支付激励效应，但都不是基于政府间竞争框架。所以在他们基础上，艾格等（Egger et al., 2010）利用德国下萨克森州1999年转移支付改革这个自然实验，选择几种方法研究转移支付是否可以弱化政府间税收竞争，实证发现均等化转移支付在税收竞争中实际扮演了一个竞争协调机制。豪斯米尔同样选择德国样本，利用断点回归技术，分析均等化转移支付对地方政府间支出竞争策略影响。在解决了潜在内生性之后，研究发现，均等化转移支付的预算补偿效应，不仅会激励地方政府提高扭曲性税收，而且会降低公共投资预算份额。在无弹性资本供给情况下，能力均等化机制可减轻肯恩和马扎德所说的结构无效率问题。上述实证文献都是研究转移支付对单一财政竞争策略影响，而豪斯米尔等则利用空间系统估计对两种财政竞争策略同时决定时相邻政府间财政竞争关系进行考察。不过在他们的研究中，转移支付只是一个控制变量。

然而上述有限经验证据都是来自发达国家，这些国家地方政府拥有相对较大自治权。在中国，行政性分权程度较高，但地方政府在课税权上相对有限，主要自由裁量权表现在制度执行上。在这种体制下，中国大规模转移支付是否影响以及如何影响地方政府间财政竞争策略，还需结合中国实际进行分析。此外，已有文献极少讨论两种财政竞争策略系统性交互影响。再有，已有文献在识别转移支付激励效应时，虽然所基于的理论都是财政竞争，但实证中除很少文献直接通过转移支付与相邻地区财政竞争策略交互项识别转移支付对地方政府财政竞争策略影响，基本上都是单方程估计，即将边际缴款率或公共资金使用成本等转移支付代理变量作为解释变量，通过其估计系数识别激励效应。这一识别方法并不能说明转移支付对地方政府竞争策略影响，只能识别转移支付对地方政府课税、税收收入或支出结构、支出规模影响。所以严格意义上不能据此认定转移支付会对地方政府财政低效竞争有矫正作用，更不能揭示转移支付增进政府间财政竞争效率机制。不仅如此，已有文献对转移支付刻画主要集中于转移支付贡献率（contribution rate），很少考虑转移支付收益率（benefit rate），所以无法对转移支付激励效应做出综合评估。

三、理论框架

为刻画中国地方政府间财政竞争策略与转移支付关系，选择县及县级市行政单位为对象，考察现行财政体制下相邻县财政竞争策略①。为便于比较，理论模型借用黑德瑞斯等和豪斯米尔等框架，但在他们基础上，根据中国制度结构做了两点扩展。一是县级政府选择财政竞争策略也受平衡预算约束，这一约束使得县级政府只能选择课税策略和支出结构策略，而非课税和公共投资策略。从表面上看，两者之间没有本质区别，但实际所隐含的两种竞争策略交互作用机制明显不同。课税和公共投资策略交互影响在上述两篇文献中主要是源于竞争机制，即课税策略对公共投资策略影响不是因为课税策略的收入效应，公共投资策略对课税策略影响不是因为融资需要的引致效应，而是因为两种策略的竞争效应。尽管上述两篇文章通过在效用函数中引入公共投资成本项，对公共投资施加规模约束，但这种约束与课税策略的关系还是源于资本竞争机制。即使在竞争机制下，课税策略与支出结构策略交互影响和课税策略与公共投资策略交互影响也会有差异②。二是结合中国特殊转移支付制度，将转移支付贡献率和收益率同时嵌入相邻县财政竞争模型，讨论转移支付融资和分配机制对财政竞争策略影响及其差异。而上述两篇文献主要讨论对称均衡财政竞争策略，所以对转移支付分析主要集中于融

---

① 之所以选择县级政府，一是因为县级政府间竞争是最激烈的，二是因为县级政府间竞争是最直接的，尽管省级政府间也会有竞争，但更多在管理层面。张五常认为县级政府间为增长而开展的竞争，是中国创造经济奇迹的原因，参见张五常：《中国的经济制度》，中信出版社2009年版。

② 这种差异与课税策略变化的收入效应密切相关，提高税率，公共投资必须增加以平衡资本竞争能力下降。但支出结构也许没有调整，甚至在公共投资成本与平衡竞争能力权衡之间选择降低公共投资比例，这主要取决于税率变化及其引致资本存量变化对预算收入影响。Bayindir-Upmann 曾在平衡预算约束下讨论过辖区间财政竞争特征，对平衡预算约束下税率策略或公共支出策略影响做过比较分析。参见 Thorsten Bayindir-Upmann, Two Games of Interjurisdictional Competition When Local Governments Provide Industrial Public Goods, International Tax and Public Finance, Vol. 5, 1998, pp. 471–487.

资机制，尽管豪斯米尔等在实证分析中考虑到转移支付收益水平，但仅作为控制变量控制转移支付对地方政府竞争策略产生的收入效应。

首先按照标准财政竞争模型，设定县政府为竞争资本策略性选择 t、λ，其中 t 为税率，λ 为经济性支出占比。在均衡状态下，相邻县竞争策略决定了资本县际配置 $k = (k_i, k_{-i})$，并设定 $k_i + k_{-i} = 1$，其中 $-i$ 为 i 相邻县。继续设定县域生产函数为 $f_i = f_i(k_i, \lambda_i g_i)$，满足生产函数基本特征。在财政支出规模 g_i 受制于收入约束时，县级政府可以调整 λ_i 提高产出①，即 $\frac{\partial^2 f_i}{\partial k_i \partial \lambda_i} > 0$。在没有转移支付机制下，县级政府财政支出完全来自于资本课税，并受其严格约束，即 $g_i \leq t_i k_i$。由于县域规模较小，所以每个县财政竞争策略不会影响资本回报率②，即满足 $f'_i - t_i = f'_{-i} - t_{-i}$ 约束。考虑到中国县际差异，沿用 Hindriks 等做法，将相邻县生产函数分别设定为 $f_i = (\lambda_i g_i + \varepsilon) k_i - \delta \frac{k_i^2}{2}$ 和 $f_{-i} = (\lambda_{-i} g_{-i} - \varepsilon) k_{-i} - \delta \frac{k_{-i}^2}{2}$，其中 $\varepsilon \geq 0$ 意味着县际资本生产率存在差异。均衡时，i 县获得的资本份额为 $k_i = \frac{2\varepsilon + \delta}{2\delta} + \frac{(\lambda_i g_i - \lambda_{-i} g_{-i}) + (t_{-i} - t_i)}{2\delta}$，从中看出 $\frac{\partial k_i}{\partial \lambda_i} = \frac{g_i}{2\delta}$，$\frac{\partial k_i}{\partial t_i} = \frac{-1}{2\delta}$ 和 $\frac{\partial k_i}{\partial \lambda_{-i}} = \frac{-g_i}{2\delta}$，$\frac{\partial k_i}{\partial t_{-i}} = \frac{1}{2\delta}$。说明 i 县财政竞争策略和相邻县财政竞争策略都会影响 i 县的资本竞争能力。

将县级政府目标函数设定为（5.1）式结构③。这种设定比起将地方政府目标设定为本地居民效用最大化，更加适合刻画中国地方政府。（5.1）式包括三部分，右手前两项表示本地净产出，即支付了资本报酬后留在本地财富。中间项为在中国现行财政垂直分配关系下 i 县政府所获财政收入，包括本县财政初始分配留成收入和二次分配所获转移支付④。最后一项为经济性支出成本，即对县级政府而言，如果将太多公共资源投入经济领域，社会性公共品不足给其带来的成

---

① 调整 λ_i 和调整公共投入并不完全一致。在平衡预算约束下，税率和税基变化的净效应可能是支出总量增加，这时在既定结构下，公共投入也会自然增加，从而部分或全部抵消税率增加产生的融资成本。所以为保持资本竞争力不变，可能会向下调整 λ_i，但公共投入规模依然是上升的。

② 税收竞争资本配置均衡标准表达式。这一表达式对本书财政竞争策略依然适用。尽管课税策略和支出结构策略都会影响资本回报率，但在均衡表达式中，支出结构策略的影响表现在对资本边际产出和课税策略的影响，所以就表达式而言，两种财政竞争工具共存并不会改变这一均衡等式。

③ 效用函数三个部分对地方政府而言可能权重有所不同，本书为分析便利，没有考虑三部分权重差异。

④ 这里遵循了财政竞争文献通用做法，没有考虑中央政府对转移支付资金池影响。实际上这种处理比较符合中国实际，因为在中国，中央政府本级支出基本上都是由本级收入满足，财政收入垂直分配关系下，地方通过体制流入中央的财政资金，基本上经中央之手转移给了地方。这样，一个县所获转移支付净值实际上就可近似为所有其他县流入/流出转移支付资金池净值。

本,包括本地居民抱怨,以及社会发展滞后对本县经济增长产生拖累等①。其中(5.1)式 α_i 为转移支付贡献率,$\beta_i = \dfrac{\alpha_{-i} t_{-i} k_{-i}}{g_i}$ 为转移支付收益率②。在平衡预算约束下,存在 $g_i = \dfrac{[(1-\alpha_i)t_i k_i]}{(1-\beta_i)}$。

$$\max W_i = f_i - f'_i k_i + (1-\alpha_i)t_i k_i / (1-\beta_i) - \dfrac{(\lambda_i g_i)^2}{2} \quad (5.1)$$

均衡时,i 县政府财政竞争纳什均衡策略暗含于一阶条件(5.2)式和(5.3)式。

$$\left(\dfrac{1-\alpha_i}{1-\beta_i} - \dfrac{1}{2}\right)k_i - \dfrac{1-\alpha_i}{2\delta(1-\beta_i)}t_i + \left[\dfrac{\lambda_i k_i}{2} + \dfrac{\lambda_i(1-\alpha_i)}{2\delta(1-\beta_i)}t_i - \lambda_i^2 g_i\right]\dfrac{\partial g_i}{\partial t_i} = 0 \quad (5.2)$$

$$\dfrac{k_i g_i}{2} + \dfrac{1-\alpha_i}{2\delta(1-\beta_i)}t_i g_i - \lambda_i g_i^2 + \left[\dfrac{\lambda_i k_i}{2} + \dfrac{\lambda_i(1-\alpha_i)}{2\delta(1-\beta_i)}t_i - \lambda_i^2 g_i\right]\dfrac{\partial g_i}{\partial \lambda_i} = 0 \quad (5.3)$$

接下来分析三种机制对 i 县财政竞争策略影响。首先,考察仅有竞争机制时 i 县财政竞争策略。由于不受平衡预算约束,(5.2)式和(5.3)式左手最后一项都为 0,这时相邻县政府财政策略选择完全出于竞争需要。面对相邻县提高 λ_{-i},i 县政府支出结构策略响应模式 $\dfrac{\partial \lambda_i}{\partial \lambda_{-i}}$ 取决于 $-\dfrac{(1-\alpha_i)g_{-i}}{(1-\beta_i)g_i(2\delta-1)}$,当资本边际产出衰减速率较小时,i 县会追随相邻县采取相同支出结构调整策略。之所以如此响应,是因为调整支出结构不仅会影响资本竞争力,而且会影响支出配置社会成本。当资本边际产出衰减速率较小时,追随相邻县提高 λ_i,虽会造成社会成本上升,但因资本边际产出较高,可以抵消相邻县支出结构调整策略变化对本县产出产生的较大负外部性。如果面对相邻县调高税率,i 县会在相反方向调整 λ_i,即 $\dfrac{\partial \lambda_i}{\partial t_{-i}} < 0$。这种响应模式同样源于竞争压力。因为相邻县增加税率,会使资本流入 i 县,由于资本产出率较高,所以导致税基快速增加。这时在税率不变情况下,自然会导致配置到经济性支出的财政资源提高,进而造成更大社会成本。所以为减少经济性支出自然增加产生过大社会成本,i 县会向下调整 λ_i。而当相邻县降低税率

---

① 本书在目标函数设定上基于两点考虑:一是尽可能刻画现实中县级政府行为,二是尽可能简洁便于分析。当然,这也带来了审稿专家所指出的问题,一是从目标函数直接可以预见县级政府财政竞争策略,二是没有考虑相对成本影响。针对上述第二个问题,本书曾试图将(5.3)式最后一项替换为经济性支出偏向相对程度,即将 λ_i 替换为 $\lambda_i/\bar{\lambda}$,其中 $\bar{\lambda}$ 是所有县财政经济性支出占比均值。但这样处理时由于 $\bar{\lambda}$ 受 λ_i 影响,分析变得非常复杂。所以为简便起见,还是采用了绝对水平。

② 也被称为财政支出依存度,即从转移支付基金池中分得的收入。在平衡预算约束下,该部分收入与初次分配留存收入构成支出融资来源。

或调高 λ_{-i}，i 县政府课税策略会按照传统模式做出响应，即降低税率。因为通过 (5.2) 式和 (5.3) 式可获得 $\frac{\partial t_i}{\partial t_{-i}} = \frac{1-\beta_i}{1-\alpha_i} > 0$ 和 $\frac{\partial t_i}{\partial \lambda_{-i}} = -\frac{1-\beta_i}{1-\alpha_i} g_i < 0$。实际上，从 i 县政府课税策略响应模式还可看出，响应程度与转移支付制度密切相关。即在对称地区之间，相邻县即使没有发生财政资金净流入流出，也会存在激烈财政竞争。

其次，考察平衡预算约束对 i 县财政竞争策略影响。由于策略调整的收入效应，面对相邻县财政竞争策略变化，i 县财政竞争策略选择不仅受竞争机制影响，也受预算平衡约束机制影响，因为这时 (5.2) 式和 (5.3) 式左边最后一项 $\frac{\partial g_i}{\partial t_i}$ 和 $\frac{\partial g_i}{\partial \lambda_i}$ 不再等于 0。因为平衡预算约束机制，面对相邻县财政竞争策略变化，i 县选择财政竞争策略时必须要考虑两种财政策略之间的交互影响。那么在平衡预算约束下，i 县两种财政竞争策略之间会因税基效应发生怎样的交互影响？这可以利用预算约束等式 $g_i = \frac{(1-\alpha_i)t_i k_i}{(1-\beta_i)}$ 予以分析。依据这个等式可求出 $\frac{\partial g_i}{\partial t_i}$ 和 $\frac{\partial g_i}{\partial \lambda_i}$，进而得到 (5.4) 式。

$$\frac{\partial g_i}{\partial t_i} \bigg/ \frac{\partial g_i}{\partial \lambda_i} = \frac{\partial \lambda_i}{\partial t_i} = \frac{2\delta k_i - t_i}{t_i g_i} \tag{5.4}$$

从式 (5.4) 中看，两种财政竞争策略之间是否有交互作用，关键取决于 t_i 和 $2\delta k_i$。当税率大于 $2\delta k_i$，两种竞争策略呈替代关系，即面对相邻县增税策略，i 县在选择增税策略同时，会选择调低 λ_i 作出响应。这一结论与黑德瑞斯等两阶段博弈结果是一样的，但本书结论更具一般性。即使在同期决策时，县政府两种财政竞争策略同样有替代性交互作用。相反，在税率较低时，面对相邻县增税策略，i 县在选择增税策略同时，会选择调高 λ_i 做出响应。税率水平之所以会影响两种财政竞争策略交互影响特征，主要与税率变化产生的收入效应大小有关。在税率较低时，税率变化引致税基进而引致支出规模变化不大。所以调整支出结构所产生的竞争效应将会大于经济性支出变化的成本效应，为保持竞争优势，这时提高税率同时调高 λ_i 就是占优策略。

最后，分析转移支付机制对相邻县财政竞争策略影响。由于是基于 (5.2) 式和 (5.3) 式以及资本均衡等式的分析，所以转移支付机制对相邻县财政竞争策略影响分析，潜含着竞争机制和平衡预算约束机制已经存在。由于存在转移支付机制，相邻县之间财政竞争外部性不再是单纯的资本流动，而且还包括转移支付机制下的收入再分配。具体而言，在转移支付融资阶段，α_i 变化如何影响 i 县财政竞争策略？为此，利用（5.3）式将（5.2）式 $\frac{k_i}{2} + \frac{1-\alpha_i}{2\delta(1-\beta_i)}t_i$ 替换掉，并利用平衡预算等式，化简得到有关 λ_i 隐函数 Γ_i（5.5）式。

$$k_i(1-\alpha_i)(1-\lambda_i^2 g_i) - \lambda_i g_i(1-\beta_i) = 0 \tag{5.5}$$

现在要想获得 $\frac{\partial \lambda_i}{\partial \alpha_i}$，可以利用隐函数求出 $\frac{(\partial \Gamma_i / \partial \alpha_i)}{(\partial \Gamma_i / \partial \lambda_i)}$。由于 Γ_i 是县政府目标函数一阶条件（5.2）式、（5.3）式变换，所以对其求一阶导数实际上就是（5.1）式二阶条件。要保证 i 县能获得最优课税策略，必然有 $\frac{\partial \Gamma_i}{\partial \lambda_i} < 0$。这样决定转移支付贡献率影响 i 县财政竞争策略只取决于 $\frac{\partial \Gamma_i}{\partial \alpha_i}$。根据（5.6）式，$\frac{\partial \Gamma_i}{\partial \alpha_i}$ 符号取决于 $\frac{\partial g_i}{\partial \alpha_i}$，因为 $\frac{\partial \Gamma_i}{\partial g_i}$ 和 $\frac{\partial \Gamma_i}{\partial \lambda_i}$ 具有相同符号，最优决策同样会要求 $\frac{\partial \Gamma_i}{\partial g_i} < 0$。而根据平衡预算等式，有 $\frac{\partial g_i}{\partial \alpha_i} = \frac{-t_i k_i}{1-\beta_i} + \frac{1-\alpha_i}{1-\beta_i} \frac{\partial (t_i k_i)}{\partial \alpha_i}$。如果中央政府实施完全补助制度或地区间对称，这个等式右边第二项就为 0。但转移支付

$$\frac{\partial \Gamma_i}{\partial \alpha_i} = \frac{\partial \Gamma_i}{\partial g_i} \times \frac{\partial g_i}{\partial \alpha_i} \tag{5.6}$$

融资机制存在毕竟改变了 i 县政府融资相对成本，所以融资机制产生的替代效应依然存在，这种效应使得 $\frac{\partial g_i}{\partial \alpha_i} < 0$。据此可以判断 $\frac{\partial \lambda_i}{\partial \alpha_i} = \frac{\partial \Gamma_i / \partial \alpha_i}{\partial \Gamma_i / \partial \lambda_i} < 0$，即中央政府提高转移支付贡献率，i 县政府会调低 λ_i。原因在于调低 λ_i，不仅可以减少 $\alpha_i t_i \frac{\partial k_i}{\partial \lambda_i}$ 收入流出，而且还会降低经济性支出成本 $\lambda_i g_i \left(g_i + \lambda_i \frac{\partial g_i}{\partial \lambda_i} \right)$，在平衡预算约束下还可减少征税压力。所以，如果按照肯恩和马扎德所说的政府间竞争会导致公共支出偏向，那么转移支付融资机制就可以成为中央政府弱化地方政府经济性支出激励一个可选机制。

按照同样方法，使用（5.2）式替换（5.3）式可以获得有关 t_i 隐函数，由于只是改变了变换顺序，所以和 Γ_i 有着完全相反符号。这样按照 $\frac{\partial \lambda_i}{\partial \alpha_i}$ 一样分析步骤获得 $\frac{\partial t_i}{\partial \alpha_i}$。由于整个微分过程完全一样，只是隐函数符号相反，所以有 $\frac{\partial t_i}{\partial \alpha_i} > 0$。即中央政府提高转移支付贡献率，对 i 县政府税收竞争策略影响与支出结构策略相反，即激励 i 县政府增加课税。原因在于，增加课税，一方面通过增加相邻县税基 $\frac{\partial k_{-i}}{\partial t_i}$ 增加流入 i 县财政资源；另一方面，税率上升会使 i 县税基下降 $\frac{\partial k_i}{\partial t_i}$，从

而使流入相邻县财政收入下降。两方面都会使增加课税融资成本下降。综合转移支付融资机制对 i 县政府财政竞争策略影响，转移支付贡献率越高，对相邻县政府间竞争有理论上的弱化效应。这一发现与金等的（Jin et al., 2005）研究基本一致。

再看转移支付分配机制对 i 县政府财政竞争策略影响。同样根据（5.5）式，利用公式 $\frac{(\partial \Gamma_i / \partial \beta_i)}{(\partial \Gamma_i / \partial \lambda_i)}$，先对 Γ_i 求 β_i 一阶导数，过程和对 α_i 求一阶导数一样，只是 $\frac{\partial g_i}{\partial \beta_i}$ 有所不同，因为 $\frac{\partial g_i}{\partial \beta_i} = \frac{(1-\alpha)}{(1-\beta_i)} \times \frac{\partial(t_i k_i)}{\partial \beta_i} + \frac{(1-\alpha_i) t_i k_i}{(1-\beta_i)^2}$。在中央政府实施完全补助的转移支付机制或地区对称时，等式右边第一项为 0，这样 $\frac{\partial g_i}{\partial \beta_i} > 0$，进而可知 $\frac{\partial \lambda_i}{\partial \beta_i} > 0$，依据相同程序可知 $\frac{\partial t_i}{\partial \beta_i} < 0$。由此看出，转移支付分配机制对地方政府财政竞争策略影响与转移支付融资机制完全相反。在转移支付分配阶段，中央政府提高转移支付收益率，收入效应会更加显著。但这种效应会使相邻县竞争更加激烈，原因是，转移支付流入增加，i 县政府减税压力下降，参与竞争的减税空间扩大。同样源于收入效应，平衡预算约束使得公共支出规模上升，使得调高 λ_i 挤压社会性支出的社会成本相对下降，从而使 i 县政府有更大激励调高 λ_i，提高竞争力。

四、实证策略、变量定义与数据说明

依据（5.2）式～（5.3）式，可以构建 i 县政府财政竞争策略函数关系式 $t_i = f(t_{-i}, \lambda_{-i}, \lambda_i, \alpha_i, \beta_i)$ 和 $\lambda_i = f(t_{-i}, \lambda_{-i}, t_i, \alpha_i, \beta_i)$。这是一个联立方程系统，系统包含了影响 i 县政府财政竞争策略三个关键机制，即预算约束机制、相邻县竞争机制，以及转移支付机制。其中，相邻县财政竞争策略 $t_{-i} = \sum_j w_{ij} t_j$ 和 $\lambda_{-i} = \sum_j w_{ij} \lambda_j$ 为相邻县加权税率和支出结构，相邻县 j 权重为 w_{ij}。依据上述联立方程系统，建立实证模型（5.7）式～（5.8）式。其中，ϕ_1，ϕ_2，φ_1，φ_2 是否显著

$$t_i = \phi_1 t_{-i} + \phi_2 \lambda_{-i} + \phi_3 (\alpha_i \times t_{-i}) + \phi_4 (\alpha_i \times \lambda_{-i}) + \phi_5 (\beta_i \times t_{-i})$$
$$+ \phi_6 (\beta_i \times \lambda_{-i}) + \phi_7 \lambda_i + \phi_8 \alpha_i + \phi_9 \beta_i + \phi_{10} X_{ti} + \mu_i \quad (5.7)$$

$$\lambda_i = \varphi_1 t_{-i} + \varphi_2 \lambda_{-i} + \varphi_3 (\alpha_i \times t_{-i}) + \varphi_4 (\alpha_i \times \lambda_{-i}) + \varphi_5 (\beta_i \times t_{-i})$$
$$+ \varphi_6 (\beta_i \times \lambda_{-i}) + \varphi_7 t_i + \varphi_8 \alpha_i + \varphi_9 \beta_i + \varphi_{10} X_{\lambda i} + \nu_i \quad (5.8)$$

异于零被用于判断相邻县是否存在财政竞争，而正负方向被用于识别相邻县财政竞争特征。ϕ_8，ϕ_9，φ_8，φ_9则被用于识别转移支付对财政竞争策略传统效应。和已有文献不同，本书不仅考虑转移支付传统效应，也考察转移支付是否会通过影响横向竞争作用财政竞争策略，即式中转移支付与相邻县财政竞争策略交互项，其中系数ϕ_3，ϕ_4，φ_3，φ_4和ϕ_5，ϕ_6，φ_5，φ_6是否显著异于零，是识别转移支付对财政竞争策略影响的依据。如果转移支付强化了政府间财政竞争，则系数显著大于0，反之则系数显著小于0。

在联立方程系统中，两个方程都存在空间自相关，所以参照科里简恩和布茹扎（Kelejian and Prucha，2004）研究，设定两个方程扰动项空间自相关为$\mu_i = \sum_j w_{ij}\mu_j + \varepsilon_i$，$\nu_i = \sum_j w_{ij}\nu_j + \eta_i$，其中$\varepsilon_i$和$\eta_i$满足均值为0独立同分布条件，j为按照某种规则被确定为i县的相邻县。由于两种财政策略同一截面单元存在相关性，所以ε_i和η_i并不相互独立。这意味着，已有文献对两种财政策略采用单方程估计是不能获得有效结果的。从联立系统中课税策略和支出结构策略方程看，不仅因空间效应产生内生性，而且因方程之间交互影响产生内生性。面对这种方程结构，科里简恩和布茹扎提出了空间系统估计方法。这种方法不仅可以解决联立方程系统中两个财政工具的联立决定问题，而且以非常一般方式解决县际同期竞争效应，从而可以获得有效估计。该方法包含四步，前三步就是单方程估计中考虑潜在空间相关性采用的广义空间两阶段最小二乘法（GS2SLS），第四步考虑到方程间扰动项潜在相关性采用系统工具变量估计，即将GS2SLS扩展到GS3SLS。

样本选择县级行政单位，并选择截面数据以充分利用现有统计信息。虽然截面数据会遭遇不可观察样本异质性困扰，但由于受数据结构限制，找到与较大截面单元相匹配的合理时间维度比较困难。为弥补截面数据无法反应变量间关系动态特征，本研究对截面数据做分年估计，通过观察估计系数年度间差异识别变量间关系趋势特征。当然采用分年估计还有另一个好处，就是避免数据统计口径年度间变化导致的估计问题。因为本研究选择2003年、2007年和2010年，但2007年中国进行了财政收支科目分类改革，所以2007年和2010年一些关键变量在统计口径上会和2003年有所不同。此外，本研究选择这三年还注意到，自2003年以来，中国政府间财政收入分配关系没有发生重大调整，从而避免财政体制和转移支付制度变化对县政府行为的潜在影响。当然在这个过程中一些省实行了省直管县财政管理改革，但这主要在管理方面，还未触及分配关系。不过稳健起见，实证分析中通过设置虚拟变量对这一因素进行控制。

关于县政府财政竞争策略，考虑到中国税权集中这一事实，本研究利用企业综合税负率代理县级政府课税策略，即企业应交所得税、产品销售税金及附加、增值税之和除以企业产品销售收入①。数据根据《中国工业企业数据库》整理计算得到,其中《中国工业企业数据库》每年调查的企业数量存在较大差异,2003年仅有 196 222 个,涉及的县级行政单位有 2 000 个,2007 年为 336 768 个,涉及的县级行政单位有 2 361 个,2010 年为 462 745 个,涉及的县级行政单位有 2 814 个②。由于区虽然在行政级别上和县一样,但在财政体制上与县存在较大差异,所以仅选择县和县级市(也包括旗)。在具体统计企业税收信息时,本书剔除了一些数据不甚可靠和合理的企业以及相应县级单位③,同时剔除上海、北京、天津和重庆四个直辖市所辖县,以及西藏地区所辖县,最后 2003 年、2007 年和 2010 年所包括的县级单位数分别为 1 128 个、1 367 个和 1 341 个④。从四个关键变量简单统计分析和核密度图看,县际差异非常大。所统计的样本县中,企业综合税负率最高达 40% 左右,最低的为 0%,社会性支出占比最高超过 70%,最低不到 10%,财政留成率最高接近 100%,最低稍高于 10%,转移支付收益率最高超过 200%,最低只有 10% 左右⑤(见图 5 - 1、图 5 - 2)。

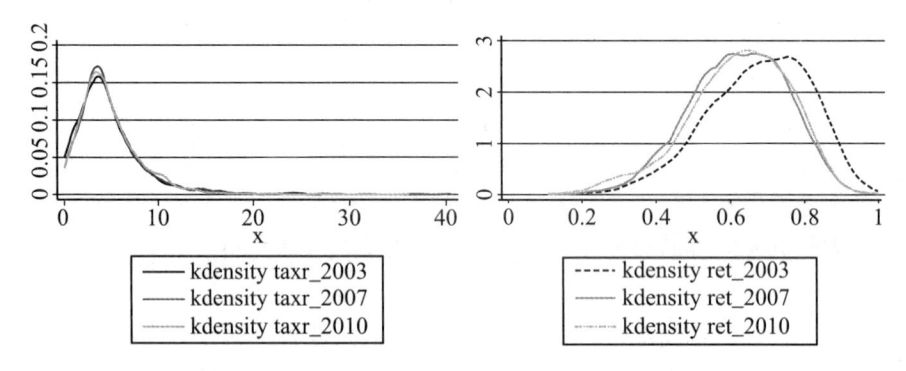

图 5 - 1　县企业综合税负率、支出结构核密度

---

① 具体计算办法是采用同一个县(市、旗)内所有企业缴纳的应交所得税、产品销售税金及附加、增值税之和除以所有企业销售收入。

② 在《中国工业企业数据库》中,企业统计信息不准确的都未被计算在县级行政单位数量中。

③ 在《中国工业企业数据库》中,有些县的企业综合税负率,按照文中计算为负。由于信息约束,无法知道是否因数据统计问题产生,所以为慎重起见删除了这些样本县市旗。

④ 从 2003 ~ 2010 年,有一部分县变成了区,这些样本也会被剔除。

⑤ 在实证中,支出结构策略本书定义为社会性支出占财政支出比重,即 $1 - \lambda_i$,非理论部分所说的经济性支出占财政支出比重 λ_i,这种改变主要源于数据可获得性考虑。其中社会性支出包括教育、科学技术、文化体育、医疗卫生、社会保障五类支出。留成率 $1 - \alpha_i$ 采用县财政一般预算收入除以县财政总收入(即一般预算收入加上根据增值税返还、所得税返还倒推出的县通过分税体制流入中央的收入,消费税因不容易估算就予以考虑,增值税和所得税返还还未考虑省以下政府间分成关系,原体制上解和原体制补助因数据不全也未考虑)。转移支付收益率 β_i 采用县从上级获得的税收返还、财力性转移支付以及专项转移支付占一般预算支出比重。

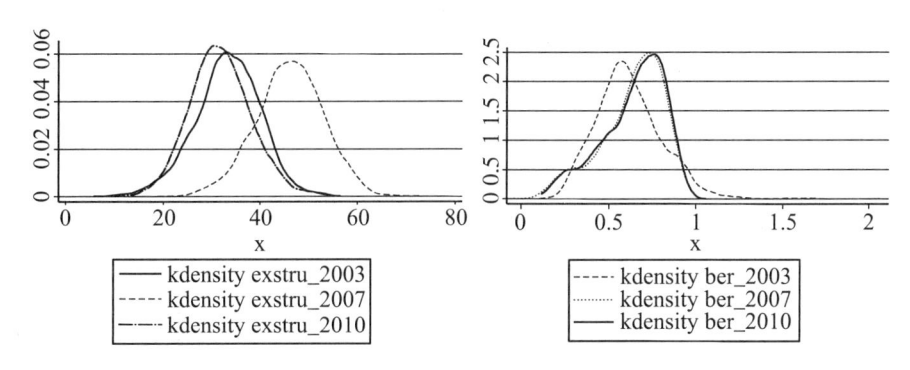

图 5-2　县财政留成率与转移支付收益率核密度

为考察相邻县竞争特征，相邻有三种确定方法，第一种是和 i 县位于同一个省的县都被确定为相邻县，第二种是和 i 县接壤的县被定义为相邻县，第三种是地理上接壤并位于同一个省的县被定义为相邻县①。为简便起见，相邻县 j 权重有两种计算方法，一种是平均权重法，即 $w_{ij} = 1/n$，其中 n 为相邻县数量，另一种是经济权重法，即 $w_{ij} = \left(\dfrac{1}{|\mathrm{pgdp}_j - \mathrm{pgdp}_i|} \right) \Big/ \sum_j^n \dfrac{1}{|\mathrm{pgdp}_j - \mathrm{pgdp}_i|}$。

根据已有文献和数据获取情况，控制变量包括人口密度（人口除以县域面积）、人口结构（乡村人口除以年末总人口）、产业结构（工业增加值除以 GDP）、经济发展水平（人均 GDP）、财政供养人口、所属区域②、是否为国家级贫困县、工业企业外向化程度（县域内工业企业出口交货值除以销售产值）。为剔除省区对所辖县市旗系统性影响，控制变量还包括了 i 县所在省区规模以上工业企业流转税负（主营业务税金及附加再加上应缴增值税除以主营业务收入）和所在省本级社会性支出占总支出比重③。上述所有变量赋值根据《中国县域经济年鉴》《中国县市社会经济统计年鉴》《中国统计年鉴》《中国工业企业数据库》《全国地市县财政统计资料》《中国财政年鉴》《地方财政统计资料》以及 2011 年各省区统计年鉴，整理计算得到。

最后，在对模型参数进行估计之前，还需要保证所有参数可识别，因为这是进行参数估计的前提条件。为此需要对结构式参数进行约束，通过排斥约束，从

---

① 后两种定义方法在使用中发现，样本县中有些没有地理直接接壤的县市旗，为避免有些县市旗因没有符合定义的相邻县产生估计中相邻县税率或支出结构项为 0，所以变通地理相邻定义法，将与 i 县相邻或地理上最近县定义为相邻县。

② 按照现行东中西划分标准确定 i 县所属区域，构造 0-1 虚拟变量。这一虚拟变量设置在一定程度上可以控制地区异质性产生的异方差问题。

③ 采用《地方财政统计资料》中各省五类支出数据减去《全国地市县财政统计资料》和各省统计年鉴中对应年份地市县总计数据，获得省本级五类支出数据和总支出数据。

简化式参数得到结构式参数唯一解。根据联立方程系统中（5.7）式，一个排斥约束就是省本级支出结构变量。因为省本级支出结构对县（市、旗）政府而言，是一种政策导向，会对其支出配置策略产生示范效应，但对课税策略影响很小。对联立方程系统中（5.8）式，一个排斥约束就是工业企业外向化程度。因为对一个县（市、旗）而言，工业企业外向化程度越高，意味着因出口退税按照上述方法定义的企业综合税负率会受到影响，但这种影响不会对县级政府支出结构策略产生直接影响。

五、结果分析

按照前述四步估计法，利用 stata12 分步进行估计，表 5-1 报告了最终估计结果和相关统计量，以及第三步 2SLS 第一阶段回归中 F 统计量。首先，从空间相关性看，Moran I 统计量 z 值都至少在 5% 水平上显著，检验结果证实相邻县财政竞争策略存在空间相关性。其次，考察 GS2SLS 回归获得的 F 统计量，这是判断施加排斥约束所获工具变量质量的重要指标，可以判断空间效应识别方法没有受弱工具变量影响。最后，根据 F 统计量对内生解释变量的工具变量有效性进行弱识别检验，检验结果驳斥了原假设，从而支持文章使用的识别方法。

表 5-1 结果证实，相邻县存在显著财政竞争关系。就课税策略而言，竞争呈策略性互补关系，相邻县降低税率 1 个百分点，i 县税率就会随之降低约 0.169~0.201 个百分点。从估计系数大小看，2010 年较 2003 年和 2007 年都有所下降，反映出相邻县税收竞争强度在减弱。就支出结构策略而言，相邻县竞争也较显著，但强度弱于课税策略。此外，两种策略竞争模式不同，相邻县支出结构策略竞争特征在考察期间从替代关系渐进转向互补关系。前者暗含着相邻县财政资源配置策略具有显著外溢性，后者则暗含着相邻县财政资源配置策略具有显著竞争性。这种变化说明，相邻县竞争正在从单纯物质资本转向物质资本和人力资本并重。相邻县财政竞争关系上述特征主要源于两个事实。一是财政收入扩张产生的规模效应。随着经济增长税基扩大，财政收入也在快速上升。2003~2010 年，预算内地方财政收入增长了 5 倍，年均增长 23.37%，地方预算外资金增长了 1.5 倍，年均增长 4.06%。最重要的是这段时间，地方政府土地出让金收入达 89 907.9 亿元，年均增速达 31.03%。财政规模扩张一方面允许地方政府在继续增加经济性支出绝对规模，同时调整支出结构，更大程度增加社会性支出。另一方面，扩大了地方政府参与税收竞争空间，减轻竞争到底财政压力[①]。二是竞争

---

① 所用数据根据历年《中国财政年鉴》数据计算得到。

环境在发生变化。由于资本进入会形成投资，对 GDP 和就业等有直接影响，所以在为增长而竞争的环境下，物质资本成为竞争主要标的物。但随着经济发展以及决策者对技术进步重要性认识变化，人力资本逐步进入政府间竞争视野。而人力资本不仅追逐低成本，也追逐生存环境，所以为竞争人力资本，县政府不仅会继续采用低税竞争策略，而且会增加有利于人力资本的社会性公共品供给，改善辖区内竞争软环境。冉娜德（Rainald，2005）研究证实，资本和高技能劳动力结合正在改变着政府支出竞争模式。

就两种财政竞争策略交叉影响而言，课税策略对相邻县支出结构策略变化并没有作出显著反应。但支出结构策略对相邻县课税策略变化反应却至少在 10%水平上显著，相邻县提高税率，i 县会相应增加社会性支出比重。面对相邻县财政竞争策略变化，i 县财政竞争策略不对称反应与两种竞争策略变化的灵活性差异有关。实际上，相对于支出结构策略，课税策略变化相对缓慢，尽管地方政府在课税执行力上有较大自由裁量空间，但毕竟受制于税收法定性和课税规范性，以及决策者获取课税力度信息较长时滞。当然，这也可能与本书实证采用的同期交互影响识别有关。从支出结构策略对课税策略变化反应方式看，之所以相邻县提高税率会引致 i 县提高社会性支出比重，是因为相邻县提高税率减轻了 i 县竞争压力，从而为 i 县应对居民社会性公共品诉求腾出一定空间。当然这种响应模式可能不是源于竞争机制，而是转移支付分配机制和行政考核机制。因为随着社会领域问题不断出现，中央不仅加大了地方政府社会治理考核比重，而且通过限定用途的转移支付提高地方政府社会性支出能力[①]。除了相邻县财政竞争策略存在交叉影响，表 5-1 还显示，同一个县两种财政竞争策略之间也存在交互影响。从交互影响大小看，竞争策略之间互反馈效应并不对称。课税策略对支出结构策略变化反应强度要弱于支出结构策略对课税策略变化的反应强度。不对称影响可能与两方面因素有关：一是外部约束，二是传导方式。对县级政府而言，课税策略并不是完全自主的，因为县级政府课税策略会受到税收任务约束。而在平衡预算约束下，支出结构策略变化，主要是通过改变竞争关系作用课税策略，而课税策略变化，不仅通过改变竞争关系作用支出结构策略，而且通过收入压力影响支出结构策略。也即课税策略对支出结构策略变化反应更多在于平衡竞争能力，而支出结构策略对课税策略变化反应则不仅要平衡竞争能力，还要平衡预算。

从其他控制变量估计结果看，人口密度和产业结构对县级政府财政竞争策略没有显著影响，人口结构仅对县级政府财政支出结构策略有影响，但显著度不高。这一结果与中国城乡二元发展政策有关。在中国县域内，财政资源配置明显

---

① 由于受数据所限，本书还无法就这一实证结论真正原因作出有效识别。

倾向于县城，尤其是社会性支出。经济发展水平对相邻县税收竞争影响不显著，说明在中国，相邻县税收竞争很普遍，不会因经济发展水平差异而有所不同。但经济发展水平对县政府社会性支出比重具有显著正向影响，这符合经济发展水平与公共品供给正相关的瓦格纳法则。和经济发展水平一样，财政供养人口变化不会对课税策略产生影响，但对社会性支出比重产生影响，不过和经济发展水平影响不同，财政供养人口增加会导致县政府减少公共品供给。这一实证结果在经验上支持了县政府在资本和辖区居民间的政策偏向。因为增加税收满足财政供养人口增长需要，会弱化本县财政竞争能力，但减少有利于辖区居民的社会性公共品，在强有力的行政力量下不会产生严重社会影响。从区位影响看，整体显著度不高，这进一步佐证了中国县际竞争的普遍性。此外，是否为贫困县，仅对课税策略有显著影响，即相对于非贫困县，贫困县政府会选择更低税率。就这一结论判断，中国贫困县财政援助制度设计整体上是不成功的，反而诱导了贫困县政府道德风险。出现这种情况，与中国对贫困县扶持注重财政能力缺乏责任监督有关。从省级政府影响看，省级政府课税策略对县政府财政竞争策略影响不显著，但支出结构策略对县政府支出竞争策略影响是显著的，省级政府社会性支出比重上升会促使县级政府提高社会性支出比重。这一实证发现说明，在自上而下的考核体系和干部任命制度下，上级政府公共品供给策略对下级政府具有显著示范效应和约束效果。

表 5-1　　　　　　转移支付筹资与分配对县际财政
竞争影响（地理相邻、平均权重）

变量	2003 年		2007 年		2010 年	
	t_i	λ_i	t_i	λ_i	t_i	λ_i
t_{-i}	0.195*** (0.064)	-0.101 (0.167)	0.201** (0.094)	0.111* (0.066)	0.169** (0.073)	0.121** (0.061)
λ_{-i}	0.045 (0.171)	-0.096** (0.045)	0.044 (0.169)	-0.096 (0.086)	0.045 (0.171)	0.107** (0.052)
$\alpha_i \times t_{-i}$	0.027* (0.014)	0.035 (0.072)	0.026* (0.014)	0.032 (0.059)	0.026* (0.013)	0.036 (0.078)
$\alpha_i \times \lambda_{-i}$	0.015 (0.103)	-0.009** (0.004)	0.015 (0.102)	-0.006 (0.004)	0.014 (0.092)	0.013** (0.006)
$\beta_i \times t_{-i}$	0.009* (0.005)	0.001 (0.000)	0.011* (0.006)	0.000 (0.000)	0.011* (0.006)	0.000 (0.000)

续表

变量	2003 年		2007 年		2010 年	
	t_i	λ_i	t_i	λ_i	t_i	λ_i
$\beta_i \times \lambda_{-i}$	-0.014 (0.016)	0.012 (0.028)	-0.014 (0.015)	0.011 (0.024)	-0.016 (0.029)	0.008 (0.013)
t_i	—	-0.050 (0.113)	—	-0.092* (0.050)	—	-0.089* (0.051)
λ_i	0.031** (0.014)	—	0.038** (0.015)	—	0.030** (0.015)	—
α_i	0.057* (0.030)	-0.009* (0.005)	0.058** (0.027)	-0.010 (0.007)	0.057* (0.029)	-0.011* (0.006)
β_i	-0.003* (0.002)	0.033 (0.121)	-0.003* (0.002)	0.031 (0.062)	-0.002 (0.001)	0.017 (0.009)
pd	-0.009 (0.034)	0.001 (0.000)	-0.009 (0.033)	0.000 (0.000)	-0.008 (0.056)	0.006 (0.012)
cu	0.007 (0.016)	-0.019* (0.010)	0.006 (0.015)	-0.020* (0.012)	0.007 (0.015)	-0.020* (0.011)
es	-0.055 (0.038)	-0.000 (0.000)	-0.054 (0.040)	-0.000 (0.001)	-0.046 (0.051)	-0.000 (0.000)
pgdp	0.014 (0.031)	0.005** (0.002)	0.014 (0.030)	0.004** (0.002)	0.019 (0.047)	0.005** (0.002)
fp	0.003 (0.009)	-0.010* (0.006)	0.002 (0.010)	-0.017** (0.008)	0.003 (0.010)	-0.022* (0.012)
east	0.013 (0.015)	-0.009* (0.005)	0.011 (0.009)	0.004 (0.017)	0.013 (0.015)	0.013* (0.007)
west	-0.060 (0.102)	0.021 (0.037)	-0.061 (0.103)	0.020 (0.041)	0.004 (0.089)	0.006* (0.003)
pc	-0.038** (0.017)	0.010 (0.048)	-0.036** (0.017)	0.013 (0.056)	-0.036** (0.015)	0.009 (0.032)
eo	-0.004** (0.002)	—	-0.004* (0.002)	—	-0.003* (0.002)	—

续表

变量	2003 年		2007 年		2010 年	
	t_i	λ_i	t_i	λ_i	t_i	λ_i
ptax	0.008 (0.015)	0.011 (0.203)	0.005 (0.010)	0.009 (0.200)	0.006 (0.009)	0.008 (0.139)
pse	—	0.085** (0.037)	—	0.088** (0.039)	—	0.084** (0.041)
R^2	0.26	0.17	0.26	0.20	0.27	0.34
obs	1 128		1 367		1 341	
F 统计量						
t_{-i}	70.1	68.2	34.7	69.9	100.5	89.4
λ_{-i}	83.6	90.9	76.7	88.5	65.9	47.2
t_i	—	8.6	—	7.8	—	8.4
λ_i	10.2	—	9.6	—	15.3	—
Moran I	3.4***	3.5***	3.5***	2.9**	2.8**	4.1***

说明：表中括号内为稳健标准误，F 统计量为第三步 2SLS 估计中第一阶段获得的被排斥工具变量的 F 检验，R^2 为第三步 2SLS 估计模型拟合优度。*** 为 1% 水平上显著，** 为 5% 水平上显著，* 为 10% 水平上显著。表中第 1 列，pd 代表人口密度，cu 代表乡村人口比重，es 代表产业结构，pgdp 代表人均 GDP 对数，fp 代表财政供养人口，east 代表东部县市虚拟变量，west 代表西部县市虚拟变量，pc 代表贫困县虚拟变量（是为 1，否则为 0），eo 代表工业企业外向化程度，ptax 代表省级课税策略，pse 代表省级支出结构策略，t 为综合税负率，λ 为社会性支出占全部财政支出比重。

最后我们将注意力放到转移支付与相邻县财政竞争策略关系识别上。从留成率和收益率估计系数看，留成率对 i 县财政竞争策略影响整体显著程度要高于收益率。从系数符号和大小看，留成率对 i 县两种财政竞争策略影响是不对称的，对课税策略影响至少在 10% 水平上显著为正，而对支出结构策略影响却显著为负。说明面对留成率上升，i 县政府将会采取增税策略，但与此同时也会降低社会性支出比重。这说明，留成率变化对县政府财政竞争策略产生了替代效应，因为增税融资相对成本下降了。然而增税策略在增加 i 县财政能力同时，也一定程度上弱化资本竞争力，所以为平衡竞争能力需要，i 县通过提高经济性支出比重弥补增税策略造成的竞争能力损失。和留成率不同，收益率对 i 县政府支出结构策略没有产生显著影响，但对 i 县政府课税策略却产生了负向激励。收益率上升，i 县政府选择减税策略。i 县政府财政竞争策略对转移支付重要参量变化不对称反应，与中国财政体制激励和约束失衡有关。中国 1994

年确立的财政体制,主要立足于政府间财政收入分配关系,对政府间公共品供给责任缺乏明确规定。这种体制安排一方面对县政府融资行为形成有效激励,但另一方面对县政府支出行为又缺乏严格约束。所以无论是留成率变化,还是收益率变化,县政府只会在财政竞争策略上以有利于本辖区收入和竞争能力方式做出反应。如果将上述发现放在财政竞争和中国政府间财政关系框架下进行分析,和巴特娜等发现不同。中国转移支付融资机制显著强化了相邻县财政竞争。因为自2003年以来,中国政府间财政关系呈现出明显集权倾向,留成率不断下降,所以替代效应驱使县政府通过减税策略应对财政收入集权倾向。而伴随着集权倾向的大规模转移支付,则减轻了县政府参与恶性税收竞争的收入压力,以及降低了经济性支出偏向的社会成本。上述结果与来自德国、澳大利亚等实证发现显著不同,可能源于中国转移支付机制不是追求税基均等化,而是追求财政能力均等化。因为根据克森伯格研究,两种转移支付机制对税收竞争协调作用有显著差异。当然这也仅是本书推理,真正原因还需要进一步分析。

转移支付除了对相邻县财政竞争策略有直接影响,还通过影响 i 县财政竞争策略对相邻县财政竞争策略反应函数产生间接影响,这一点通过表5-1交互项得到证实。表5-1的第5~8行数据显示,留成率变化会显著增强 i 县课税策略对相邻县课税策略变化反应强度,弱化支出结构策略对相邻县支出结构策略变化反应强度。留成率对 i 县政府两种财政竞争策略反应函数影响差异,主要源于转移支付融资机制改变了财政竞争相对成本。面对相邻县减税策略,本县采取减税策略,会产生两个效应:一个是收入效应,另一个是竞争能力效应。但在转移支付融资机制下,本县减税策略收入效应有所减弱,因为减税的税率效应给本县造成的财政收入损失会因转移支付融资机制下降,而减税的税基效应会因相对竞争力提高进一步降低减税税率效应。所以面对相邻县减税策略,i 县减税力度将会较没有转移支付融资机制时更大。而在既定转移支付融资机制下,面对相邻县支出结构策略调整,i 县追随意愿相对减弱。因为在转移支付融资机制下,i 县追随虽然可以保持相对竞争力,但追随成本较没有转移支付融资机制时更大。这是由于追随虽然税基效应增强,但在平衡预算约束下,要么会要求税率相应提高降低竞争力,要么会降低社会性支出比重导致更大社会成本,不管哪一方面,都会降低追随激励。和转移支付融资机制影响不同,虽然转移支付分配机制也增强了 i 县课税策略对相邻县课税策略变化反应,但却没有影响 i 县支出结构策略对相邻县支出结构策略变化反应。出现这种情况,主要源于转移支付分配机制对相邻县财政竞争只具有收入效应。正如前文所述,有了转移支付资金流入,i 县减税压力下降,从而提高了 i 县参与税收竞争激励。但由于相邻县支出结构调整会影响

i县竞争力,而转移支付分配机制会减弱相邻县支出结构调整策略的负外部性,同时转移支付资金流入会自动提高i县经济性支出比重,也在一定程度上抵消相邻县支出结构调整策略的负外部性。所以面对相邻县支出结构调整策略,转移支付分配机制使得i县不会做出明显策略反应。然而,在解释表5-1估计结果时需要谨慎。因为估计结果只反映一个均值状态,在进一步考察估计系数置信区间时,我们发现在10%置信水平上,一些置信区间包含了0。这说明转移支付对财政竞争策略的影响有可能会落入与均值估计系数符号相反区域。这也反映出,即使在相同转移支付机制下,转移支付机制对相邻县财政竞争关系的影响可能存在地区差异[①]。

  作为稳健性分析,首先考察相邻县确定方法是否会影响关键变量估计结果。从表5-2报告系数看,估计结果和表5-1基本一致。就财政竞争而言,行政相邻县之间,税收竞争强度要比表5-1报告的地理相邻以及表5-2报告的行政地理相邻普遍要低。这反映出地理毗邻的相邻县课税竞争会更激烈。不仅如此,支出结构策略对地理相邻县课税策略反应也更加强烈。这种情况主要是因为行政地理相邻县之间具有更多同质性和更大支出外溢性。从转移支付对相邻县财政竞争策略的影响看,和表5-1一样,转移支付对相邻县财政竞争关系影响没有因相邻县界定方法的不同而有明显变化。其次考察不同权重构造方法是否会对转移支付估计结果产生影响。表5-3报告了三种相邻县确定方法下经济权重的估计结果。根据表5-3,在经济权重下,不仅相邻县之间财政竞争较平均权重更加显著,而且估计系数也相对更大。这种差异说明,县政府在选择竞争对手时,经济因素充当了重要角色,县政府往往对与自己经济相当的邻县更加重视。相邻县竞争策略的上述特征与中国GDP导向的行政评价有关。从转移支付作用看,虽然大部分估计结果与表5-1一致,但收益率影响更加显著。这种情况与社会约束有关,因为对行政地理相邻县,经济上越接近,异质性就越小。根据爱勒斯(Allers,2012)研究,有转移支付分配机制较没有转移支付分配机制,无论是本辖区居民还是上级政府,对县政府努力评价会更加准确,因为转移支付分配机制消除了相邻县任何财力差异产生的信息偏误,从而对县级政府财政竞争策略形成更强约束。这种约束一方面在相邻县形成激烈支出结构策略竞争,另一方面弱化了课税策略对相邻县支出结构策略变化的反应。

[①] 由于受篇幅所限,交叉项估计系数90%置信水平上置信区间没有在文中报告,同时也没有报告有多少可能落入均值估计系数符号相反区域。

表5-2 转移支付筹资与分配对县际财政竞争影响（平均权重）

变量	2003年		2007年		2010年	
	t_i	λ_i	t_i	λ_i	t_i	λ_i
行政相邻						
t_{-i}	0.148* (0.077)	0.113* (0.060)	0.161* (0.084)	0.143* (0.079)	0.159** (0.075)	0.142** (0.070)
λ_{-i}	0.064 (0.052)	0.076** (0.035)	0.052 (0.044)	0.078** (0.041)	0.055 (0.047)	0.124** (0.058)
$\alpha_i \times t_{-i}$	0.025** (0.012)	0.033 (0.022)	0.023** (0.011)	0.032 (0.059)	0.026** (0.012)	0.036 (0.063)
$\alpha_i \times \lambda_{-i}$	0.018 (0.013)	-0.016** (0.007)	0.018 (0.014)	-0.008 (0.006)	0.019 (0.014)	0.019*** (0.005)
$\beta_i \times t_{-i}$	0.013** (0.006)	0.000 (0.003)	0.016** (0.007)	0.000 (0.003)	0.016** (0.008)	0.000 (0.004)
$\beta_i \times \lambda_{-i}$	-0.007* (0.004)	0.011** (0.005)	-0.006 (0.005)	0.010** (0.005)	-0.006 (0.004)	0.011** (0.005)
t_i	—	-0.052 (0.117)	—	-0.090* (0.051)	—	-0.090* (0.050)
λ_i	0.039** (0.042)	—	0.038** (0.041)	—	0.037** (0.041)	—
α_i	0.061* (0.035)	-0.010** (0.004)	0.059** (0.029)	-0.009** (0.005)	0.059* (0.031)	-0.010* (0.006)
β_i	-0.004* (0.002)	0.029 (0.130)	-0.004* (0.002)	0.030 (0.149)	-0.003* (0.002)	0.019** (0.009)
控制变量	包含	包含	包含	包含	包含	包含
R^2	0.30	0.21	0.32	0.26	0.34	0.40
行政且地理相邻						
t_{-i}	0.209** (0.084)	0.114* (0.059)	0.215** (0.090)	0.156* (0.081)	0.211** (0.091)	0.171** (0.076)
λ_{-i}	0.059 (0.047)	-0.104** (0.038)	0.059 (0.046)	-0.076 (0.049)	0.045 (0.071)	0.096* (0.051)

续表

变量	2003年		2007年		2010年	
	t_i	λ_i	t_i	λ_i	t_i	λ_i
行政且地理相邻						
$\alpha_i \times t_{-i}$	0.032** (0.014)	0.039* (0.022)	0.036** (0.015)	0.037* (0.019)	0.036** (0.014)	0.046 (0.075)
$\alpha_i \times \lambda_{-i}$	0.015 (0.012)	−0.029** (0.013)	0.019 (0.013)	0.021** (0.010)	0.014 (0.016)	0.033** (0.016)
$\beta_i \times t_{-i}$	0.011** (0.005)	0.005 (0.010)	0.014** (0.006)	0.005 (0.009)	0.011** (0.005)	0.005 (0.008)
$\beta_i \times \lambda_{-i}$	−0.012 (0.015)	0.009* (0.005)	−0.011 (0.009)	0.009* (0.005)	−0.013 (0.014)	0.010 (0.006)
t_i	—	−0.051 (0.122)	—	−0.079* (0.041)	—	−0.080* (0.041)
λ_i	0.030** (0.045)	—	0.030** (0.045)	—	0.032** (0.044)	—
α_i	0.058* (0.031)	−0.010** (0.005)	0.056** (0.028)	−0.010** (0.005)	0.056** (0.027)	−0.011* (0.005)
β_i	−0.005** (0.002)	0.032 (0.127)	−0.004** (0.002)	0.031 (0.162)	−0.004** (0.002)	0.017** (0.008)
控制变量	包含	包含	包含	包含	包含	包含
R^2	0.35	0.27	0.34	0.28	0.36	0.45

说明：表中控制变量与表5-1相同，由于估计结果除个别变量有符号发生变化，基本一致，所以为节省篇幅未予报告；R^2 和表5-1一样；*** 为1%水平上显著，** 为5%水平上显著，* 为10%水平上显著；表中括号内为稳健标准误。

表5-3 转移支付筹资与分配对县际财政竞争影响（经济权重）

变量	2003年		2007年		2010年	
	t_i	λ_i	t_i	λ_i	t_i	λ_i
地理相邻						
t_{-i}	0.285*** (0.076)	−0.117* (0.062)	0.240*** (0.074)	0.119* (0.064)	0.227*** (0.075)	0.123** (0.061)

续表

变量	2003 年		2007 年		2010 年	
	t_i	λ_i	t_i	λ_i	t_i	λ_i
地理相邻						
λ_{-i}	0.036 (0.088)	-0.106** (0.047)	0.034 (0.087)	-0.101** (0.043)	0.035 (0.087)	0.104** (0.046)
$\alpha_i \times t_{-i}$	0.042* (0.019)	0.033 (0.069)	0.046* (0.024)	0.032 (0.065)	0.046* (0.023)	0.035 (0.067)
$\alpha_i \times \lambda_{-i}$	-0.017 (0.099)	0.010** (0.004)	-0.016 (0.094)	0.011** (0.005)	-0.016 (0.093)	0.014** (0.006)
$\beta_i \times t_{-i}$	0.010** (0.005)	0.004 (0.005)	0.011** (0.005)	0.004 (0.004)	0.012** (0.005)	0.004 (0.005)
$\beta_i \times \lambda_{-i}$	-0.008 (0.021)	0.011 (0.026)	-0.009 (0.017)	0.011 (0.025)	-0.009 (0.019)	0.010 (0.023)
行政相邻						
t_{-i}	0.164** (0.079)	0.103* (0.059)	0.163** (0.080)	0.104* (0.059)	0.169** (0.082)	0.122** (0.060)
λ_{-i}	0.077 (0.054)	0.083** (0.041)	0.075 (0.053)	0.086** (0.042)	0.075 (0.054)	0.136** (0.058)
$\alpha_i \times t_{-i}$	0.030** (0.014)	0.038 (0.029)	0.029** (0.014)	0.040 (0.029)	0.030** (0.015)	0.039 (0.029)
$\alpha_i \times \lambda_{-i}$	-0.016 (0.023)	0.020** (0.008)	-0.014 (0.022)	0.021** (0.009)	-0.015 (0.024)	0.027*** (0.009)
$\beta_i \times t_{-i}$	0.009* (0.005)	0.000 (0.000)	0.011** (0.005)	0.000 (0.000)	0.011* (0.006)	0.000 (0.002)
$\beta_i \times \lambda_{-i}$	-0.010** (0.004)	0.019** (0.008)	-0.009* (0.005)	0.019** (0.007)	-0.009 (0.006)	0.018** (0.007)
行政相邻且地理相邻						
t_{-i}	0.217*** (0.064)	0.104* (0.055)	0.229*** (0.068)	0.120* (0.061)	0.231*** (0.069)	0.133** (0.066)
λ_{-i}	0.039 (0.087)	-0.96** (0.044)	0.038 (0.086)	-0.082* (0.043)	0.038 (0.081)	0.101* (0.052)

续表

变量	2003 年		2007 年		2010 年	
	t_i	λ_i	t_i	λ_i	t_i	λ_i
行政相邻且地理相邻						
$\alpha_i \times t_{-i}$	0.038** (0.015)	0.039* (0.020)	0.039** (0.016)	0.037* (0.019)	0.038** (0.016)	0.036* (0.019)
$\alpha_i \times \lambda_{-i}$	-0.016 (0.032)	0.030** (0.013)	-0.015 (0.033)	0.031** (0.014)	-0.014 (0.033)	0.033** (0.015)
$\beta_i \times t_{-i}$	0.014** (0.006)	0.002 (0.002)	0.014** (0.007)	0.002 (0.002)	0.015** (0.007)	0.001 (0.002)
$\beta_i \times \lambda_{-i}$	-0.010* (0.005)	0.015** (0.007)	-0.011* (0.006)	0.016* (0.007)	-0.010 (0.006)	0.015** (0.007)

说明：为节省篇幅，表中仅报告关键变量估计结果，其他变量未予报告；*** 为1%水平上显著，** 为5%水平上显著，* 为10%水平上显著；表中括号内为稳健标准误。

最后考察不同收益率定义对估计结果的影响。之所以分析收益率定义变化对估计结果的影响，是因为在国外同主题研究中，收益率仅指均等化转移支付。而在中国，真正具有均等化作用的仅是被称为一般性转移支付的部分。而本书表5-1~表5-3估计都是将所有上级政府补助纳入转移支付统计口径。所以为同口径比较，将收益率定义仅限于一般性转移支付。表5-4报告了经济权重下小口径收益率对政府间财政反应函数斜率的影响。从估计结果看，目标于财力均等的一般性转移支付，对相邻县财政竞争影响虽然力度有所减弱，但更加显著。整体上，目标于财力均等的一般性转移支付对相邻县税收竞争有显著弱化作用。尽管对相邻县财政支出竞争影响为正，但并不显著。所以从本地居民福利看，一般性转移支付并没有促进标杆竞争作用。此外，和全部转移支付收益率相比，一般性转移支付对相邻县政府间财政竞争策略交互影响有显著不同，一般性转移支付弱化了支出结构策略对相邻县课税策略变化的反应。出现这种情况与一般性转移支付具有的纯粹收入效应有关。然而由于在中国转移支付中，真正意义上的一般性转移支付比重始终较低，尽管在过去几年中，中央增加了一般性转移支付，但其中相当部分还是以专款形式出现，比如调整工资转移支付、资源枯竭城市转移支付、基层公检法转移支付、义务教育转移支付等。由于规模较小，所以其对弱化税收竞争作用非常有限。此外，考虑到样本考察期内一些省实施了省直接管理县改革，这种改革是否可能影响相邻县财政竞争策略，通过在表5-4估计方程基础上增加虚拟变量对此进行考察。从表5-5报告的结果看，是否为省直接管理县，对县级政府课税策略有显著影响，但对支出结构策略影响不显著。控制住省直接管理县改革影响后，留成率和收益率对相邻县财政竞争策略影响没有发生太大变化，加入省直接管理县虚拟变量之所以没有显著改变转移支付作用，是因为与各地省直接管理县改革内容有关。目前中国各地省直管县改革，主要解决的是财政层级问题，这种改革影响主要表现在收入效应方面[①]。

表 5 – 4　　　　收益率小口径定义估计结果（经济权重）

相邻县关系	2003 年		2007 年		2010 年	
	t_i	λ_i	t_i	λ_i	t_i	λ_i
地理相邻						
$\beta_i \times t_{-i}$	-0.003*** (0.000)	-0.006* (0.003)	-0.004*** (0.001)	-0.006 (0.004)	-0.005*** (0.001)	-0.007** (0.003)
$\beta_i \times \lambda_{-i}$	0.006 (0.019)	0.009 (0.034)	0.007 (0.020)	0.011 (0.035)	0.007 (0.019)	0.011 (0.033)
行政相邻						
$\beta_i \times t_{-i}$	-0.011** (0.005)	-0.004 (0.010)	-0.012** (0.006)	-0.004 (0.009)	-0.011* (0.006)	-0.005 (0.009)
$\beta_i \times \lambda_{-i}$	0.016 (0.017)	0.019 (0.018)	0.015 (0.017)	0.019 (0.017)	0.020 (0.016)	0.018 (0.017)
行政地理相邻						
$\beta_i \times t_{-i}$	-0.006*** (0.002)	-0.003 (0.002)	-0.007** (0.003)	-0.003 (0.003)	-0.015*** (0.003)	-0.009** (0.004)
$\beta_i \times \lambda_{-i}$	0.015** (0.007)	0.010 (0.037)	0.011 (0.006)	0.012 (0.035)	0.016 (0.016)	0.013 (0.030)

说明：为节省篇幅，表中仅报告考察变量估计结果，其他变量未予报告；*** 为 1% 水平上显著，** 为 5% 水平上显著，* 为 10% 水平上显著；表中括号内为稳健标准误。表中收益率小口径定义，在 2010 年即为均衡性财力补助，2003 年和 2007 年为一般性转移支付。根据各年年鉴中指标说明，2003 年和 2007 年一般性转移支付与 2010 年一般性转移支付统计口径有所不同，2010 年一般性转移支付包括了均衡性财力补助，这部分与 2003 年和 2007 年一般性转移支付口径一致。收益率大口径定义为税收返还和所有转移支付占财政总收入的比重。

[①]　在表 5 – 4 估计方程中增加虚拟变量 n，如果当年属于省直接管理的县，n = 1，否则 n = 0。省直管县确定依据是各省有关推进省直接管理县的财政改革文件。

表 5-5　行政地理相邻和经济权重下是否为省直接管理县对转移支付估计结果影响

变量	2003 年		2007 年		2010 年	
	t_i	λ_i	t_i	λ_i	t_i	λ_i
$\alpha_i \times t_{-i}$	0.029** (0.013)	0.033 (0.027)	0.026*** (0.009)	0.028 (0.014)	0.022*** (0.008)	0.019* (0.011)
$\alpha_i \times \lambda_{-i}$	-0.009 (0.024)	0.024** (0.011)	-0.029* (0.016)	0.040** (0.019)	-0.031* (0.016)	0.043** (0.020)
$\beta_i \times t_{-i}$	-0.006*** (0.002)	-0.002 (0.002)	-0.010** (0.005)	-0.005 (0.004)	-0.027** (0.013)	-0.016** (0.007)
$\beta_i \times \lambda_{-i}$	0.016 (0.009)	0.011 (0.036)	0.015** (0.007)	0.013 (0.028)	0.026 (0.038)	0.019 (0.031)
n	-0.002* (0.001)	0.000 (0.008)	-0.004** (0.002)	0.002 (0.006)	-0.004** (0.002)	0.001 (0.006)

说明：为节省篇幅，表中仅报告考察变量估计结果，其他变量未予报告；*** 为1% 水平上显著，** 为5% 水平上显著，* 为10% 水平上显著。是否为省直接管理县，就是根据在 2002~2009 年期间各省区政府出台的正式文件为依据。

六、结论

中国 1994 年分税制改革在实现中央地方协同激励同时，也激励了地方政府间横向竞争。政府间横向竞争为中国经济持续高速增长发挥了积极作用，但缺乏秩序和约束的竞争也给中国经济可持续发展带来了巨大成本。为了竞争，地方政府向资本让渡辖区居民利益，并在财力约束下策略性配置财政资源。不仅如此，为了竞争，地方政府公共职能异化，导致缺位越位现象一直非常普遍。在分权体制框架下，如何矫正地方政府恶性税收竞争和经济性投入偏向？本书在已有文献基础上，通过在标准财政竞争模型中引入中国特殊转移支付机制，研究平衡预算约束机制和转移支付机制对相邻县财政竞争策略影响。研究发现，和基于德国、澳大利亚等国实证发现不同，中国相邻县财政竞争不仅受到策略间交互效应影响，而且受到转移支付机制影响。但这些影响并没有弱化相邻县财政竞争，而是有所强化。面对相邻县减税策略，本县政府在降低税率同时，也会降低社会性支出比例，增加经济性支出，提高本县竞争能力。但如果相邻县调高社会性支出比例，本县政府在追随同时，也不得不提高税率，为支出增加提供融资支持，所以在一定程度上会弱化相邻县税收竞争关系。就转移支付作用而言，转移支付融资对相邻县财政竞争有明显影响，财政留成率高，不仅政府间税收竞争更激烈，而且也会强化本县课税策略对相邻县支出结构策略的变化反应，以及本县支出结构策略对相邻县课税策略变化反应。转移支付收益率虽然会强化相邻县税收竞争关系，但一定程度上也会弱化相邻县支出竞争。转移支付对相邻县财政竞争策略影响不仅是直接的，而且也通过改变反应函数斜率间接产生作用。

本书实证结果说明：一方面，中国相邻县财政竞争，不仅有课税策略，而且有资源配置策略，早期主要以课税策略为主，现在财政竞争策略更加多样化。就竞争强度而言，丝毫没有减弱趋势，反而有逐步增强趋势，但竞争性质正在发生变化，即有利于社会环境改善的标杆竞争越来越明显；另一方面，中国转移支付没能成为相邻县财政竞争协调机制，发挥弱化政府间恶性竞争作用，反而有加剧相邻县财政竞争嫌疑。这种情况可能源于中国转移支付制度设计。中国转移支付采用集中分配模式，即融资阶段不断集权，分配阶段不断项目化。这种模式虽然在结果上有助于平衡地区财力，但也为相邻县竞争提供了激励。尽管其中的一般性转移支付有弱化竞争的效果，但在整个转移支付中所占比重较低，所以未能成为中央政府协调相邻县财政竞争的有效机制。当然，本研究也存在诸多需要进一步探讨的问题，包括转移支付结构效应、截面数据和估计方法使用、均值估计结果解释，等等。但尽管如此，本书关于转移支付与相邻县的实证发现还是在一定程度上反映出中国转移支付机制存在的问题，以及重构转移支付机制激励结构的重要性。

第二节　转移支付与地方政府公共品供给

一、引言

近十多年，社会性公共品供给短缺一直困扰着中国，中央政府为此采取了一系列改革措施，甚至在 2007 年将社会发展提升为国家战略，但收效不甚明显。根据中国行政性分权实践，社会性公共品主要由地方政府提供，所以社会性公共品供给短缺很大程度上反映出地方政府社会责任不足，即地方政府未能像履行经济责任一样履行社会责任①。尹恒和朱虹（2011）等研究证实了这一现象。针对

---

① 这里暂不讨论支出责任配置问题，因为在中国，支出责任配置不当被许多学者认为是社会性公共品供给不足的一个原因。

社会性公共品供给不足，许多文献将其归因于中国式财政分权体制和晋升激励（中国经济增长与宏观稳定课题组，2006；周黎安，2007；傅勇和张晏，2007；傅勇，2010；等）。应该说，这种解释没有太大争议，但研究还需进一步延伸。第一，财政分权被认为是大国治理的必然选择，更何况斯布瑞特（Seabright，1996）、菲斯曼和盖提（Fisman and Gatti，2002）、珐桂特（Faguet，2014）等大量研究指出，财政分权可以改进下级政府责任感和反应性。贝思利和凯斯（Besley and Case，1995）、蔡和川斯曼（Cai and Treisman，2005）甚至指出，分权下的竞争会对地方政府形成有力约束，促使地方政府更高努力和更少抽租行为。第二，尽管根据第二代财政分权理论，中国政治集权和晋升机制造成地方政府缺乏来自民众的有效约束，从而未能形成责任政府激励结构（温格斯特，2009）。但根据佧得瑞艾（Caldeira，2012）等研究，晋升约束可以弥补民众约束缺失，并产生与民众约束一样的激励效果，所以地方政府社会责任不应因约束力来源不同而有所差异。这些证据说明，财政分权和竞争机制本身并不必然导致地方政府社会责任不足。之所以基于不同样本的国别研究存在巨大差异，可能与财政分权的制度安排有关。正如莱特等（Litvak et al.，1998）所述，分权和竞争本身既不好也不坏，它对地方政府影响依赖于分权制度设计。同样坦兹（Tanzi，1995）、樊等（Fan et al.，2009）研究也指出，分权能否激励地方政府更负责任，分权体制的制度设计很关键。

就财政分权而言，至少有两项制度安排会影响地方政府社会性支出责任：一是收支分权的不对称，二是转移支付。出于效率原因，收支分权不对称在分权体制国家是一种普遍现象。为弱化收支分权不对称对地方政府社会性公共品供给行为的不利影响，上级政府会通过具有激励性质的转移支付对扭曲予以矫正。和所有分权治理国家一样，中国式财政分权体制也是表现为不对称收支分权。但正是这种不对称收支分权，许多文献将其视为地方政府社会性公共品供给不足的根本原因。然而，本书认为，中国地方政府社会责任不足，收支分权不对称的确是原因，但提高地方政府社会责任感，不是在于实现收支分权对称，而是在于建立激励性转移支付，利用后者消除收支不对称分权扭曲效应。转移支付对地方政府激励效应早在伯德（Bird，2000）研究中就得到强调。伯德指出，转移支付作为诱导地方政府按照中央政府期望行使职责，成为一个有责任政府的工具特征，从任何一方面看都非常关键。在他看来，转移支付目的不是为特定地方政府融资，而是促进民众所需公共品能被有效供给，所以转移支付设计的关键就是在地方公共部门做对激励。最近温格斯特（2014）也提出类似观点。转移支付之所以能发挥上述工具性作用，激励地方政府更加负责。艾勒斯（Allers，2012）认为，因为在辖区间存在财政差异时，外部无法准确判断公共品供给不足的真实原因。这时良好的转移支付制度可以消除财政信息不充分产生标杆偏误。刘勇祯(2014)在研究异质地区资本竞争约束效应时也指出,转移支付是解决异质地区竞争约束弱化关键政策工具。豪特斯吉尼斯和施瓦格(Kotsogiannis and Schwager, 2008)更是认为,因为有了转移支付,蔡和川斯曼(2005)所说的竞争机制就能真正发挥约束作用,因为民众能够赋予公共品供给任何剩余变化更多重要性。但两位作者同时也指出,转移支付实际效应取决于它的设计与执行,违背理想状态的转移支付反而会扭曲政策制定者政治激励。易皖那(Ivanyna, 2010)进一步指出,在税基交叠异质辖区间,如果只是用于补偿地方政府财政需要,转移支付反而会弱化竞争约束,导致地方政府更多抽租。

至此,我们可以初步认为,分权体制和竞争机制下的地方政府社会责任会表现出一种怎样状态,转移支付是重要因素。然而上述文献讨论转移支付责任激励,主要是理论分析。不仅如此,已有文献对政府责任界定是在资本竞争和增长激励框架下展开。所指政府责任,就是增加有利于提高资本吸引力和增长的财政投入。此外,已有文献讨论的转移支付主要是横向拨款。但在中国,转移支付主要是具有普遍缴付义务的纵向补助。这种转移支付制度设计,在不对称分权体制下,会对地方政府社会责任产生何种激励,还没有引起太多关注。基于上述原因,本节将在中国不对称分权体制下,研究转移支付与地方政府社会责任激励问题①。与本节的研究最为接近的是菲斯曼和盖特(2002)、刘勇祯(2014)。前一篇以腐败反向度量政府责任,利用美国州和地方数据,考察不对称分权与政府责任关系,发现对转移支付依赖降低政府责任。但这篇文献没有考虑地区间竞争机制。此外这篇文献用腐败反向度量政府责任使模型受困于内生性质疑。因为根据茆柔(Mauro, 1998)、布若勒(Brollo, 2009)等的研究,腐败政治家抽租行为会影响转移支付。这意味着,以腐败度量的政府责任与转移支付依赖水平之间可能存在双向因果机制。后一篇文献基于德国均等化拨款制度,实证分析转移支付对资本竞争约束下地方政府责任影响,但这篇文献用公共投资作为因变量衡量政府责任。此外,这篇文献采用边际均等化率度量转移支付,考察本地均等化率和相邻地区均等化率对地方政府责任影响,没有区分转移支付缴付率和收益率影响差异。不仅如此,文章将转移支付和相邻地方政府责任作为两个独立自变量放入

---

① 实际上,有关政府责任定义,学界还很不统一,除World Bank(2005)将公共部门社会责任定义为"a proactive process by which public officials inform about and justify their plans of action, their behavior, and results and are sanctioned accordingly."并没有文献对政府责任做出明确界定,反映在实证文献中,不同研究采用的指标存在很大差异,有采用正向指标,包括经济投入、社会性公共品供给,政府质量等,有采用反向指标,包括腐败等,即使是同一个指标,具体赋值方法也存在很大差异,国内文献也一样。本书在后续分析中,主要采用社会性支出比重和社会性公共品产出表征地方政府社会责任。这种表征类似于尹恒和杨龙见(2014)研究财政对居民回应时采取的社会性支出度量方法。

模型，没有分析转移支付与竞争交互关系，从而没有揭示转移支付对竞争约束效应影响。

在国内文献中，有关转移支付与地方政府社会责任关系研究还比较少，仅有几篇文献也只是将转移支付作为一个影响因素，讨论其与腐败、地方治理、政府质量、支出效率等关系。例如傅勇（2010）在非经济性公共物品与财政分权、政府治理关系研究中，将人均转移支付作为一个控制变量放入模型。范子英（2013）研究转移支付、基础设施投资与腐败关系时，在模型中加入专项转移支付，以及与基本建设支出交互项。孔位拿和肖唐镖（2013）在研究转移支付与公共品供给质量时，分析不同类型转移支付公共品质量效应。这些文献并没有考虑中国地方政府间激烈竞争这个现实环境，也没有考虑中国不对称分权体制。本节将在前述文献基础上，同时利用支出法和产出法度量地方政府社会责任，研究转移支付对地方政府社会责任激励效应。本节的贡献在于：第一，通过构造不对称分权指数，实证检验中国财政分权体制下，不对称分权是否真会降低地方政府社会责任；第二，通过在实证模型中引入转移支付与横向竞争交互项，在经验上识别中国转移支付是否也能消除标杆竞争偏误，强化横向竞争对地方政府社会责任约束效应；第三，在支出法度量政府社会责任基础上，采用五类社会性公共品和分层加权方法，构造产出法地方政府社会责任综合指数，以弥补支出法度量内在缺陷。

二、理论分析与研究假说

在中国，中央政府对地方政府传统治理模式是晋升机制①，即主要根据地方政府在经济社会责任履行表现决定其升迁与否。但考虑到地区间巨大差异这一现实，中央政府不是选择地方政府经济社会责任履行情况的绝对表现，而是相对表现。相对表现考核使所有地方政府都有参与竞争激励，避免经济落后地区退出竞争，将更多财政资金用于自我消费。相对表现晋升规则（周黎安、李宏彬和陈烨，2005）对所有地方政府而言是共有信息，所以为获得晋升，地方政府会努力提高自己表现。在这种治理模式下，被中央政府纳入责任考核范围的指标就成了地方政府行动指挥棒。从中国改革开放以来的治理实践看，被中央纳入考核范围的指标有一个不断扩大的过程，从早期的经济责任为主正在转向经济和社会两方责任兼顾。在经济方面，被纳入考核范围指标尽管不完全是经济增长，但经济增长对地方政府而言，一定被视为最重要、最显现指标之一。因为经济增长不仅可

---

① 皮建材（2012）等研究在讨论中国地方政府治理时，模型建构思想都是相对晋升规则。

以体现本地综合经济表现，而且也会为地方政府提供更多财政收入，以满足经济社会建设融资需求。在社会方面，近年来被纳入考核范围的指标逐步增加，包括重大环境事件等，但主要是在辖区社会性公共品方面的表现[①]。面对上述治理模式，地方政府会通过综合使用各种可行工具提高自己的表现。但在中国，尽管地方政府可以使用的政策工具有很多，但最便利最常用的工具就是财政支出。尽管许多研究认为，地方政府也经常使用税收工具，但在税权高度集中以及国地分征模式下，税收工具使用实际上是非常有限的。如果将地方政府财政支出工具与被中央政府纳入考核范围的两方面指标对应起来，根据已有研究惯常做法，就是地方政府利用经济性支出提高经济责任履行表现，用社会性支出提高社会责任履行表现[②]。由于地方政府财政资源总是有限的，经济性支出与社会性支出总是此消彼长关系，所以地方政府必须恰当选择支出结构才能最大化两方面综合表现。

根据前述分析，地方政府选择财政支出工具最大化目标函数 $p_i = f(\theta, \beta, g_i, s_i)$，$p_i$ 被称为晋升指数，是经济责任和社会责任履行表现函数。其中，经济责任和社会责任履行表现分别用 g_i 和 s_i 表示。θ 和 β 为中央政府选择的地区差异修正系数，也可理解为中央政府对经济和社会责任履行表现相对重视程度。为便于分析，将函数 f 设定为线性表达式（5.9）。其中 ε_i 为信息扰动项，为简化起见，g_i 就用经济增长率表示。

$$p_i = \theta g_i + \beta s_i + \varepsilon_i \qquad (5.9)$$

接下来确定 g_i 和 s_i。为此将地区生产函数设定为 $F_i = k_i((1-\lambda_i)G_i) - \dfrac{\delta k_i^2}{2}$，其中 k 和 G 分别为人均资本和人均财政支出，λ 为社会性支出比重，$\delta > 0$ 为资本边际产出率下降速度。地区之间资本流动完全自由且成本为 0，地方政府按照中央政府规定的税率向资本课税[③]。这样均衡时资本边际生产率为 $r_i = (1-\lambda_i)G_i - \delta k_i$。为了获得经济均衡增长率，还需要确定代表性居民效用函数。采用尹恒和徐琰超（2011）等研究做法，将代表性居民效用设定为可加可分函数形式，即 $u_i = \dfrac{(c_i^{1-\sigma}-1)}{(1-\sigma)} + z(s_i)$，其中 c_i 为私人品消费，$z(s_i)$ 为社会治理给居民带来的效用，可以将其理解为社会性公共品消费所获效用，满足 $\dfrac{\partial z}{\partial s_i} > 0$。代表性居民用于消费

[①] 社会性公共品包括教育、医疗、环境保护等方面公共品，这类公共品的多少往往会影响一个地区民众对政府满意度，如果提供不足很容易引起民众不满，进而诱发社会群体性事件，威胁社会稳定。而维持稳定是中央政府考核地方政府一个重要方面。

[②] 当然，这种对应并不完全正确。因为两类支出对经济社会两方面指标都会有影响。这种做法只是一个简化，并被大部分研究所接受。已有研究习惯于将经济性支出放入生产函数，社会性支出放入效用函数。

[③] 这里做了简化处理，避免太多工具出现使分析过于复杂。

的收入来自于税后净产出。为便于分析，假定资本折旧率为0，人口增长率也为0，这样资本动态方程就可表达为（5.11）式形式。代表性居民在（5.11）式约束下通过选择消费最大化终生效用（5.10）式。其中（5.10）式中的ρ为贴现因子。

$$\max_{c_i} U = \int_0^\infty \left(\frac{(c_i^{1-\sigma} - 1)}{(1-\sigma) + z(s_i)} \right)^{-\rho t} dt \qquad (5.10)$$

$$\dot{k}_i = F_i - \tau k_i - c_i \qquad (5.11)$$

根据生产函数与代表性居民最优化消费决策可以获得地区 i 经济均衡增长率 g_i（5.12）式。

$$g_i = \frac{r_i - \tau - \rho}{\sigma} \qquad (5.12)$$

将（5.12）式代入（5.9）式，并设定社会治理表现 s 就等于人均社会性支出，即 $s_i = \lambda_i G_i$。这样（5.9）式经变换后就成了（5.13）式。对地方政府而言，G 由于受到预算平衡约束，不可能成为地方政府可行工具。在税权高度集中体制下，地方政府只能调整 λ_i 最大化（5.13）式。

$$p = \frac{\theta[(1-\lambda_i)G_i - \delta k_i - \tau - \rho]}{\sigma} + \beta \lambda_i G_i + \varepsilon_i \qquad (5.13)$$

但调整 λ_i 不代表 G 不变化，因为在转移支付机制下，有两个机制会造成 G 变化。一是 λ_i 变化会影响税基，也即存在 $\frac{\partial k_i}{\partial \lambda_i} < 0$。二是转移支付机制下，本地税基变化会相应改变财政收入跨区域流动，流出变化为 $\alpha \frac{\partial k_i}{\partial \lambda_i} \tau$，流入为 $\alpha \frac{\partial k_{-i}}{\partial \lambda_i} \tau$。其中 α 为中央确定的转移支付上缴率。根据中国1994年分税体制改革所确定的财政收入政府间分配关系，分配规则对不同地区基本是一致的，所以为简化起见，将转移支付上缴率确定为 α。此外，根据中国转移支付制度，中央政府用于向地方政府拨款的资金都是从各地通过分税规则筹集的，然后通过税收返还、一般性转移支付以及专项补助等形式分配给各地。尤其是随着地方社会性公共品提供不足引发的社会矛盾日趋突出，中央政府不断加大了收入集权，以通过扩大转移支付和项目拨款方式，激励地方政府社会性公共品提供意愿。对于地方政府而言，在转移支付机制下，用于支出的财政收入不仅来自于本地资本课税，也有来自于中央政府垂直拨款。即地方政府支出满足预算平衡等式 $G_i = (1-\alpha)\tau k_i + \alpha \tau k_{-i}$。为后续分析需要，设定 $\varphi_i = \frac{\alpha \tau k_{-i}}{G_i}$ 表示转移支付收益率。这样地方政府预算平衡等式就可简化为（5.14）式。

$$G_i = \frac{(1-\alpha)\tau k_i}{1 - \varphi_i} \qquad (5.14)$$

将 (5.14) 式代入 (5.13) 式，并求 p_i 对 λ_i 一阶条件得到 (5.15) 式。

$$(\sigma\beta - \theta)(1-\alpha)\tau k_i + \left[((1-\lambda_i)\theta + \sigma\beta\lambda_i)(1-\alpha)\tau - \theta\delta(1-\varphi_i)\right]\frac{\partial k_i}{\partial \lambda_i} = 0 \quad (5.15)$$

(5.15) 式实际上是一个关于 λ_i 的隐函数，因为地区间存在资本竞争约束 $(1-\lambda_i)G_i - \delta k_i - \tau = (1-\lambda_{-i})G_{-i} - \delta k_{-i} - \tau = r$，所以资本 k_i 实际上是相互竞争地区财政社会性支出比重 λ_i 和 λ_{-i} 函数。在假定资本总量既定为 1 并处于竞争均衡时，地区 i 资本存量为 $k_i = \dfrac{(1-\lambda_i)G_i - (1-\lambda_{-i})G_{-i} + \delta}{2\delta}$。从均衡资本存量等式可以看出，本地提高社会性支出比重，就会造成本地资本流出，反之，竞争地区提高社会性支出比重，本地就会有更多资本流入。将其和 (5.14) 式一道带入 (5.15) 式，并整理可以获得 λ_i 解析式 (5.14)，其中 φ_{-i} 为竞争地区转移支付收益率。

$$\lambda_i = \frac{\sigma\beta - 2\theta}{2(\sigma\beta - \theta)} + \frac{\theta\delta(1-\varphi_i)}{2\tau(\sigma\beta-\theta)(1-\alpha)} + \frac{\lambda_{-i}(1-\varphi_i)}{2(1-\varphi_{-i})} - \frac{(1-\varphi_i)}{2(1-\varphi_i)} \quad (5.16)$$

根据 (5.16) 式，可以获得地方政府社会性支出结构选择的如下三个命题。

命题 1：面对竞争压力，地方政府 i 财政支出结构策略受竞争地 $-i$ 财政支出结构调整策略影响，面对竞争地区提高社会性支出比重，总会采取追随策略，但强度受到转移支付分配机制影响。命题 1 证明非常简单，根据 (5.16) 式可以获得 $\dfrac{\partial \lambda_i}{\partial \lambda_{-i}} = \dfrac{1-\varphi_i}{2(1-\varphi_{-i})} > 0$，而转移支付分配机制影响则是 $\dfrac{\partial \lambda_i}{\partial \varphi_i \partial \lambda_{-i}} = \dfrac{-1}{2(1-\varphi_{-i})} < 0$，即转移支付分配机制越强，地方政府之间社会性支出竞争相对越弱。如果从辖区居民角度将地方政府增加社会性支出看成是一个促进辖区居民福利行为，那么中央政府通过加大转移支付分配力度会弱化政府间社会性支出标杆竞争行为。之所以如此，原因在于转移支付分配力度越大，说明流入本地财政资源越多，面对竞争地区提高社会性支出比重，本地政府追随积极性会下降，因为竞争地区提高社会性支出比重会导致资本流入本地，税基扩大增加了本地财政收入，这样即使不向上调整社会性支出比重，保障社会性公共品所需支出规模也能得到满足。在这种情况下，本地政府就会有更大余地将更多支出用于经济性公共品生产，进一步提高本地资本竞争力。当然我们也可以看出，追随的反应强度也受到竞争地区转移支付收益率影响，只是影响与本地转移支付收益率相反。

命题 2：地方政府 i 财政支出结构策略会受到中央政府制定的转移支付融资机制影响，但影响方式及强度与中央政府在业绩考核中针对区域差异选择的权重有关。实际上，对 (5.16) 式求 λ_i 对 α 一阶导数得到 $\dfrac{\partial \lambda_i}{\partial \alpha} = \dfrac{\delta\theta(1-\varphi_i)}{2\tau(\sigma\beta-\theta)(1-\alpha)^2}$，

当 $\theta > \sigma\beta$，$\frac{\partial \lambda_i}{\partial \alpha} < 0$，而当 $\theta < \sigma\beta$，$\frac{\partial \lambda_i}{\partial \alpha} > 0$。可见，转移支付融资机制会对地方政府社会性支出结构策略产生怎样影响，取决于中央政府对这个地区赋予的权重，或者是中央政府对经济责任与社会责任履行表现相对重视程度。当中央政府赋予该地区的经济责任履行表现权重很高，或者对地方政府社会责任履行表现重视程度较低时，中央政府提高地方转移支付上缴率，地方政府会减弱社会责任履行力度，调低社会性支出比重。之所以做出如此反应，主要是因为中央政府提高转移支付上缴率，会导致本地财政资源更多流出。地方政府通过提高经济性支出比重降低财政资源流出对经济性支出规模的不利影响，因为经济性支出规模直接影响该地区经济增长率。所以当中央政府非常重视该地区经济表现时，地方政府调低社会性支出比重，既可降低转移支付上缴率上升对本地财政收入进而对经济性支出规模不利影响，又可以提高本地资本竞争能力，通过扩大税基提高财政收入，进而减弱经济性支出比重上升对社会性支出规模产生的挤出效应。

命题3：转移支付分配机制对地方政府财政支出结构的策略影响比较直接，主要表现为收入效应。因为根据（5.16）式，有 $\frac{\partial \lambda_i}{\partial \varphi_i} = \frac{1-\lambda_{-i}}{2(1-\varphi_{-i})} > 0$，即中央政府提高本地转移支付收益率，本地政府也会相应增加社会性支出比重。之所以如此反应，主要源于转移支付收益率提高，流入本地财政收入增加，这样提高社会性支出比重，不仅不会降低保持资本竞争力所需的经济性支出规模需要，而且还会因社会性支出比重增加，本地公共品会得到更大改善，从而能获得居民更高评价和支持。

三、实证策略

综合第二部分理论分析，可以获得一个大致结论，即转移支付对地方政府社会责任影响在理论上似乎比较明确。但理论分析简化了制度运行环境，以及制度具体设计。正如 Weingast（2009）所言，转移支付对地方政府责任激励一方面取决于转移支付运行环境，另一方面取决于制度设计。从（5.16）式看，影响地方政府社会性支出责任因素，除了转移支付，还有竞争地区社会性支出比重策略，以及中央政府对地方政府责任履行情况考核机制。前者意味着地方政府社会性支出比重策略存在空间上的相关性，后者意味着除转移支付，还有其他制度环境影响地方政府社会性支出比重策略。此外，（5.16）式还告诉我们，转移支付与其他变量之间还存在着交互效应，共同作用于地方政府社会性支出比重策略。为了在经验上识别转移支付对地方政府社会责任影响，依据（5.16）式构造实证模型

(5.17) 式。其中 λ_i 为地方政府社会责任,用地方政府社会责任相对表现或社会责任偏好相对程度表示,该值越高说明地方政府对社会责任越重视。$\lambda_{-i,t}$ 为竞争地区地方政府社会责任,w_{ij} 为竞争地区 j 权重,反映竞争地区空间结构,满足 $\sum_{j \neq i} w_{ij} = 1$。为了能够在分权框架下揭示转移支付是否发挥矫正机制作用,实证研究将分两步进行。首先针对中国分权体制下不对称分权这一现实情况,考察不对称分权对地方政府社会责任的影响。通过这步实证验证中国财政体制中的不对称分权结果是否真会降低地方政府社会责任。其次考察转移支付融资和分配机制是否具有矫正地方政府社会责任不足作用,激励地方政府社会责任。所以(5.17) 式核心解释变量 FS 在第一步实证中指的是不对称分权程度,在第二步实证中为转移支付上缴率或收益率。x 为控制变量。此外,在第二步实证中,为检验中国转移支付是否也具有竞争约束强化效应,模型中加入了转移支付与竞争地区地方政府社会责任交互项。考虑到社会责任一般具有惯性,在实证中加入了地方政府社会责任一阶滞后项。

$$\lambda_{i,t} = \eta_0 + \eta_1 \lambda_{i,t-1} + \eta_2 \lambda_{-i,t} + \eta_3 FS_{i,t} + \eta_4 \lambda_{-i,t} FS_{i,t} + \sum_j \varsigma_j x_{ij,t} + \varepsilon_{i,t}$$

$$\lambda_{-i,t} = \sum_{j \neq i} w_{ij} \lambda_{j,t} \tag{5.17}$$

接下来对 (5.17) 式涉及变量及其赋值方法作一些说明。在理论分析中,λ_i 一直被定义为地方政府社会性支出比重。但这一比重无法反映地方政府在经济责任和社会责任之间的偏好。因为地方政府提高社会性支出比重,不代表一定会降低经济性支出比重,因为除了经济性和社会性支出,地方政府还有维持性支出。所以为捕获地方政府责任偏好结构,因变量 λ_i 在后续实证中也采用地方政府社会性支出除以经济性支出表示地方政府社会责任偏好程度。该比值越大,说明地方政府越重视社会责任[①]。上述度量都是利用财政支出数据,所以将其称为支出法度量。然而,这种度量方法存在一个问题,就是这种方法假定所有地方政府都以相同效率履行社会责任。但实际上同样支出比重,不同地区社会责任履行表现可能有很大差异。考虑社会性支出效率地区差异,作为稳健性分析,实证中还采用产出法度量地方政府社会责任相对表现。具体地说,就是使用社会性公共品综合指数刻画地方政府社会责任,指数越大,说明地方政府社会责任履行情况越

---

① 考虑到本书实证考察时间段为 2000~2012 年,而在这其中,2007 年中国财政收支进行了分类改革,造成 2007 年前后支出统计口径发生了巨大变化。为避免数据结构变化影响,我们采用了标准化处理。即 2000~2006 年的各地政府各年支出法社会责任采用各地政府各年社会性支出比重除以所有地区 2000~2006 年所有年份均值,2007~2012 年各地政府各年支出法政府责任采用各地政府各年社会性支出比重除以所有地区 2007~2012 年所有年份均值。类似方法计算出地方政府社会责任偏好相对程度。收支分类改革并不影响产出法政府社会责任综合指数。

好。该指数构造方法如下：使用五类社会性公共品，包括公共教育、公共卫生、社会保障和公共设施、环境保护等方面，按照一定规则加权。其中公共教育采用15岁以上人口文盲率、特殊学校生师比、中小学生师比。公共卫生采用每千人医护人员数量、每千人医院卫生院床位数、每千农民乡镇卫生院床位数、农村改水收益覆盖率和无害化卫生厕所普及率。社会保障采用养老保险覆盖率、基本医疗保险覆盖率、城乡发展差异。公共设施采用天然气普及率、人均绿地面积、每万人公交车辆、单位面积公路铁路网密度、单位面积便民利民服务网点数、单位面积公用图书馆数量。环境保护采用环境污染治理投资占GDP比重、污水处理率、环境污染事件发生次数。为简化起见，赋予所有类型公共品同等重要性，在标准化基础上，通过分层加权获得综合指数①。

作为核心解释变量，不对称分权被定义为财政支出分权减去财政收入分权。其中财政收入分权，本书并没有按照国内文献常用的本级预算内收入或支出除以中央预算内本级收入或支出（徐永胜和乔宝云，2012；等），而是根据中国1994年分税体制形成的收入分配关系和支出融资途径确定。具体而言，财政收入分权计算公式为（地方一般预算内财政收入 − 上解支出）/（税务部门征收的税收收入 + 财政部门征收的契税、耕地占用税以及农牧业税 + 财政部门征收的非税收入）②。财政支出分权计算公式为（地方一般预算内财政支出 − 中央政府规定用途的转移支付）③/地方一般预算内财政支出。需要说明的是，受数据所限，本书度量财政收支分权仅针对一般预算情况。尽管不能全面反映政府间实际分权程度，比如基金预算未包括在内。但如果我们能够在一般预算就识别出地方政府社会责任相对表现，那么对地方政府自由裁量权更大的其他政府收支，就更可能如此。更何况，本书希望识别转移支付激励效应，而中国转移支付本来只针对地方政府一般预算收支情况。所以使用一般预算数据与转移支付能保持一致。作为另一核心解释变量，转移支付包括上缴率 α 和收益率 φ_i，其中上缴率刻画转移支付融资机制，收益率反映转移支付分配机制。前者定义为各地区财政总收入与一般预算收入之差除以财政总收入。后者定义为各地一般预算内支出中中央补助所

---

① 由于有一些地方公共品是中央政府直接提供的，所以有人会质疑产出法度量地方政府社会责任是否合适。的确，一些地方性公共品由中央政府提供，但这个比例很小，地方性公共品综合指数基本上可以判断支出法度量的地方政府社会责任。两者相关系数为0.62，并在5%水平上显著。

② 这一定义类似于Hehui Jin et al.（2005）所定义的财政收入留成率，只是本书为平均留成率，他们所指为边际留成率。

③ 根据中国目前转移支付结构，税收返还（两税返还、所得税基数返还、出口退税基数返还）和原体制补助以及没有规定用途的一般转移支付，地方政府在如何使用上具有完全自主权，所以应被视为与自有收入一样，但由于缺乏转移支付分项数据，本书就没有区分转移支付分项差异，直接使用历年《中国财政年鉴》各地区预算平衡表中列出的中央政府补助。

占比重。表 5-6 总结了上述变量情况。

表 5-6 关键变量简单统计描述

变量名	α	φ	不对称分权	λ_i^a	λ_i^b	λ_i^c
Mean	54.14	50.41	-3.84	1	1	0.5
Std. Dev.	15.45	6.99	17.07	0.1	0.21	0.11
Min	17.88	29.7	-45.82	0.69	0.49	0.21
Max	93.01	68.41	39.32	1.31	1.73	0.75
λ_i^a	-0.0168*	0.1950	-0.1834***			
λ_i^b	-0.0589*	-0.3971**	-0.3353**			
λ_i^c	-0.0548	-0.1041	0.0167			

说明：表中 a、b、c 分别对应支出法地方政府社会责任相对表现，地方政府社会责任偏好相对程度，以及产出法地方政府社会责任综合指数。表中第 6~8 行数据为政府社会责任与第一行前三个变量间相关系数，***、**、* 分别表示在 1%、5% 和 10% 水平上显著。转移支付上缴率和收益率、不对称分权均值的最大值和最小值单位都为%。

（5.17）式中控制变量，本书主要选择居民受教育程度（edu）、地区开放程度（open）、地区腐败程度（corruption）、人均财政支出规模（pexp）、人均 GDP（pgdp）、城市化水平（urban）、地区内竞争程度（competition）、地区内税收收入结构（exterptax）、人口抚养比（dep）、经济增长率（egr）。其中居民受教育程度赋值方法为 6 岁以上人口中各级教育加权平均，即 $\sum_i (pop_i/pop) * edu_i$，其中 pop_i 为 i 教育阶段人口数量，pop 为 6 岁以上人口数量，i 为小学、初中、高中、大专及以上，edu_i 为各阶段教育受教育年限，分别为 6 年、9 年、12 年、15 年。根据斯恩、赛斯俩和谭贵（Theo, Cecilia and Tanguy, 2009）等研究，该变量对政府社会责任有正向影响。地区开放程度采用地区进出口贸易额占地区 GDP 比重表示。尽管地区越开放，意味着本地居民有更多的外部信息渠道，从而提高对政府社会责任评价能力，让蒂伯特（Tiebout, 1956）机制发挥作用。但根据爱斯尔、简艾伯特和亨应日奇（Axel, Jan-Egbert and Heinrich, 2008）等研究，全球化也会引致政府控制居民福利支出。所以地区开放程度对政府社会责任影响并不清晰。地区腐败程度采用地区相对腐败指数表示，具体计算方法参照刘勇政和冯海波（2011）。而根据峁柔（Mauro, 1998）、何塞米（Hessami, 2014）等研究，地区腐败程度对地方政府社会责任影响为负。

人均财政支出规模对政府社会责任的影响主要表现在规模效应上，一般而言，规模大小会影响财政资金在竞争性项目之间的分配压力。和居民受教育水平一样，人均 GDP 衡量的是一个地区经济发展水平，根据瓦格纳法则，人均 GDP 会影响居民对消费类公共品的需求。城市化水平在中国对政府社会责任影响也容易理解，中国城市倾向发展导致政府对城市基础设施投入更多，而对社会性公共品投入热情相对较弱。但自 2002 年以来中国实施城市反哺农村战略，使得这种影响在统计上变得相对复杂。该变量赋值为城镇人口占全部人口比重。地区内竞争程度对一个地区内部政府社会责任影响在财政竞争文献中被经常提及，由于地区间税基流动性，为流动性税基而竞争会对政府自利行为产生一定约束，从而影响政府社会责任。由于受数据所限，本书沿用哈特菲尔德和科赛斯（Hatfield and Kosec, 2013）方法，使用域内县市级政府数量度量地区内政府竞争程度。地区税收收入结构对政府社会责任影响则主要与不同收入结构下居民税收痛苦不同，从而产生不同的社会监督力量。当然，收入结构对政府社会责任影响还有另一个维度，就是税收不同来源会影响政府对向谁负责的认识发生异化。该变量赋值为本地国有企业所缴税收占本地全部税收收入比重。抚养比在政府支出结构决定因素中一直被认为是一个重要参量，遵照惯例本书也将抚养比作为控制变量。具体度量方法为 0~14 岁和 65 岁以上人口占全部人口比重。当然，除上述变量，中央政府责任履行偏好在集权政治体制下也可能对地方政府社会责任产生影响。为此，本书选择中央政府本级预算支出中社会性支出和经济性支出之比作为中央政府社会责任相对偏好（centersr）。

对于地方政府社会责任存在空间相关性，本书参照已有文献惯用方法，按照是否相邻和经济发展水平相近程度，分别构造权重矩阵。其中是否相邻，权重矩阵元素 $w_{ij} = 1/n$，当地区 j 与地区 i 相邻时，n 为相邻地区数量，否则 $w_{ij} = 0$。经济发展水平权重矩阵元素 $w_{ij} = [1/(gdp_j - gdp_i)]/\sum_j 1/(gdp_j - gdp_i)$，经济发展水平越接近，空间效应就会越强。在上述两种构造方法基础上，本书还选择经济发展水平和是否相邻混合权重矩阵构造方法，即 $w_{ij} = [1/(gdp_j - gdp_i)]/\sum_j 1/(gdp_j - gdp_i)$，如果 j 与 i 相邻，否则 $w_{ij} = 0$。三种构造方法有助于识别中国地方政府间竞争是否存在分层现象。

最后，地方政府社会责任还会受到国家重大战略影响。通过查阅 2000 年以来中央重要文件和会议，控制变量中还包括时间虚拟变量，2007 年及其之后，时间虚拟变量 t = 1，其他时间为 0。设置依据是 2007 年中央政府工作报告和党的十七大报告，首次提出社会建设这个概念，并对社会建设做了全面部署[1]。这样设置还有另一个好处，就是 2007 年财政实行收支分类改革，设置这个虚拟变量

---

[1] 这里感谢上海财经大学王嘉贺博士提议，采用是否将社会建设作为考核指标的时间点为依据设置虚拟变量。但由于未能找到这方面文件，所以退而求其次，以中央文件社会建设出现时点为依据。

一定程度上可控制这一影响。同时考虑2008年金融危机冲击导致经济下滑，从而引发政策转向，所以设置虚拟变量 tt = 1，2009年及其之后，其他时间 tt = 0。在估计方法上，由于（5.17）式是一个动态面板模型，所以存在明显内生性。不仅如此，待估模型右边空间滞后效应也表明模型存在内生性问题。为此，本书选择系统GMM估计。选择其他解释变量的空间加权作为内生变量的工具变量，并通过萨甘（Sargan）检验考察工具变量有效性。最后利用阿里郎诺和伯德（Arellano and Bond，1991）检验估计残差是否存在序列相关。考虑到地区异质性可能产生异方差问题，采用异方差稳健标准误估计。

四、实证结果分析

表5-7报告了不对称分权是否影响地方政府社会责任相对表现的实证结果。在控制变量中，腐败对政府社会责任相对表现及其偏好相对程度影响都显著为负，说明腐败的确会使经济性支出比重上升，进而挤压社会性支出，造成社会性公共品供给不足。税收收入结构对地方政府社会责任相对表现有显著负面影响，但对其责任偏好相对程度没有显著影响，说明税收收入结构既不利于激励地方政府承担社会责任，也不利于激励其承担经济责任。这一现象产生源自国有企业与地方政府间特殊关系。首先，税收来源决定税收用途，既然地方政府大部分收入源自国有企业，而非居民，政府没有将收入投资于居民可以消费的社会性公共品，也就很好理解。其次国有企业纳税贡献不是依赖其经营能力提升而是政府赋予的经营垄断，所以地方政府在获得税收收入时也就不会投资到有利于国有企业盈利能力提升的领域，从而出现国有企业税收贡献上升不是由于地方政府经济责任更强。这一实证发现说明，中国要想真正推进社会建设，公共支出体现以人为本，必须改变以国有企业作为主要纳税人的税收融资结构。当然，这一结论还需进一步证据。

表5-7　　　　不对称分权对政府社会责任相对表现及
其偏好相对程度影响估计

	模型1	模型2	模型3	模型4	模型5
L1. λ_i	0.4014*** (5.24)	0.3820*** (2.81)	0.4159*** (4.67)	0.2971** (2.45)	0.0776 (1.27)
λ_{-i}	0.1481 (1.37)	0.2706** (2.01)	0.2905** (2.08)	0.4881*** (3.68)	0.8003*** (4.32)

续表

	模型1	模型2	模型3	模型4	模型5
不对称分权 *λ$_{-i}$	-0.0029 (-0.86)	-0.0024** (-1.96)	-0.0037** (-2.22)	-0.0092* (-1.85)	0.0105 (1.35)
不对称分权	-0.0026 (-1.10)	-0.0011* (-1.89)	-0.0027** (-1.99)	-0.0101** (2.14)	0.0031 (-1.56)
Corruption	-0.0002** (-2.54)	-0.0001** (-1.98)	-0.0003*** (-2.93)	-0.0018* (-1.87)	-0.0031*** (-3.06)
Exterptax	-0.0007** (-2.45)	-0.0006*** (-2.81)	-0.0007*** (-3.28)	0.0023 (1.12)	0.0072 (1.49)
Ln(pgdp)	0.0208* (1.81)	0.0219** (1.98)	0.0227* (1.92)	0.0108** (2.33)	0.0703 (0.21)
Dep	-0.0012*** (-3.08)	-0.0010** (-2.37)	-0.0015*** (-3.34)	-0.0147* (-1.89)	-0.0089*** (3.16)
Edu	0.0227* (1.89)	0.0180* (1.90)	0.0277* (1.93)	0.0103** (2.09)	0.2082** (2.26)
Urban	0.0011 (0.79)	0.0011 (0.31)	0.0013 (0.93)	0.0061 (0.95)	-0.0373** (-2.01)
Open	0.0000 (0.21)	0.0000 (0.29)	0.0001 (0.46)	-0.0044 (-1.04)	0.0028 (1.27)
Ln(pexp)	0.1089** (2.09)	0.1027** (2.01)	0.1169** (2.11)	0.1205** (2.29)	0.1445 (0.68)
Competition	0.0017 (1.03)	0.0016 (1.26)	0.0016 (1.38)	0.0031* (1.92)	0.0004 (0.22)
L1.egr	-0.0001 (-0.10)	-0.0003 (-0.45)	-0.0003 (-0.47)	0.0152 (1.72)	-0.0179* (-1.83)
T	0.0031 (0.28)	0.0023 (0.23)	0.0038 (0.41)	0.0096 (1.13)	0.2699 (0.81)
Tt	0.0041 (0.76)	0.0043 (0.85)	0.0049 (0.85)	0.0008* (1.86)	0.1006 (0.39)
Centersr	-0.0015* (-1.90)	-0.0023* (-1.91)	-0.0026* (-1.89)	-0.0079 (-1.35)	0.0038 (0.04)

续表

	模型1	模型2	模型3	模型4	模型5
_cons	-0.2017 (-1.15)	-0.1843 (-0.76)	-0.1434 (-0.89)	0.0346 (0.59)	-1.6627 (-0.67)
Sargan test	5.5966	5.5605	5.7702	8.2459	6.8190
AR(1)	0.0018	0.0016	0.0044	0.0065	0.0029
AR(2)	0.8146	0.5001	0.4831	0.2078	0.1523

说明：表中括号内为稳健标准误z统计量，AR(1)和AR(2)为p值，***、**、*分别表示在1%、5%和10%水平是显著的。萨甘检验结果表明，所选工具变量有效，序列相关检验表明不存在二阶序列相关。模型1和模型2分别为经济权重法和地理权重法，模型3至模型5都为经济地理权重法。模型1至模型3因变量为以支出法衡量的地方政府社会责任相对表现，模型4因变量为以产出法衡量的地方政府社会责任综合指数，模型5因变量为地方政府社会责任偏好相对程度。实证考察时间段为2000~2012年，样本为除北京、上海、天津、重庆和西藏自治区以外的省级行政单位。之所以剔除北京、天津、上海、重庆，因为都是直辖市，避免一些针对直辖市的特殊政策影响样本可比性，西藏自治区因为其特殊区域被剔除。

  人均GDP对政府社会责任偏好相对程度影响为正，但并不显著。不过对政府社会责任相对表现影响却至少在10%水平上是显著的，说明经济发展水平对政府社会责任具有下溢效应。居民受教育程度无论对地方政府社会责任相对表现，还是对地方政府社会责任偏好相对程度，影响都很显著。尤其对政府责任偏好相对程度影响，系数高达0.2082。城市化虽对地方政府社会责任相对表现影响不显著，但却显著提高了地方政府社会责任偏好相对程度，说明中国城镇化很大程度上是硬件城镇化，而非人的城镇化。开放程度对政府社会责任相对表现影响，不仅非常小，而且都不显著，但从系数符号看，开放对政府社会责任相对表现及其社会责任偏好相对程度影响都为正，说明开放至少一定程度上可以约束政府更好履行社会责任。

  人均财政支出对地方政府社会责任相对表现影响显著为正，说明财政支出规模对财政支出结构影响具有明显收入效应，即财政支出规模越大，政府在增加经济性支出的同时，增加更多社会性支出。这一点在政府社会责任偏好相对程度估计系数上得到进一步佐证。域内竞争对政府社会责任及其偏好相对程度都没有显著影响，这与已有文献发现并不一致，出现这一结果可能源于物质资本竞争与人力资本竞争同时并存这一现实竞争状态。再看经济增长影响，经济增长虽对政府社会责任相对表现影响不显著，且系数为负，但对地方政府社会责任偏好相对程度影响却非常显著，说明经济增长会强化政府经济责任，但不一定会以牺牲社会责任为代价。这一实证结果可能与一个因素有关，即社会性支出往往都具有一定刚性，这些刚性支出一般不会因为政府经济责任增强而明显减少。这一点可以通过时间虚拟变量估计系数得到证实。2008年中国经济遭遇世界金融危机冲击，面对产出严重下滑，中央政府出台了力度较强经济刺激计划，导致从2009年开始，政府经济职能被强化。但由于同时中国正在全面推进和谐社会建设，所以民生支出压力也非常大。面对两方面压力和有限财力，地方政府只能通过大规模融资平台等手段为强化经济责任提供支持。所以会看到，地方政府经济责任在2008年之后会显著强化，但这种强化在以财政支出刻画的政府社会责任偏好相对表现上并没有得到体现。从中央政府影响看，中央政府示范效应对地方政府影响非常显著，但这种影响却不是正向的，而是反向的，也就是说，中央政府越偏向社会责任，地方政府社会责任反而更弱。这一结果说明，在中国，中央和地方之间存在显著支出替代现象。在所有控制变量中，抚养比估计系数有些特殊，这种情况产生原因可能是，抚养比越高，劳动力人口比重相对越低。在要素推动的经济增长模式下，保持经济增长优势，只有通过增加经济性公共品吸引资本要素。所以伴随抚养比上升，出于晋升目的，地方政府会相应提高经济性支出比重。这一情况也反映出地方政府对中央政府社会建设这个发展战略响应度较低。这一点在虚拟变量 t 估计结果上得到进一步说明，地方政府社会责任并没有因为中央政府提出社会建设战略而有显著提高。

  作为本节关注的重点，不对称分权对政府社会责任影响不仅是直接的，而且也会间接产生作用。从表5-7估计系数看，不对称分权对政府社会责任影响，大部分模型至少在10%水平上显著，这说明中国财政分权改革至少在激励地方政府社会责任方面，是不成功的。同时也说明，人为不对称分权是导致地方政府社会性公共品供给不足的重要原因，至少在经验上得到了证实。根据贝格温丽等（Bergvall et al., 2006），不对称分权是分权国家一个普遍现象，在一些发达国家，不对称程度甚至超过50%。虽然还没有报告指出，这些国家分权不对称是否弱化地方政府社会责任。但在中国，财政分权不对称的确对地方政府社会责任缺乏激励。不对称分权对地方政府社会责任的不利影响，并不意味着会激励地方政府增强经济责任。因为根据不对称分权与地方政府责任偏好相对程度估计系数，前者对后者影响不显著。从总体上看，不对称分权构成了地方政府责任不足的激励结构。增强地方政府责任感，尤其是社会责任感，财政分权需要重构激励。就间接效应看，不对称分权还会弱化竞争约束对政府社会责任正向激励效应。表5-7估计结果表明，中国地方政府之间存在明显标杆竞争现象，相邻地区政府社会责任会对本地政府社会责任有正向促进作用，尤其对与本地区经济发展水平相近的临近地区政府社会责任影响更强。这一结论一是验证了命题1，即在一定制度环境下，地方政府之间竞争呈现出明显互补效应。这种互补效应很大程度上改善了地方公共品供给，既包括经济性公共品，又包括社会性公共品。二是支持了中国地方政府之间责任竞争具有明显分层这一早期经验发现，社会责任竞争在经济发展水平相近和地理相邻政府间更为强烈。然而，竞争对地方政府社会性公共品供给激励受到了不对称分权体制抑制。地方政府在分权体制下支出分权越大，收入分权越小，政府间竞争对其社会责任不利影响就会越大，反之，收入分权越大，而支出分权越小，政府间竞争反而会促进其增强社会责任。这一实证结果与中国转移支付制度与支出责任缺乏刚性约束有关。收入分权越小，地方政府履行责任的积极性就越下降，这已被研究所证实。支出分权越高，在支出缺乏刚性约束情况下，地方政府根据自己意志配置财政资源就越普遍，而在支出分权较小时，中央政府会通过转移支付为地方政府支出融资，这时地方政府支出受到中央政府意志影响就会很大。

表 5-8 总结了转移支付机制对政府社会责任影响，为节省篇幅，表 5-8 仅报告了核心变量估计结果，同时根据表 5-7 三种权重构造方法下竞争效应强弱，仅报告影响最显著经济地理权重估计结果。

表 5-8　　　　　转移支付机制对政府社会责任相对表现影响（经济地理权重）

	模型 1	模型 2	模型 3	模型 4
L1. λ_i	0.3434*** (3.37)	0.3829*** (3.89)	0.3058** (2.24)	0.3107*** (3.75)
λ_{-i}	0.2191** (2.37)	0.2082** (2.46)	0.4134** (2.06)	0.4062 (2.19)
α_i	-0.0051** (-2.03)		-0.048** (-2.01)	
φ_i		0.0000 (0.01)		0.0001 (0.03)
$\alpha_i * \lambda_{-i}$	-0.0115** (-1.96)		-0.0099* (-1.86)	
$\varphi_i * \lambda_{-i}$		0.0000 (0.02)		0.0005 (0.14)
控制变量	yes	yes	Yes	Yes
Sargan test	11.2935	12.6710	16.5050	15.0571

续表

	模型 1	模型 2	模型 3	模型 4
AR（1）	0.0005	0.0009	0.0013	0.0021
AR（2）	0.8898	0.1258	0.8212	0.1315

说明：表 5-8 括号内为稳健标准误 z 统计量，表中第 1 列控制变量同表 5-7，α_i 和 φ_i 分别表示转移支付上缴率和收益率，两者定义和赋值方法见前文。***、**、* 分别表示在 1%、5% 和 10% 水平上显著。表中所报告结果仅为经济地理权重构造方法估计结果。其他说明同表 5-7。模型 1 和模型 2 因变量为支出法衡量的地方政府社会责任相对表现，模型 3 和模型 4 因变量为产出法衡量的地方政府社会责任综合指数。

和表 5-7 一样，政府社会责任相对表现在地区之间存在明显竞争效应。作为转移支付机制两个重要参量，转移支付融资和分配，对政府社会责任相对表现影响存在较大差异。就融资阶段而言，中国转移支付融资方式对政府社会责任相对表现影响显著为负。说明这一融资方式不利于激励地方政府社会责任。根据中国 1994 年财政改革方案，中国所有地区，在转移支付融资阶段，尽管地区间存在巨大差异，但都是转移支付贡献者，这一点和转移支付规模较大的澳大利亚、德国有很大差别。财政资金流出既削弱地方政府履行社会责任能力，又伤害地方政府履行社会责任的积极性。由于所有地区，无论穷富都是转移支付贡献者，所以这种影响在中国是普遍的。为了在经验上证实这一点，针对表 5-8 均值估计无法识别个体表现这一缺陷，我们考察了 α_i 系数 90% 置信区间，模型 1 其系数置信区间为 [-0.0086　-0.0032]，模型 3 其系数置信区间为 [-0.0069　-0.026]。可见中国转移支付对地方政府社会责任相对表现不利影响具有普遍性。当然这种现象与中国自上而下考核机制与有限任期制也有直接关系。在竞争压力下，地方政府对短期收益不明显的社会责任偏好不强。除了这种直接影响，转移支付融资方式还通过弱化竞争效应，减弱竞争对地方政府社会责任正向激励。间接效应为负主要源于中国转移支付融资使地区间存在收入共享机制，这种共享机制降低了政府责任激励。至此命题 2 在经验上也获得了支持。实际上在中国，中央政府尽管有时会强调社会建设重要性，也采取了一些考核办法，但对地方政府在经济责任方面表现的重视程度从来没有减弱过。所以当中央政府对地方政府经济责任重视远高于其社会责任时，转移支付融资机制会更加扭曲地方政府责任的偏好。

从转移支付分配机制看，上级政府拨款会显著提升地方政府财力，但财力提升不是表现在中央政府期望看到的社会层面，因为表 5-8 第 3 列转移支付收益率估计系数不仅很小，而且不显著。这一结论在一定程度上说明，近年来中国中央政府通过实施大规模转移支付来激励地方政府社会责任，总体上效果并不是很理想。就间接机制而言，和融资不同，转移支付分配没有通过影响竞争机制影响地方政府社会责任。转移支付分配机制之所以对地方政府社会责任既无直接激励也无间接激励，很重要原因在于中国转移支付分配方式。在中国，项目制是上级政府控制地方政府和管理活动的主要特征（渠敬东，2012），这种项目制管理在转移支付分配环节也是一种常见方式。项目制最大问题就是注重入口管理，对项目产出和实施效果监控不足。这就使得中央政府原本通过转移支付实施的社会性支出项目，因地方政府统筹行为而无法获得预期效果。这一实证结论说明，通过解决地方政府"钱"问题，并不一定能解决地方社会性公共品供给激励问题，给"钱"的方式更为关键。上述实证结论说明，命题3在中国未能得到经验支持，即转移支付分配对地方政府社会责任产生的收入效应较弱。

综合来看，中国转移支付机制对地方政府社会责任激励不够，未能成为不对称分权的良好矫正机制。那么中国转移支付机制是否还会扭曲地方政府责任偏好？因为弱化地方政府社会责任，并不一定意味着地方政府经济责任提高，所以表5-9进一步报告了转移支付机制对政府社会责任偏好相对程度影响估计结果。和表5-8一样，这里仅报告核心变量估计。可以看出，转移支付融资机制对地方政府社会责任偏好相对程度影响无论直接效应还是间接效应，都不显著。结合表5-8估计结果，进一步说明，中国转移支付融资方式对政府经济责任和社会责任影响呈现出明显收入效应。即对地方政府而言，因转移支付而产生的留成率下降，不仅降低政府社会责任，也削弱政府经济责任，进而导致政府责任整体下降。从转移支付分配机制看，从转移支付中获益对地方政府社会责任偏好相对程度产生了负面影响，地方政府因转移支付而上升的财政能力，主要不是用于社会建设，而是经济建设。这也进一步验证了表5-8的估计结果。转移支付分配之所以与地方政府责任偏好相对程度有关，正如前文所述，主要源于转移支付分配方式。无论是一般性转移支付还是专项转移支付，分配方式中都缺少约束因素，从而给予地方政府更大自由裁量权。

当然前述回归结论可能与不区分转移支付融资和分配机制净效应有关。因为对地方政府而言，在为转移支付承担缴付责任同时，也从转移支付中获益，最后综合效应对一个地区而言是净流出还是净流入，地区间差别很大。这是否会影响转移支付效应的地区差异？为此，在表5-9的模型1和模型2中加入两个虚拟变量，其中$\psi_i=1$，如果地区i为净流入地区，否则为0，$\phi_i=1$，如果地区i为净流出地区，否则为0[①]。在此基础上，将其与转移支付融资机制或转移支付分配机制交互。与模型1和模型2比较，模型3和模型4估计结果没有发生

[①] 财政分配的净效应定义为：净效应＝财政总收入－地方一般预算收入＋地方上解－中央补助，大于0为净流出地区，小于0为净流入地区。

实质性变化。这说明，转移支付机制对政府责任选择偏好影响并没有因转移支付净效应而出现地区差异。这也支持了前面分析中所指出的，中国转移支付机制对政府社会责任相对表现及其偏好相对程度影响具有全局效应，并不存在结构差异。

表5-9　转移支付机制对政府社会责任偏好相对程度影响估计（经济地理权重）

	模型1	模型2	模型3	模型4
L1. λ_i	0.0012 (0.18)	0.1015* (1.86)	0.0291 (0.78)	-0.0187 (-0.68)
λ_{-i}	0.6095* (1.92)	1.1077** (2.03)	1.1314** (2.11)	0.9688*** (2.89)
$\varphi_i * \lambda_{-i}$	-0.0048 (-0.67)			0.0076 (1.04)
φ_i	-0.0049* (-1.89)			-0.0036** (-1.97)
$\alpha_i * \lambda_{-i}$		-0.0282 (-1.39)	-0.0117 (-1.09)	
α_i		0.0391 (1.21)	0.0414 (1.35)	
$\alpha_i * \lambda_{-i} * \psi_i$			-0.0079 (-0.48)	
$\alpha_i * \lambda_{-i} * \phi_i$			-0.0038 (-0.20)	
$\alpha_i * \psi_i$			0.0128 (0.47)	
$\alpha_i * \phi_i$			0.0060 (0.22)	
$\varphi_i * \lambda_{-i} * \psi$				-0.0044 (-0.76)
$\varphi_i * \lambda_{-i} * \phi_i$				-0.0031 (-0.28)

续表

	模型 1	模型 2	模型 3	模型 4
$\varphi_i * \psi_i$				0.0046
				(0.40)
$\varphi_i * \phi_i$				0.0013
				(0.04)
控制变量	yes	yes	yes	yes
Sargan test	5.2188	9.4607	8.2715	5.5609
AR (1)	0.0050	0.0028	0.0051	0.0026
AR (2)	0.3108	0.2971	0.1733	0.2036

说明，表中括号内为稳健标准误 z 统计量，表中第 1 列所有变量定义同表 3，其他说明同表 5-3。

五、结论

在中国，地方政府一直是财政支出主要承担者和大部分公共品，尤其是居民消费性公共品直接提供者，同时也是地方经济发展第一责任人。所以地方政府在中国扮演了一个非常重要角色。在中国政治集权体制下，地方政府治理是大国治理核心。中国 60 多年发展经验表明，地方政府责任及其履行偏好不仅影响了经济增长，也影响了社会发展。改革开放前后的经济发展差异，一个非常重要原因就是地方政府治理机制变化，赋予地方政府较大行政自主权，使它们有了发挥主观能动性的空间，而财政体制改革赋予地方政府更大剩余索取权，从而极大调动了地方政府履行责任的积极性。由于中国特殊税制结构，所以在上述激励机制下，地方政府经济责任得到了极大强化，无论是经济发达地区还是经济不发达地区，地方政府都对经济责任投入了巨大热情。更何况，政府履行经济责任还具有非常高的私人受益，这种收益不仅体现在政治晋升，还体现在腐败方面，也正是在这种作用推动下，中国经济有了过去 30 多年的辉煌。然而财力总是有限的，地方政府将有限财力投入到经济性公共品供给的同时，必然挤出社会性公共品。所以纵向观察中国，社会发展滞后经济增长是必然结果。然而随着经济发展水平提升，国际国内环境剧烈变化，社会发展滞后正在拖累中国发展。所以如何加快社会发展，跟上经济增长步伐成为中国政府的重要任务。然而，历史经验告诉我们，在中国，全面推进社会建设，关键还是地方政府治理，没有地方政府参与，社会建设不可能成功。

作为一个大国，分权一直是地方政府治理重要机制，中国过去经验也验证了这一点。然而，本书研究表明，在中国，地方政府社会责任不足与分权机制设计有很大关系。中国1994年分权改革在提高两个比重的同时，产生了较为显著的不对称分权结果，中央政府强大收入吸取能力和一贯实施的地方事务地方政府负责制，使地方政府支出责任与财力出现严重不匹配。分权程度不对称，无论在支出权大于收入权地区，还是在收入权大于支出权地区，都对政府社会责任产生了不利影响，严重扭曲了政府在经济责任和社会责任之间履行的偏好。分权不对称对政府责任及其履行偏好影响不仅是直接的，而且会通过弱化政府间竞争约束作用产生间接影响。不过，激励地方政府更负责任需要解决分权不对称可能是一种误导。因为跨国经验表明，分权不对称是所有分权治理国家共同现象，为何这种现象在中国会弱化政府社会责任，扭曲政府责任履行偏好。本书研究表明，主要与不对称分权解决机制——转移支付有关。就这点而言，相当长一段时间，财权事权不匹配、事权和财力不匹配以及最近提出的事权与支出责任不匹配，是中国地方政府行为扭曲原因，存在误导性。本节的研究表明，在不对称分权背后，转移支付机制对地方政府所产生的激励更为关键。本节的实证研究发现，中国转移支付融资方式直接导致了所有地方政府社会责任不足和责任履行偏好扭曲，不仅如此，融资方式还会弱化地区竞争对地方政府社会责任激励效应。而相对照，中国转移支付分配虽在一定程度上提高了地方政府财政能力，但对地方政府社会责任没有产生显著激励效应。中国转移支付制度对政府社会责任影响并没有因财政收入分配关系地区差异而有所区别。

本节的研究发现对重新认识中国财政体制改革具有重要意义。分权是中国市场经济发展的必然要求，不对称分权更是分权治理的一个世界现象。所以在这种情况下，中国财政体制改革的确需要解决不对称分权问题，但这种解决不是要建立支出和收入分权对等，而是要改革转移支付机制，真正建立事责与支出责任相适应的政府间财政分配关系。通过改革转移支付机制，重构地方政府在不对称分权下更好负责的激励结构。当然，本研究还存在诸多问题，包括转移支付仅分析融资和分配两个工具激励问题，没有分析转移支付结构激励问题，这主要受数据所限。目前还没有关于省级行政单位2010年之后的转移支付分项统计。此外对政府社会责任界定和赋值方法也存在一定主观性，所使用数据并不能涵盖政府责任在支出和产出方面所有表现。比如，在中国，地方政府很多职能通过政府性基金和隐性债务实现。

第三节 生态转移支付对地方政府环境治理的激励效应

一、引言

生态环保是关乎人类生存和社会进步的全局性问题。"十二五"规划提出将转变经济发展方式作为我国未来发展的主要途径。作为发展方式转型的一个重要组成部分,实现环境可持续发展已经成为一种普遍性共识。中共十八届三中全会进一步确立了生态文明建设的战略性地位,强调"用制度保护生态环境"。从国际经验看,在政府间转移支付中设计针对地方政府环境治理行为的生态转移支付制度,已成为一个普遍性做法。我国也不例外,自2006年以来,辽宁、河北、浙江等十多个东中部省份陆续制定了省对市县生态转移支付制度,这些省份试图通过财政激励提高市县治理环境的努力程度。

生态转移支付缘起于生态补偿理论,目的是通过财政拨款补偿生态富集地区因保护生态减少开发而发生的利益损失,但是其他地区同样承担着生态环保职责,因而也有必要依托垂直财政关系提升环境治理的积极性。迥异于其他类型环境政策,这项制度创新直接作用于地方政府而非企业和居民,借助财政拨款和环境指标考核激励下级政府严格执行环境政策,扭转环境政策完备但执行乏力的局面。经验研究表明,这一制度目标并非天然可以实现。例如,巴西是最早建立州与市县间生态转移支付制度的国家①,早期研究显示这项制度实施后头10年,市县政府的决策反应是增加生态环境支出、扩张生态保护区数量与面积。但后续研究发现,2000年之后,帕诺纳(Parana)等州的生态保护区面积几乎没有增加,甚至有4个市县退出生态转移支付计划,将部分生态保护区恢复为农业经济区(桑奎特等,Sauguet et al.,2012)。瑞尼(Ring,2002,2008)的研究显示,德国各城市在接受州政府生态转移支付后增加了那些效果容易显现的环境支出,如污染终端治理,对难以直接显现绩效的支出,如水土涵养、森林养护,则依然投入乏力。由此可见,生态转移支付制度能否改善环境状况主要取决于转移支付接受地政府的响应行为。目标不兼容或者制度设计不当诱致下级政府策略性响应可能会削弱其制度功能,导致上级拨款难以转化为治理努力的提升。因此,提高地方政府对生态转移支付的响应程度不仅是一个理论问题,更是一个经验性问题。

目前,国内学术界对生态转移支付研究集中在必要性分析、制度设计和制度实证描述方面。在必要性分析方面,研究普遍认为财政分权体制塑造的利益格局和竞争格局导致了跨界转移污染、庇护污染企业、以降低环境标准吸引外部资本等扭曲性环境决策,生态转移支付有助于矫正这些弊端,协调上下级政府间环境治理目标与利益冲突,推进市县政府环境治理职能归位(孙新章等,2006;王金南等,2006;王昱等,2010;余敏江,2011a,2011b)。在制度设计方面,俞海、任勇(2008)认为应根据环境公共品的属性以及外溢范围构建多层次生态补偿政

---

① 1992年巴西帕诺纳州率先引入以生态增值税(ICMS-E)分享为主要内容的生态转移支付制度,这项制度依据辖区内生态保护区面积来决定市县政府获得返还增值税的多寡。目前,巴西23个州已有16个州仿效了这项制度。

策体系，其中生态转移支付应发挥主导功能；孔凡斌（2010）强调应从厘清环境事权责任、拓宽资金来源、强化环境支出预算管理等环节入手来完善生态转移支付制度；贾康（2009）结合主体功能区战略，提出根据不同区域的功能定位来构建差异化的生态转移支付制度。在制度实证描述方面，王军锋等（2011）从基本思路、政策框架、监管体系等方面剖析了河北省子牙河流域生态转移支付制度；孙泽生（2009）、隋春花（2010）分别深入研究了浙江和广东省生态转移支付实施情况；《中国环境报》（2010，2013）对福建省九龙江流域财政生态补偿进行了连续报道。此外，禹雪中等（2011）从推进方式和资金分配方法角度对各省生态转移支付实践进行了比较分析。

以上研究对认知生态转移支付的制度功能，为环境政策改革提供方向性指导具有重要启示意义，但是也存在着一些问题。首先对制度绩效的分析限于单个省份，缺乏各省不同做法的量化对比，从而难以提炼出可供各省参考借鉴的共同经验。其次对制度绩效的测度采用生态环境质量指标，改善这些指标固然是生态转移支付最终目的，但其直接作用对象毕竟是环境治理行为，因此这些指标难以准确捕捉制度意图——提升地方政府对生态建设的执行程度。鉴于此，本节以政策运行相对成熟的东部六省（辽宁、河北、山东、江苏、浙江、福建）为研究对象，从解读各省制度规则入手，实证分析各省制度实践对地级城市环境行为的影响，揭示影响制度运行效果的各种因素，从而探究提高制度绩效的有效实践。与已有文献相比，本节研究的主要贡献是：一是对各省生态转移支付的激励方式进行了归纳区分；二是构建了地方政府环境决策响应函数，通过这个函数将生态转移支付和相关因素纳入到一个统一的分析框架；三是采用空间计量技术，以环境治理行为作为被解释变量，识别出生态转移支付的激励效应，并与其他相关因素的作用效果进行量化比较。为此，本节的结构安排如下：第二部分从区分激励方式入手来描述各省生态转移支付的政策设置；第三部分构建市县政府对生态转移支付的响应函数；第四部分采用空间计量技术识别激励效应和分析相关影响因素；第五部分是结论与政策建议。

二、"奖励"与"惩罚"：生态转移支付的两种激励方式

从制度逻辑上看，生态转移支付能否产生激励效果首先与激励方式有关，正是激励方式的差异使地方政府面临着不同的成本收益权衡，从而引致不同的决策响应。就转移支付而言，其激励方式总是蕴含在资金的支付依据、分配标准、拨款方式以及指定用途之中。据此我们将六个样本省份的生态转移支付激励方式概括为"奖励型"和"惩罚型"（见表5-10）。

表 5-10 六省生态转移支付的两种激励方式

		"奖励型"生态转移支付激励方式		
省份	支付依据	分配标准	拨款方式	资金用途
山东省	依据市县辖区对流域环境的治理成本	以各市县上年度治理化学需氧量和氨氮排放量成本的20%为标准，省级政府以不低于1∶1的比例配套转移支付资金[1]	专项配套补助	专项用于流域环境治理
浙江省	依据市县辖区对全省环境治理的贡献程度	根据各市县生态公益林面积、大中型水库面积以及空气和水质状况[2]	一般性财力补助	由市县政府统筹支配，主要用于环境治理和基本公共服务供给
福建省	依据市县辖区对全省生态环境的贡献程度	根据下游城市用水量和上游城市生态公益林面积[3]	一般性财力补助	由市县政府统筹用于生态公益林建设和水土涵养
		"惩罚型"生态转移支付激励方式		
省份	支付依据	分配标准	拨款方式	资金用途
辽宁省	依据地级城市对跨界河流的治理力度	根据跨界河流出境断面水质的化学需氧量浓度[4]	省级财政主导的横向转移支付	专项用于流域环境治理
河北省	依据地级城市对跨界河流的治理力度	根据跨界河流出境断面水质的化学需氧量浓度[5]	省级财政主导的横向转移支付	专项用于流域环境治理
江苏省	依据地级城市对跨界河流的治理力度	根据跨界河流出境断面水质的化学需氧量和氨氮浓度[6]	省级财政主导的横向转移支付	专项用于流域环境治理

注：1.《关于在南水北调黄河以南段及省辖淮河流域和小清河流域开展生态补偿试点工作的意见》，山东省人民政府办公厅。

2.《浙江省生态环保财力转移支付试行办法》，浙江省人民政府。

3.《关于实施江河下游地区对上游地区森林生态效益补偿的通知》，福建省人民政府。

4.《辽宁省跨行政区河流出市断面水质目标考核暂行办法》，辽宁省人民政府。

5.《关于实行跨界断面水质目标责任考核的通知》，河北省人民政府。

6.《江苏省环境资源区域补偿办法（试行）》《江苏省太湖流域环境资源区域补偿试点方案》，江苏省人民政府。

"奖励型"激励方式是基于"补助贡献者"原则，以省级政府作为全省环境受益者的利益代言人，统筹对生态环境改善做出贡献的地区进行财力补助，目标是鼓励辖区间环境正外部性的供给。在样本省份中，山东、浙江和福建采取了"奖励型"激励方式，所不同的是山东省以地级城市流域治理实际成本作为资金分配标准，以配套补助来激励环境治理投入；浙江和福建以市县辖区生态资源存量和环境治理指标作为资金分配标准，以一般性补助缓解辖区间因环境资源禀赋差异、生态功能定位导致的利益冲突，激发欠发达地区保护环境的积极性。

在样本省份中，辽宁、河北和江苏省都面临着主要河流污染严重、饮用水安全和居民健康受到威胁的局面，因此采用"惩罚型"生态转移支付激励方式。这种激励方式基于"惩罚污染者，补偿受损者"原则，将地方政府界定为流域水质恶化的第一责任人，通过直接扣缴地方财政形成横向转移支付资金补偿下游地区受损居民和企业，由此遏制辖区间负外部的产生，强化地方政府环境治理的责任。

"奖励"与"惩罚"两种激励方式虽然在如何激励上存在差异，但本质特征都是借助转移支付实施"奖惩"来影响地方政府环境治理决策，提升地方政府对生态环保的责任感，矫正分权治理带来的负面激励。至于这两种激励方式是否存在效果差异，则有赖于客观数据的检验。

三、识别激励效应的理论模型与实证策略

为了识别生态转移支付的激励效应，我们首先构建地方辖区对生态转移支付的响应函数，通过响应函数将地方辖区环境治理决策与生态转移支付以及影响激励效应实现的相关因素联系起来，在此基础上将响应函数转为可以进行效应识别的计量方程，并选择恰当的实证策略。

（一）构建地方辖区对生态转移支付的响应函数

根据中位选民定理，假设一个追求本地居民福利最大化的地方辖区 i 的效用函数为 $U(X, G, E)$，其中 X 表示辖区 i 消费的私人物品，G 表示辖区 i 消费的公共物品，E 表示辖区 i 工业污染物排放水平。进一步假设辖区 i 的经济产出为 y，其中污染产业比重为 φ，相应产出份额为 φy，这部分产出与污染物排放水平有关，其导数 $(\varphi y)_E > 0$，这意味着污染产业产出是排污量的增函数，源自清洁产业的产出则与排污量无关；辖区 i 为居民供给公共物品面临的预算约束为 $G = t\varphi y + t(1-\varphi)y + tr$，其中 $t\varphi y$ 和 $t(1-\varphi)y$ 分别是来自污染产业和清洁产业的税赋，tr 表示辖区 i 接受的生态转移支付；辖区 i 的污染物排放水平取决于自身环

境治理力度 a_i 以及同一省份毗邻辖区环境治理力度为 a_{-i}，即 $E = E(a_i, a_{-i})$，排污量对环境治理水平的导数 $E_{a_i} > 0$ 表示排污量随着环境治理水平的提升而减少；对所有辖区而言提升环境治理水平的单位成本均为 c，因而辖区 i 消费的私人物品量为 $(1-t)y - ca_i$。

将以上假设代换入原效用函数得，$U[(1-t)y - ca_i], t\varphi y + t(1-\varphi)y + tr, E(a_i + a_{-i})$

对这个函数中的自变量 a_i 求导得到满足效用最大化的一阶条件：

$$\frac{-U_E}{U_X} = \frac{c}{E_{a_i}} + (1-t)(\varphi y)_E + \left(\frac{U_G}{U_X}\right)t(\varphi y)_E \quad (5.18)$$

这个一阶必要条件刻画了污染物排放也就是环境治理的均衡水平，在均衡状态辖区 i 选择环境治理水平使污染排放量的"边际支付意愿"等于污染排放量对私人品产出的"边际贡献"$(1-t)(\varphi y)_E$ 与对公共品供给的"边际贡献"$\left(\frac{U_G}{U_X}\right)t(\varphi y)_E$ 之和减去提高环境治理产生的"边际成本"$\frac{c}{E_{a_i}}$。通过对上式进行比较静态分析就可以得到环境治理决策与生态转移支付之间的隐函数关系①，即：

$$a_i = f(y, \varphi, t, a_{-i}, c, tr) \quad (5.19)$$

(5.19) 式给出了辖区 i 对生态转移支付的响应函数，该式意味着地方辖区环境治理决策受到以下因素影响：本地的经济产出 y、污染产业比重 φ、供给公共品而面临的课税压力 t、毗邻辖区的环境治理决策 a_{-i}、环境治理成本 c 以及生态转移支付 tr。值得注意的是，根据均衡条件，辖区对公共品的"主观评价"$\frac{U_G}{U_X}$ 越高，辖区 i 对污染物排放的支付意愿 $\frac{U_G}{U_X}$ 越高，也就是说，如果一个辖区公共品供给不足，因而对之"主观评价"越高，那么降低环境治理水平的"主观意愿"也就越高。因此，本书将课税压力 t 理解为辖区 i 为提供公共品而在本地区筹集资金的充裕程度，根据相关文献地方政府自有资金的充裕程度可以借助财政自给率来反映（周黎安、陈烨，2005；傅勇，2010）。

(二) 识别激励效应的计量方程及实证策略

将 (5.19) 式转化为可估计的面板模型：

$$a_{it} = \beta_1 + \beta_2 y_{it} + \beta_3 \varphi_{it} + \beta_4 t_{it} + \beta_5 W a_{-it} + \beta_6 c_{it} + \beta_7 tr_{it} + u_i + \varepsilon_{it}$$
$$i = 1, 2, \cdots, N; \ t = 1, 2, \cdots, T \quad (5.20)$$

---

① 对 (5.18) 式运用隐函数定量将可以得到 $\partial a_i / \partial tr = (U_{XG}c - U_{GG}t(\varphi y)_E E_{ai} - U_{EG}E_{ai})/|D|$，其中 $|D|$ 是目标函数对 a_i 的二阶导数。

由于数据可得性问题，(5.20)式中 tr 被设为一个 0~1 变量表征生态转移支付制度实施与否，tr 的系数 β_7 是识别激励效应的关键参数，如果 β_7 显著大于零，则可以认为生态转移支付产生了环境治理激励效应，反之则否定。考虑到毗邻辖区的异质性，(5.20)式中毗邻辖区环境治理决策 a_{-j} 被赋予不同权重，W 即为不同毗邻辖区的权重矩阵。因此，(5.20)式成为一个空间计量方程。根据空间相关性的差异，空间计量方程可分为空间滞后模型（SAR）和空间误差模型（SEM），这两类模型可以借助 LM 和 Robust LM 检验统计量加以对比筛选。但是方程（5.20）中由于引入空间相关性，这会带来内生性问题。就本书的研究而言，内生性主要来自两类原因，第一类是由于遗漏变量引致的，在随机误差项 ε_{it} 中包含了同时影响本地区和相邻地区环境决策的不可观测因素，这些因素可能是不随时间发生变化的（例如地区个体性特征），也可能是随时间发生变化的（例如全局性环境政策、地方居民偏好等）；第二类是由于反向干扰引发的，本地区环境决策不仅受到毗邻地区影响，而且通过空间因素（例如可流动的环境污染）对毗邻地区产生影响，而这会带来联立性偏误（simultaneous bias）导致空间参数 β_5 估计有偏。综合考虑以上情形，我们除了采用固定效应模型、增加更多控制变量来剔除地区个体特征和共同外部政策产生的内生影响外，还引入更加稳健的估计方法——空间滞后误差面板（SAC）模型，即方程(5.21)。在空间滞后误差模型中，不但存在环境决策的空间相关性，还考虑到由于相邻地区环境质量相互影响而导致随机误差项 ε_{it} 中可能存在的空间滞后序列相关，因而能抑制环境外部性产生的本地区环境决策对毗邻地区造成的反向影响（Elhorst, 2003, 2010），缓解内生性问题。

$$a_{it} = \beta_1 + \beta_2 y_{it} + \beta_3 \varphi_{it} + \beta_4 t_{it} + \beta_5 W a_{-it} + \beta_6 c_{it} + \beta_7 tr_{it} + u_i + \varepsilon_{it}$$
$$\varepsilon_{it} = \lambda \sum_{i=1}^{N} W \varepsilon_{it} + \varphi_{it}; \ i = 1, 2, \cdots, N, \ t = 1, 2, \cdots, T \quad (5.21)$$

与空间计量方程式（5.21）估计相关的另一个重要问题是空间权重矩阵设置。根据辖区间空间相关性特征和辖区间竞争行为，W 可以有不同定义。例如根据共同边界、相互距离、人口数量、经济发展程度等。考虑到辖区间环境决策具有群分特征，即环境决策竞争更多发生在经济发展水平相近似的辖区，因而我们对同一个省份内不同辖区的人均 GDP 进行加权定义如下经济地理矩阵：

$$W_{ij} = \frac{1}{|pergdp_i - pergdp_j|} \Big/ \sum_j \frac{1}{|pergdp_j - pergdp_i|} \quad (5.22)$$

(5.22)式中分子是同一省份内两个辖区 i 和 j 人均 GDP 差异绝对值的倒数，分母是辖区 i 与所有其他辖区人均 GDP 差异绝对值倒数的总和。根据（5.22）式，除了地理上的邻近性，同一省份两个辖区间人均 GDP 越接近，彼此间环境决策赋予的权重也越大。

四、变量选择、数据来源与计量结果

(一) 变量选择与数据来源

选择恰当的被解释变量表征环境治理行为是识别激励效应的一个难点。从各国实践看，环境规制和环保投入是改善生态环境的主要手段，两者均不可偏废。因此应从这两个方面完整地刻画地方环境治理行为。对于环境规制强度，考虑到污染收费制度是我国目前规制企业排污的主要经济手段（李永友，2008），相关经验也显示，排污费实际征收率对企业污染行为影响显著（Wang and Wheeler，2000；2005）[1]，而且在地区间存在较大差异，这种差异正凸显了各地环境规制的强弱程度（张友国、郑玉歆，2005；包群、彭水军，2006）。况且，各省生态转移支付文件均将严格执行排污收费制度作为主要制度目标[2]。因此，我们以针对排放每吨工业废水实际征收的排污费作为环境规制强度的代理变量，将其定义为$regulate_{it}$。目前环保部门对排污费征收数据只披露到省级层面和重点城市，对此我们查阅了东部六个样本省份所有地级城市2005年以后的年鉴和环境公报，搜集到46个城市2005~2010年排污收费数据[3]，这个时间段恰好覆盖各省实施生态转移支付的前后三年，经过价格平减后得到各地污染收费的实际征收率。对于另外一个环境治理维度——环保投入，我们采用预算内人均环境保护支出作为代理变量。在财政部预算科目中，环境保护支出下有10款，包括污染防治、自然生态保护、天然林保护、退耕还林等。这些支出方向正是生态转移支付制度试图引导地方政府提升努力的目标。同样经过价格平减后，人均环保支出在时间序列上的变化能较好测度生态转移支付对地级城市环保投入的激励效应，我们将其定义为$spending_{it}$。

---

[1] 他们的研究表明我国污染收费对污染强度的影响弹性平均高达0.65，对水污染强度的影响弹性为0.27，后续经验研究同样一致认为我国排污收费制度既非武断也不是缺乏效率，问题在于能否得到地方政府有效执行。

[2] 例如浙江省生态补偿政策中第一部分规定："进一步规范排污费征收、使用和管理，确保排污费应收尽收，排污费使用在确保重点污染源防治资金需要的同时，加大对区域性、流域性污染防治"。

[3] 这些城市分别是辽宁省的鞍山、抚顺、本溪、辽阳、盘锦、铁岭、朝阳；河北省的石家庄、唐山、邯郸、邢台、保定、张家口、承德、沧州、廊坊、衡水；山东省11个试点地级市中的东营、潍坊、济宁、泰安、莱芜、德州；江苏省的无锡、徐州、常州、苏州、南通、连云港、扬州、镇江、泰州；浙江省的温州、嘉兴、绍兴、湖州、金华、衢州、台州、丽水；福建省的福州、莆田、泉州、南平、龙岩、宁德。

在 (5.20) 式和 (5.21) 式估计中影响激励效应实现的各控制变量选择也非常重要。对于经济产出 y，我们以经过价格平减后的人均 GDP 表征。对污染产业比重 φ，根据历年全国环境公报，以工业废水排放量和二氧化硫排放量较大的纺织业、造纸业、化学原料业和化学制品制造业、黑色金属加工业和电力行业在地区工业产值中的比重来表示①。对财政自给率 t，用地级城市税收收入占预算内财政支出比重来计算，这个指标越大，说明税源越充裕，地方政府越有能力供给包括环境治理在内的公共品，税源充裕也可能导致环境规制趋向严格；反之，这个比例越小，说明供给公共品压力越大，那么放松环境规制强度越有可能成为地级城市吸引外部投资的占优策略。对于环境治理成本 c，以滞后一期的人均工业废水排放量表示。除了在响应函数中出现的影响因素外，根据相关经验研究，我们增加公众环境诉求、人口密度、人均预算内财政支出三个控制变量，其中公众环境诉求用各地级城市环境信访数量表示②。以上所有变量数据来源于 46 个地级城市 2005～2010 年统计年鉴和年鉴，构成了一个空间面板数据集。经过上述分析 (5.20) 式转化为待估计方程 (5.23) 和 (5.24)，这两个方程中变量描述呈现在表 5-11 中。

$$\begin{aligned} regulate_{it} = &\ \beta_1 + \beta_2 \ln pgdp_{it} + \beta_3 textile_{it} + \beta_4 paper_{it} + \beta_5 chemical_{it} \\ &+ \beta_6 fermetal_{it} + \beta_7 power_{it} + \beta_8 own_{it} + \beta_9 pollut_{it-1} \\ &+ \beta_{10} complain_{it} + \beta_{11} density_{it} + \beta_{12} expenditure_{it} \\ &+ \beta_{13} policy_{it} + \beta_{12} W regulate_{-it} + \varepsilon_{it}, \end{aligned} \quad (5.23)$$

$$\varepsilon_{it} = \lambda \sum_{i=1}^{N} W\varepsilon_{it} + \varphi_{it},\ i = 1, 2, \cdots, 46;\ N = 1, 2, \cdots, T$$

$$\begin{aligned} spending_{it} = &\ \beta_1 + \beta_2 \ln gdp_{it} + \beta_3 textile_{it} + \beta_4 paper_{it} + \beta_5 chemical \\ &+ \beta_6 fermetal_{it} + \beta_7 power_{it} + \beta_8 own_{it} + \beta_8 pollut_{it-1} \\ &+ \beta_9 complain_{it} + \beta_{10} density_{it} + \beta_{11} expenditure_{it} \\ &+ \beta_{12} policy_{it} + \beta_{12} W regulate_{-it} + \varepsilon_{it} \end{aligned} \quad (5.24)$$

$$\varepsilon_{it} = \sum_{i=1}^{N} W\varepsilon_{it} + \varphi_{it},\ i = 1, 2, \cdots, 46;\ t = 1, 2, \cdots, T$$

---

① 根据 2011 年《中国工业经济统计年鉴》，这五个工业部门应交增值税分别占所有 39 个工业部门的 3.2%、1.3%、6%、5.8% 和 7.2%，其中电力、化学工业、黑色金属加工业和纺织业增值税贡献率位于第 2、第 4、第 5 和第 11 位；江苏、浙江、山东三省造纸业产值占全国造纸业产值的 38.69%，应交增值税的 39.1%。因此，地级城市环境治理必然考虑对这些税收源泉产生的冲击。

② 与相关研究以接受高等教育的人口比例来间接反映公众环境参与度相比，环境信访数量直接反映了公众对环境治理的诉求，况且信访数量本身也是上级部门考核地级城市环境治理努力水平的重要指标之一。

表 5-11　　　估计模型中变量的定义及描述性统计说明

变量名（变量表示）	变量定义	数据来源	均值	标准差
被解释变量：				
环境规制强度（regulate）	价格平减后的排污收费/污染物排放量	地级城市历年年鉴	0.73	0.51
环境投入力度（spending）	价格平减后预算内环境保护支出/辖区人口	历年区域统计年鉴	103.92	78.34
解释变量：				
经济发展水平（pgdp）	价格平减后的人均 GDP	历年区域统计年鉴	30 310.57	19 175.35
污染产业比重				
纺织业比重（textile）	纺织业产值/地区工业总产值	地级城市历年年鉴	0.05	0.06
造纸业比重（paper）	造纸业产值/地区工业总产值		0.02	0.02
化学工业比重（chemical）	化学工业产值/地区工业总产值		0.07	0.07
黑色金属加工业比重（fer-metal）	黑色金属加工业产值/地区工业总产值		0.16	0.21
电力行业产值比重（power）	电力工业产值/地区工业总产值		0.06	0.04
财政自给率（own）	预算内财政收入/预算内财政支出	地级城市历年年鉴	0.65	0.22
环境治理成本（cost）	滞后一期的工业废水排放量	地级城市历年年鉴	12 307.82	12 940.58
公众环境诉求（complain）	各地公众环境投诉的数量	地级城市历年年鉴	2 820	2 620.04
人口密度（density）	辖区人口/辖区面积	地级城市历年年鉴	513.53	243.21
人均财政支出（expenditure）	价格平减后财政支出/辖区人口	地级城市历年年鉴	3 410.01	1 585.28

（二）空间计量分析结果

表 5-12 和表 5-13 是对计量模型（5.23）和（5.24）估计的结果，我们首先对生态转移支付的政策效果进行评估，然后对相关解释变量进行分析。

1. 对政策运行绩效的评估

表 5-12 是对所有样本城市估计的结果，借助 LM 检和 Robust LM 检验，对

方程（5.23）和（5.24）的空间滞后项和空间误差项在统计上都是显著的，因而有必要采用空间滞后误差模型（SAC）同时考虑两类空间相关性。在对两种环境治理行为的 SAC 模估计中，政策变量的系数虽然为正，但统计均不显著，这意味着生态转移支付对地级城市环境治理决策在总体上并没有产生显著的激励效应。进一步考察表 5-13 的分省估计，可以发现：实施"惩罚型"激励方式的辽宁、河北和江苏省各城市环境规制水平分别在统计上显著提高了 0.604 元、0.307 元和 0.723 元，但这些城市人均环境支出没有显著提高；实施"奖励型"激励方式的浙江和福建省样本城市人均环境支出分别增加了 51.29 元和 73.28 元，但这种激励模式下的三个省份中，只有福建省样本城市规制强度在制度实施后提升了 0.265 元，浙江省和山东省样本城市的规制强度都没有显著提高。以上估计结果在一定程度上表明："惩罚型"激励方式有助于提升地方政府环境规制水平，而"奖励型"激励方式有助于促进地方政府增加对环境治理的投入。

值得注意的是，山东省各样本城市在政策实施后环境规制和治理投入均没有显著增加，环境规制强度甚至有所下降。对此，一个合理解释是：山东省采取配套补助的拨款方式，资金分配则依据各地级城市上年度环境治理成本的 20%，这种激励方式取决于下级政府在政策实施前的努力程度，没有与环境质量状况或者生态资源存量相挂钩，难以对地级城市环境决策产生实质性影响。福建省样本城市无论在规制强度还是投入水平上均有显著提升，这与福建省生态转移支付资金筹集方式有关。福建生态转移资金池一部分源于江河下游城市（福州、泉州、漳州）根据用水量而筹集的生态补偿基金，这意味着下游城市需要直接承担上游城市环境治理部分成本，"倒逼"上游城市（南平、龙岩、莆田、宁德）需要对流域水质清洁承担责任，强化对污染物排放的控制。同样采取"奖励型"模式的浙江省，生态转移支付资金全部来自省级财政收入增量，对下级政府而言，这部分转移支付资金是意外之财，环境支出有了更多的财力支持，但对环境规制而言，即便放松规制强度导致环境考核指标下降也不会损害原有的财政利益，特别是对接受生态转移支付资金量小的地级城市，提高环境规制水平缺乏足够的外部驱动力。

表 5-12　　所有样本城市环境决策响应函数的估计结果

计量方程	方程（5.23）			方程（5.24）		
被解释变量	环境规制强度			环境投入力度		
模型	SAR 模型	SEM 模型	SAC 模型	SAR 模型	SEM 模型	SAC 模型
lnpgdp	0.715***	0.777***	0.552***	55.90*	63.27***	82.53**
	(0.141)	(0.139)	(0.165)	(23.76)	(24.01)	(39.92)

续表

计量方程	方程（5.23）			方程（5.24）		
被解释变量	环境规制强度			环境投入力度		
模型	SAR 模型	SEM 模型	SAC 模型	SAR 模型	SEM 模型	SAC 模型
Textile	0.0134	0.0133	0.008	-7.097*	-6.944**	-6.862**
	(0.00859)	(0.00855)	(0.007)	(3.115)	(3.224)	(3.121)
Paper	0.0405*	0.0385*	0.0432**	-6.860	-7.545	-7.633
	(0.0223)	(0.0235)	(0.0170)	(5.820)	(5.973)	(5.872)
Chemical	-0.0034	-0.00274	-0.0051	0.699	-0.103	-0.381
	(-0.0051)	(-0.0051)	(-0.0044)	(1.309)	(1.169)	(1.124)
Fermetal	-0.0157***	-0.0161***	-0.0138***	0.222	0.550	0.607
	(-0.00340)	(-0.0034)	(-0.0043)	(0.689)	(0.554)	(0.518)
Power	-0.0052	-0.0057	-0.0022	0.965	1.735	2.280
	(-0.012)	(-0.0127)	(-0.0101)	(2.242)	(2.245)	(2.316)
Own	0.605*	0.664*	0.507**	0.228	0.315	0.283
	(0.324)	(0.371)	(0.251)	(0.414)	(0.570)	(0.561)
polltu(-1)	0.0083***	0.0087***	0.0063**	-0.535	-0.327	-0.280
	(0.0023)	(0.0024)	(0.0021)	(0.581)	(0.589)	(0.576)
Complain	0.000023	0.000024	0.000013	0.00260	0.00130	0.00103
	(0.000017)	(0.000016)	(0.000018)	(0.00413)	(0.00420)	(0.00420)
Density	0.0016	0.0017	0.0011	-0.148	-0.172	-0.123
	(0.0014)	(0.0017)	(0.0012)	(0.282)	(0.284)	(0.251)
Expenditure	0.000017	0.000012	0.000022	0.00622*	0.0081**	0.0092**
	(0.000022)	(0.000024)	(0.000015)	(0.00296)	(0.0034)	(0.0038)
Policy	0.0402	0.0470	0.0275	15.65	27.50***	39.30
	(0.0393)	(0.0446)	(0.0287)	(10.26)	(8.108)	(23.79)
W*regulate (ρ)	0.128*		0.3913**	0.223*		-0.298
	(0.0563)		(0.1765)	(0.098)		(0.429)
spat. aut (λ)		0.0796	-0.419*		0.4096**	0.555***
		(0.0924)	(0.265)		(0.0649)	(0.183)
R^2	0.599	0.593	0.606	0.651	0.655	0.657
LM 检验	4.158**	0.961		12.621***	12.508***	
Robust LM 检验	8.948***	5.651***		0.301	0.1889	
Hausman 检验	46.58***	17.22**		37.69***	80.35***	

表 5–13 分省各地级城市环境决策响应函数的估计结果

省份	山东		浙江		福建		辽宁		河北		江苏	
解释变量	规制强度	投入力度	规制强度	投入力度	规制强度	投入力度	规制强度	投入力度	规制强度	投入力度	规制强度	投入力度
模型	SAC 模型	SAC 模型	SAC 模型	SAC 模型	SAC 模型	SAC 模型	SAC 模型	SAC 模型	SAC 模型	SAC 模型	SAC 模型	SAC 模型
lnpgdp	0.347	43.64	0.534	45.27	2.509***	1.733	2.382***	194.5**	0.243	92.08	0.329	138.0
	(0.290)	(127.2)	(0.391)	(45.73)	(0.468)	(17.21)	(0.581)	(66.22)	(0.300)	(94.57)	(0.271)	(137.4)
textile	0.0076**	-3.101	0.00846	-13.17***	0.0152	12.45***	0.117	22.49	0.0513*	-1.654	0.05*	-6.429
	(0.0035)	(9.540)	(0.0189)	(3.176)	(0.0472)	(3.550)	(0.203)	(22.28)	(0.0278)	(2.625)	(0.019)	(3.978)
paper	0.0056	-5.343	-0.0456	9.805	0.0147	1.978	0.598	12.44	-0.0198	-14.84	0.057	-18.96**
	(0.0358)	(7.054)	(0.0932)	(13.57)	(0.0281)	(1.207)	(0.507)	(9.811)	(0.0176)	(16.43)	(0.054)	(7.342)
chemical	-0.0039	-1.996	-0.00435	-0.473	-0.0823*	-1.248	-0.045*	-1.032	-0.00235	-5.387**	0.004	2.082**
	(0.0035)	(1.677)	(0.0222)	(4.302)	(0.0330)	(4.128)	(0.024)	(3.765)	(0.00684)	(2.594)	(0.006)	(0.763)
fermetal	0.0028	1.355	-0.0393*	5.011**	-0.0463**	-11.73***	-0.009	-1.527*	-0.032***	-0.107	0.006	2.740
	(0.009)	(1.838)	(0.0229)	(2.193)	(-0.0160)	(1.264)	(0.009)	(0.833)	(0.0081)	(0.938)	(0.014)	(1.824)
power	-0.053***	-5.017*	-0.0476	5.079*	0.0889***	-2.050	-0.041	5.723	0.0288	-1.745	0.013	4.762
	(0.0186)	(2.579)	(0.0374)	(3.042)	(0.0197)	(1.538)	(0.042)	(9.666)	(0.0255)	(3.023)	(0.022)	(4.635)
own	0.0038	-155.3	0.0063	6.734***	0.0314**	4.512***	0.907	1.978*	0.757	4.691***	0.761*	1.371
	(0.0038)	(192.6)	(0.0071)	(1.194)	(0.00591)	(0.737)	(1.343)	(0.598)	(1.239)	(1.758)	(0.417)	(0.961)
pollut(-1)	0.0087	-3.109	-0.00257	2.360**	0.0568***	2.984***	0.00563	0.201	-0.0171	3.314***	0.00128	-0.229
	(0.0061)	(6.047)	(0.00499)	(0.865)	(0.00883)	(0.737)	(0.0148)	(0.873)	(0.0088)	(1.187)	(0.001)	(0.751)
complain	0.00002	-0.0165	0.00008***	0.00094	-0.00017***	0.0197***	0.000219	0.0243*	-0.00008	-0.0044	0.0000109	0.0137**
	(0.00002)	(0.0118)	(0.00001)	(0.00525)	(0.00003)	(0.004)	(0.000210)	(0.0119)	(0.00007)	(0.0077)	(0.00019)	(0.007)
density	-0.00380	-2.026*	0.000902	-4.756***	0.00137**	-0.544***	0.0500*	4.686*	-0.00001	-0.122	0.0012	-1.707***
	(0.00892)	(0.962)	(0.00709)	(1.353)	(0.00056)	(0.047)	(0.0212)	(2.448)	(0.00009)	(0.312)	(0.003)	(0.309)

续表

省份	山东		浙江		福建		辽宁		河北		江苏	
解释变量	规制强度	投入力度	规制强度	投入力度	规制强度	投入力度	规制强度	投入力度	规制强度	投入力度	规制强度	投入力度
模型	SAC模型	SAC模型	SAC模型	SAC模型	SAC模型	SAC模型	SAC模型	SAC模型	SAC模型	SAC模型	SAC模型	SAC模型
expenditure	0.000003	0.0196*	0.000019	0.039***	0.00042***	0.032*	0.0002	0.0270*	0.000013	0.05***	0.00007*	0.016*
	(0.00002)	(0.00994)	(0.000062)	(0.0085)	(-0.00012)	(0.00324)	(0.0001)	(0.0114)	(-0.00009)	(0.0155)	(0.00007)	(0.00920)
policy	-0.0554**	3.500	0.0433	51.29**	0.265***	73.28***	0.604***	8.305	0.307***	50.25	0.723*	74.55
	(0.0264)	(10.64)	(0.198)	(20.34)	(0.101)	(8.621)	(0.115)	(31.23)	(0.121)	(120.4)	(0.376)	(64.99)
W*regulate (ρ)	0.0942	0.377*	-0.164	-0.308*	-0.188	0.479*	0.403**	-0.636***	0.168	-1.620	-0.525***	-0.191
	(0.180)	(0.202)	(0.128)	(0.198)	(0.150)	(0.0268)	(0.188)	(-0.118)	(0.117)	(1.516)	(0.192)	(0.181)
spat. aut (λ)	-0.840**	-4.999*	-0.195	-0.890***	-0.631***	-1.129**	-0.628**	0.811***	-0.109	0.854***	0.822***	0.793***
	(0.368)	(0.0002)	(0.130)	(0.0831)	(0.165)	(0.0195)	(0.245)	(-0.0914)	(0.239)	(0.124)	(0.0989)	(0.134)
R^2	0.679	0.662	0.502	0.613	0.892	0.844	0.788	0.825	0.666	0.785	0.552	0.798
空间滞后LM检验	1.0605	0.5069	3.3166*	2.8103*	4.3328**	8.0676**	4.1908**	0.2701	1.4427	1.5009	7.3513***	19.43***
Robust LM检验	2.55*	11.8456***	0.0046	2.7577*	6.5265***	7.4537***	11.0927***	6.2665**	3.6192**	7.5884**	8.6381**	2.3392*
空间误差LM检验	3.075*	0.7259	3.2736*	2.9310*	0.1712	2.1209*	0.1713	3.2231*	0.046	0.0129	4.159**	17.39**
Robust LM检验	4.5646**	12.0647***	3.7120*	0.1422	2.3649*	1.5069	6.9732**	9.2194***	2.2225*	6.1003**	5.5459**	0.3007

2. 对相关解释变量的分析

首先从空间结构看，在控制住空间误差序列相关之后，表 5 - 12 中估计方程 (5.24) 的空间滞后系数为负，虽然在统计上还不够显著，但表明东部地区地级城市的环境投入决策可能存在"逐劣竞争"。进一步在表 5 - 13 分省估计中显示，浙江、河北两省样本城市环境投入的空间滞后系数分别为 - 0.308 和 - 0.636，且在统计上显著，这意味着这两个省份的地级城市在观察到毗邻地区增加环境投入后，会策略性降低本地区环境治理投入，转移本地区应担当的环境责任。而江苏省样本城市则在环境规制决策中呈现恶性竞争现象（空间滞后系数为 - 0.525，在 5% 水平上显著）。这使得我国东部地区本已不协调的环境治理与经济发展关系更加被扭曲。

其次从经济发展水平和财政变量看，在表 5 - 12 和表 5 - 13 中，多数模型中人均 GDP 变量对两种环境决策都有显著的正效应，这意味着经济发展水平越高，地方政府越会更重视改善环境质量。财政自给率这个变量在表 5 - 12 中环境规制估计模型中显著为正，这意味着供给本地公共产品的自有财力越充裕，环境规制会更加严格；反之，放松环境规制越有可能成为辖区间经济博弈的手段。人均财政支出变量在表 5 - 12 环境投入估计方程中显著为正，这说明无论是扩大自有财源，还是来自上级转移支付，提高财政支出能力都会促进地方政府对环境投入的增加。

再次从工业部门结构看，高污染产业在地方经济的构成比例对环境决策有着显著影响。在表 5 - 12 和表 5 - 13 中五个污染产业中，化学工业、黑色金属加工业和电力行业对环境规制决策的影响系数往往在统计上显著为负，这意味着通过放松环境规制来"包容"污染产业成为地方政府获取经济增长的一种策略性工具。有趣的是，虽然高污染产业比重对环境投入决策的影响没有呈现一致性规律，但在一些地区，污染产业比重对规制决策的影响为负，但对投入决策的影响为正，一个可能解释是，地方政府对污染产业采取"一边放纵污染，一边增加治理投入"的策略组合，这更加剧了企业部门对环境资源的扭曲性配置。

最后从公众环境诉求看，在所有估计模型中，公众环境诉求无论对规制决策还是对治理投入影响系数都非常小，即便在统计上显著。这说明利用公众参与来改善环境质量的意识在我国还很薄弱，公众环境诉求没有真正纳入到地方政府环境决策之中。

五、生态转移支付对县（市）环境支出效率的影响

2006 年浙江在全国首创生态转移支付制度。这项环境财政制度创新以县（市）生态资源存量和环境保护质量作为资金补偿标准，通过一般性财力补助激

发县（市）治理生态环境的内在动力，引导县（市）政府加速转变经济发展方式，同时矫正地区间因环境资源禀赋差异、生态功能定位导致的发展不平衡。经过四轮调整和两次"扩面"，浙江生态转移支付已经从单纯补偿钱江源头地区转变为引导约束所有县（市）治理环境的政策工具，绩效指标扩大到四类七种。与兄弟省份相比，浙江生态转移支付不仅资金规模最大，激励机制也颇具创新性，既有对县（市）政府保护生态资源的补偿，也有对改善环境的奖励，以及对环境恶化实施的资金扣罚。这在现有财政体制框架内为持续推进生态文明建设提供了一个制度化的激励手段。然而，这项制度创新能否充分发挥长期效果，促进县（市）政府转变发展方式，还有赖于因地制宜的机制设计，设计不当或者不兼容有可能导致制度失灵。为此，课题小组在理论分析的基础上，定量分析浙江生态转移支付对县（市）政府环境支出效率的影响，评估这项制度创新的运行绩效，由此反思机制设计问题，进而提出相关政策建议。

（一）浙江生态转移支付的规则设置与激励机制

导致我国生态环境恶化的一个重要原因是生态环境保护与建设出现"少数人负担，多数人受益；上游地区负担，下游地区受益；贫困地区负担，富裕地区受益"的不合理局面。对此，浙江省生态转移支付制度围绕"林、水、气"三类环境要素，根据这三类要素的空间分布和相应指标值，依托省对县（市）财政体制，补偿欠发达地区因保护生态资源而发生的利益损失，同时对各县（市）生态环境改善予以奖励，对环境恶化则予以转移支付资金扣罚。这种激励结构明确了生态环保的责任主体，缓解了地区间因生态环保产生的利益冲突，促使县（市）政府为辖区内企业和居民所享受的生态服务和破坏的生态环境付费，实现了财政资金根据生态保护的要求，流向环境敏感区、生态富集区和环境改善地区。迄今为止，浙江生态转移支付制度经历了四个阶段的演化，实施对象和制度规则不断丰富细化。其中，第一阶段自 2006 年开始，是针对钱塘江源头地区十个县（市、区）实施的生态保护省级财政专项补助；第二阶段自 2008 年起，将补偿考核对象扩大到全省主要水系源头的 46 个市（县）；第三阶段是自 2012 开始将制度推广到全省除宁波地区外所有县（市）；第四阶段是 2014 年以开化县为试点，探索对重点生态功能区财政生态补偿。考虑到第四阶段尚处于制度实验阶段，我们聚焦于制度演化的前三个阶段，通过这三个阶段的规则对比，凝练出这项制度的主要规则设置和总体特征。

1. 浙江生态转移支付的规则设置

表 5-14 列示了浙江生态转移支付制度三个实施阶段的主要规则。从基本原则上看，"谁保护、谁得益"贯穿制度实施的始终，凸显了这项制

度主要向"生态保护者"即生态资源富集地区倾斜的价值导向。在制度演化的第二、第三阶段,这项原则进一步明晰为"谁贡献大、谁得益多"。与第一阶段有所不同,在第二和第三阶段加入了"谁改善、谁得益"和"总量控制、有奖有罚"两项原则,前一个原则意味补偿对象扩大到生态服务"受益者",即要求其他县(市)也承担起改善生态环境的责任;后一个原则凸显了财政奖惩是落实制度目标的主要手段。

从资金用途看,补助资金从专项拨款补助转变为由县(市)政府统筹使用的一般性补助。在制度实施的第一阶段规定生态转移支付资金用于县域内生态建设、产业结构调整、环境综合设施建设和农业农村污染综合防治。从第二阶段开始,省级财政没有具体规定资金用途,而是由受补县(市)自行统筹安排资金用途。这意味着制度目标不仅是加强县(市)政府生态环保力度,而且着力提高欠发达地区基本公共服务供给能力。由此来引导生态富集区转变经济发展方式,发展绿色生态产业,实现环境友好型绿色增长,避免重蹈发达地区"先污染后治理"的发展道路。

从补偿依据看,"林、水、气"三类要素逐步替代实际投入成本作为资金分配依据。在制度实施的第一阶段,拨款额度是根据受补县(市、区)实际发生的环境治理成本,这包括生态建设成本、产业结构调整成本等。从制度实施第二阶段开始,补偿依据转变为各地生态资源存量和环境质量,侧重补偿各县(市)因生态环保而产生的"机会成本",这些"机会成本"包括生态公益林面积、大中型水库面积、交界断面出境水质等。同时对交界断面水质和大气环境质量的年度变化进行"奖惩"。

从奖励扣罚机制看,制度规则逐次细化,奖惩力度更加显著。在制度实施第一阶段只有财政奖励,没有扣罚机制。在第二阶段引入依据交界断面水质和空气污染指数的"奖罚机制"。"奖罚机制"分为两种情况:一种是基础性奖励,另一种是改善/恶化类奖惩。对于前者,交界断面水质、空气良好天数达到警戒性标准以上,县(市)政府就可以获得奖励;对于后者,交界断面水质和大气质量较上年改善或恶化给予一定奖罚。在第三阶段,生态资源存量增加了对森林覆盖率考核,"奖罚机制"则提高规则"门槛",强化了奖罚力度。就交界断面水质而言,只有达到出境水质三类以上才有基础性奖励,对辖区内最差水质而言,改善则可以得到最高500万元奖励,恶化了50%以上则处以500万元的重罚。对各县(市)大气环境质量考核同样扩大了奖罚力度,而且明确规定水环境和大气环境年度考核中占据财政补助5%的权重。

表5-14 浙江省生态转移支付主要规则设置的演变

	2006年针对钱江源头地区制度规则	2008年针对主要水系流域县（市）制度规则	2012年覆盖全省制度规则
基本原则	"谁保护，谁受益""责权利统一""突出重点，规范管理""试点先行，逐步推进"	"谁保护，谁得益"、"谁改善，谁得益"、"谁贡献大，谁多得益"、"总量控制，有奖有罚"	与2008年补偿办法相同
补偿对象	钱塘江源头9个县（市、区）	主要水系源头的46个市、县（市）	全省所有市、县（市）
资金用途	1. 区域内生态建设； 2. 区域内产业结构调整； 3. 区域内环境保护基础设施建设； 4. 区域内农业农村污染综合防治	由市、县（市）统筹安排，包括用于当地环境保护等方面的支出	与2008年补偿办法相同
补偿依据	根据钱塘江源头各县（市、区）生态建设、产业结构调整、环保基础设施建设和农业农村污染防治力度予以补偿，对应权重分别为25%、15%、30%和25%；省级层面根据各县（市、区）人均可用财力进行调剂，权重为5%	1. 生态功能保护类指标：省级以上生态公益林面积和大中型水库面积，权重分别为30%和20%； 2. 环境治理改善类指标，包括主要流域水环境质量和大气环境质量，权重分别为30%和20%	1. 森林环境因素，包括省级以上生态公益林面积和森林覆盖率两项指标，权重各为15%； 2. 水环境因素，包括大中型水库面积和水环境质量两项指标，权重分别为20%和30%； 3. 大气环境因素，以大气环境质量作为补偿依据，权重为15%； 4. 环境质量考核奖罚因素，对水环境质量和大气质量环境改善或下降实行奖罚，权重为5%

续表

	2006 年针对钱江源头地区制度规则	2008 年针对主要水系流域县（市）制度规则	2012 年覆盖全省制度规则
奖励扣罚		1. 交界断面出境水质达到警戒指标以上，予以 100 万元奖励； 2. 交界断面出境水质较上年每提高一个百分点给予 10 万元奖励，每降低一个百分点则扣罚 10 万元； 3. 空气污染指数小于 100 的天数占全年天数比例在警戒标准以上配置一定数额奖励； 4. 大气质量较上年提高 1 个百分点奖励 1 万元，较上年降低 1 个百分点，扣罚 1 万元	1. 交接断面出境水质达到三类以上，根据相应类别予以补助； 2. 交接断面水质较上年改善或恶化幅度在 10% 以内、10%～20%、20%～30%、30%～40%、40%～50%、50% 以上，分别给予 50 万元、100 万元、200 万元、300 万元、400 万元和 500 万元奖励或惩罚； 3. 大气环境质量达到Ⅰ级和Ⅱ级的天数占全年天数的比例超过警戒标准以上给予资金补助； 4. 大气环境质量较上年提高或降低 1 个百分点，分别予以 10 万元奖励或扣减

纵观浙江生态转移支付制度演变的三个阶段，伴随着制度实施对象从早期的 9 个县（市、区）扩散到全省 63 个县（市），制度原则、目标和考核方式逐步丰富细化，更加符合可持续发展的内在要求，对县（市）政府生态环保力度提出了更严格的要求，凸显了财政政策在环境资源配置中的引导激励功能。

2. 浙江生态转移支付的激励机制

浙江生态转移支付以环境绩效而非环境投入为导向，以目标诱导而非微观干预为手段的财政拨款制度。世界银行专家萨哈认为绩效导向型转移支付蕴含底线标准、信息披露、财政奖惩和标杆竞争等机制，可以借助这些机制诱导下级政府执行上级政策意图。因而，从财政体制看，持续推进生态治理取决于这四种机制有效运行和耦合互动（见图 5-3），通过这些机制激励县（市）政府生态治理行为发生趋好的变动，遏制"竞相放松环境标准""边污染边治理""环境投入不足"等扭曲性行为，最终促使保护生态环境转化为县（市）政府一种自觉行动和长期追求。具体而言：

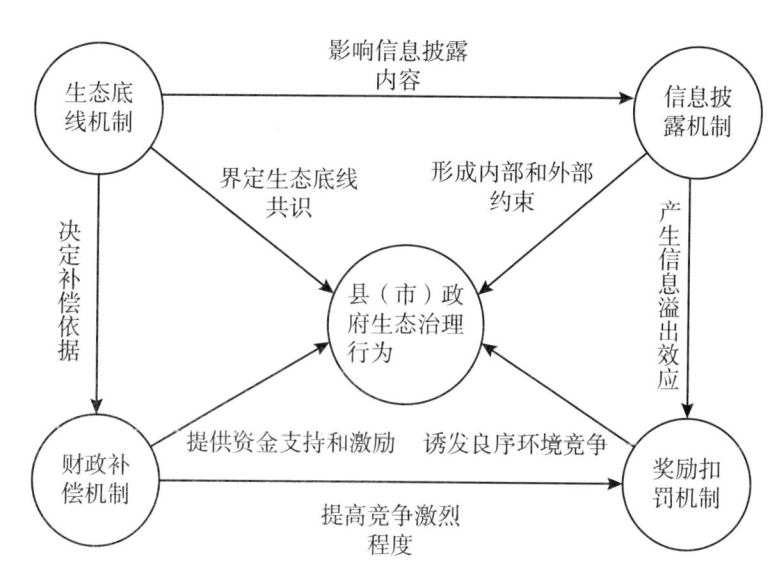

图 5-3　浙江生态转移支付的机制构成与机制作用

首先，生态底线机制通过设定指标体系界定底线共识。这个指标体系不仅用于比较资金转移前后的生态环境状况，以评价县（市）政府治理责任履行程度，更反映了全社会对生态质量的底线共识，凸显县（市）政府应向全社会担当的环境责任。

其次，信息披露机制通过公开环境绩效形成双重约束。借助信息披露，上级政府可以下级政府环境责任履行状况进行精确评估，防止下级政府通过操纵统计数据逃避责任。而且，这种机制将环境状况与公民切实利益联系在一起，有助于公众参与环境治理，加速生态改善理念的扩散，形成对县（市）政府生态治理行为的社会监督。

再次，财政补偿机制为县（市）生态治理提供财力支持。财政补偿不但提高了下级政府治理生态的能力，而且改变了下级政府从不同渠道获得财政收入的相对强度，对县（市）政府而言，延续"高污染、高增长"发展模式固然会带来税收收入增加，但面临着补助资金减少，保护生态环境则能获得资金补偿，两者此消彼长可能会触动"GDP至上"的旧思维，促进其选择更清洁的经济增长方式。

最后，奖励扣罚机制诱发县（市）之间良序环境竞争。奖励扣罚是浙江省生态转移支付的一个显著特色。根据制度规则，省级政府对流域上下游交界断面的水质考核，根据水质改善程度对县（市）进行超额奖励，改善程度越大获得奖励越多；反之，如果水质持续下降，则面临着财政资金扣罚。奖励扣罚机制在县（市）之间形成横向比较，有助于形成县（市）政府间为改善水质相互竞争的格局。

从机制构成上看，浙江财政部门设定的制度规则蕴含的上述四种机制为生态改善长效化提供了体制支撑。但这些机制能否发挥预期功能，还有赖于机制具体设计和机制之间的耦合互动。

(二) 实证分析的思路

实现生态改善关键取决于县（市）政府的环境治理行为，这些行为包括污染末端治理、源泉治理、环境规制严格程度，以及实现绿色发展，这些都是转变经济发展方式的重要组成部分，其有效性集中体现为环境支出效率的提升。环境支出效率提高不仅反映了财政资金得到有效配置，也蕴含了环境治理手段的有效程度。因此，课题组基于环境支出效率来衡量生态转移支付对县（市）政府环境治理产生的影响，进而判断这项制度创新，尤其是财政补偿机制和奖励扣罚机制能否促进县（市）改善优化环境治理行为，实现经济发展方式的转变。我们的评价对象包括除宁波市之外的 53 个县（市）[①]。量化分析的包括三部分内容，首先构建综合指数衡量 2010~2013 年各县（市）生态环境质量；其次，以各县（市）环境支出作为投入，生态环境综合指数作为产出，利用四阶段 DEA 测算各县（市）环境支出效率；最后，利用面板固定效应模型量化分析生态转移支付对各县（市）环境支出效率的影响，鉴于财政补偿和奖励扣罚是浙江生态转移支付的两个显著机制，我们分别考察这两种机制对县（市）环境支出效率产生的效应。

1. 构建生态环境综合指数

生态环境质量年度考核是生态转移支付制度的核心内容，浙江省财政 2008 年和 2012 年制定的实施办法分别设置了相应的考核指标和权重，如表 5-15 所示。

表 5-15　2008 年和 2012 年浙江生态转移制度考核指标及权重

评价因素	2008 年		2012 年	
	评价指标	指标权重	评价指标	指标权重
森林环境	生态公益林面积	30%	生态公益林面积	15%
			森林覆盖率	15%
水环境	大中型水库面积	20%	大中型水库面积	20%
	交界断面水质	30%	交界断面水质（三类水质以上）	30%
	出境水质改善或恶化幅度			

[①] 宁波市 2012 年才被浙江省生态转移支付所覆盖，因而暂排除在分析样本之外。

续表

评价因素	2008 年		2012 年	
	评价指标	指标权重	评价指标	指标权重
大气环境	大气质量达到一级和二级的天数占全年比重	20%	大气质量达到一级和二级的天数占全年比重	15%
	大气质量改善或恶化幅度			
环境质量变动奖罚			最差水质改善或恶化幅度	5%
			大气质量改善或恶化幅度	

与 2008 年相比，2012 年的考核制度规则增加了森林覆盖率指标，将出境水质考核指标细化为两个指标：一是三类以上水质比重，二是断面最差水质比重的变动。并且将断面最差水质和大气环境质量变动考核奖惩的比重明确为 5%。考虑到 2012 年的考核指标比 2008 年更加细致全面，我们根据前者构造综合指数来评估 2010~2013 年浙江各县（市）生态环境质量①。

进行多指标评估面临的首要问题是各种量化指标性质不同，无法直接加总来综合反映总体状况及年度变化。因此，需要对各类指标进行无量纲化处理。一般来说，无量纲化主要有极差正规化法、标准化法、均值化法等处理方法。考虑到需要保留原始各指标变异程度信息以及不破坏原始数据相关性，我们选用均值化处理方法②，其变换公式为：

$$y_{ij} = \frac{x_{ij}}{\bar{x}_j} (i=1,2,\cdots,n; j=1,2,\cdots,m) \quad (5.25)$$

其中，x_{ij} 是第 j 个原始指标值第 i 个观测值，$\bar{x}_j$ 是这个指标的全局均值（即所有年份的均值），y_{ij} 是无量纲化的标准值，其范围在 0~1 之间，各 y_{ij} 值的分布与 x_{ij} 值的分布保持一致。生态公益林面积、森林覆盖率、交界断面水质等正向指标可以直接采用均值化处理方法，对于水质环境改善/恶化和大气环境/恶化这两个体现变动指标，我们采用这样的处理方法。根据制度文件规定，这两个指标考核是依据其相对变化比率，例如水质变动考核是根据"出境断面最差水质指标与上年相比的改善幅度"，大气质量变动考核是"较上年每提高 1 个百分点，奖励 10 万元；反之，扣减 10 万元"。因此我们首先计算交界断面最差水质和大气环境质量的年度变化百分率，计算出来的百分率可能会出现负值，即环境恶化。考

---

① 由于 2010 年前后生态环境衡量指标在统计口径有较大差别，为保证绩效评估一致性，我们把评估重点放在 2010 年之后的各年度。

② 极差正规化处理后的指标值过度依赖于极值，变相提高或降低了原始指标的权重；标准化处理方法则消除了原始指标变异程度上的差异。

虑对生态转移支付制度一个考核要点是生态环境质量首先不能发生恶化。根据这个思想，我们将断面最差水质或大气质量不发生变化的情形设为100，将先前计算出来的变化百分比乘以100，然后加上100，即（5.26）式和（5.27）式。

$$断面水质变化 = \frac{本年度断面最差水质的比重 - 上年度断面最差水质比重}{上年度断面水质最差比重} \times 100 + 100$$
(5.26)

$$大气质量变化 = \frac{本年度大气质量指数 - 上年度大气质量指数}{上年度大气质量指数} \times 100 + 100$$
(5.27)

经过（5.26）式和（5.27）式计算得到的数值全部为正，而且反映了各县（市）断面最差水质和经过标准化处理后得到反映断面水质和大气质量的标准值。将经过标准化处理的指标值乘以相应权重就得每个年度各县（市）的生态环境综合评价值，即（5.28）式①。

$$生态环境年度指数 = 生态公益林面积 \times 0.15 + 森林覆盖率 \times 0.15 +$$
$$大中型水库面积 \times 0.2 + 断面三类以上水质比重 \times$$
$$0.3 + 断面最差水质比重年度变化 \times 0.025 +$$
$$大气质量指数 \times 0.15 + 大气质量指数年度变化 \times 0.025$$
(5.28)

在（5.28）式综合指数计算中每个分项指标均是经过无量纲化处理，根据制度规定，我们对断面最差水质比重年度变化和大气质量指数年度变化分布辅以0.025的权重。根据以上计算方法得到浙江全省及各县（市）2010~2013年生态环境质量变动状况。

2. 四阶段DEA分析方法

考察生态转移支付对县（市）环境支出效率的影响，需要量化县（市）环境支出效率。数据包络分析（DEA）是常用的量化方法，这种方法无须事先设定函数形式，直接利用投入和产出数据得出支出决策主体（DMU）行为相对有效程度。但是，传统DEA方法没有考虑外生变量对效率值的影响，因此得出的结果可能存在偏误。弗瑞德（1999）开发了一个四阶段DEA方法，较好修正了外生环境变量对效率评估所造成的偏误，使得DEA效率评估更为准确。具体来说，四阶段DEA量化效率得分包括：

第一阶段，采用传统的DEA方法，以投入或者产出为导向测算出各决策单元的效率值和松弛量。

---

① 以上分项指标均经过无量纲化处理，并且断面三类以上水质比重和最差水质比重年度变化乘以相应的多年径流量。

第二阶段，借助 Tobit 模型对各决策单元的松弛量进行回归。Tobit 模型定义如下：

$$s_{ik} = f_i(Z_{ik}, \beta_i) + u_{ik}, \quad i = 1, 2, 3, \cdots, m, \quad k = 1, 2, \cdots, n \quad (5.29)$$

$$s_{ik} = s_{ik}^*, \quad s_{ik}^* > 0 \quad (5.30)$$

$$s_{ik} = 0, \quad s_{ik}^* < 0 \quad (5.31)$$

其中，s_{ik} 是运用初始 DEA 模型所计算出的第 k 个县（市）第 i 项投入的总松弛量，s_{ik}^* 是与 s_{ik} 所对应的潜变量，Z_{ik} 为外生环境变量，β_i 是待估系数向量，反映了外生影响因素对投入松弛量的相关关系，u_{ik} 是随机误差项。

第三阶段：调整投入变量。

根据投入松弛量的拟合值 $s_{ik} = \alpha_i + \beta_i Z_{ik}$，对初始投入变量进行调整，调整公式为：

$$\hat{s}_{ik} = f_i(Z_{ik}, \hat{\beta}_i) \quad (5.32)$$

$$x_{ik}^A = x_{ik} + (\max\{\hat{s}_{ik}\} - s_{ik}) \quad (5.33)$$

其中，$\hat{s}_{ik}$ 表示 s_{ik} 的拟合值，x_{ik} 表示第 k 个县（市）第 i 个投入变量，x_{ik}^A 表示调整后的投入变量，即剔除了外部因素影响后的投入变量。

第四阶段：调整投入变量后的 DEA 模型。

利用调查后的投入数据和初始产生数据，再次运用 DEA 模型，测算得到的新的效率得分，这个效率值反映了剔除外部环境因素后的各县（市）环境公共支出效率。

3. 识别生态转移支付对环境支出效率的影响

在这一阶段，我们利用前面得到的各县（市）环境支出效率，借助面板数据模型识别生态转移支付产生的效应，回归方程如下：

$$D_{it} = a_i + X_{it}\gamma_i + eco_{it}\beta_i + award_{it}\delta_i + \mu_i + \varepsilon_{it} \quad (5.34)$$

其中，D_{it} 是县（市）环境支出效率得分，为被解释变量；X_{it} 是相关控制变量；eco_{it} 是 2010~2013 年浙江各（县）市获得生态转移支付中体现财力补偿性质的资金，$award_{it}$ 为体现奖励扣罚性质的资金，这两个变量的系数是我们需要重点关注的；μ_i 是反映个体效应的随机变量，ε_{it} 是随时间和个体变动的随机变量。

（三）实证分析结果之一：浙江各县（市）环境支出效率

表 5-13 给出了 2013 年浙江各县（市）环境支出的效率，其中（1）~（4）列是未进行调整前的计算结果。平均来看，浙江各县（市）的环境支出综合效率只有 0.190，纯技术效率为 0.386，规模效率为 0.472，并且所有县（市）呈现规模报酬递减特征。以上计算结果没有考虑到不利因素对县（市）环境支出效率产

生的影响,如果依据这个结果,很容易得出浙江各县(市)环境支出效率极为低下的结论。

受外生解释变量的影响,初始 DEA 效率得分并不能准确地反映县(市)环境支出效率。我们采取四阶段 DEA 方法,"过滤"外生环境变量的影响。参照陈诗一(2008)、龚锋(2008)、赵峥(2013)的研究成果,选取县(市)第三产业增加值比重、环境支出占财政支出比重、当年使用外资金额和人均生产总值作为外生变量,分别代表县(市)产业结构水平、县(市)政府对生态环保重视程度、对外开放水平和经济发展水平。这四个外生变量对环保投入松弛量的影响见表 5-16。从表 5-16 回归结果看,提高县(市)辖区产业结构高级化水平,扩大对外开放程度可以减少环保投入松弛量,而增加环保支出在财政支出中的比重会导致松弛量增加。

根据投入松弛量的拟合值,对初始投入变量进行调整,进而重新计算 DEA,得到调整后的各县(市)环境支出效率,如表 5-17 中第(5)~(8)列所示。相较于初始计算结果,经过调整后的县(市)环境支出综合效率平均值提高到 0.256,纯技术效率平均值提高到 0.667,规模效率提高 0.778。这意味着在平均意义上,浙江各县(市)在产出水平不变的情况下,如果能达到有效的运作水平,则可以减少 33.3% 的投入;而如果各县(市)能够达到最优的生产规模,则平均可以减少 22.2% 的投入。具体而言,86.7%(46)个县(市)在技术上缺乏效率,只有 13.3%(7 个)县(市)具有纯技术效率,20.75% 的县(市)技术效率超过 0.5。就规模效率而言,只有两个县(市)得分达到 1,但规模效率得分超过 0.5 的有 49 个县(市)。

表 5-16　　投入松弛量 Tobit 回归模型及结果

解释变量	被解释变量
	县(市)人均环境保护支出(元/人)松弛量
县(市)第三产业增加值比重(%)	-649.473
	(-1.33)
县(市)当年实际使用外资金额(万美元)	-28.989*
	(-1.70)
县(市)人均生产总值(万元)	38.481
	(0.68)
县(市)环境保护支出占财政支出比重(%)	4 418.015***
	(3.18)

续表

解释变量	被解释变量
	县（市）人均环境保护支出（元/人）松弛量
常数项	-239.226
	(-0.39)
LR chi2（4）	11.55
Prob > chi2	0.021
log likelihood	-287.6427

注：***、**、*分别表示通过1%、5%、10%的显著性检验。

表5-17 2013年浙江各县（市）环境保护投入产出效率DEA得分

	初始DEA计算结果				环境变量调整后DEA计算结果			
	综合效率	纯技术效率	规模效率	规模报酬	综合效率	纯技术效率	规模效率	规模报酬
	(1)	(2)	(3)	(4)	(5)	(6)	(7)	(8)
富阳市	0.03	0.163	0.183	drs	0.119	0.188	0.635	drs
桐庐县	0.026	0.214	0.121	drs	0.161	0.254	0.632	drs
建德市	0.021	0.214	0.098	drs	0.137	0.222	0.616	drs
淳安县	0.177	1	0.177	drs	0.612	1	0.612	drs
临安市	0.105	0.414	0.254	drs	0.497	0.636	0.782	drs
瑞安市	0.037	0.139	0.265	drs	0.06	0.097	0.62	drs
乐清市	0.032	0.142	0.223	drs	0.076	0.122	0.627	drs
洞头县	0.004	0.047	0.093	drs	0.02	0.047	0.438	drs
永嘉县	0.132	0.463	0.285	drs	1	1	1	—
平阳县	0.037	0.131	0.285	drs	0.065	0.102	0.639	drs
苍南县	0.063	0.216	0.29	drs	0.094	0.15	0.627	drs
文成县	0.025	0.185	0.135	drs	0.189	0.282	0.671	drs
泰顺县	0.017	0.255	0.065	drs	0.126	0.255	0.495	drs
海宁市	0.012	0.06	0.193	drs	0.04	0.064	0.633	drs
平湖市	0.017	0.172	0.101	drs	0.079	0.172	0.457	drs
桐乡县	0.048	0.117	0.411	drs	0.08	0.111	0.719	drs
嘉善县	0.044	0.171	0.256	drs	0.114	0.17	0.667	drs

续表

	初始DEA计算结果				环境变量调整后DEA计算结果			
	综合效率	纯技术效率	规模效率	规模报酬	综合效率	纯技术效率	规模效率	规模报酬
	(1)	(2)	(3)	(4)	(5)	(6)	(7)	(8)
海盐县	0.017	0.172	0.101	drs	0.098	0.172	0.571	drs
德清县	0.038	0.146	0.262	drs	0.117	0.167	0.701	drs
长兴县	0.063	0.219	0.286	drs	0.132	0.198	0.664	drs
安吉县	0.069	0.218	0.314	drs	0.52	1	0.52	irs
绍兴县	0.084	0.226	0.373	drs	0.121	0.181	0.669	drs
新昌县	0.072	0.193	0.374	drs	0.105	0.156	0.671	drs
诸暨市	0.048	0.206	0.233	drs	0.128	0.197	0.647	drs
上虞区	0.032	0.116	0.272	drs	0.107	0.146	0.73	drs
嵊州市	0.221	0.329	0.674	drs	0.129	0.196	0.66	drs
义乌市	0.151	0.431	0.35	drs	0.163	0.262	0.622	drs
东阳市	0.059	0.293	0.203	drs	0.239	0.359	0.665	drs
兰溪市	0.069	0.187	0.368	drs	0.11	0.162	0.683	drs
永康市	0.021	0.142	0.148	drs	0.141	0.211	0.667	drs
武义县	0.125	0.442	0.282	drs	0.292	0.432	0.677	drs
浦江县	0.027	0.143	0.186	drs	0.108	0.169	0.641	drs
磐安县	0.06	0.24	0.251	drs	0.222	0.307	0.721	drs
江山市	0.064	0.257	0.248	drs	0.216	0.308	0.701	drs
龙游县	0.047	0.188	0.248	drs	0.162	0.23	0.705	drs
常山县	0.033	0.171	0.195	drs	0.142	0.215	0.661	drs
开化县	0.104	0.515	0.202	drs	0.789	1	0.789	drs
岱山县	0.067	0.351	0.191	drs	0.267	0.414	0.646	drs
嵊泗县	0.035	0.171	0.206	drs	0.092	0.149	0.619	drs
温岭市	0.159	0.235	0.678	—	1	1	1	drs

续表

	初始 DEA 计算结果				环境变量调整后 DEA 计算结果			
	综合效率	纯技术效率	规模效率	规模报酬	综合效率	纯技术效率	规模效率	规模报酬
	(1)	(2)	(3)	(4)	(5)	(6)	(7)	(8)
临海市	0.366	0.532	0.688	drs	0.872	1	0.872	drs
仙居县	0.223	0.545	0.409	drs	0.215	0.338	0.637	drs
三门县	0.216	0.582	0.371	drs	0.453	0.617	0.734	drs
天台县	0.132	0.321	0.412	drs	0.136	0.211	0.645	drs
玉环县	0.024	0.078	0.303	drs	0.039	0.061	0.644	drs
龙泉市	0.346	1	0.346	drs	0.625	0.912	0.685	drs
遂昌县	0.63	0.971	0.65	drs	0.655	0.867	0.755	drs
缙云县	0.054	0.239	0.227	drs	0.156	0.239	0.651	drs
云和县	0.016	0.188	0.085	drs	0.08	0.188	0.422	drs
青田县	0.29	0.782	0.37	drs	0.379	0.579	0.655	drs
庆元县	0.07	0.378	0.185	drs	0.232	0.375	0.618	drs
景宁县	0.393	0.591	0.665	drs	0.772	1	0.772	drs
松阳县	0.067	0.285	0.234	drs	0.203	0.304	0.667	drs
均值	0.080	0.263	0.223		0.258	0.281	0.560	
标准差	0.190	0.386	0.472		0.256	0.667	0.778	

(四) 实证结果之二: 生态转移支付对县 (市) 环境支出效率的影响

在四阶段 DEA 效率得分计算的基础上, 我们利用面板固定效应模型考察生态转移支付对县 (市) 环境支出效率的影响。如前所述, 浙江省生态转移支付包括生态底线机制、信息披露机制、财政补偿机制和奖励扣罚机制。根据浙江省财政部门提供的数据, 课题组根据 2010~2013 年各县 (市) 获得的生态补偿资金和奖励扣罚资金, 量化考察的生态转移支付对环境支出效率的影响。表 5-18、表 5-19 是面板回归相关变量的描述统计。

表 5-18　　浙江各县（市）2010~2013 年生态环保投入产出效率及解释变量描述性统计

类型	变量	均值	最大值	最小值	标准误
被解释变量	调整后生态环保投入产出效率	1.883	9.601	0.250	1.408
控制变量	第三产业增加值比重（%）	0.385	0.612	0.279	0.066
	当年实际使用外资金额（万美元）	6 570	35 471	0	8 945
	人均生产总值（万元）	43 266	139 686	9 009	23 846
	环境保护支出占财政支出比重（%）	0.029	0.088	0.002	0.017
	单位工业增加值废水排放量（吨/元）	9.00	88.631	0.138	11.885
	单位工业增加值二氧化硫排放量（吨/元）	0.0022	0.024	0.0001	0.0027
	单位工业增加值烟尘排放量（吨/元）	0.0021	0.0062	0.0001	0.0012
	人口密度（人/平方千米）	506.007	1 613.757	87.179	361.891
核心解释变量	生态转移支付拨款（万元）	2 206.019	10 000	0	1 918.811
	生态环保奖罚力度（万元）	23.585	500	-500	93.562

表 5-19　　影响浙江各县（市）生态环保财政支出纯技术效率和规模效率的因素

	生态环保财政支出纯技术效率	生态环保财政支出规模效率
县（市）第三产业增加值比重（%）	4.244 (-1.27)	1.197 (1.230)
县（市）人均生产总值（万元）	-2.914** (-2.15)	0.160 (1.130)
县（市）当年实际使用外资金额（万美元）	-0.044** (-3.39)	-0.001 (-0.070)
县（市）环境保护支出占财政支出比重（%）	2.003 (-0.82)	-0.194 (-0.090)

续表

	生态环保财政支出纯技术效率	生态环保财政支出规模效率
单位工业增加值废水排放量（吨/元）	-0.009* (-2.35)	0.001 (0.290)
单位工业增加值二氧化硫排放量（吨/元）	38.333 (-0.92)	45.359** (2.290)
单位工业增加值烟尘排放量（吨/元）	12.962 (-0.3)	72.295* (1.940)
人口密度（人/平方千米）	-0.031* (-1.88)	-0.0001 (-0.770)
生态转移支付补偿资金（万元）	-0.066 (-1.20)	0.029 (0.460)
生态转移支付奖罚资金（万元）	0.034* (1.93)	0.872** (2.80)
时间效应	显著	显著
R^2	0.9849	0.827
hausman 检验	15.25**	26.16**

注：***、**、*分别表示通过1％、5％、10％的显著性检验。

根据（5.34）式，我们对数据进行回归分析，在控制时间效应后得到表5-19。从表5-19看，浙江生态转移支付中，具有财力补偿性质的拨款无论对环境支出技术效率还是对规模效率都没有产生显著影响，其中对纯技术效率的影响甚至为负。而生态转移支付中，根据环境改善程度而实施的奖罚机制对纯技术效率和规模效率都有显著影响。就其他控制变量而言，扩大对外开放程度，使用更多外资可能会产生导致环境支出技术效率下降，经济发展水平高的地区环境支出技术效率可能会更低。在浙江生态转移支付资金总量中，95％属于财力补偿性质，用于对环境质量改善或恶化进行奖罚的比重只占5％。这意味着浙江生态转移支付对提高县（市）环境支出效率总体上效果不明显，没有从整体上改变县（市）生态治理效率较低的格局。课题组认为，其原因在于：（1）生态底线机制的考核指标不合理。目前，浙江省对环境质量考核以静态和存量指标考核为主，与县（市）政府治理努力程度关联较弱，缺少对水质连续动态监测指标，易于诱发"突击治理""集中排污"等机会主义行为。而且，工业废水、废气、烟尘排放强度没有作为约束性指标纳入考核范围，容易导致"边污染边治理"的现象。

更重要的是，各县（市）在招商引资过程中设定的环境门槛宽、严程度不同，有些县（市）环境门槛很低，影响了全域环境质量的提升。（2）财政奖罚机制的实施力度不足。生态转移支付还没有纳入到一般性转移支付体系中，资金总量有限。因而，对县（市）政府激励约束作用不够，没有真正触动地方利益，诱导县（市）政府转变经济增长方式。甚至可能存在宁愿放弃资金补助，发展污染产业以扩大税源的情况。（3）标杆竞争机制还没有实质形成。目前，生态转移支付制度对最差水质改善的奖励只占资金权重的5%，还不足以诱发县（市）之间产生良序治水竞争。课题组通过空间计量分析发现，浙江省县级政府之间在环保投入上存在空间上的负向效应，这意味着邻近辖区提高环保投入会导致本辖区减少对环保的财政投入。（4）信息披露机制存在制度性缺失。由于环境信息基础设施建设滞后，以及环境信息透明度不高，导致浙江省县（市）层面上提供治水信息较少，难以促进公众监督县（市）政府治水行为。已经公布的水环境信息由于数据质量上问题，往往与公众对水环境的评价并不完全一致。

六、结论与政策建议

30多年来分权化治理为中国地方政府创造经济繁荣提供了充沛动力和机会，但也带来了环境的持续恶化，各省尝试的生态转移支付正是对这一弊端的矫正。自上而下财政拨款、生态环境指标考核，以及转移资金筹集方式构成了这项制度创新的激励结构。那么，这种激励能否对地方环境治理产生促进作用？本节研究的经验证据显示，如果将环境规制和财政投入视为改善环境的有机整体，那么目前生态转移支付产生的效果在整体上并不明显，进行制度尝试的各省大多要么在规制方面，要么在投入方面产生效果。具体来说，以"财政扣款＋环境指标考核"为特征的"惩罚型"激励有助于推动环境规制，以"财力补助＋环境指标考核"为特征的"奖励型"激励有助于提升对环境治理的财政投入。不仅如此，如果转移资金直接而非间接筹措于地方政府，与地方财政利益直接挂钩，那么激励效应会更加显著。反之，如果缺乏严格环境指标考核，或者依据以往治理努力程度采取匹配式拨款就难以发挥制度作用。我们的经验证据还表明，地区间恶性环境竞争、"污染型"工业部门结构和财政能力不足对地方环境治理的负面作用往往要超过上级政府生态拨款的正面影响。这表明传统分权体制所塑造的地方政府扭曲性环境竞争行为、产业选择行为和财政支出行为限制了生态转移支付激励效果的产生，甚至可能导致这项制度创新流于形式上的运行。此外，本节的研究还证实了已有文献揭示的公民环境诉求没有在地方环境治理中得到满足。

上述结论说明目标兼容和制度设计对与提升生态转移支付绩效的重要性。前文所述扭曲性行为源于地方政府对经济增长的片面追求，显然这个目标和生态转移支付所追求的环境保护相互冲突，但是如果简单地将这两个目标相互对立，迫使地方政府做出"非此即彼"的选择同样也不现实，唯一可能选择是兼容经济增长与生态环保，实现可持续的清洁增长。当前融合这两者的契合点是借助生态文明建设，扩大地方政府生态服务职能，同时优化生态转移支付制度设计，使之更好地融入到分权体制框架之中。

对于促进地方政府生态服务职能，深化财税体制改革是重要的着力点。新一轮财税体制改革应重视厘清各级政府生态环保职责，纾解地方政府财政压力，弱化将环境政策执行视为竞争工具的动机，为地方环境治理营造良好的体制氛围。同时，财税体制改革应协同绿色 GDP 核算，引导地方政府转变经济增长方式。从长期看，只有加速产业转型和升级，使地方经济摆脱对高污染工业部门的依赖，才能从根本上扭转"高产出高污染"局面。此外，推进环境公民社会建设、公众环境满意度考核、环境责任追究制度也是促动生态服务职能的重要途径。

本书实证结论对于生态转移支付制度设计也有直接借鉴意义。首先，激励方式上应融合"奖励"和"惩罚"两种机制，实现对环境治理的整体性激励，不能只侧重治理活动的某个方面。其次，政策力度上需要扩大其在一般性转移支付中的比重，整合各类生态环保专项资金，使地方政府切实感受到环境改善产生的财政收益，以及环境恶化带来的利益损失。再次，在考核指标上应尽可能全面反映生态质量、污染排放和治理进度，防治地方政府采取"转移污染""集中排放"等机会主义行为扭曲制度效果。最后，筹资渠道上应由政府为主转向政府和市场并重，将污染成本真正内化为企业生产成本，"倒逼"企业采用更清洁的生产技术。

附表

附表1 浙江省2010~2013年生态环境综合指数测度结果

年度	分项指数							综合指数
	生态公益林面积	森林覆盖率	大中型水库面积	交界断面三类以上水质比重	断面最差水质比重变化	大气质量指数	大气质量指数变化	
2010	0.148236	0.150000	0.199975	0.293311	0.025541	0.149962	0.025075	0.992100
2011	0.148872	0.150000	0.200008	0.297275	0.023577	0.151317	0.025460	0.996510
2012	0.153035	0.150000	0.200008	0.298317	0.024844	0.153373	0.025578	1.005156
2013	0.149856	0.150000	0.200008	0.311097	0.026039	0.145347	0.023886	1.006234

附表2 2010~2013年浙江各县市经调整后环境支出效率

	2010年调整后DEA计算结果			2011年调整后DEA计算结果			2012年调整后DEA计算结果			2013年调整后DEA计算结果		
	综合效率	纯技术效率	规模效率	综合效率	纯技术效率	规模效率	综合效率	纯技术效率	规模效率	综合效率	纯技术效率	规模效率
富阳市	0.101	0.164	0.614	0.164	0.170	0.964	0.168	0.176	0.951	0.119	0.188	0.635
桐庐县	0.157	0.245	0.639	0.266	0.275	0.967	0.284	0.294	0.968	0.161	0.254	0.632
建德市	0.247	0.338	0.732	0.164	0.217	0.753	0.281	0.290	0.967	0.137	0.222	0.616
淳安县	0.608	1.000	0.608	0.963	1.000	0.963	0.942	1.000	0.942	0.612	1.000	0.612
临安市	0.197	0.313	0.628	1.000	1.000	1.000	0.553	0.557	0.993	0.497	0.636	0.782
瑞安市	0.051	0.084	0.612	0.084	0.087	0.964	0.121	0.123	0.981	0.06	0.097	0.620

续表

县市	2010年调整后DEA计算结果			2011年调整后DEA计算结果			2012年调整后DEA计算结果			2013年调整后DEA计算结果		
	综合效率	纯技术效率	规模效率	综合效率	纯技术效率	规模效率	综合效率	纯技术效率	规模效率	综合效率	纯技术效率	规模效率
乐清市	0.090	0.145	0.624	0.159	0.165	0.967	0.126	0.132	0.958	0.076	0.122	0.627
洞头县	0.021	0.047	0.442	0.041	0.046	0.887	0.027	0.047	0.576	0.020	0.047	0.438
永嘉县	0.167	0.263	0.635	0.347	0.359	0.966	0.478	0.482	0.991	1.000	1.000	1.000
平阳县	0.033	0.052	0.633	0.078	0.081	0.968	0.124	0.126	0.982	0.065	0.102	0.639
苍南县	0.071	0.117	0.612	0.095	0.111	0.861	0.122	0.128	0.953	0.094	0.150	0.627
文成县	0.376	0.383	0.983	0.157	0.186	0.845	0.352	0.354	0.995	0.189	0.282	0.671
泰顺县	0.197	0.302	0.651	0.216	0.260	0.832	0.214	0.259	0.825	0.126	0.255	0.495
海宁市	0.032	0.055	0.586	0.056	0.058	0.963	0.078	0.081	0.972	0.040	0.064	0.633
平湖市	0.087	0.143	0.608	0.093	0.175	0.535	0.119	0.174	0.685	0.079	0.172	0.457
桐乡市	0.032	0.055	0.582	0.089	0.092	0.971	0.125	0.127	0.985	0.080	0.111	0.719
嘉善县	0.057	0.103	0.557	0.140	0.145	0.967	0.132	0.137	0.961	0.114	0.170	0.667
海盐县	0.131	0.199	0.657	0.142	0.158	0.899	0.159	0.168	0.947	0.098	0.172	0.571
德清县	0.054	0.100	0.545	0.126	0.131	0.968	0.132	0.136	0.973	0.117	0.167	0.701
长兴县	0.077	0.121	0.635	0.22	0.227	0.972	0.396	0.419	0.946	0.132	0.198	0.664
安吉县	0.082	0.132	0.618	0.344	0.349	0.987	0.614	1.000	0.614	0.520	1.000	0.520
绍兴县	0.057	0.093	0.609	0.106	0.109	0.966	0.175	0.178	0.984	0.121	0.181	0.669
新昌县	0.079	0.122	0.651	0.109	0.113	0.964	0.178	0.178	0.997	0.105	0.156	0.671
诸暨市	0.088	0.142	0.618	0.179	0.186	0.966	0.199	0.205	0.971	0.128	0.197	0.647
上虞区	0.046	0.074	0.620	0.233	0.234	0.996	0.168	0.172	0.979	0.107	0.146	0.730

续表

	2010年调整后DEA计算结果			2011年调整后DEA计算结果			2012年调整后DEA计算结果			2013调整后DEA计算结果		
	综合效率	纯技术效率	规模效率	综合效率	纯技术效率	规模效率	综合效率	纯技术效率	规模效率	综合效率	纯技术效率	规模效率
嵊州市	0.092	0.144	0.635	0.167	0.173	0.968	0.182	0.188	0.971	0.129	0.196	0.660
义乌市	0.106	0.240	0.443	0.236	0.245	0.963	0.284	0.296	0.959	0.163	0.262	0.622
东阳市	0.140	0.222	0.629	0.271	0.280	0.968	0.374	0.376	0.997	0.239	0.359	0.665
兰溪市	0.073	0.115	0.637	0.126	0.130	0.967	0.184	0.185	0.997	0.110	0.162	0.683
永康市	0.115	0.174	0.661	0.154	0.159	0.964	0.164	0.171	0.956	0.141	0.211	0.667
武义县	0.212	0.328	0.646	0.318	0.329	0.965	0.350	0.363	0.964	0.292	0.432	0.677
浦江县	0.114	0.170	0.671	0.149	0.154	0.965	0.171	0.177	0.969	0.108	0.169	0.641
磐安县	0.128	0.190	0.675	0.287	0.296	0.972	0.508	0.531	0.958	0.222	0.307	0.721
江山市	0.168	0.240	0.699	0.257	0.265	0.970	0.306	0.306	1.000	0.216	0.308	0.701
龙游县	0.117	0.167	0.700	0.272	0.277	0.980	0.294	0.300	0.981	0.162	0.230	0.705
常山县	0.120	0.177	0.682	0.151	0.157	0.963	0.236	0.239	0.985	0.142	0.215	0.661
开化县	0.297	0.449	0.660	0.553	0.570	0.970	0.697	0.705	0.988	0.789	1.000	0.789
岱山县	0.218	0.335	0.651	0.353	0.366	0.965	0.470	0.480	0.979	0.267	0.414	0.646
嵊泗县	0.065	0.111	0.583	0.130	0.142	0.919	0.128	0.141	0.907	0.092	0.149	0.619
温岭市	0.099	0.158	0.626	0.211	0.217	0.969	0.226	0.231	0.982	1.000	1.000	1.000
临海市	0.184	0.298	0.616	0.403	0.417	0.967	0.542	0.546	0.993	0.872	1.000	0.872
仙居县	0.148	0.242	0.613	0.427	0.440	0.971	0.347	0.360	0.964	0.215	0.338	0.637
三门县	0.171	0.275	0.622	0.485	0.500	0.971	0.438	0.449	0.974	0.453	0.617	0.734

续表

	2010年调整后DEA计算结果			2011年调整后DEA计算结果			2012年调整后DEA计算结果			2013年调整后DEA计算结果		
	综合效率	纯技术效率	规模效率	综合效率	纯技术效率	规模效率	综合效率	纯技术效率	规模效率	综合效率	纯技术效率	规模效率
天台县	0.098	0.157	0.623	0.184	0.190	0.965	0.220	0.226	0.97	0.136	0.211	0.645
玉环县	0.019	0.030	0.638	0.070	0.072	0.970	0.112	0.115	0.978	0.039	0.061	0.644
龙泉市	1.000	1.000	1.000	0.632	0.653	0.968	1.000	1.000	1.000	0.625	0.912	0.685
遂昌县	0.249	0.395	0.632	0.798	0.817	0.977	0.974	0.995	0.978	0.655	0.867	0.755
缙云县	0.482	1.000	0.482	0.426	0.433	0.984	0.258	0.264	0.977	0.156	0.239	0.651
云和县	0.197	0.266	0.742	0.120	0.189	0.636	0.135	0.191	0.706	0.080	0.188	0.422
青田县	0.234	0.382	0.613	0.475	0.492	0.965	0.562	0.580	0.970	0.379	0.579	0.655
庆元县	0.313	0.425	0.736	0.361	0.374	0.963	0.966	1.000	0.966	0.232	0.375	0.618
景宁县	0.178	0.332	0.537	0.264	0.406	0.650	0.588	0.602	0.977	0.772	1.000	0.772
松阳县	0.538	0.773	0.696	0.264	0.273	0.967	0.388	0.389	0.996	0.203	0.304	0.667
均值	0.190	0.386	0.472	0.266	0.282	0.934	0.328	0.346	0.946	0.256	0.667	0.778
标准差	0.170	0.256	0.639	0.266	0.282	0.934	0.328	0.346	0.946	0.258	0.281	0.560

第六章

省对下财政体制改革的地方经验及其比较研究

浙江省、广东省、湖北省和宁夏回族自治区（以下简称"宁夏"）经济发展程度不一，省情不同，财政体制各有特色。浙江省和广东省皆为经济发达省份，浙江省财政体制的重点是推动经济转型升级，广东省财政体制的主旨是协调区域协调发展。湖北省为中部省份，2014年国内生产总值位居全国第9位，财政收入名列全国第10位，为中西部翘楚。然而，湖北省历次财政体制改革几乎都在为确保市县基本财力而努力。宁夏是西部省份，2014年国内生产总值和财政收入均列全国第29位，仅高于青海和西藏。宁夏的财政体制集合了各省的特色做法，2013年设立了重点生态功能区转移支付制度，2014年设立了县级基本财力保障机制奖补转移支付制度，拼在一起却变得失去了自己的特色，看不出体制的着力点以及与省情的关联度。究竟是省情决定了体制，还是体制影响了省情？财政体制多大程度上与经济发展方式相关？本章以浙江省、广东省、湖北省和宁夏为例，对四省财政体制做了梳理，对四省经济发展方式做了简单的定量分析。

第一节 浙江省、广东省、湖北省和宁夏财政体制及其比较研究

本节以浙江省、广东省、湖北省和宁夏为例，梳理了四省财政体制的现状、

沿革及各自特点，并简单比较了四省体制的异同。四个省份经济发展方式不一样，体制的侧重点也不同，但四省体制有一个共同的特征：确保财力增收是体制的基本任务。

一、浙江省财政体制：以体制促转型

浙江省财政体制被广泛注意的一个重要原因是"省管县财政体制"。省管县财政体制指所辖市（地）本级财政和县（市）财政一样都直接同省在体制上挂钩，市（地）一级不与所辖县（市）在财政体制上产生结算关系。在全国普遍推行省管县财政体制之后，浙江省财政体制中的激励机制独树一帜。历数浙江省财政体制经过20多年的演变，几乎是围绕着转移支付的调整。与其他省份不同之处在于，除了确保财力增收之外，转移支付的设计将推动经济转型升级、促进金融业发展壮大、支持浙商回归和总部经济发展放到了重要的位置。

（一）体制现状

1. 财政体制的基本原则

完善财政体制遵循的基本原则。一是更加注重激励发展。建立健全地方财力增长与地方经济发展和贡献相挂钩机制，充分调动市、县（市）发展积极性，更加突出财政体制对地方经济发展的导向和激励作用。二是更加注重协调发展。发挥中心城市的辐射功能和统筹能力，促进区域均衡发展。三是更加注重资金绩效。优化财政资金配置，推进转移支付制度改革，强化财政资金监管，提高财政资金使用效益。

2. 财政体制的内容

（1）收入。全省金融业营业税调整为省与市、县（市）共享收入，省与市、县（市）统一按"六四"比例分享，60%部分为省级地方财政收入，40%为市、县（市）级地方财政收入，分别入库。原省级金融业营业税下放市、县（市）40%，原市、县（市）级金融业营业税上划省60%；原省级金融业企业所得税全部下放市、县（市），地方分享的40%部分为市、县（市）级地方财政收入。原属省级的电力生产企业增值税、企业所得税下放市、县（市），地方分享的增值税25%部分、企业所得税40%部分为市、县（市）级地方财政收入。上述收入下放、上划以2011年入库数（或核定数）为基数，相应调整市、县（市）上交省财政的数额或省财政对市、县（市）的补助数额。

财政收支基数以2011年市、县（市）财政收入、财力决算数为基础，经调整上、下划后确定。中央级收入：关税、海关代征消费税和增值税，消费税、增值税 75% 部分、企业所得税 60% 部分、个人所得税 60% 部分，国家邮政、各银行总行、各保险总公司等集中缴纳的税收，中石化、中石油企业所得税，海洋石油资源税，证券交易税 97% 部分等。省级收入：全省电力供应业企业缴纳的增值税 25% 部分、企业所得税 40% 部分，全省银行及保险、证券、典当、担保、租赁、信托等非银行金融企业缴纳的营业税 60% 部分；中国移动浙江公司、沪杭高速浙江段等跨地区经营、集中缴纳所得税等地方分成部分，省级各项非税收入。市、县（市）级收入：按属地除规定为中央和省级以外的收入，包括增值税 25% 部分、企业所得税 40% 部分、个人所得税 40% 部分，全省银行及保险、证券、典当、担保、租赁、信托等非银行金融企业缴纳的营业税 40% 部分，其他营业税、城市维护建设税、房产税、城镇土地使用税、土地增值税、耕地占用税、契税等，市、县（市）各项非税收入。

（2）支出。省级支出：省级一般公共服务、公共安全、教育、科学技术、文化体育与传媒、社会保障和就业、医疗卫生、环境保护、城乡社区事务、农林水事务、交通运输、工业商业金融等事务支出，以及省级其他支出。市、县（市）级支出：市、县（市）级一般公共服务、公共安全、教育、科学技术、文化体育与传媒、社会保障和就业、医疗卫生、环境保护、城乡社区事务、农林水事务、交通运输、工业商业金融等事务支出，以及市、县（市）级其他支出。

（3）税收返还收入。上划中央"增值税、消费税"税收返还收入，以 2011 年为基期年核定。2012 年及以后年度，税收返还数额在 2011 年基数上逐年递增，递增率按市、县（市）当年上划中央"增值税、消费税"收入增长率的 1:0.3 系数确定，即市、县（市）当年上划中央"增值税、消费税"收入每增长 1%，省对市、县（市）的税收返还增长 0.3%。若 2012 年及以后年度上划中央"增值税、消费税"收入达不到 2011 年考核基数，则相应扣减税收返还数额；低于上年决算数，则按低于额的 1:0.3 系数扣减税收返还数额。上划中央"企业所得税、个人所得税"税收返还收入，以 2011 年决算为基数核定。若 2012 年及以后年度上划中央"企业所得税、个人所得税"收入达不到 2011 年考核基数，相应扣减税收返还基数。成品油价格和税费改革税收返还，按照省与市、县（市）原公路养路费等"六费"收入分成体制所核定的各市、县（市）替代原摩托车与拖拉机养路费、公路运输管理费收入返还基数执行。

（4）收入分成。增量分成：2012 年及以后年度，市、县（市）地方财政收入超过 2011 年收入基数的增量部分，省与市、县（市）实行"二八"分成，即省得 20%，市、县（市）得 80%。2012 年及以后年度，市、县（市）上划中央"增值税、消费税"应返还收入比 2011 年返还基数的增加额，省与市、县（市）实行"二八"分成，即省得 20%，市、县（市）得 80%。继续对少数民族县，少数欠发达地区和海岛地区作适当照顾。总额分享：省与杭州市收入总额分享办法按原规定执行。

（5）建立区域统筹发展激励奖补政策。为进一步激发设区市扶持所辖各县（市）发展的积极性，增强设区市统筹区域发展能力和辐射功能，引导设区市加大对所辖各县（市）基础设施建设、产业发展以及民生改善等方面投入，进一步整合区域资源推动区域统筹发展，提高区域竞争力，实施区域统筹发展激励奖补政策。奖励办法是：省区域统筹发展激励奖补资金与各设区市对所辖县（市）年度财政补助资金挂钩。奖补系数比例分为两类三档，其中：丽水市、衢州市2个一类设区市奖补系数为1∶2，即丽水市、衢州市对所辖县（市）财政补助资金1，则省财政相应奖励补助2；金华市、舟山市2个一类设区市奖补系数为1∶1，即金华市、舟山市对所辖县（市）财政补助资金1，则省财政相应奖励补助1；杭州市等6个二类设区市奖补系数为1∶0.3，即杭州市等6市对所辖县（市）财政补助资金1，则省财政相应奖励补助0.3。计算省补助资金时，设区市对所辖县（市）财政补助资金应扣除设区市地方财政税收收入增长奖补机制中新增挂钩比例的发展资金。各设区市安排的资金与按规定的奖励系数计算的省奖补资金一起，共同用于支持所辖县（市）各项事业的统筹发展。各设区市扶持县（市）发展的财政补助资金的文件，应抄报省财政厅；省奖补资金，由省财政根据各设区市财政补助文件，随后下达给相关县（市）。若设区市未按规定比例落实下达资金，年终省将相应扣减对设区市的转移支付，并转补给有关县（市）。省对设区市实施区域统筹发展激励奖补政策后，各设区市不得将支出责任转嫁给所辖县（市），也不得从所辖县（市）统筹资金。

（6）建立促进发展奖补机制。

第一，地方财政税收收入增长奖补机制。将全省各市、县（市）分为两大类，一类是欠发达地区（含部分海岛地区，少数困难市、县（市），下同），实施三档激励补助政策、两档激励奖励政策；另一类是发达地区和较发达地区，实施两档激励奖励政策。

欠发达地区激励补助政策。淳安县等32个市、县（市），在确保实现当年财政收支平衡、确保完成政府职责任务（重点是教育、卫生、社保等有关改善民生、促进社会和谐方面的职责任务，下同）的前提下，实行省激励补助与其地方财政税收收入增长挂钩，奖励与其地方财政税收收入增收额挂钩的办法。补助办法是：市、县（市）地方财政税收收入每增长1%，省补助按一定系数相应增长。32个市、县（市）补助系数分三档：第一档为文成县等6个县，补助挂钩系数为0.4；第二档为淳安县等20个市、县（市），补助挂钩系数为0.3；第三档为三门县等6个市、县（市），补助挂钩系数为0.2。奖励办法是：省对32个市、县（市）按地方财政税收收入当年增收额（环比）的一定比例给予奖励。奖励分为发展资金和考核奖励两部分。奖励分两档：第一档为衢州市等4个设区市，按全市地方财政税收收入增收额挂钩计算，挂钩比例为增收额的10%，其中9%部分为发展资金，1%部分用于考核奖励；第二档为淳安县等28个县（市），按本县（市）地方财政税收收入增收额挂钩计算，挂钩比例为增收额的10%，其中8%部分为发展资金，2%部分用于考核奖励。

发达地区和较发达地区激励奖励政策。杭州市等31个市、县（市），在确保实现当年财政收支平衡、确保完成政府职责任务的前提下，实行省奖励与其地方财政税收收入增收额挂钩的办法。奖励办法：省对31个市、县（市）按地方财政税收收入当年增收额（环比）的一定比例给予奖励。奖励分为发展资金和考核奖励两部分。奖励分两档：第一档为杭州市等6个设区市，按全市地方财政税收收入增收额挂钩计算，挂钩比例为增收额的7.5%，其中7%部分为发展资金，0.5%部分用于考核奖励；第二档为富阳市等25个县（市），按本县（市）地方财政税收收入增收额挂钩计算，挂钩比例为增收额的5%，其中4%部分为发展资金，1%部分用于考核奖励。设区市新增挂钩比例的发展资金，用于所辖县（市）区域统筹发展。考核奖励资金用于省委、省政府确定的各项考核奖励。

第二，营业税增收省分成返还奖励政策。为进一步推动经济发展方式转变，促进产业优化升级，大力发展服务产业，更好地建立健全地方财政收入长效增长机制，优化地方财政收入结构，继续实行营业税增收省分成返还奖励政策，即对市、县（市）营业税当年增收省分成部分予以返还奖励。

第三，"浙商回归""腾笼换鸟"等经济发展考核奖励政策。为进一步引导市、县（市）加大对经济发展的支持力度，推动浙商创业创新，促进总部经济加快发展，加快"腾笼换鸟"的步伐，加大有效投资投入力度，加快浙江省产业转型升级和经济发展方式转变，对在吸引"浙商回归"、加快"腾笼换鸟"、促进有效投资工作中考核优秀的市、县（市），根据相关规定，给予一定的奖励。

（7）专项转移支付制度。为使省对市、县（市）转移支付，特别是专项转移支付更加科学、公平、规范、透明和有效，增强政府宏观调控能力，实施省级专项性一般转移支付改革。围绕省委、省政府特定政策目标，省级各部门原则上要将本部门现有专项转移支付资金整合成一个专项性一般转移支付项目，资金使用的方向、范围、政策目标总体不变。转移支付资金原则上按"因素法"分配使用，即选取部门年度任务、工作目标、工作绩效等专用因素，以及受益市、县（市）人口、转移支付类别等通用因素，设置分配因素的量化指标、权重系数和计算公式，并据此分配资金。转移支付类别，以各市、县（市）经济发展、财力状况等因素为依据分为两类六档。省级各部门要强化专项性一般转移支付支持项目的全过程监督和管理，提前通告专项性一般转移支付支持的条件、范围和方向，审核把好支持项目进入项目库的关口，管理和监督市、县（市）实施好项目；市、县（市）要严格按照省规定的有关要求，事先做好申请项目的立项、论证工作，事中做好支持项目的实施工作，事后组织验收、总结，并做好绩效评价工作。通过实施专项性一般转移支付改革，使分散的资金有效集聚，形成合力，提高政府统筹能力，实现集中财力办大事；使专项资金分配更加科学，管理更加规范，操作更加透明，有利于进一步加快财政资金拨付进度，提高财政资金使用绩效。

（8）乡镇财政管理。加强乡镇财政机构建设，增配相关人员力量，省确定的小城市培育试点镇设立财政局；经济较为发达、辐射带动能力强、使用财政资金规模较大、自身城镇化建设水平较高的省级中心镇，也可以设置财政局，一般按每个设区市1~3个掌握，具体由各市机构编制部门根据实际情况研究确定；其他乡镇设立财政所（办）。经济不发达、财政资金收支规模较小的乡镇，也可实行"乡财县管"。各地要根据省对市、县（市）财政体制，合理确定对乡镇的财政体制。要积极探索和创新乡镇财政管理方式，把乡镇财政管理与促进乡镇政府公共服务工作有机结合，以加强资金监管为中心，将财政支付相关联的涉乡民生服务工作流程进行统筹安排，推进乡镇公共财政服务平台建设，构建"一站式""一条龙""一卡通"式公共财政服务模式，促进公共财政服务下乡村，提高乡镇公共服务水平。

3. 以绩效监督为核心，强化对各级财政资金的管理

切实履行财政资金监管责任，着力提高财政资金使用效益，确保用好纳税人的每一分钱，让每一分钱都花出效益。浙江省财政深化"三位一体"财政管理改革，加快推进财政"大监督"体系建设，建立以绩效监督为核心，以预算监督为主要内容，覆盖所有财政性资金，贯穿于财政运行全过程，预算编制、执行和监督相互协调、相互制衡的新型财政监督机制。首先，加强预算绩效管理，深化绩效评价结果应用，将绩效评价结果作为以后年度预算项目立项和财政资金分配的重要依据。其次，强化部门单位支出绩效主体责任，将绩效管理工作纳入当地政府对部门的年度目标责任制考核。强化基层财政尤其是乡镇财政资金监管，建立就地就近资金监管机制，将所有财政资金纳入监管范围，严格项目资金监管，特别要强化对直接或间接补助到农民的财政资金的监管，提高基层政府公共服务能力和水平。再次，县级财政加强对乡镇的监督检查，确保各项民生政策落到实处。最后，强化财政监管信息化支撑，依托数字财政建设，创新财政资金监管模式，提升财政管理科学化精细化水平。

(二) 体制沿革

自 1994 年以来，浙江省财政从 1994 年起对市、县（市）财力增量集中了"两个 20%"，即地方财政收入增收额的 20% 和税收返还增加额的 20%，对少数贫困县和海岛县适当照顾。之后的 20 年间对财政体制根据实情进行了一系列改革，改革主要集中在转移支付领域。以转移支付为杠杆，确保财力增收，促进环境保护，推动经济转型升级，这一直是浙江财政体制引人注目的一点。

1. 促进财力增收的转移支付

1994 年，浙江省在建立分税制财政体制时，考虑到浙江的县域经济是"两头大、中间小"的哑铃形：大的一头是发达县市，约占 60%，另一头是欠发达和贫困县市，约占 30%，中间的中等县市约占 10%。为此，浙江财政确立了"抓两头、带中间、分类指导"的政策，即根据县市经济实力的不同而采取不同的财政政策，相继于 1994 年推出了针对富裕县的"亿元县上台阶"奖励政策、1995 年推出了针对贫困县的"两保两挂"政策等政策。"亿元县上台阶"奖励政策就是让发达县积极上缴税收。贫困县的"两保两挂"政策及相关措施使财政收入与补贴、奖励相挂钩，从而保证了财政收支平衡，并消化了历年财政的赤字。从 1997 年起，省对除"两保两挂"政策之外的市、县（市）实行了"两保两联"政策，1998 年又推出了"三保三挂""三保三联"的政策。所谓"三保三挂"，即从 1999 年起，对衢州、舟山、丽水、金华 4 个地级市在"两保两挂"的基础上增加"一保一挂"：一保所辖县（市）当年财政收支平衡，一挂城市建设补助（含市管县经费），挂钩比例为当年全市范围内增收上缴省 20% 部分（环比）的 25%。所谓"三保三联"，即从 1999 年起，对杭州、温州、嘉兴、湖州、绍兴、台州 6 个市在"两保两联"的基础上增加"一保一联"：一保所辖县（市）当年财政收支平衡，一联城市建设补助（含市管县经费），联系比例为全市范围内增收上缴省 20%（环比）的 25%。这样，浙江省 10 个地级市（宁波市因计划单列除外），全部都得到省财政资金支持，有力地促进了地级市的城市建设。

从 2003 年开始，实行"两保两挂"补助和奖励政策、"两保一挂"奖励政策。将原"两保两挂"补助和奖励、"两保两挂"财源建设技改贴息补助、"三保三挂"城市化专项补助等政策整合归并为"两保两挂"补助和奖励政策，适用范围为原实行"两保两挂"的 30 个市、县（市）。对"两保两挂"市、县（市）在"确保实现当年财政收支平衡、确保完成政府职责任务"的前提下，实行省补助和奖励与其地方财政收入增长、增收额挂钩的办法。将原"两保两联"技改补助和奖励、"亿元县上台阶"奖励、"三保三联"城市化专项补助等政策整合归并为"两保一挂"奖励政策,适用范围为原实行"两保两联"的33个市、县(市)。对"两保一挂"市、县(市)在"确保实现当年财政收支平衡、确保完成政府职责任务"的前提下,实行省奖励与其地方财政收入增收额挂钩的办法。

2008年,"两保两挂"补助和奖励政策、"两保一挂"奖励政策统一调整为"分类分档激励奖补机制"。将全省各市县分为两大类,一类是欠发达地区(含部分海岛地区,少数困难市、县),实施三档激励补助政策、两档激励奖励政策;另一类是发达地区和较发达地区,实施两档激励奖励政策。

2. 生态环保财力转移支付

2008年,浙江省推出了生态环保财力转移支付。转移支付的对象为浙江省境内八大水系(即钱塘江、曹娥江、甬江、苕溪江、椒江、鳌江、瓯江、运河)干流和流域面积100平方千米以上的一级支流源头及流域面积较大的市、县(市),并以省对市、县财政体制结算单位来计算、考核和分配转移支付资金结合各地的财力状况,省财政设置不同的兑现补助系数,分档兑现补助额,27个欠发达市县兑现补助系数为1;3个发达市和3个经济强县兑现补助系数为0.3;其余12个县(市)兑现补助系数为0.7。生态环保财力转移支付制度围绕水体、大气、森林等生态环保基本要素,以因素法和系数法为基础,通过奖惩分明的考核激励机制,把生态补偿与扶持欠发达地区发展有机结合起来,把财政转移支付与生态环境保护有机结合起来,丰富和完善了浙江省省对市县财政转移支付制度体系,通过体制机制和政策创新推动各地的科学发展,促进了全省区域间的基本公共服务均等化。

3. "浙商回归""腾笼换鸟"等经济发展考核奖励政策

2012年,为进一步引导市、县(市)加大对经济发展的支持力度,推动浙商创业创新,促进总部经济加快发展,加快"腾笼换鸟"的步伐,加大有效投资投入力度,加快浙江省产业转型升级和经济发展方式转变,对在吸引"浙商回归"、加快"腾笼换鸟"、促进有效投资工作中考核优秀的市、县(市),根据相关规定,给予一定的奖励。

4. 营业税增收省分成返还奖励政策

2008年,为进一步推动经济发展方式转变,促进产业优化升级,大力发展服务产业,更好地建立健全地方财政收入长效增长机制,优化地方财政收入结构,开始实行营业税增收省分成返还奖励政策,即对市、县(市)营业税当年增收省分成部分予以返还奖励。体制突出了通过财政奖补机制特别是营业税奖励政策的导向、杠杆作用,来促进产业优化调整、经济转型升级和发展方式转变。2009年,浙江省财政向市县返还营业税增收奖励达11.60亿元,当年全省服务业增加值增长13%,占生产总值比重达43%,比上年提高2个百分点,服务业对经济增长的贡献率达到57.6%。

为改善金融保险业投资环境，鼓励市县扶持金融保险业发展，对省级金融保险业营业税增收实行奖励政策：一是省级金融保险业营业税当年增收部分给予市县20%的奖励；二是对当年引进全国性金融保险机构总部（或跨国公司区域性总部）的，给予引进地财政一次性奖励。

二、广东省财政体制：以体制布均衡

广东省自1996年开始实施分税分成财政体制改革，确立了分税制财政管理体制的基本框架。广东省在经济社会发展中面临着区域发展不平衡、部分县域财力基础薄弱等突出问题，省级财政承担着推进基本公共服务均等化、保障欠发达地区县以下政权基本财力、完善生态地区发展补偿机制以及保障和改善民生的任务。财政体制的设计旨在调整省和市县政府间财政收入分配格局，在保障市县既得财力和经济发展积极性的基础上，增强省级宏观调控能力，适度均衡地区财力，缩小地区间基本公共服务能力差距，最终实现全省基本公共服务均等化发展目标和推进主体功能区建设。

（一）体制现状

1. 财政体制的基本原则

深入贯彻落实科学发展观，以推进基本公共服务均等化和促进区域协调发展为出发点，合理调整省以下各级财政收入划分范围，进一步形成省级与市县财政收入同步增长机制，适当增加省级财力，增强省级对经济社会发展的调控能力，为促进区域协调发展，推进基本公共服务均等化，实现全面协调可持续发展创造条件。

第一，统筹协调，调动多方积极性。统筹考虑各区域发展需要和各级政府职能，充分调动市县发展经济、增收节支的积极性，促进经济发展和财政收入协调增长。

第二，总体稳定，适度调整。坚持分税制总体框架，充分考虑各级政府的利益分配格局，按照"存量不变、增量调整"的方式，确保各级政府既得财力。

第三，集中投向，促进发展。省级因体制调整集中的财力，主要用于支持欠发达地区加快发展、缩小差距，同时制定面向全省的产业发展财政政策，促进珠江三角洲地区提升综合竞争力，带动粤东西北地区加快发展。

第四，政策统一，确保公平。坚持全省一盘棋、一个政策，不对个别地方、个别行业或个别企业的特殊问题开口子，不搞区别对待，确保财政体制统一规范。

2. 财政体制的主要内容

（1）收入。

第一，理顺所得税分配关系。除南方电网公司、中国电信广东公司、中国移动通信集团广东有限公司、广东电网公司、广东中烟工业有限责任公司和省粤电集团有限公司企业所得税，以及中央返还总分机构企业所得税继续作为省级固定收入外，其他所得税地方收入部分均由省级与市、县按"五五"比例分享。

理顺所得税分配关系后，相应取消中央下划企业所得税和利息所得税超基数增量分配办法；广东中烟工业有限责任公司企业所得税继续按照省财政厅《关于印发〈广东卷烟工业企业税收分配方案〉的通知》执行；省内跨市总分机构企业所得税继续按照省财政厅等部门《关于印发〈跨市总分机构企业所得税分配及预算管理实施办法〉的通知》执行。

第二，省级与市县共享收入比例。营业税、企业所得税、个人所得税、土地增值税地方收入部分，省级与市县分享比例由"四六"调整为"五五"。对今后国家新开征税种或财税政策调整涉及省级与市县财政收入划分的，另行研究确定分配办法。各级非税收入划分方式及分享比例按现行非税收入办法执行。

第三，为简化操作，财政体制执行中各项税收收入均按规定的省级和市县分享比例分别缴入省级库和市县库。基数确定以 2010 年为基期年，具体确定办法由省财政厅根据实际情况另行研究制定。体制调整后，如以后年度各市县上划或省级下划收入达不到基数的，则当年相应扣减基数返还或基数上解。

调整后各级财政收入具体划分如下：省级固定收入：地方铁路（三茂铁路总公司、广梅汕铁路总公司）和南方航空集团公司运输营业税，金融保险业营业税（不含各银行总行、各保险总公司集中缴纳的营业税）；电力增值税（维持原体制执行范围不变）；南方电网公司、中国电信广东公司、中国移动通信集团广东有限公司、广东电网公司、广东中烟工业有限责任公司和省粤电集团有限公司企业所得税以及中央返还总分机构企业所得税；消费税、增值税增量中央 1∶0.3 系数返还部分。具体分享比例如表 6－1 所示。

表 6－1　　　　　　　　省级固定收入分享比例

收入项目	中央分享	省级分享
地方铁路（三茂铁路总公司、广梅汕铁路总公司）和南方航空集团公司运输营业税，金融保险业营业税（不含各银行总行、各保险总公司集中缴纳的营业税）；中央返还总分机构企业所得税；消费税、增值税增量中央 1∶0.3 系数返还部分	—	100%

续表

收入项目	中央分享	省级分享
电力增值税（维持原体制执行范围不变）	75%	25%
南方电网公司、中国电信广东公司、中国移动通信集团广东有限公司、广东电网公司、广东中烟工业有限责任公司和省粤电集团有限公司企业所得税	60%	40%

市县固定收入：增值税（不含属于省级固定收入部分）、房产税、车船税、资源税（不含海洋石油资源税）、印花税（不含证券交易印花税）、城镇土地使用税、耕地占用税、契税、城市维护建设税、烟叶税。具体分享比例如表6-2所示。

表6-2　　　　　　市县固定收入分享比例

收入项目	中央分享	市县分享
增值税（不含属于省级固定收入部分）	75%	25%
房产税、车船税、资源税（不含海洋石油资源税）、印花税（不含证券交易印花税）、城镇土地使用税、耕地占用税、契税、城市维护建设税、烟叶税	—	100%

省级与市县共享收入：营业税（不含各银行总行、各保险总公司集中缴纳的营业税以及属于省级固定收入部分）、企业所得税（不含属于中央固定收入及省级固定收入部分）、个人所得税（含利息所得税）、土地增值税。具体分享比例如表6-3所示。

表6-3　　　　　　省级与市县共享收入分享比例

收入项目	中央分享	省级分享	市（县）分享
企业所得税（不含属于中央固定收入和省级固定收入部分）、个人所得税（含利息所得税）	60%	20%	20%
营业税（不含各银行总行、各保险总公司集中缴纳的营业税以及属于省级固定收入部分）、土地增值税	—	50%	50%

（2）财政体制上解事项。各市县财政对省级财政上解项目中，对性质相同、

数额固定的单位上划经费上解项目予以归并,根据事业发展需要或者中央规定确需保留的予以保留。具体由省财政厅在财政决算工作中执行。

(3)财政转移支付机制。财政转移支付"保基本"和"强激励"相结合,将各项一般性转移支付的基数列入基础性转移支付,确保基础性转移支付的比重不低于六成;在确保基本公平的基础上,强化激励作用,将激励型财政机制、县级基本财力保障机制、生态保护补偿机制等政策的每年新增资金全部用于激励性转移支付,增强激励效应。通过完善省级财政一般性转移支付政策,加大倾斜支持力度,进一步促进粤东西北地区振兴发展提供财力保障和制度支持。

一般性转移支付分为基础性转移支付和激励性转移支付两个部分。基础性转移支付以"保基本"为导向,确保市县既得利益,保障欠发达地区提供基本公共服务的财力需要。主要包括:第一,财力性转移支付基数。在各项一般性转移支付政策中,已列入基数安排的资金,从2013年起继续安排。第二,有专项用途的一般性转移支付。包括专门用于公共安全、教育、医疗卫生、社会保障等基本公共服务的一般性转移支付资金等。第三,其他补助。包括有指定范围的一般性转移支付,如对革命老区、少数民族地区的补助等。

激励性转移支付以"强激励"为导向,围绕省委、省政府重点工作部署,统筹用好现行各项一般性转移支付政策的增量部分,通过实施财政增量返还和协调发展奖,充分调动市县积极性。第一,财政增量返还。为鼓励经济欠发达地区财政增收,以2012年为基期年,从2013年起连续5年,将纳入范围的县(市)上划省级"四税"收入增量部分返还当地。为支持粤东西北地级市城区扩容提质,从新区设立的第二年起连续5年,将新区范围内产生的上划省级"四税"收入增量部分,专门安排用于新区基础设施建设。第二,协调发展奖。为促进欠发达地区经济社会协调发展,对纳入范围的县(市)实施与综合增长率挂钩的奖励。综合增长率由地方生产总值(包括总量及人均水平)、上划省"四税"收入、基本公共服务支出和生态保护指标4项指标的增长率计算确定。对综合增长率高于8%的扶贫开发重点县、重点生态功能区县和少数民族地区县,以及综合增长率高于12%的其他县(市),综合增长率每超出1个百分点,可获得500万元奖励,并运用调整系数适当调整奖励额,当年新增奖励额最高不超过1亿元。综合增长率低于0的县(市),综合增长率每下降1个百分点,一次性扣减转移支付200万元。

生态优化区域实施一般性转移支付与生态环境挂钩。生态优化区域县(市)每年新增一般性转移支付按基础增长转移支付和激励机制转移支付分别进行考核。基础增长转移支付与激励机制转移支付之和即为当年新增一般性转移支付。具体的计算方式为:基础增长转移支付,以上年省财政一般性转移支付为基数,县（市）的基础增长率为6.5%，作为计算省对县（市）一般性转移支付稳步增长的幅度。基础增长率按环比计算。如县（市）生态考核维持上年水平不下降，即生态综合增长率大于或等于0，即可获得基础增长转移支付。激励机制转移支付方面，如县（市）生态综合增长率小于0，对当年基础增长的转移支付实行扣减。生态综合增长率每降1个百分点，扣减0.5个百分点的转移支付。但扣减后当年一般性转移支付不低于2009年基数。如县（市）生态综合增长率等于0，当年激励机制转移支付为0。如县（市）生态综合增长率大于0且在10%以内的（含10%），县（市）所得激励性新增转移支付按1∶0.6的系数确定，即生态综合增长率每增加1个百分点，就可获得0.6个百分点的新增转移支付。如县（市）生态综合增长率超过10%的，除得6个百分点新增转移支付外，生态综合增长率每增1个百分点，可另增加0.25个百分点新增转移支付补助。

（二）体制沿革

2004年以前，广东省对县（市）的一般性转移支付制度实行的是"定基数，按比例递增"办法，即不论县（市）收入完成情况好坏，每年的一般性转移支付都按照固定比例递增。这种转移支付制度由于缺乏激励机制，使得县（市）对省财政的依赖性日渐增大，各县（市）发展经济和提高财政收入的积极性也随之减少。因而，出现了省财政对县（市）转移支付力度不断加大、但县市财政收支缺口仍然十分严峻的矛盾。例如，从2001年开始，广东省一般预算收入增长率连年下降，2001年增长比例为27.5%，2002年下降为16.8%，2003年进一步降低至14.9%。这样的一般预算收入增速不仅远低于江苏、浙江和上海等沿海城市，也低于全国平均水平。在全省68个县（市）中，2002年一般预算收入不到1亿元的多达40个，不到0.5亿元的有14个县，县（市）财力非常薄弱。

与此同时，在传统的一般性转移支付制度的框架下，广东省存在严重的区域发展不平衡，地区间差距逐年扩大。1996~2003年，珠江三角洲地区GDP年均增速为14.3%，而同期东西两翼、粤北山区分别仅为8.8%和8.2%；珠江三角洲地区GDP占全省的比重从59.5%提高到67.8%，而东西两翼、粤北山区分别从23.0%和17.5%下降到18.5%和13.7%。如此，在2003年，广东出现珠江三角洲地区占全省市县级收入的比重八成以上，而东西两翼和粤北山区一般预算收入总和仅占全省市县级收入两成以下的局面也就不足为奇了。

为了解决以上困难，广东省改变了原来按固定比例递增的转移支付办法，对县级财政按照确保既得利益、促进收入增长、实行奖勤罚懒原则，建立"确定基数，超增分成，挂钩奖罚，鼓励先进"的激励性转移支付办法来促进县域经济的发展。2004年，广东省下发了《印发关于促进县域经济发展财政性措施意见的通知》，正式施行激励性的转移支付制度。办法将省财政一般性转移支付与县域经济财政发展挂钩：县域经济发展越快，财政增收越多，所得转移支付补助奖励就越多；反之，落后的地区甚至被扣减转移支付。该转移支付政策的实质就是将省财政转移支付与县域经济财政发展挂钩，实现基本需要保障与激励发展的结合。

（三）体制特点

财政体制与省情的联系密不可分的。广东省区域发展不均衡，是体制的着力点。广东省财政体制在2010年有一个大的调整：调整省级与市县共享收入比例，营业税（不含各银行总行、各保险总公司集中缴纳的营业税以及省级固定收入营业税）、企业所得税（不含属于中央固定收入和省级固定收入的企业所得税）、个人所得税（含利息所得税）、土地增值税地方收入部分，省级与市县从"四六"分成改为按"五五"比例分享。调整的原则是："存量不变，增量调整"和"大稳定，小调整"。省级集中的财力主要用于加大对欠发达地区转移支付力度，为实现区域间全面协调可持续发展创造条件。纵观广东省体制，有以下几个特点。

1. 以体制推动区域协调发展

区域发展不平衡是广东省经济发展最突出的矛盾之一。2008年广东省地区发展差异系数为0.746，高于全国0.58的平均水平，更高于江苏的0.55、浙江的0.30和山东的0.54。2009年，东西北地区人均GDP及人均一般预算收入仅为珠三角地区的1/4和1/6。广东省基本公共服务支出总量都在大幅增加，2008年全省八项基本公共服务支出已达到724亿元，从人均水平来看还显偏低，只有766元。而且区域、城乡及不同人群间享受水平差异较大，东西北地区人均支出仅为珠三角地区的55.5%。① 广东省通过集中省级财力，加大区域间财力均衡力度，确保基层政权基本财力需要。

2. 以体制促进生态发展

广东省生态发展区的县（市）承担着推进生态建设、为社会提供生态产品及缩小与发达地区基本公共服务水平差距的重任，但生态发展区的县（市）普遍财政基础薄弱，广东省通过适度集中省级财力，加大财政转移支付力度，并建立生态激励型机制，为建立生态发展补偿机制提供财力保障，支持生态发展区良性发展，有效推进主体功能区建设。

---

① 资料来源：卢轶：《四大动力推动广东财政体制四大改革》，载《南方日报》，2011年1月14日，专题A07。

3. 以体制保障基层财力

广东省粤北地区经济发展落后，存在县级基本财力保障缺口。对存在财力缺口的县，广东省通过省财政安排县级基本财力保障资金、一般性转移支付资金、教育、卫生、社保等专项转移支付资金、县（市）自身财力增长以及财政部的县级基本财力保障奖励资金等途径解决。县以下基本财力保障机制主要通过"省保县、市保镇、县保村"的隔层保障形式，确保县（市）、镇（乡）和村级基本支出需要，为各地区基层政权和组织供给"底线均等"的基本公共服务提供必需的财力保障。具体包括：县级基本财力保障机制，对财力困难县（市）采取省规范化转移、市积极支持、县自身努力的方式，建立县级基本财力保障制度；镇级基本财力保障机制，对财力困难镇，实行省专项补助、市统筹等办法予以保障，省建立市对镇（乡）补助考核机制；村级基本财力保障机制，对贫困村，采取省（市）补助、县统筹的办法，建立村级工作经费保障制度。

三、湖北省财政体制：以体制保财力

1994年，湖北省建立了分税制财政体制。2002年，体制做了重大调整，在运行中出现了一些问题。主要表现为：市县地方一般预算收入规模较小，不利于客观真实地反映县域经济实力和地方一般预算收入规模；市县分享增值税、营业税、企业所得税和个人所得税等主体税种的比例偏低，分成级次过多，不利于进一步提高市县组织财政收入的积极性；省级宏观调控能力较弱，不利于县级基本财力保障机制的建立和民生支出政策的落实等。为进一步理顺财政分配关系，科学配置财力资源，促进县域经济快速健康发展，2011年，湖北省对原有体制进行了调整，建立了新的财政体制。

（一）体制现状

1. 财政体制的指导思想

为进一步规范省与市（州）、县（市）的财政分配关系，调动各级人民政府发展经济、开辟财源的积极性，建立财政收入稳定增长机制，促进全省经济社会各项事业健康发展，省人民政府决定从2011年1月1日起，进一步调整和完善现行分税制财政管理体制。

坚持以科学发展观为指导，按照"收入下划、核定基数、同增同减、共同发展"的要求，通过下划省级共享税收收入、适当向下倾斜财力、科学核定分享比例、完善省对市县财政转移支付制度等措施，扩大市县地方一般预算收入规模，理顺省以下政府间收入分配关系，进一步调动市县政府发展经济、壮大财源、增加财政收入的积极性，增强基层政府财政保障能力，提升基本公共服务均等化水平，促进全省经济社会各项事业全面协调发展。

2. 财政体制的主要内容

（1）收入。从 2011 年 1 月 1 日起，将原财政管理体制规定的省级共享税收收入全部下划到市（县），作为市（县）固定收入，税收统一实行"属地征管、属地入库"。省在原财政管理体制下分享的税收，以 2010 年各市（县）核定省级税收为基数，与各市（县）地方税收收入增长速度同增同减，由市（县）通过财政年终结算上解省财政。同时，按照"有保有挂、体现激励"的原则，即：省确保各市（县）2010 年的既得利益，省财政建立激励机制，与经济发展、财政收入增长、县级基本财力保障机制挂钩，进一步完善激励机制和扶持政策，调动市（县）财政收入快速增长的积极性，加快促进经济社会发展。

将原财政管理体制规定的省参与分享的税收收入（增值税 8%、营业税 30%、企业所得税 15%、个人所得税 15%）全部下划到市（县），其他财政收入省与市县划分范围不变。

第一，中央分享的增值税 75%、企业所得税 60%、个人所得税 60% 维持不变，铁路运输企业、国有邮政企业、中国工商银行股份有限公司、中国农业银行股份有限公司、中国银行股份有限公司、国家开发银行、中国农业发展银行、中国进出口银行、中央汇金投资有限责任公司、中国建设银行股份有限公司、中国建银投资有限责任公司、中国石油天然气股份有限公司、中国石油化工股份有限公司、海洋石油天然气企业等缴纳的企业所得税（包括滞纳金、罚款收入）以及铁道部缴纳的铁道营业税、各银行总行和保险总公司缴纳的金融保险营业税继续全部作为中央收入。

第二，省级财政分享税收主要包括：中央财政调库划转的跨省市总分机构企业所得税地方分享部分，中央核定湖北省个人储蓄存款利息所得税省级 40% 部分（根据中央决定，已从 2008 年 7 月 1 日起暂停征收），铁路、高速公路等另有规定由省直接集中征收有专项用途的税收等。省级财政继续按 32% 比例分享中央消费税、增值税增量返还。

第三，市县财政分享税收主要包括：增值税 25%、一般企业所得税 40%（不含中央独享及中央、省级分享税收，下同）、一般个人所得税 40%、营业税 100% 以及房产税、资源税、城市维护建设税、印花税、城镇土地使用税、土地增值税、车船税、耕地占用税、契税、烟叶税和其他税收收入等。市县财政继续按 68% 比例分享中央消费税、增值税增量返还。

（2）市县财力上解。各市县上解省级财力计算公式为：某市县上解省级财力 = 上年该市县上解省级财力 ×（1 + 该市县当年地方税收收入增长率），各市县上解省级财力以 2010 年核定省级税收为基数，如果某市县以后年度计算上解省财力达不到 2010 年的数额，则按 2010 年基数办理上解。

（3）省集中税收增量返还补助。

第一，省对武汉东湖新技术产业开发区及重点企业发展政策继续按照省委、省政府规定的政策有效期执行，到期后取消。

第二，省对其他市县税收增量返还补助政策 2010 年到期后不再延长，从 2011 年起，省对市县以 2010 年当年核定返还补助数为基数固定补助，以保证市县既得利益。

（4）省对市县转移支付制度。按照"有保有挂、体现激励"的原则，省财政建立激励机制，进一步完善省对市县转移支付制度，促进市县加快经济社会发展，调动市县增加财政收入积极性。

第一，建立税收收入增长奖励机制，对各市县当年地方税收收入增长超过平均增长水平的部分，省财政按 50% 对市县财政予以奖励性返还补助。

第二，建立财政收入增长激励机制，对地方一般预算收入和税收收入增长较快的市县，省财政给予激励性转移支付。

第三，建立促进经济快速发展的激励机制，鼓励市县争强进位，对经济发展较快、地方税收收入在全省进位较多的市县，省财政给予激励性转移支付。对市（州）经济、县域经济发展在全国排序取得重大突破的市（州）、县（市），省财政给予特别奖励。

第四，建立县级基本财力保障机制，按照基本公共服务均等化的要求，调整和完善财政管理体制省级新增财力，将主要用于增加对县（市）一般性转移支付补助，加大对民生支出的补助力度。

3. 调整和完善省（市）财政管理体制的配套措施

各级政府及财税部门要提高精细化、科学化管理水平，强化对税源的科学预测分析，挖掘税收增收潜力，加大税收征管力度，做到依法征税、应收尽收。要严格税收执法，整顿税收秩序，严厉查处和打击各种偷、逃、骗、抗税等违法行为，坚决制止和纠正越权减免税以及"先征后返"等变相减免税问题。凡属违反税收征管规定，人为降低收入基数、提高省税收增量返还补助基数、不按规定的收入级次入库等行为，相应增加或扣减基数。要确保财政收入按财政管理体制规定及时足额入库。各级财政、税务、中国人民银行、审计等部门要密切配合、加强衔接，尽快调整各项收入划分、征缴、报解、入库及国库资金调度等制度，完善税收征管和国库运行软件，保证新财政管理体制下各级财政国库资金正常运行。同时，要进一步完善财政预算管理办法，充分发挥财政监督、税务稽查、审计检查职能，加强对各项财税法规执行情况的监督检查，确保新财政管理体制顺利实施。

（二）体制沿革

湖北省省对下财政体制的调整经历了1994年体制建立、2002年体制调整、2004年省管县财政体制改革、2011年体制完善几个阶段。下面列举了历次改革中收入的调整划分，不含支出责任的划分，因为支出责任变化不大。纵观历次调整，体制的变动围绕着省与市县之间财力的分配进行，几乎未涉及财政体制对经济结构的调整。例如，现行体制为促进经济快速发展，省财政给予激励性转移支付，而经济快速发展的指标主要是地方税收收入在全省的排名进步。

1. 1994年建立分税制财政体制

1994年实行分税制前，省财政对地市县分别实行以下四种财政体制。（1）递增包干上交体制，即以上交数为基数，每年按5%滚动递增。（2）大包干上交体制，即固定上交，不递增。（3）自收自支体制，即收入不上交，全部留用。（4）固定补贴的包干体制。

1994年分税制财政体制建立，体制作了调整。省级固定收入包括：原省级收入挂钩企业增值税的25%，原中央四部门下划增值税总额的25%，在武汉市和各地新办省级企业的增值税的25%，全省金融保险企业营业税（不含武汉市），省级企业所得税（利润）和计划亏损补贴，省属外商投资企业和外国企业所得税，固定资产投资方向调节税，省级其他收入等。

地市州固定收入包括：本级企业增值税的25%，营业税（金融保险营业税除外），本级企业所得税（利润）和计划亏损补贴，外商投资企业和外国企业所得税、个人所得税、房产税、车船使用税、屠宰税、遗产和赠与税、农业税、农业特产税、契税、土地增值税、国有土地有偿转让收入、其他收入等。

省与地市州共享收入包括：（1）城镇土地使用税按省70%、地市州30%；（2）耕地占用税按省45%、地市州55%；（3）印花税按省20%、地市州80%；（4）教育费附加收入按省10%、地市州90%；（5）资源税按省与地市州"五五"分成；（6）城市维护建设税按省10%、地市州90%分享。

1997年，省政府决定从1997年元月1日起，省将固定资产投资方向调节税、城镇土地使用税、印花税、城建税、资源税、耕地占用税和城市教育费附加等7种小税，采取"核定基数、包干到地市州、比例增长、超收全留、短收抵扣、下放各地、年底结账"的原则，全部下放各地市州管理。即按1994～1996年3年平均数为基数，年递增10%，年终单独结算上交省。

为保持地市州既得利益的格局，逐步达到改革的目标，省对地市州的税收返还基数，全部按中央对湖北省口径执行，即以1993年地市州实际收入以及税制改革和省与地市州收入划分情况，核定 1993 年税收返还基数。1994 年以后税收返还额在 1993 年基数上逐年递增，中央按上划收入的平均增长率的 1∶0.3 系数返还湖北省后，省再返还地市州。如果达不到基数和增长目标，省相应扣减基数和税收返还数。

2. 2002 年调整财政体制

从 2002 年 1 月 1 日起，结合中央所得税分享改革精神，根据《省人民政府关于进一步调整和完善分税制财政体制的决定》省对下财政体制进行了如下调整。

（1）企业所得税。铁路运输、国家邮政、中国工商银行、中国人民银行、中国建设银行、中国农业银行、国家开发银行、中国进出口银行、中国农业发展银行以及海上石油天然气企业缴纳的企业所得税继续作为中央收入。

中央核定的跨省经营、集中缴库的中央企业，其缴纳的企业所得税由中央与省级按比例分享。即 2002 年，中央分享 50%，省分享 50%；2003 年，中央分享 60%，省分享 40%；2003 年以后年份的分享比例，视中央对地方分享比例调整情况相应调整。

其他驻湖北省的各级各类企业缴纳的企业所得税，按属地征收，中央、省、市州按比例分享。2002 年，中央分享 50%，省分享 20%，市州分享 30%；2003 年，中央分享 60%，省分享 15%，市州分享 25%；2003 年以后年份的分享比例，视中央对地方分享比例调整情况相应调整。

（2）个人所得税。国家税务局按《对储蓄存款利息征收个人所得税的实施办法》征收的个人所得税，由中央与省级按比例分享。2002 年，中央分享 50%，省分享 50%；2003 年，中央分享 60%，省分享 40%；2003 年以后年份的分享比例，视中央对地方分享比例调整情况相应调整。

地方税务局按《中华人民共和国个人所得税法》征收的个人所得税，由中央、省、市州按比例分享。2002 年，中央分享 50%，省分享 20%，市州分享 30%；2003 年，中央分享 60%，省分享 15%，市州分享 25%；2003 年以后年份的分享比例，视中央对地方分享比例调整情况相应调整。

（3）增值税。国内增值税全部实行中央、省、市州按比例分享。具体分享比例如，中央分享 75%、省分享 8%，市州分享 17%。省同时按照 8∶15 的比例与市州分享税收返还增量。

（4）营业税。地方营业税全部为省与市州共享收入，按比例分别上缴省和市州财政。具体分享比例为：省分享 30%，市州分享 70%。

（5）七个小税种。调整七小税年递增 10% 上交省财政的结算政策，从 2002 年起，改为定额上交省财政。

(6) 基数计算。省对各市（州、林区）的调整和完善分税制财政体制返还基数以 2001 年为基期计算确定。

3. 2004 年实行省管县财政体制

2004 年 4 月 21 日，省政府决定：从 2004 年起在全省实行省管县（市）财政管理体制。省结算和资金调度直接到县市。同时，实行集中省级增量返还的财政政策，即以 2003 年为基数，2004 ~ 2010 年新增上交省部分全额返还。

4. 2011 年完善财政体制

从 2011 年 1 月 1 日起，省政府决定将原省级共享收入全部下划到市县，作为市县固定收入。以 2010 年各市县核定的省级税收为基数，与各市县地方税收收入增长速度同增同减，通过年终结算上解省财政，将原财政体制规定的省参与分享的税收收入（增值税 8%、营业税 30%、企业所得税 15%、个人所得税 15%）全部下划给予各地。中央分享的增值税 75%、企业所得税 60%、个人所得税 60% 不变。市县上解省级财力的确定：

$$某市上解省级财力 = 上年该市县上解省级财力 \times (1 + 该市县当年地方税收收入增长率)$$

四、宁夏财政体制：以体制求规范

宁夏 2014 年国内生产总值和财政收入均列全国第 29 位，仅高于青海和西藏自治区。宁夏 2014 年中央净补助收入占一般预算收入的比重为 55.35%，而同年广东省这一比重是 10.1%。经济发展落后以及粗放型的经济增长模式导致宁夏财力不充分，大部分支出倚赖于中央拨款，财政体制回旋余地不大。纵观宁夏财政体制，它学习了各省优秀做法，也落实了中央精神，技术规范然而没有自己的特色，没有根据本省经济增长的特点做出反应，并建立相应制度，从而发挥财政体制对经济增长的引导作用。从以下宁夏财政体制的制度设计来看，技术非常规范，借鉴了别省的优秀做法。

（一）均衡性转移支付制度

均衡性转移支付的目标是缩小地区间财力差距，逐步实现基本公共服务均等化，保障主体功能区政策顺利实施，加快形成统一规范透明的均衡性转移支付制度。均衡性转移支付资金分配选取影响财政收支的客观因素，适当考虑人口规模、人口密度等成本差异，结合实际财政收支情况，采用规范的公式化方法进行分配。

均衡性转移支付按照各市县标准财政收入和标准财政支出差额以及转移支付

系数计算确定。用公式表示为：

某市县均衡性转移支付额 =（该市县标准财政支出 − 该市县标准财政收入）
× 该市县转移支付系数 + 增幅控制调整

转移支付系数由当年可用于实施均衡性转移支付的资金总额、市县标准收支差额等情况综合确定。凡标准财政收入大于或等于标准财政支出的地区，不纳入均衡性转移支付范围。

1. 标准财政收入的确定

各市县标准财政收入由市县本级标准财政收入、自治区对市县的财力性转移支付收入、具有均衡效果的专项转移支付收入等分别确定。

某市县标准财政收入 = 该市县本级标准财政收入
+ 自治区对该市县的财力性转移支付收入
+ 自治区对该市县具有均衡效果的专项转移支付收入

市县本级标准财政收入包括：2013 年市县本级税收收入、教育费附加收入、罚没收入、利息收入。自治区对市县的财力性转移支付收入包括：2013 年自治区对市县的固定补助数（扣除教育转移支付数、医疗卫生转移支付、提前列入固定补助数的均衡性转移支付基数部分）、2013 年城镇土地使用税和城市教育费附加实际上解数、列入政府性基金的企业移交人员经费补助数等。具有均衡效果的专项转移支付收入包括：2013 年自治区财政对市县补助的就业、城镇低保、农村低保等专项转移支付。

2. 标准财政支出的确定

为更好地体现以人为本的理念，在测算标准财政支出时，主要选取各市县总人口为计算基础。2013 年标准财政支出由标准一般公共服务支出等 15 项组成，用公式表述为：

某市县标准财政支出 = 该市县标准一般公共服务支出 + 该市县标准公共安全支出
+ 该市县标准教育支出 + 该市县标准文体传媒支出
+ 该市县标准社会保障支出 + 该市县标准卫生支出
+ 该市县标准水利支出 + 该市县标准农业支出
+ 该市县标准林业支出 + 该市县标准环境保护支出
+ 该市县标准城乡社区支出 + 该市县标准交通运输支出
+ 该市县标准乡镇管理支出 + 该市县标准村级管理支出
+ 该市县据实测算的支出

3. 支出成本差异系数

按照财政管理科学化、精细化的要求，在测算中根据影响财政支出的客观因素计算确定支出成本差异系数，对并涉及民生和基本公共服务的支出进行成本差异修正。

支出成本差异系数 =（人口规模系数×0.6 + 供养系数×0.4）×（面积系数×0.2
+ 民族系数×0.2 + 温度系数×0.1 + 运距系数×0.2
+ 公路系数×0.1 + 海拔系数×0.2）

人口规模系数根据市县总人口规模分档确定；供养系数根据市县标准财政供养人员与总人口的比例分档确定；面积系数根据市县人口密度分档确定；回族系数根据市县回族人口比例分档确定；温度系数根据市县温度情况分档确定；运距系数根据市县距首府城市的公路里程分档确定；公路系数根据市县公路总里程分档确定；海拔系数根据市县海拔分档确定。

为保障各市县财政运行的稳定性，以自治区对市县均衡性转移支付平均增长率为基准，对超过（低于）基准增长率一定幅度的市县适当调减（或调增）转移支付额。

（二）重点生态功能区转移支付制度

为维护国家生态安全，引导国家重点生态功能区所在地政府加强生态环境保护力度，提高基本公共服务保障能力，促进经济社会可持续发展，自治区财政在均衡性转移支付项下设立重点生态功能区转移支付。

1. 资金分配范围

中央确定的同心县、盐池县、红寺堡区、西吉县、隆德县、泾源县、彭阳县、海原县和自治区确定的固原市。

2. 资金分配办法

选取影响财政收支的客观因素，适当考虑支出成本差异系数，采用规范的公式化方式进行分配。公式如下：

某市县重点生态功能区转移支付应补助数 = 按标准财政收支缺口测算的转移支付（占70%）
+ 按生态治理及环境保护需求因素测算的转移支付（占30%）

其中：①按照标准财政收支缺口测算的转移支付，参照均衡性转移支付测算办法，按纳入生态功能区转移支付市县的标准收支差额和补助系数测算确定。②按生态治理及环境保护需求相关因素测算的转移支付，由财政厅委托相关部门，根据各地森林、草原面积和覆盖率、水网密度的、土壤侵蚀面积和侵蚀率、沙化面积、环境质量状况等因素，计算生态保护治理需求分配。计算公式为：

某县（区）生态保护治理需求分配额 = 全区生态保护治理需求转移支付额
× 该县（区）生态需求系数

$$\begin{aligned}\text{某县(区)生态需求系数} =\ &\text{该县(区)生态保护系数}\times 0.5 + \text{该县(区)环境质量系数}\\&\times 0.3 + \text{该县(区)生态治理系数}\times 0.2\end{aligned}$$

(三) 基本财力保障机制奖补转移支付制度

市县级基本财力保障奖励转移支付是自治区对市县一般性转移支付体系的重要组成部分。自治区财政在继续加大对财力薄弱地区均衡性转移支付力度的同时，另外安排一部分资金，配合中央财政下达的县级基本财力保障奖励补助资金，引入激励约束机制，通过补助与激励相结合、目标与政策相统一的办法，建立自治区对市县的基本财力保障奖励补助转移支付。2014年市县级基本财力保障奖励补助转移支付主要包括以下三方面内容。

1. "三保"支出缺口补助

对市县"保工资、保运转、保民生"支出，对与其标准财力之间的缺口部分，根据补助资金规模按一定系数给予补助。

2. 经济社会发展综合奖励

具体包括：第一，税收增长奖励。对市县增加税收收入的，根据市县财政困难程度和增收情况，分档给予奖励。第二，优化财政收入质量奖励。根据市县优化财政收入质量、提高税收收入占比情况，分档给予奖励。第三，增值税贡献奖励。对自治区本级增值税收入来源地，根据收入贡献额给予奖励。第四，重点支出增长奖励。对市县财政自身加大对重点支出投入的，根据增加额分档给予奖励。

3. 提高财政预算管理水平综合奖励

具体包括：第一，压缩财政结转奖励。对市县财政努力加快支出进度，主动压缩年末结转支出的，根据结转压缩额度给予奖励。第二，支出进度考核奖励。为鼓励市县进一步做好一般预算支出进度工作，2014年继续对2013年预算执行进度高于支出进度要求的市县予以奖励；低于市县支出进度要求的不予奖励。第三，县级财政支出管理绩效综合评价奖励。为鼓励基层财政部门进一步做好财政管理工作，对财政支出管理绩效综合评价给予奖励，根据财政部开展的县级财政支出管理绩效综合评价结果，对获得较好成绩的县予以奖励。

五、体制比较研究

1994年实施的税制和分税制改革，统一了税制，明确了中央和地方收入划分，奠定了中央财力权威，推动了基本公共服务均等化。但受客观条件约束，未触动政府间事权和支出责任划分，而是承诺分税制改革后再来处理。20年来，这方面改革进展缓慢，成效有限。各省省对下财政体制在 20 年间也经历了数次调整，各次调整几乎都不涉及政府间事权和支出责任。省对下财政体制的调整主要表现为省与市县之间的财力分配和转移支付改革。

上文列举了浙江省、广东省、湖北省和宁夏四个样本。浙江省和广东省皆为经济发达省份，2014 年国内生产总值总量分列全国第 4 位和第 1 位，财政收入全国第 5 位和第 1 位。然而，浙江省和广东省在财政体制的架构上有很大不同。湖北省为中西部省份，2014 年国内生产总值位居全国第 9 位，财政收入列第 10 位，而这份不错的成绩单背后，湖北省的财政体制改革几乎都在为确保市县基本财力而努力。宁夏 2014 年国内生产总值和财政收入均列全国第 29 位，仅高于青海和西藏。2014 年中央净补助收入占一般预算收入的比重为 55.35%，而同年广东省这一比重是 10.1%。经济发展落后以及粗放型的经济增长模式导致使宁夏财力不充分，大部分支出倚赖于中央拨款，财政体制回旋余地不大。宁夏财政体制学习了各省优秀做法，也落实了中央精神，然而没有自己的特色，没有根据本省经济增长的特点做出反应，建立相应制度。

（一）确保财力增收是省对下财政体制的基本任务

在四个省份的体制设计中，湖北省财政体制保财力增收的色彩显然是最重的。湖北省的转移支付按照"有保有挂、体现激励"的原则，调动市县增加财政收入积极性。第一，建立税收收入增长奖励机制，对各市县当年地方税收收入增长超过平均增长水平的部分，省财政按 50% 对市县财政予以奖励性返还补助。第二，建立财政收入增长激励机制，对地方一般预算收入和税收收入增长较快的市县，省财政给予激励性转移支付。第三，建立促进经济快速发展的激励机制，鼓励市县争强进位，对经济发展较快、地方税收收入在全省进位较多的市县，省财政给予激励性转移支付。对市（州）经济、县域经济发展在全国排序取得重大突破的市（州）、县（市），省财政给予特别奖励。第四，建立县级基本财力保障机制，按照基本公共服务均等化的要求，调整和完善财政管理体制省级新增财力，将主要用于增加对县（市）一般性转移支付补助，加大对民生支出的补助力度。

浙江省与广东省的财政体制亦有财力增收的因素。浙江省建立地方财政税收收入增长奖补机制。将全省各市、县（市）分为两大类，一类是欠发达地区（含部分海岛地区，少数困难市、县（市），下同），实施三档激励补助政策、两档激励奖励政策；另一类是发达地区和较发达地区，实施两档激励奖励政策。广东省粤北地区经济发展落后，存在县级基本财力保障缺口。为鼓励经济欠发达地区财政增收，以 2012 年为基期年，从 2013 年起连续 5 年，将纳入范围的县

（市）上划省级"四税"收入增量部分返还当地。为支持粤东西北地级市城区扩容提质，从新区设立的第二年起连续5年，将新区范围内产生的上划省级"四税"收入增量部分，专门安排用于新区基础设施建设。

（二）省情不同，转移支付设计各有着力点

湖北省激励性转移支付的主要目标是鼓励各地进一步发展县域经济，壮大财政收入规模，提高财政收入质量。湖北省为此建立了地方一般预算收入增长激励性转移支付和工商四税激励性转移支付。地方一般预算收入增长激励性转移支付以地方一般预算收入增长为计算依据，主要考核各市县一般预算收入的完成情况。工商四税激励性转移支付以工商四税（增值税、营业税、企业所得税、个人所得税）增长为计算依据，主要考核各市县工商四税的完成情况。

浙江省的转移支付将鼓励第三产业发展和经济转型放到了重要的地位，建立了营业税增收省分成返还奖励政策和"浙商回归""腾笼换鸟"等经济发展考核奖励政策。营业税增收省分成返还奖励政策即对市、县（市）营业税当年增收省分成部分予以返还奖励。"浙商回归""腾笼换鸟"等经济发展考核奖励政策即对在吸引"浙商回归"、加快"腾笼换鸟"、促进有效投资工作中考核优秀的市、县（市），根据相关规定，给予一定的奖励。

广东省财政转移支付的主要目标是均衡省内地区间财力差距，推动全省经济社会协调发展，促进基本公共服务均等化。广东省为此建立了激励性转移支付，设立了协调发展奖。为促进欠发达地区经济社会协调发展，对纳入范围的县（市）实施与综合增长率挂钩的奖励。综合增长率由地方生产总值（包括总量及人均水平）、上划省"四税"收入、基本公共服务支出和生态保护指标四项指标的增长率计算确定。

第二节 不同体制模式与经济发展方式的地区差异：简单对比与定量分析

本节以经济增长水平、经济结构、生产效率、能源耗费四大类共十个指标比较四省2005~2013年间经济发展方式的地区差异。由于部分数据不可获得的原因，有个别省份个别年份的数据空缺。总体来说，浙江省、广东省、湖北省和宁夏的经济发展呈现出了各自特点：浙江省的第三产业贡献率在四个省份中最高，经济转型初见成效；广东省无论是国内生产总值还是财政收入都领先于其他几

省，但人均GDP和人均财政收入都低于浙江省，区域发展不均衡是主因；湖北省的固定资产投资率在中东部三个省份中最高，万元GDP能耗最高，而社会劳动生产率最低，经济增长方式以粗放型为主；宁夏资源贫瘠、地区发展极不均衡，经济发展落后，2011年万元GDP能耗全国最高，是一个典型的西部省份。

一、浙江省：转型初见成效的经济发展方式

浙江省是一个自然资源匮乏的省份，人多地少、能源缺乏。人均资源拥有量综合指数位居全国倒数第三，仅略高于上海与天津，属典型的资源小省，尤其是一些基础性矿产资源、能源和耕地十分缺乏，石油储量微乎其微，煤炭储量仅占全国的万分之一，铁矿石储量占全国的0.14%，森林面积和林木蓄积量分别占全国的4.79%和1.21%，人均淡水资源仅为2 128立方米，占全国的1%，比全国平均水平低330立方米；人均可耕地仅为0.54亩，不及全国的一半，也远低于联合国粮农组织规定的人均可耕地0.7965亩的警戒线。改革开放以来，为克服资源要素供给矛盾，浙江积极探索转变经济增长方式，调整优化经济结构，经济增长质量和效益显著提高，成为全国经济增长速度最快和最具活力的省份之一，国内生产总值从改革开放初期全国第12位上升到2014年全国第4位。

目前，浙江经济依然面临着同样的约束，经济发展又正处于加速工业化阶段，高投入、低产出，高速度、低效益，高消耗、低质量的粗放型经济增长方式将难以为继，不平衡、不协调、不可持续问题依然突出，过多依赖低端产业、过多依赖低成本劳动力和过多依赖资源环境消耗的增长方式尚未根本转变、产业层次低、创新能力不强、要素制约加剧、服务业比重提高不快、欠发达地区发展基础依然比较薄弱。

（一）经济发展水平

浙江省GDP和财政收入增长速度基本吻合，说明财政收入增长速度比较合适。人均GDP和人均财政收入都保持了增长的态势，人均GDP增长速度超过人均财政收入（见图6-1、图6-2）。

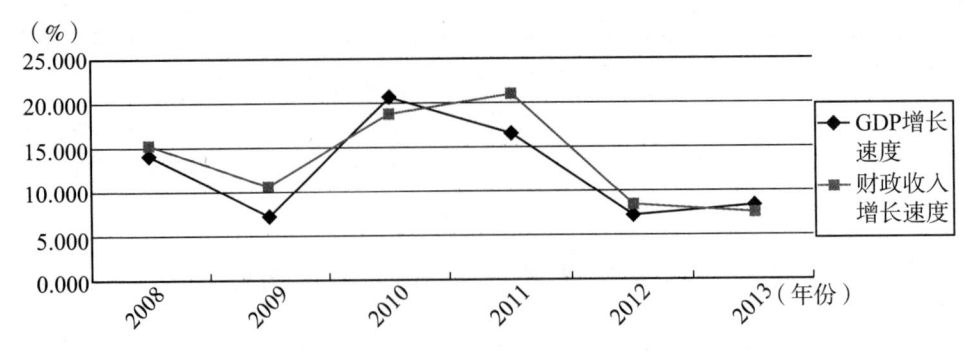

图 6-1 浙江省 GDP 和财政收入增长速度

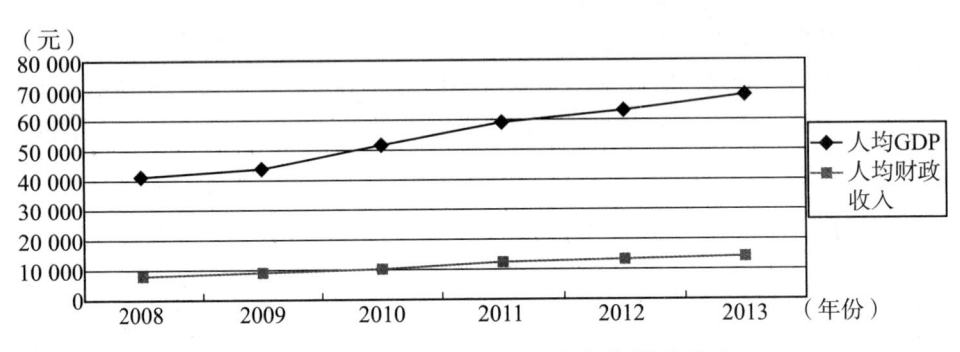

图 6-2 浙江省人均 GDP 和人均财政收入

(二) 经济结构比例

浙江省第三产业贡献率在 2008~2013 年间有波动，特别是 2009 年第三产业贡献率相对较高（见图 6-3）。无独有偶，2008 年，浙江省推出了营业税增收省级分成返还奖励政策。

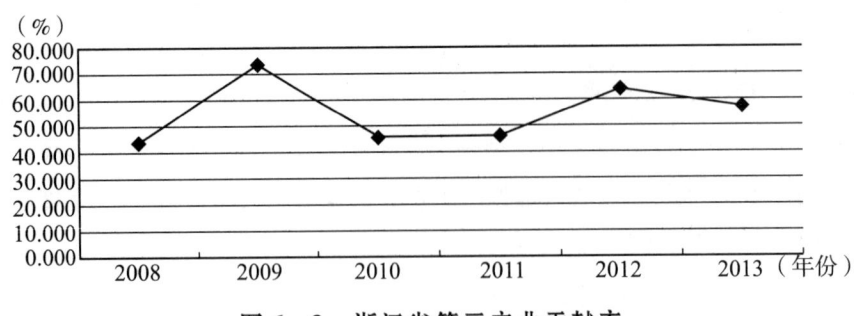

图 6-3 浙江省第三产业贡献率

（三）生产效率指标

浙江省社会劳动生产率逐年递增，说明生产效率在不断提升。固定资产投资率总体上稳定增长，部分年份有波动，固定资产投资与经济大环境有比较大的关系，经济下行时必然影响到固定资产投资，反过来，固定资产投资率下降也会影响到 GDP 增长（见图 6-4、图 6-5）。

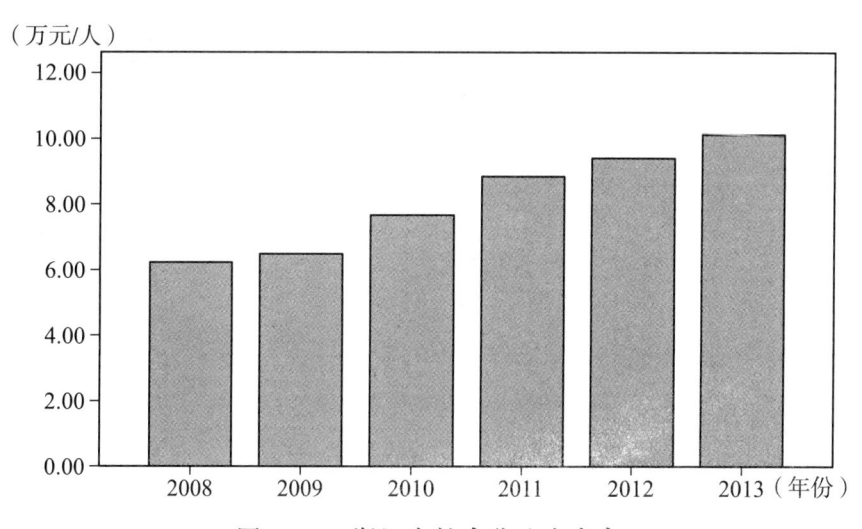

图 6-4　浙江省社会劳动生产率

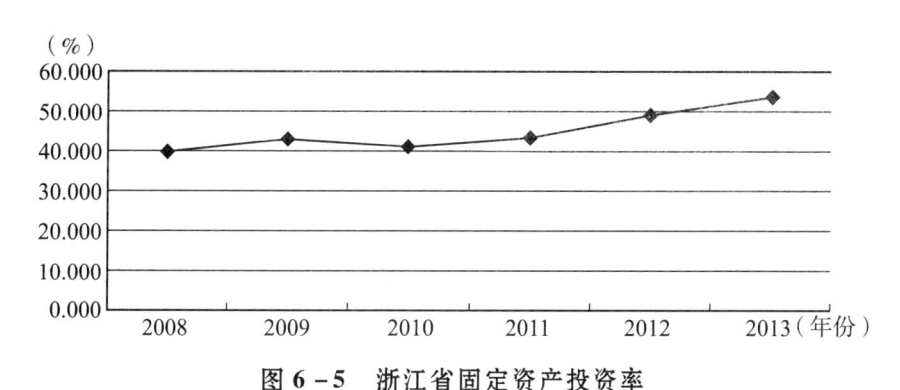

图 6-5　浙江省固定资产投资率

（四）能源消耗数量

浙江省万元 GDP 能耗（吨标准煤）（以 1978 年不变价计算）2008~2013 年间一路走低，说明能源利用率有所提升。重复用水率和工业固体废物综合利用率近些年没有大的变化，这与环境保护意识紧密相关。浙江省要成功实现经济转型和改善环境质量，这两个指标应该有更好的表现（见图 6-6、图 6-7）。

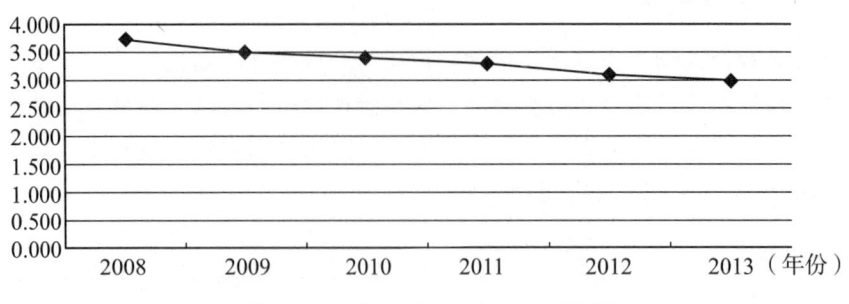

图 6-6 浙江省万元 GDP 能耗

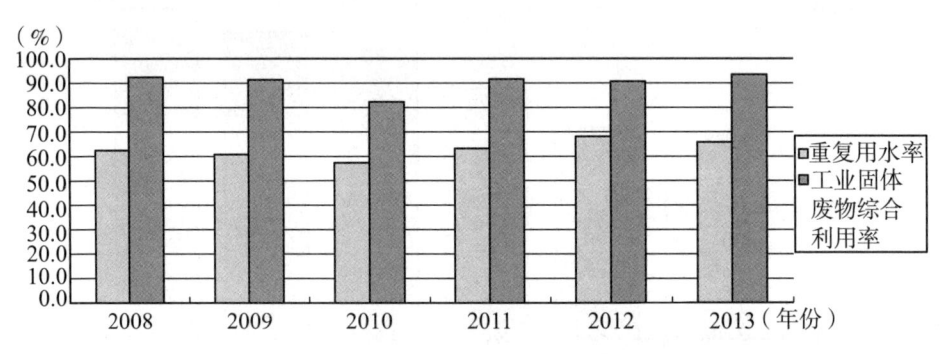

图 6-7 浙江省重复用水率和工业固体废物综合利用率

二、广东省：高速、非均衡的经济发展方式

广东省经济经过了 20 多年的高速发展后，进入了一个矛盾凸显期，面临一系列的问题和困难。广东省全面建设小康社会的奋斗目标是人均生产总值到 2020 年再翻两番。按照目前的经济增长方式，如果要实现这一目标，至少要消耗 10 多番的投资、近四亿吨的标煤，使用相当于深圳、珠海、东莞三市 6 000 多平方千米面积总和的土地，相当于珠三角七市 645 万亩耕地的总量。在能源高消耗压力的同时，广东还面临经济发展给环境带来高污染的另一重压力。珠江口是全国仅次于渤海湾的第二严重污染水域，广东省 63% 的国土面积属国家酸雨控制区。珠三角大部分城市江段、河流污染严重，珠三角入海河口近海水域例行监测时段均不符合海水二类标准，各市近岸海域的氮、磷污染严重，赤潮的范围和频率逐年增加。此外，广东省经济发展仍处于"资源→产品→废弃物"的传统模式，资源回收率比较低，综合利用率不高，许多可以利用或再利用的资源却成了废弃物。

2014年,广东省国内生产总值全国排名第一。然而,在省内,区域经济发展极不均衡。以广州、深圳为中心的珠三角经济发达地区9市(地级市)为经济发达地区,二类地区为东部沿海的潮汕、西部沿海的茂名、湛江和阳江涵盖7市,三类地区为粤北与山区,包括韶关、清远、河源、梅州与云浮5市及肇庆的部分。以2007年为例,面积占全省30.55%常住人口占全省一半的珠三角9市,GDP总量占全省的79.74%;而面积占全省的69.45%、人口占一半的珠三角以外12市GDP总量仅占全省的20.26%,GDP总量和人均水平相差将近3倍。GDP总量差距与人均GDP差距大大高于同期中国东部10省与西部12省的差距,GDP总量中国东西部差距为2.2倍,而广东省珠三角9市与珠三角以外12市差距为2.9倍,基本上可以与同期浙江省与云南省GDP总量的差距相比;人均GDP同期中国东西部差距为1.5倍,而广东珠三角9市与珠三角以外12市差距为2.9倍,其差距高于同期福建与贵州2省的差距,略低于同期山东与贵州的差距。

(一)经济发展水平

与浙江省相比,图6-8显示广东省的财政收入增长速度快于GDP的增长速度。人均GDP和人均财政收入的增长态势与浙江省基本一致(见图6-9)。

(二)经济结构比例

广东省的第三产业贡献率和浙江省的走势基本吻合。浙江省在2008年推出了营业税增收省级分成返还奖励政策,广东省并没有对应政策。这说明浙江省的财政政策只是影响第三产业贡献率的因素之一(见图6-10)。

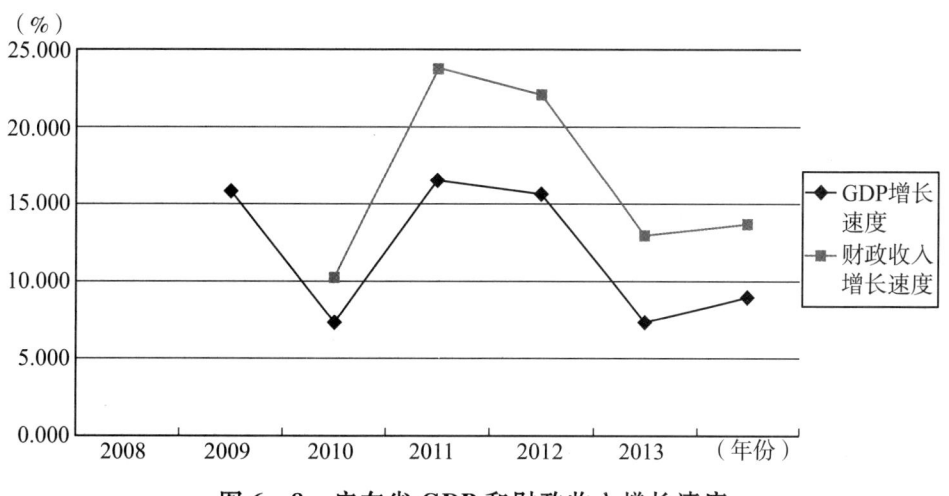

图6-8 广东省GDP和财政收入增长速度

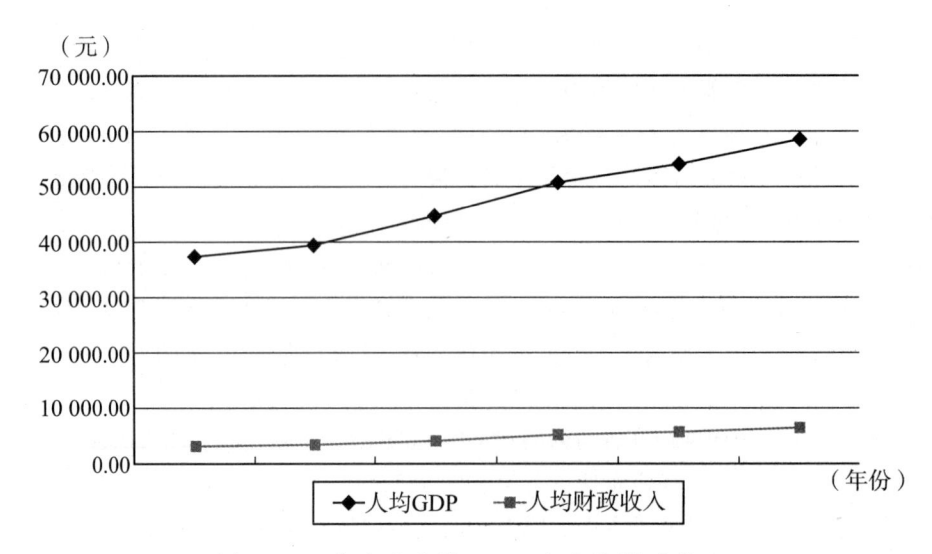

图 6-9　广东省人均 GDP 和人均财政收入

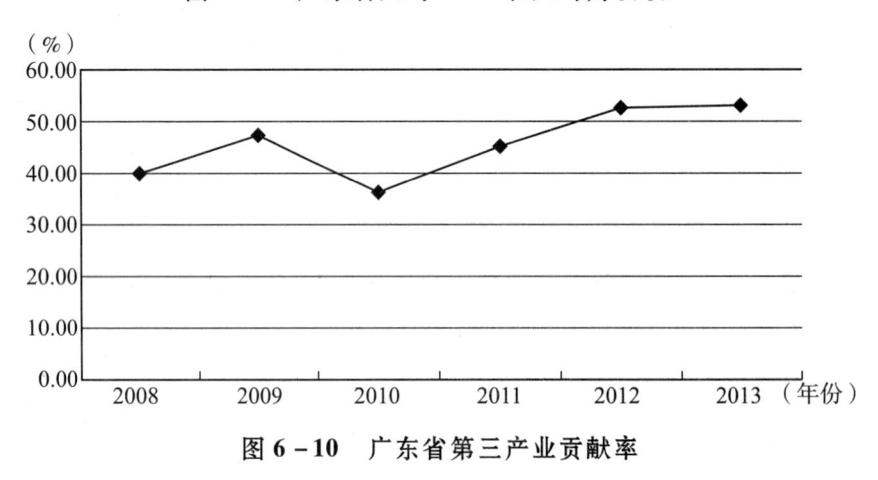

图 6-10　广东省第三产业贡献率

(三) 生产效率指标

广东省社会劳动生产率逐年递增，说明生产效率在不断提升。固定资产投资率总体上稳定增长，部分年份有波动，2011 年固定资产投资率最低。浙江省固定投资率的最低点出现在 2010 年。固定资产投资率受制于经济大环境，同时也有各个省份自身因素的影响（见图 6-11、图 6-12）。

(四) 能源消耗数量

广东省万元 GDP 能耗（吨标准煤）的数据如表 6-4 所示，因为数据不可获得的原因，2005 年、2008 年、2009 年、2010 年该指标以 2005 年不变价计算，2011 年、2012 年、2013 年以 2010 年不变价计算。

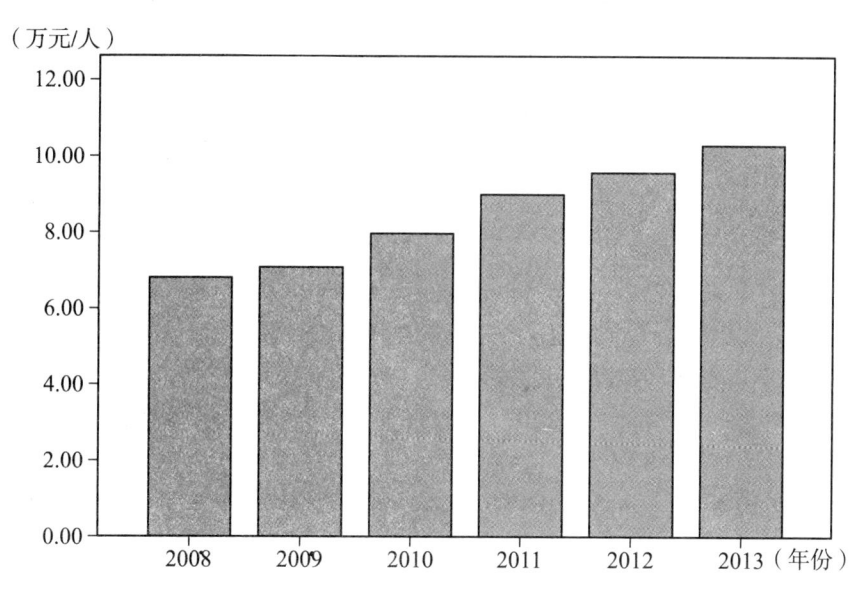

图 6-11　广东省社会劳动生产率

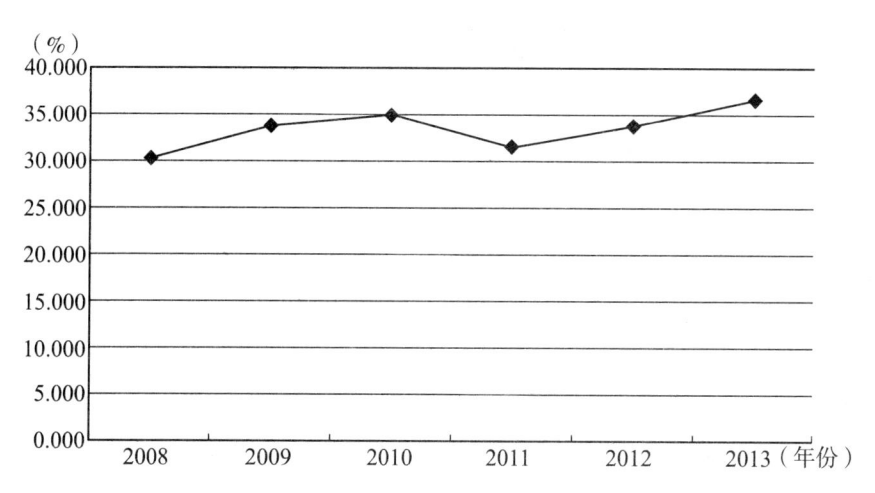

图 6-12　广东省固定资产投资率

表 6-4　　　　　　　　　广东省万元 GDP 能耗

年份	万元 GDP 能耗（吨标准煤）
2005	0.790
2008	0.715
2009	0.684
2010	0.664
2011	0.563

续表

年份	万元GDP能耗（吨标准煤）
2012	0.532
2013	0.507

三、湖北省：粗放型增长的经济发展方式

湖北农业经济数量大，所占比重高，属于农业大省。湖北经济结构中三次产业的比重（第一产业：第二产业：第三产业）。1978年为40.5：42.2：17.3（同期全国为28.2：47.9：23.9）；2014年为11.6：46.9：41.5（同期全国为9.2：42.6：48.2），从1978~2014年经过30多年的发展，经济结构渐渐趋向于合理，但农业在国民经济中仍旧占有较大比重，第三产业低于全国平均水平。

（一）经济发展水平

与浙江省和广东省又有所不同，2008~2010年间，湖北省财政收入增长速度和GDP增长速度基本吻合，在2011年后财政收入增长速度快于GDP增长速度。而人均GDP的增长速度要高于浙江省和广东省（见图6-13、图6-14）。

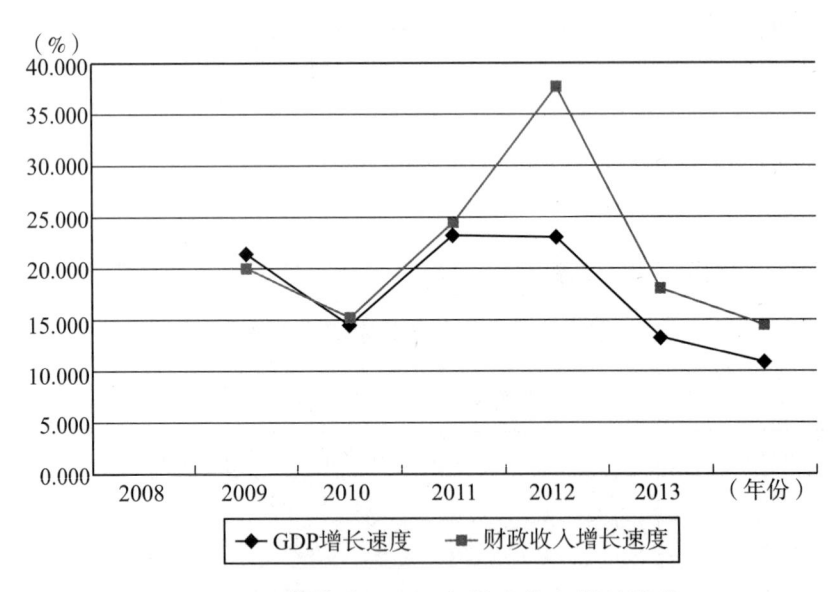

图6-13 湖北省GDP和财政收入增长速度

图 6-14 湖北省人均 GDP 和人均财政收入

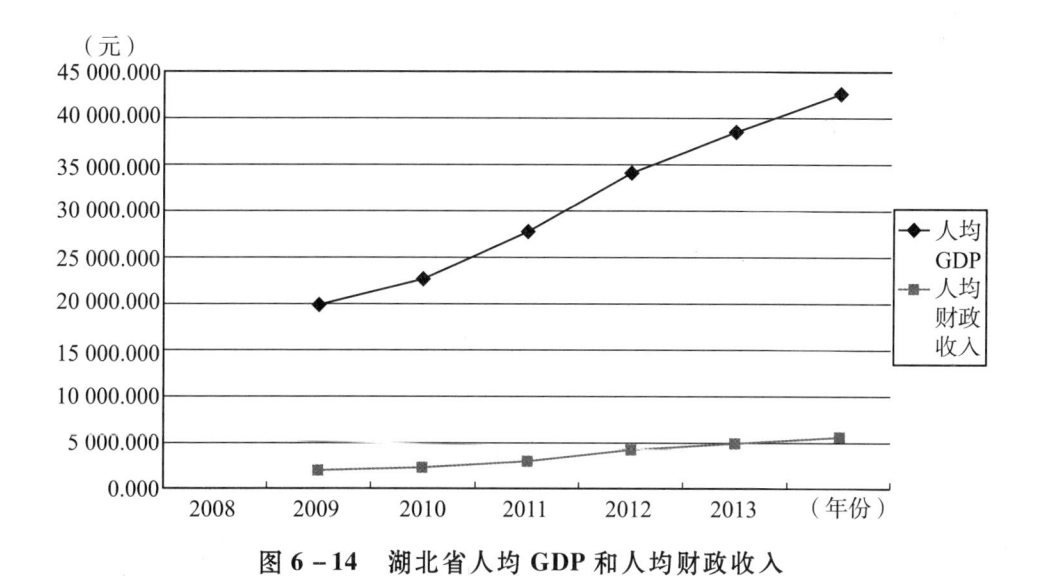

(二) 经济结构比例

湖北省的第三产业贡献率走势与浙江省和广东省大致相同，最近的低点都出现在 2010 年，湖北省与浙江省和广东省有区别的地方是 2008 年的第三产业贡献率比较高，之后走低，又上升，从图 6-15 来看，2013 年的第三产业贡献率和 2008 年接近。

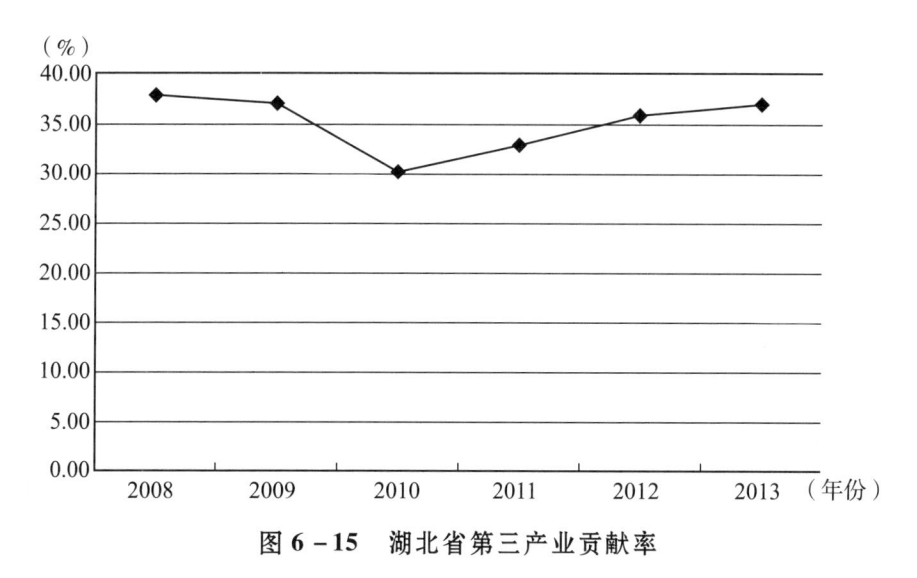

图 6-15 湖北省第三产业贡献率

(三) 生产效率指标

湖北省的社会劳动生产率比较低,说明生产效率较低;固定资产投资率比较高,不断增加的固定资产投资拉动了 GDP 增长,然而人均产出较低(见图 6-16、图 6-17)。

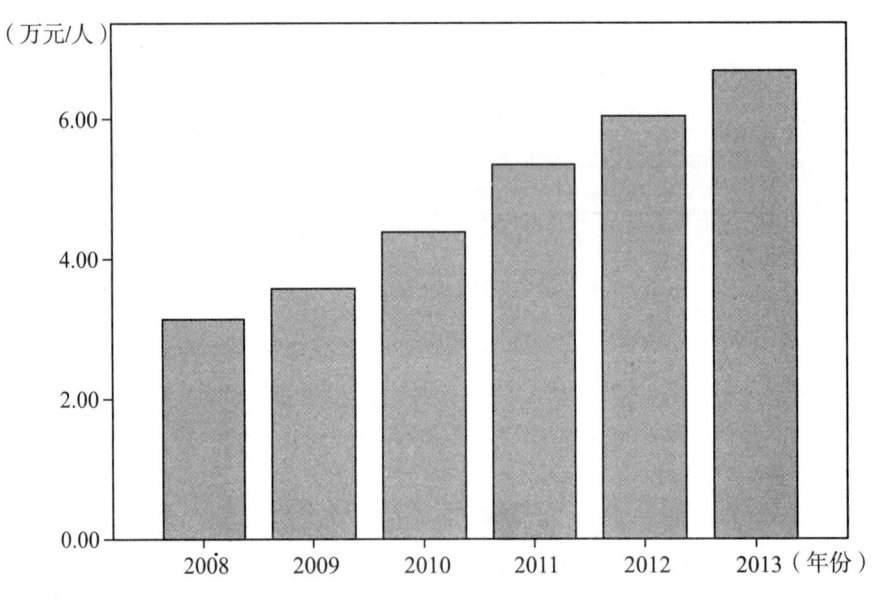

图 6-16 湖北省社会劳动生产率

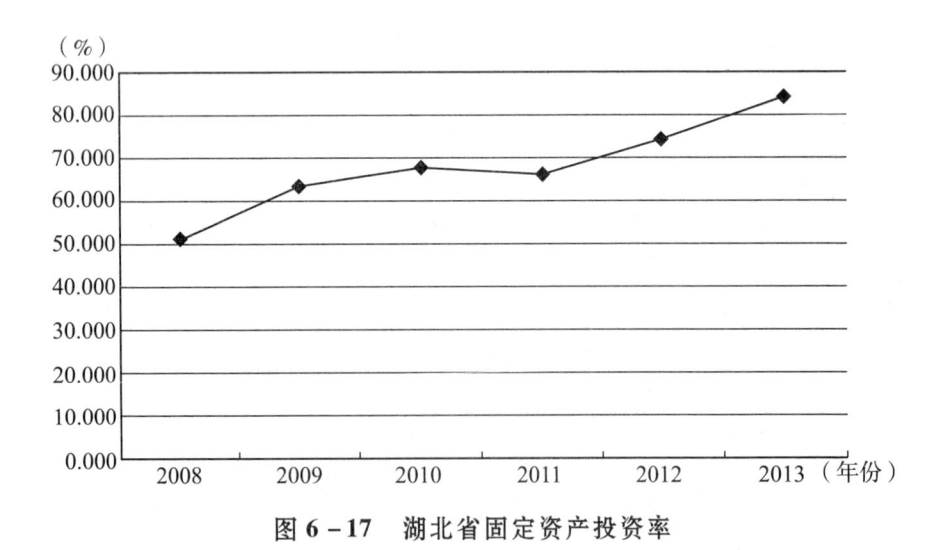

图 6-17 湖北省固定资产投资率

(四) 能源消耗数量

湖北省万元 GDP 能耗（吨标准煤）如表 6-5 所示，2005 年以 2005 年不变价计算，2011 年、2012 年、2013 年以 2010 年不变价计算。从这两项指标来看，湖北省经济发展能耗较高。工业固体废物综合利用率如图 6-18 所示。

表 6-5   湖北省万元 GDP 能耗

年份	万元 GDP 能耗（吨标准煤）
2005	1.510
2011	1.910
2012	0.870
2013	0.840

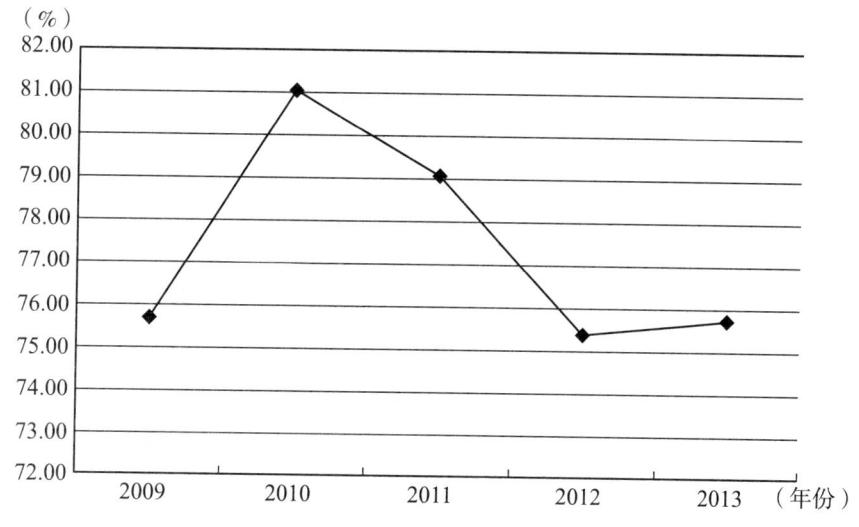

图 6-18　湖北省工业固体废物综合利用率

四、宁夏：极度粗放的经济增长方式

宁夏地域东西窄南北长，南北相距逾 450 千米，东西相距 250 千米。地势南高北低，呈阶梯状下降，平均海拔 1 000 米以上。境内山地迭起，平原错落，丘陵连绵，沙地散布，其中平原占 26.8%，山地、丘陵、台地等占 73.2%。宁夏地处腾格里、毛乌素、乌兰布和三大沙漠包围中，沙化面积占自治区土地总面积的 2/3，是我国四大沙尘暴策源地之一和沙尘暴进入祖国腹地的主要通道。受气候变化的影响，干旱程度不断加剧，贫困问题与生态问题交织，人口、资源、环境可持续发展的难度很大。

按照自然地理和经济条件，宁夏可分为两大板块，两大经济板块经济发展极不平衡。"沿黄经济区"包括银川、吴忠、石嘴山、中卫4个地级市及所辖中宁、灵武、青铜峡、贺兰、永宁、平罗10个市县（区）。该地区处于河套平原，资源丰富，且组合条件较好，经济发展水平较高。该地区以45%的国土面积集中了全区61%的人口、90%以上的经济总量和94%的财政收入，是宁夏的精华地带和经济发展的龙头，素有"塞上江南"之美誉，是国家规划建设的18个重点开发区之一。"中南部地区"包括原州区、西吉县、隆德县、泾源县、彭阳县、海原县、同心县、盐池县、红寺堡区9个国家扶贫开发重点县（区）以及沙坡头区、中宁县的山区。处于我国半干旱黄土高原向干旱风沙区过渡的农牧交错地带，生态脆弱，干旱少雨，土地瘠薄，资源贫乏，自然灾害频繁，水土流失严重，水资源极度匮乏，经济欠发达，以"苦瘠甲于天下"而闻名全国，是国家确定的11个重点扶持的集中连片特殊困难地区之一。

宁夏经济增长主要依靠粗放扩张，物质资源消耗大而效率不高，与东部地区的差距较大。宁夏产业发展水平不高，"一产不精、二产不强、三产不足"的问题比较突出。基础设施条件差，支撑能力弱。自主创新能力弱，高端人才少。

（一）经济发展水平

宁夏 GDP 和财政收入增长速度从图形上看不相关。GDP 增速比较平稳，受经济发展大环境影响，持续下降。财政收入增长速度既受到经济基础影响，同时又受到政策左右。税收计划征收体制对于西部地区的影响甚于东部地区，为了完成税收计划，"应收尽收"的征管原则一再被打破，导致宁夏出现财政收入增长脱离经济增长这一现实（见图6-19、图6-20）。

（二）经济结构比例

宁夏的第三产业贡献率近几年有很大的提升，渐渐接近了湖北省水平。中西部地区与东部地区经济发展的差异不仅体现在量上，更多体现在结构上，浙江省和广东省的第三产业比重都超过了50%，而宁夏2015年的第三产业贡献率才38%左右（见图6-21）。

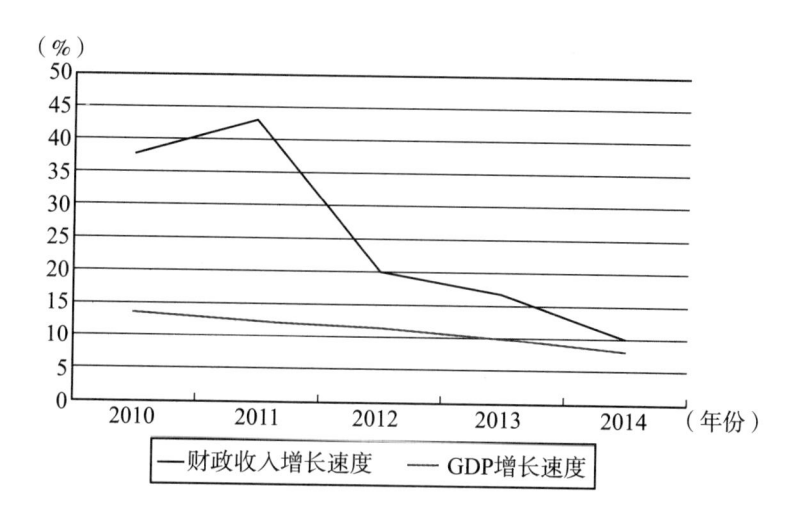

图 6-19　宁夏 GDP 和财政收入增长速度

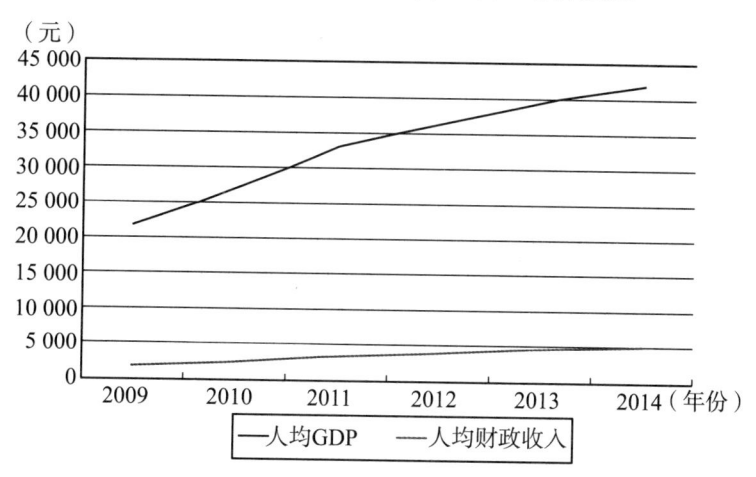

图 6-20　宁夏人均 GDP 和人均财政收入

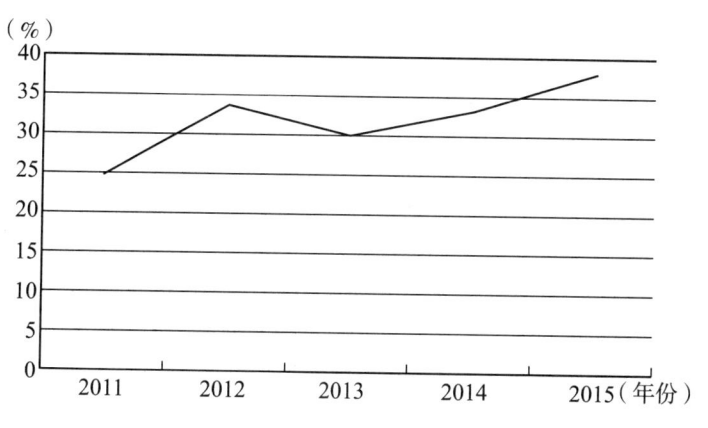

图 6-21　宁夏第三产业贡献率

(三) 万元 GDP 能耗

宁夏万元 GDP 能耗（吨标准煤）近几年一路走低，说明能源利用率有所提升。不过，从省际比较来看，2011 年宁夏万元 GDP 能耗为全国最高，是北京的 5 倍（见图 6-22）。

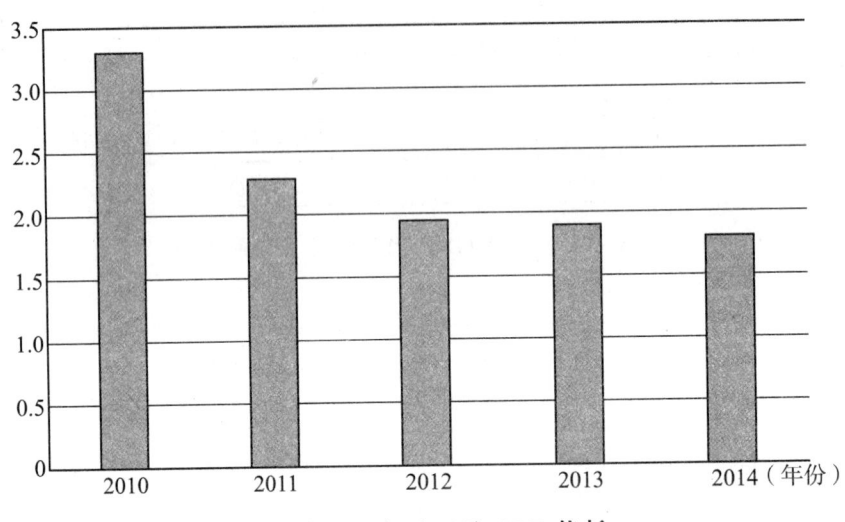

图 6-22 宁夏万元 GDP 能耗

五、经济发展方式的省际比较[①]

浙江省在三省中人均 GDP 和人均财政收入均列第一，广东省的经济总量和财政收入列第一，湖北省在 2008~2013 年间 GDP 增长速度高于其他两个省份，与此同时，固定资产投资率也高于其他两个省份，宁夏的 GDP 总量和财政收入总量远在湖北省之下，然而人均 GDP 与湖北省相当。四个省份经济状况各有不同，下面进行具体比较（见图 6-23、图 6-24）。

浙江省第三产业贡献率高于其他两个省份，从总体趋势看，三省波动基本一致。值得一提的是 2009 年，三省第三产业贡献率均有较大幅度提高。而上文提到浙江省 2009 年推出了营业税增收省级分成返还政策，其他两个省份并未出台相关政策，说明第三产业贡献率提升背后应该有其他因素在主导（见图 6-25）。

---

① 宁夏数据缺失较多，故部分省际比较，没有宁夏的数据。

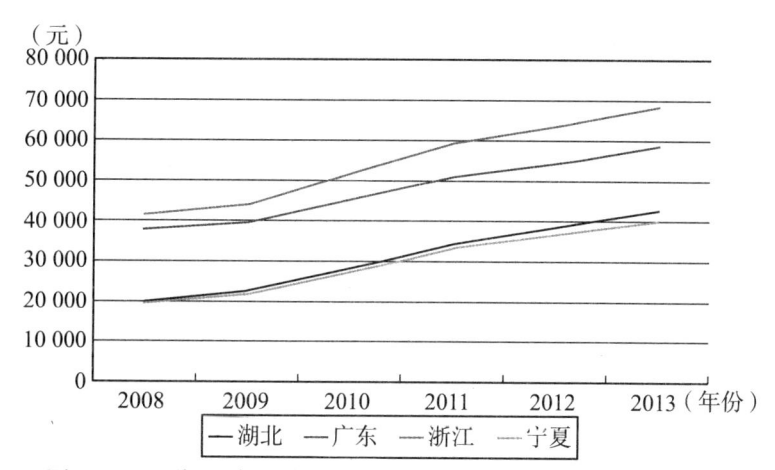

图 6-23　浙江省、广东省、湖北省、宁夏人均 GDP 比较

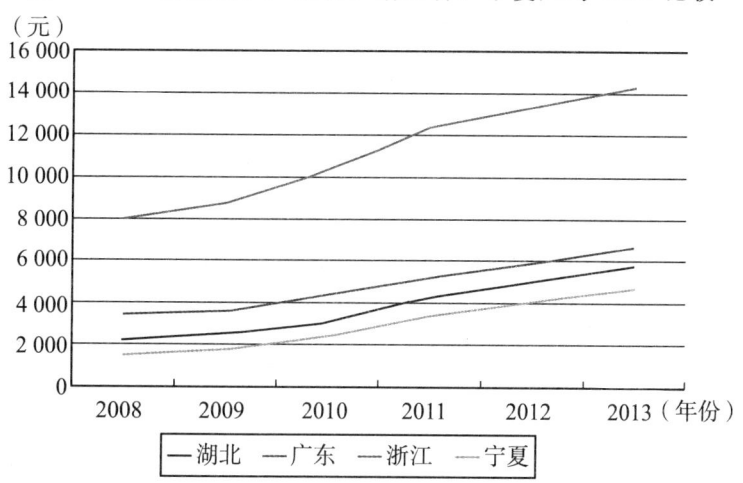

图 6-24　浙江省、广东省、湖北省、宁夏人均财政收入比较

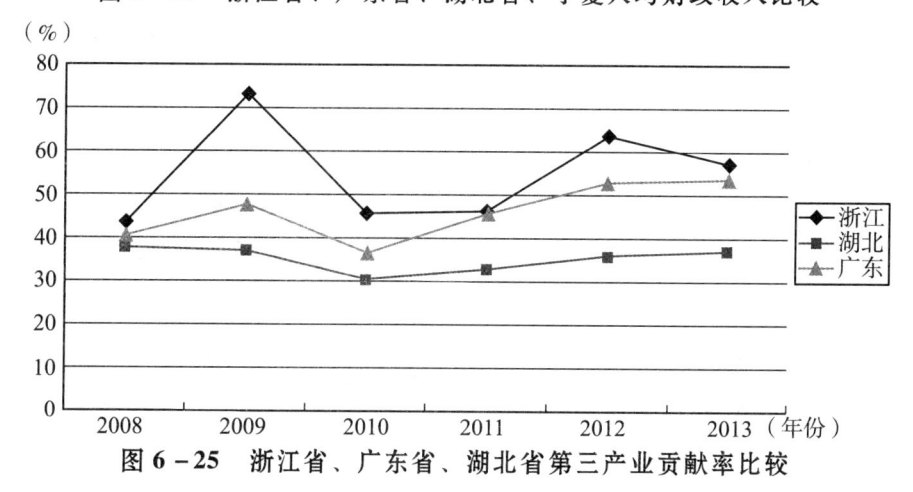

图 6-25　浙江省、广东省、湖北省第三产业贡献率比较

浙江省和广东省的社会劳动生产率较高,这也是两省经济发达的因素之一。湖北省近些年的固定资产投资率较高,拉动了 GDP 较快增长,2008~2013 年间,湖北省 GDP 增长速度高于其他两个省份（见图 6-26）。结合图 6-27、图 6-28,当前中国 GDP 增长最重要的因素是固定资产投资,湖北省投入多,产出也快,然而这种 GDP 增长模式受到资源有限和地方政府投资乏力的挑战,未来固定资产投资对 GDP 增长影响的重要性将下降。

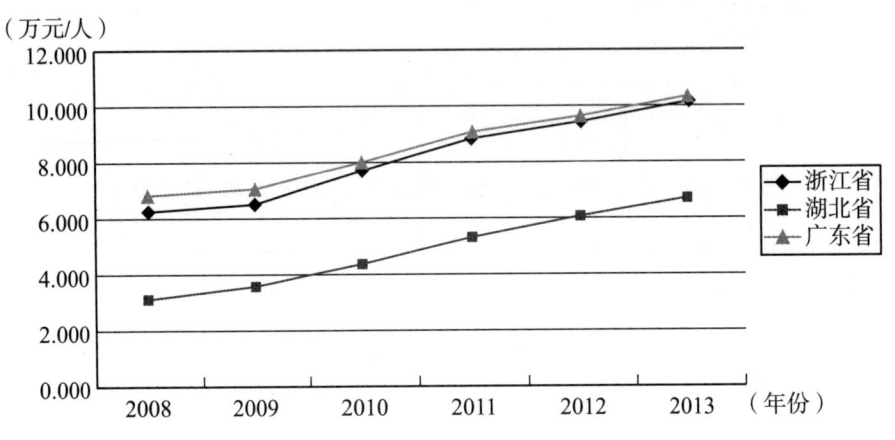

图 6-26 浙江省、广东省、湖北省社会劳动生产率比较

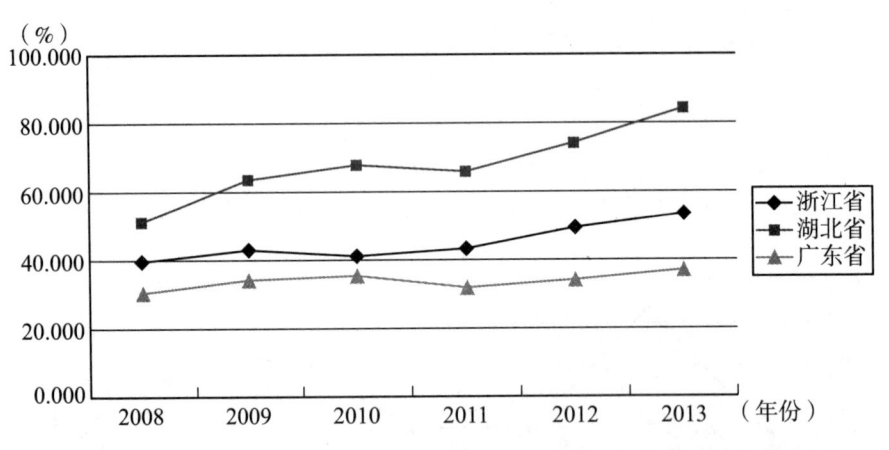

图 6-27 浙江省、广东省、湖北省固定资产投资率比较

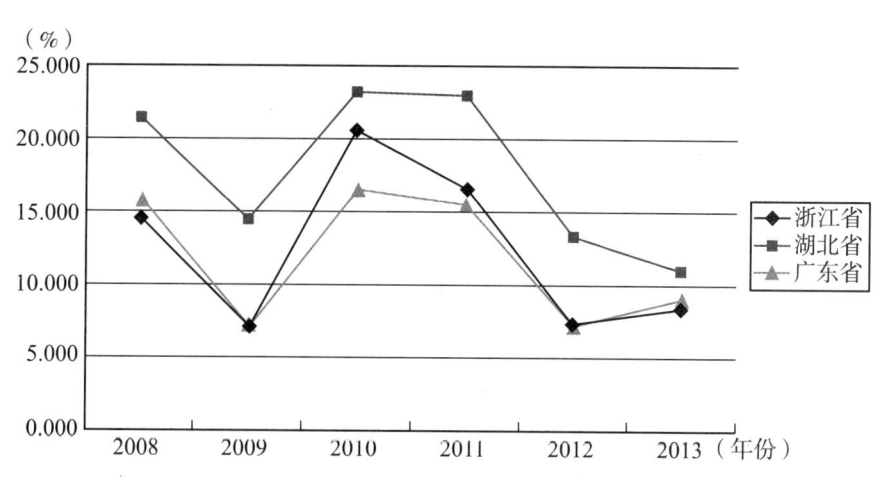

图 6-28　浙江省、广东省、湖北省 GDP 增长速度比较

浙江省、广东省和湖北省万元 GDP 能耗（吨标准煤）比较如图 6-29 所示，2005 年以 2005 年不变价计算，2011 年、2012 年、2013 年以 2010 年不变价计算。湖北省能耗高于浙江省和广东省，而社会劳动生产率正好相反，结合湖北省较高的固定资产投资率，说明湖北省的经济增长方式以粗放型为主，这也是为什么近几年湖北省经济增长较快，而财政体制始终陷于确保各级政府基本财力困局的主要原因。

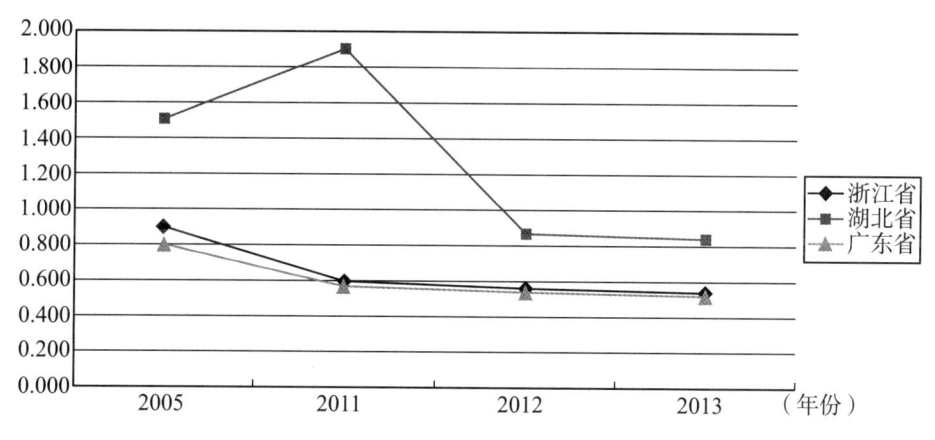

图 6-29　浙江省、广东省、湖北省万元 GDP 能耗比较

综合以上图表可见，广东省的 GDP 和财政收入均高于浙江省，而人均 GDP 和人均财政收入皆低于浙江省，说明广东省的区域发展不平衡，导致人均水平较低，从这一方面亦可说明为何广东省将财政体制着力点放在协调区域经济发展。浙江省的固定资产投资率高于广东，第三产业贡献率高于广东，GDP 增速与广东

省保持了一致的态势，说明固定资产投资拉动了浙江省的经济发展，经济转型初见成效，第三产业对经济的拉动效应还没足额显现。正是因为处于经济增长方式转变的关口，浙江省的财政体制比其他两省更关注产业升级和经济转型。

第三节　地方财政体制改革的经验启示

分税制财政体制改革以后，规范了中央和地方、国家和企业的财政分配关系，增强了财政的调控能力，推进了经济社会的和谐发展和民生事业的不断改善。按照分税制财政体制改革的要求，我国各地结合地方实际，实施了有地方特色的分税制财政体制改革，加大了对经济结构调整的力度，推动经济发展方式转变，取得了不少有效的做法和成功的经验。及时总结和推广这些成功的做法和有效的经验，对深化我国分税制财政体制改革、加快经济发展方式转变是有启示和借鉴作用的。

一、要重视和加强地方财政体制构建

财政体制表现的是政府间财政分配关系，核心是政府间财力分配关系，这直接关系政府的可用财力和政府职能的发挥，关系到政府推进民生事业发展和支持经济发展方式转变的能力。1994年实施的分税制财政体制改革，理顺了中央和地方、国家和企业的分配关系，避免了财政包干体制下中央和地方体制的不统一以及不统一而产生的"苦乐不均"或"鞭打快牛"现象，但省以下财政体制如何按照分税制财政体制要求推进，全国并没有统一的规定，这既是出于地方经济社会发展不平衡的现实考虑，也是出于调动地方积极性的实际考虑，从而使省以下的财政体制更符合地方实际，更有利于区域经济社会发展，更有利于做大财政"蛋糕"，以实现经济发展方式转变，推进经济社会事业发展。

分税制改革以来，按照分税制财政体制改革的要求，地方政府之间也积极推行了分税制财政体制改革，建立有利于经济发展和经济发展方式转变的财政体制。浙江省一直实行省管县的财政体制，所谓省直管县财政体制，即省级政府将财政收支、转移支付、财政结算、资金调度、项目申报、债务偿还等直接到县级政府，而地级市的财政资金仅限于地级政府所在市，与辖区内的县没有对应的结算关系。省直管县的财政体制为县域经济的发展奠定了体制基础，调动了县市发展经济的积极性。自20世纪90年代以来，浙江省先后5次出台政策，扩大县市

经济管理权限。1992年，出台萧山、余杭、鄞县、慈溪等13个县市扩权政策，主要包括扩大固定资产投资项目审批权、外商投资项目审批权等4项。1997年，同意萧山、余杭试行享受地级市一部分经济管理权限，主要有固定资产投资审批管理权限等11项。2002年，浙江省委、省政府按照"能放都放"的总体原则，将313项原属地级市的经济管理权限下放给17个县市和萧山、余杭、鄞州3个区。2006年，浙江省委、省政府又选择义乌市为试点，赋予义乌市与设区市同等的经济社会管理权限，共扩大了603项经济社会管理权限。2008年，浙江省委、省政府按照全面扩大县级政府管理权限的要求，在全省推开扩大县级政府经济社会管理权限工作，除义乌经济社会管理权限调增为618项外，其他县市下放增加443项经济社会管理事项。通过一系列扩权强县政策的实施，县（市）有较大的决策空间，又有较好的财力保障，使浙江省县域经济、财政得到快速发展。县域经济发达是浙江经济发展的一大特色，经济强县则是浙江经济发展的重要支柱。从2000年开始，在国家统计局对全国2000多个县从发展水平、发展活力、发展潜力等指标对县域社会经济综合发展指数的百强县评比中，浙江省百强县数量2000~2005年间一直居全国第一。2010年，全省有25个县市进入全国百强县行列。经济的发展，壮大了县市财力，2010年，全省58个县市地方财政收入全部超过亿元，地方财政收入上10亿元的县市达34个。

湖北省于2004年开始实行省管县财政体制，经过一段时间的运行，新体制对县域经济的发展产生了积极的影响。一是规范了省、市、县（市）之间的财政分配关系，调动了各级发展经济的积极性。二是减少了管理层次。省直管县后，减少了市级中间管理环节，有利于增强省级调控能力，提高资金利用效率。三是对促进县域经济的发展起到了促进作用。一方面由于县级财政留成比例增加，使县里集中更多的财力来发展县域经济；另一方面，由于减少了市级管理层次，大大降低行政管理成本，从而减轻农民负担。四是部分缓解了县级财政困难。省管县后，省财政按财政体制直接结算到县（市），既避免了市级集中县财力的"市刮县"问题，又使县级财政困难直接反馈到省财政，使省财政及时了解和解决县财政的困难。从总体上看，新的财政体制实现了信息、项目、资金和管理直达县（市），有效地降低了财政管理的交易成本，体制创新的积极作用日益显现。

浙江省和湖北省省管县财政体制的实践证明，财政体制是经济发展和发展方式转变的重要因素，各级地方政府必须高度重视财政体制的建设，对看准的体制机制建设必须坚持，以建立符合地方经济社会发展和经济发展方式转变的体制机制。在中央和地方分税制财政体制明确的前提下，必须重视地方财政体制建设，地方政府要随着经济社会发展的变化和政府职能发挥的需要，及时对财政体制进行调整，使财政体制和经济社会发展相适应，并推进经济社会发展，加快经济发展方式转变。

二、要鼓励和支持财政体制机制优势的发挥

财政体制是政府支持经济发展方式转变的重要举措，而转变经济发展方式的目的是为了更好地发展、可持续的发展，做大财政"蛋糕"，为政府提供更多的财力来源。分税制财政体制改革取消产品税，全面推行增值税和营业税、消费税，避免了征收产品税出现的产业或产品税率越高越发展所导致的产业雷同、重复建设、盲目发展税收逆调节的弊端，国家把消费税作为中央税，目的就是为了限制高能耗、高污染而低产出、低效益产业的发展，而把营业税作为地方税，就是为了加快服务业尤其是现代服务业的发展，推进产业结构的合理和经济发展方式的转变。中央和地方分税制财政体制改革充分体现调整经济结构，转变经济发展方式的要求，提高财政体制优势的发挥，引导经济发展方式转变的政策导向。

如何把分税制财政体制改革的精神贯穿到地方分税制财政体制改革，发挥好财政体制引导经济发展方式转变的作用。分税制改革以来，浙江省为了解决经济发展中结构性、素质性和要素性的矛盾，积极发挥财政体制机制优势，与时俱进推进了财政体制的创新和发展。早在1997年出台的"两保两联"财政体制，就把省级财政对经济发达市县的技术改造补助与财政收入增长挂钩，以加快企业的技术改造和新产品的开发、新技术的引进、新工艺的采用，提高经济发展的质量和效益。为了支持第三产业发展，优化产业结构，2004年，浙江省提出了以支持第三产业发展、优化税收收入结构、政府财力结构和财政支出结构为主要内容的"三个三"财税工作措施。2006年为优化市县收入结构，促进第三产业发展，又出台了优化收入结构财力性奖励办法。充分调动了市县促进第三产业发展的积极性。2008年，为充分发挥财政体制对经济发展方式转变的作用，又进一步完善了省对市（县）的财政体制。将"两保两挂""两保一挂"财政政策统一调整为"分类分档激励奖补机制"；实行市县营业税增收上交返还奖励和省级金融保险业营业税增收奖励政策，适当提高电力生产企业所在地增值税分成比例，进一步鼓励市（县）促进产业结构优化、经济转型升级和发展方式转变。分税制财政改革以来，无论省以下财政体制如何调整，浙江省始终把转变经济发展方式作为财政体制的重要内容并一以贯之，从而进一步优化了浙江省的经济结构和资源配置。

广东省将全省国土区域划分为四类主体功能区。生态发展区要承担生态屏障的功能，开发强度必然受到一定限制，政府的财政收入也会受到影响。能否确保为辖区内的人民群众提供必需的基本公共服务，对生态发展区政府是一个考验。为此，广东省制定及调整完善了激励型财政机制，促进了主体功能区建设。一是

实施生态激励型一般性转移支付。生态优化区域实施一般性转移支付与生态环境挂钩。生态优化区域县（市）每年新增一般性转移支付按基础增长转移支付和激励机制转移支付分别进行考核。基础增长转移支付与激励机制转移支付之和即为当年新增一般性转移支付。二是对上划省"四税"实行返还奖励。以县（市）上年上划省的营业税、土地增值税、企业所得税和个人所得税（简称"四税"）等省与县（市）共享收入为基数，实行环比考核。具体考核办法为：对生态优化区域县（市）继续实行鼓励财政收入增长的特殊奖励政策，按照就低不就高的原则，对执行省市共享收入增幅超全省、东西两翼和粤北山区或生态优化区域县域平均水平的，省分成部分分档次按超额累进办法给予返还奖励。即上划省"四税"超平均增长率部分在 20 个百分点以内（含 20%）的，按 60% 给予返还奖励；在 20～40 个百分点之间（含 40%）的，按 70% 给予返还奖励；在 40～60 个百分点之间（含 60%）的，按 80% 给予返还奖励；在 60 个百分点以上的，给予 100% 返还奖励。返还奖励通过年终结算办理。

财政体制作为规范政府与市场及各级政府之间分配关系的一种运行机制，通过调整私人部门与公共部门之间的资源转移以及资源在公共部门内部的分配，最终在公共部门合理配置的基础上，促进私人部门的资源合理配置，推进整个经济结构的优化。一方面可以通过调整某个领域市场与政府之间资源配置的多少，来向市场发出鼓励或限制发展的信号，利用市场机制推进资源配置的优化；另一方面可以通过规范各级政府之间的利益分配关系，运用体制的激励功能来影响地方财政资金供给的方向和规模，从而促进地方资源的合理配置和经济结构的优化。通过财政体制的调整推进经济发展方式转变有得天独厚的优势和举足轻重的作用，地方政府必须重视发展财政体制体制经济发展方式转变的作用，随着经济社会发展形势的变化和发展环境的变化，及时对财政体制进行相应的调整，使财政体制的作用得以发挥。当然，经济发展方式的形成是长期积累的结果，转变经济发展方式也需要一个过程，需要相应的政策支持，财政体制必须与时俱进改革和创新，推进经济发展方式转变。

三、要尊重和鼓励地方财政体制的改革和创新

分税制财政体制改革，统一了中央和地方的财政分配关系，改变中央和地方财政体制不一而产生的"苦乐不均"现象。按照分税制改革的指导思想和总体要求，地方财政体制也进行了分税制改革，但由于我国国土面积大，自然环境的差异大，地区经济发展不平衡。从全国的角度看，有东西部的差距和南北的差距。即使在同一个省内，也有地区之间的差异，比如，江苏省的苏南和苏北差距大，

苏南经济发达,而苏北经济相对落后;山东的胶东半岛和沂蒙地区差距大,胶东半岛经济发达,沂蒙地区经济相对落后;广东省的珠三角地区和粤北地区差距大,珠三角地区经济发达,粤北地区经济相对落后;浙江省的杭嘉湖宁绍地区和浙西南地区差距大,杭嘉湖宁绍地区经济发达,浙西南地区经济相对落后,等等。区域经济发展的不平衡是客观存在的,也是一时难以解决的,这使得我国地方财政体制改革,应结合地方实际,鼓励地方财政体制的改革和创新,以推进地方财政的发展。

分税制财政体制从1994年运行以来,持续时间长,发挥的效果好,取得了不少成功的经验,推动了经济发展方式的转变。浙江省为了解决经济发展和环境保护之间的矛盾,加大财政对生态保护的转移支付,在全国最早开始建立生态补偿机制,早在2006年就出台了"钱塘江源头地区生态环境保护省级财政专项补助暂行办法",对钱塘江源头的淳安县、开化县、江山市、衢江区、柯城区、常山县、磐安县、龙游县、遂昌县、龙泉市10个县(市),推行生态补偿改革的试点,当年省财政拿出2亿元资金。在取得成效的基础上,2008年设计了省级以上生态公益林面积、大中型水库面积、主要流域水环境质量、大气环境质量等指标,全面实施省对主要水系源头所在市、县(市)的生态环保财力转移支付,覆盖范围从钱塘江源头的10个县市扩大到八大水系源头的45个市县。省级财政对生态补偿的资金也从2006年的2亿元增加到2008年的8亿元、2010年的12亿元。在此基础上,省财政进一步完善生态补偿机制,加大生态的补偿力度,把生态环保财力转移支付的机制扩大到全省所有的市县区,生态补偿机制的效果明显,实现了"青山绿水"也是"金山银山"的目标,推进了生态文明建设。广东省为了处理好财政资金分配过程中的公平与效率的关系,在财政转移支付的资金分配过程中引入竞争机制,改变财政资金的使用方式,提高财政资金的使用效益,实现"少花钱,多办事"。2008年7月,广东省财政拿出15亿元的资金,引入竞争机制,采取竞争性分配,由6个欠发达地级市展开竞争,实行"能者多得",按绩效分配。通过竞争,其中的3个市各获得5亿元资金,专项用于当地产业转移工业园的建设与发展。经过几年渐进式改革实践,广东省竞争性分配项目范围已从省产业转移扶持资金,拓展至科技、教育、水利、农业、社保、医疗卫生、旅游、交通运输等各领域,并从省级向市县扩展。广东省竞争性分配财政专项资金的做法,产生了积极的效应,受到不少地方的重视。山东省从2012年起到2015年,省财政每年安排专项资金10亿元,采取竞争性分配方式,重点扶持300项以上具有自主知识产权的重大关键共性技术研发和产业化示范项目。湖北省从2013年起,试行省级财政部分专项资金竞争性分配。这些地方分税制改革的有效做法和成功经验,不仅丰富了分税制改革的内容,更重要的是推动了经济发展方式的转变。

改革的路径选择有"自上而下"的，也有"自下而上"的，这是改革的需要。由于财政体制改革涉及面广，利益直接，牵一发而动全身，直接关系地方经济社会发展，改革的难度大、困难多，改革不可能是一帆风顺的，可能会遇到各种困难和问题，这使得国家在改革的路径选择上，除了"自上而下"的改革外，更要重视"自下而上"的改革，允许地方进行创造性的改革或者在部分地方开展试点性的改革，改革成功了、取得成效了，再进行总结并推广。这样做，改革的成本比较低，改革比较符合实际，容易推广并取得成功。对浙江省的生态财力转移支付改革，我国开始了新安江流域改革的试点。2011年10月，财政部、环境保护部联合下发的《新安江流域水环境补偿试点实施方案》，国家层面设立的新安江流域水环境补偿资金为每年5亿元，其中中央财政出资3亿元，浙江、安徽各1亿元。环保部每年组织安徽、浙江联合监测跨界水质，并以省界断面达标的水质为基本标准。若安徽提供的水质优于基本标准，由浙江给予安徽1亿元补偿；若安徽提供的水质劣于基本标准，则由安徽给予浙江1亿元补偿。中央财政的3亿元，则定向补偿给安徽。对广东省的竞争性分配财政资金的改革，中央财政也开始了实践和推广。2013年11月，中央财政通过地方答辩、专家评审，从15个城市中选出河北石家庄市、辽宁铁岭市等10个城市为2013年节能减排财政政策综合示范城市，优先享受中央财政各项节能减排政策倾斜，并按照3年示范期，每个城市得到中央财政15亿~20亿元规模的综合奖励资金。地方分税制财政体制改革，有些内容有区域性的特点，有些有普遍适用的特点，对地方分税制改革必须给予高度的重视，有些好的做法和成功的经验，要及时进行总结和推广，以不断完善地方财政体制改革，推进经济发展方式转变。

四、要规范和健全财政转移支付制度

发挥好财政职能作用，支持经济发展，推进经济发展方式转变，主要来自财政各种专项资金，而财政专项资金和财政体制直接相关。分税制改革以来，我国已经建立包括以一般转移支付制度和专项转移支付制度为主体的财政转移支付制度。一般转移支付不规定具体用途，由地方政府统筹安排的转移支付形式，其特点是有利于均衡地区财力，推进基本公共服务均等化，而专项转移支付是上级政府为特定的政策目标而设立的资金，其特点是专款专用，有利于经济和社会事业发展。可以说，专项转移支付安排的合理不合理，财政专项资金使用得好不好、有没有效果直接关系到财政支持经济发展方式转变的能力和效果。

如何科学把握一般性转移支付与专项转移支付的结构，避免专项转移支付制度存在的某些弊端，从 2010 年开始，浙江省推行专项性一般转移支付制度改革，建立专项性一般转移支付制度。所谓专项性一般转移支付制度是指按因素和权重将专项资金进行"切块"分配，按一般性转移支付性质下到地方。经过几年的实践，由于专项性一般转移支付制度结合了一般转移支付制度和专项转移支付制度的优点，财政工作中一些悬而未决的问题得到了解决。这样做，避免了财政资金分配上的"跑部钱进"，提高了财政资金的使用效益，因为财政专项多而又分散，财政部门想整合难度又大，实行专项性一般转移支付制度，上级财政年初就可以把财政专项资金的额度下达给地方财政和政府部门，地方政府和政府部门对每年的财政专项事先有数，就不必"跑部钱进"，也不必因为没有"跑部钱进"而担心财政专项问题，可以把工作的重点用在选好项目和管理好资金、提高资金绩效上，上下级财政和财政与政府部门之间的关系也理顺了。浙江省的专项性一般转移支付改革实践，不仅规范了转移支付制度，推进了财政专项资金的整合，而且提高了财政资金的使用效益，使有限的财政资金发挥了更大、更多、更好的作用。

随着公共财政职能的不断扩大，财政在经济社会发展中的职能作用不断得到发挥，专项性转移支付越来越多，相互之间缺乏统一的协调机制，且专项转移支付制度中的各类财政专项，不少是全国统一制定的，不是地方想改变就能改变的，想取消就能取消的。财政资金是有限的，如何变分散的资金为集中的资金，变多头管理为规范管理，增强财政推进经济发展方式转变的能力和实力，必须在规范转移支付的前提下，整合财政专项资金。地方财政部门要按照"整合存量、优化增量、有进有退、突出重点"的要求，有效归并和整合各类专项资金。当前，应在摸清各种专项资金的管理、使用和效益情况，客观评价各种专项资金存在的必要性、规模的合理性以及整合的可能性的基础上，打破原有各专项资金规模界限，本着重点倾斜原则，大力压减不适时或效益不高的专项资金，合并资金用途或扶持对象相近的专项资金，增强集中财力办大事的能力。对上级政府下达的专项转移支付，下级政府可在不改变资金类级科目用途的基础上，发挥贴近基层的优势，结合本级安排的相关专项情况，加大整合力度，将支持方向相同、扶持领域相关的专项转移支付统筹使用。也就是说，下级政府可以在规定的使用方向之内自由决定专项转移支付资金的具体用途，统筹后的专项转移支付成为一种使用自由度较大的专项转移支付。专项转移支付资金从之前的小块分割整合为大块资金后能够形成规模效应，下级政府可以根据不同年度的工作重点将大块资金投放在某一个项目上，以有限的财政资金集中力量各个击破来解决现实难题。

整合后的财政专项资金以及新增资金，应坚持有所为有所不为的原则，明确投资方向，把握扶持重点，集中用于重点领域、重点地区、重点项目，努力实现经济、社会效益最大化。同时要加强对财政资金使用的绩效评价，提高财政资金的使用效益，把有限的财政资金用好、用在刀刃上。由于受计划经济体制下的粗放型管理模式影响，财政支出分配往往以规模为基本取向，缺乏绩效观念和责任意识，钱拨出去后，财政部门基本上就不再追踪问效。而使用单位则往往通过与财政部门的讨价还价获取财政资金，在资金使用上也缺乏投入产出观念，给多少花多少，不计成本、不讲效益，存在权责脱节、责任不明等弊端，浪费比较严重，财政支出的追踪问效一直是财政支出管理的薄弱环节，而推进绩效评价工作，逐步建立财政支出绩效评价体系正是弥补这一薄弱环节的重要举措，使支出管理改革达到制度规范、过程监督、效果评价的目标。通过财政支出绩效评价体系的建立，不仅使财政支出管理体系更加健全，也使公共财政运行及机制更加健全。开展财政专项资金的绩效评价，是科学理财、民主理财、依法理财的具体体现，也是贯彻落实科学发展观的创新实践。

五、要增强和提高省级财政的调控功能

分税制财政体制改革以来，国家为了理顺财政分配关系，增强财政尤其是中央财政的调控能力，在中央和地方财政收入的划分上财力有逐步向中央集中。1994分税制开始实施，国家把收入稳定的消费税作为中央财政的固定收入，把主体税种增值税作为共享税，收入的大头75%归中央，以确保中央财政收入的稳定增长。2002年实施了所得税分享改革，把属于地方收入的所得税改为共享税，2002年中央和地方五五分成，2003年改为"六四"分成，60%归中央财政，40%归地方所有，这些收入政策的调整，改变了财力分配格局，财政收入占GDP的比重和中央财政收入占财政总收入的比重逐步提高。而与此同时，分税制改革以来，随着国家财政职能的不断扩大，国家不断下放事权，地方财政的收支矛盾突出，压力大。如何设计好地方财政体制，使地方政府职能得以实现，经济发展方式得以转变，省级财政的地位凸显。

分税制财政体制改革以来，浙江省一直重视省级财政建设，重视发挥省级财政调控能力的发挥。1994年，浙江省根据国务院关于实行分税制财政管理体制的决定精神，结合改革开放以来财政体制改革的实践，为了保证省有一定的调控能力，在确定分税制财政体制时，省财政从1994年起对市、县（市）财力增量集中了"两个20%"，即地方财政收入增收额的20%和税收返还增加额的20%，但对少数贫困县和海岛县适当照顾。2003年及以后，省对市、县（市）财政体制作了进一步完善，但集中这两个20%没有变。浙江省集中这两个20%，能够较好地增强省级财政的调控能力，从而可以在全省范围内进行转移支付的制度安

排；可以确保分属不同地区的县能享受到全省统一的、相对公平的转移支付补助，避免由于地区间财力状况的差异，造成好的地区更好、差的地区更差的状况，对促进区域、城乡统筹协调发展、稳定财政状况起到重要作用。2009年浙江省经济欠发达县市人均地方财政收入与经济发达县市的比率为1:2.3，比十五期末扩大了0.2个百分点；而经济欠发达县市人均地方财政支出与经济发达县市的比率为1:1.09，仅比"十五"期末扩大了0.01个百分点。2010年，浙江省经济欠发达县市人均地方财政收入与经济较发达县市的比率为1:2.32，经济欠发达县市人均财政支出与经济较发达县市的比率为1:1.1。2010年，全省人均支出水平前10位的县市与后10位的县市支出水平控制在3倍以内。这些都充分说明省级财政调控发挥了重要作用，尤其是对经济欠发达县市的作用更明显，欠发达县市财政收入增速虽然落后于较发达县市，但是享受了基本均等的公共服务。

广东省区域发展不平衡的现状亟待解决，而省级财政承担的推进基本公共服务均等化、保障欠发达地区县以下政权基本财力等方面的任务又十分繁重。广东省规定从2011年1月1日起提高省级财政在省与市县共享税收入中的分配比例。在广东省目前的分税体制下，属于省级与市县共享收入的税种包括不属于中央和省级固定收入的企业所得税、个人所得税、金融保险行业以外的营业税以及土地增值税，此前这部分税收中40%归省级财政，另外60%归市县级财政。调整之后省级所占部分将提高到50%。在保障市县既得财力和经济发展积极性的基础上，增强省级宏观调控能力，适度均衡地区财力，促进基本公共服务的均等化。2012年，广东的GDP总量微弱领先江苏约4 000万元，但省级财政总收入上，江苏却达到3 029.08亿元，而广东却仅有2 522.69亿元。与江苏相比，广东在对欠发达地区的财力支持上差距明显。2001年，江苏提出"举全省之力实施振兴苏北战略"，大力支持苏北发展，资金支持力度逐年加大。2003年、2004年、2005年省财政对苏北转移支付和专项补助总额分别为66.1亿元、95.7亿元、120亿元，力度明显超过广东、浙江和山东。2011年，苏北地区GDP已经突破万亿元，人均达36 040元，高出全国平均水平957元。10年间，江苏基本解决了区域发展失衡问题，实现历史性跨越，最重要的原因就是省级财政为苏北发展提供了强大的财力支持（卜凡，2013）。

分税制以后，省以下也实行了分税制财政体制，但各地的做法不完全一致，有的按税种在省以下划分收入，有的实行总额分成，浙江省实行的是分税、分成的体制，新增财力省级财政集中20%。这样，不管税源如何变化，对省级财政收入的影响不大，确保了省级财政的调控能力，使省级财政在均衡区域财力，推进区域均衡发展，实现基本公共服务均等化有力财力基础。如果不重视省级财政作用的发挥，把均衡区域发展的重任寄托于市级财政，市级财政也有这方面的功能，但市级财政发挥作用的空间毕竟有限的，而区域发展的不平衡，其结果可能会导致"富者越富，穷者越穷"的马太效应，这对地区之间的均衡发展是不利的。在中央和地方分税制财政体制明确的前提下，省以下的分税制财政体制改革，省级财政必须要有一定的调控能力，也只有省级财政有一定的调控能力，区域之间的公共服务均等化，区域之间的城市化建设协调推进才能实现，省级财政有这方面的职能和职责，也有这方面的条件和优势。因此，必须重视省级财政建设，增强省级财政的调控能力。在增强省级财政调控能力的同时，省级财政要把更多的资金用于转移支付，用于均衡地区之间、城乡之间的财力差异，加大对市县尤其是经济落后地区、民族地区、偏远地区、革命老区的市（县）财政转移支付，使经济相对落后地区的市县有能力、有实力提供基本公共服务、推进城市化建设，以改变因经济发展水平不同而出现可用财力的"苦乐不均"，使经济相对落后地区也有能力推进民生事业发展，实现基本公共服务均等化。

第七章

重构地方财政体制推动发展方式
转变的相关配套改革

从前面几章的分析我们看到,政府主导、粗放式的经济发展方式已经进入两难处境。一方面,依靠高投资、高出口推动的经济高速增长,难以继续维持,"前进难";另一方面,这种增长方式造成就业与民生问题日益凸显,这些问题的解决,又需要经济增长继续维持一个较高水平,"后退也难"(见图7-1)。换句话说,这种粗放式经济发展方式已经到了非改不可的地步。

财税体制,属根本性、全局性、长远性的制度,历来都是全局改革的突破口和主线索,也是形成中国政府主导的粗放式经济发展方式的决定性制度因素。具有"牵动大部、覆盖全部"的特征,财税体制的触角能够延伸至几乎所有家庭和企业、经济社会活动领域;作用范围能够覆盖所有政府部门及其活动的领域。正因为如此,财税体制改革涉及国家、企业、个人之间以及中央和地方之间、地区之间、部门之间等的利益关系,在经济体制改革中占有重要地位,不仅对社会经济活动具有重要的调节和引导作用,更是加快转变经济发展方式的重要基础和保障,在转变经济发展方式的过程中,位置十分突出。

由于各地的税收结构、财政收支、地方债负债率、民生保障水平及经济发展阶段不一,在"分税制"财政体制下,地方财税体制将是整个财税体制改革的重点和难点,也是最终影响经济发展方式的根本性制度,因为地方财税体制不仅涉及中央与地方之间的关系,而且涉及地方政府之间的关系。因为80%的财政收入被地方政府花费,地方政府既是中央政府政策的执行者,又是地方政策的制定者和执行者,其行为直接影响企业、个人的行为。因此,重构促进发展方式转变的重点和难点，都在地方财税体制。地方财税体制改革滞后，是造成粗放式发展方式转变之困的决定性制度因素。

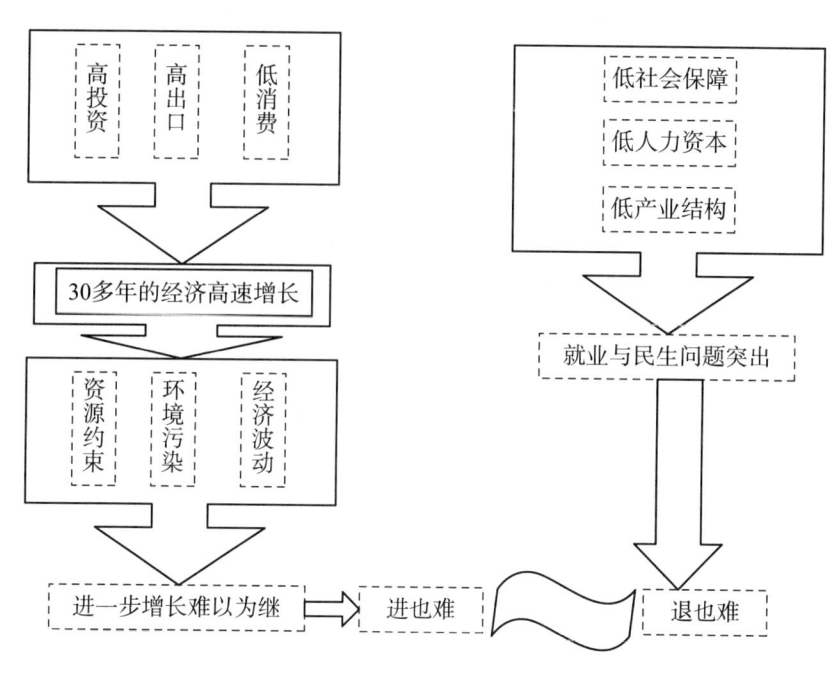

图 7-1　粗放型经济发展方式的两难处境

但是，地方财税体制改革滞后并不是形成粗放式经济发展方式的唯一原因。事实上，现行地方财政体制还不足以形成中国当下如此固化的发展方式。干部管理体制、政府管理体制、党政关系、人大制度等都会最终影响"地方财税体制作用经济发展方式"的范围、方式及力度。例如，政府乱花钱，原因不仅在于财税体制，还与现行行政体制中缺乏党政机关和官员的约束机制有关，更与缺乏老百姓监督政府、用法律约束政府行为的政治体制改革滞后有关。这些都是机构膨胀、挥霍浪费、腐败滋生的原因。

事实上，很多学者曾对我国不尽如人意的经济发展方式转型的原因，从财税体制之外进行分析，分析角度各有侧重，例如，从意识形态方面角度看，许多人仍然认为大规模投资支持 GDP 高速增长是符合马克思主义再生产基本原理的，因为积累（投资）是扩大再生产即经济增长的"唯一源泉"（吴敬琏，2004）；缺乏技术创新、技术进步、产业升级也被很多学者认为是我国粗放式经济发展方式的重要原因（李光泗、沈坤荣，2013），概括起来，财税体制之外的体制障碍，主要归为以下四点：

第一，政府保持着对一些重要资源（如土地、银行信贷）的配置权力，地方政府通过资源优惠的方式实现自身追求目标,由此造成竞争的软环境缺乏公平(姚先国,2005)。

第二,GDP 增长作为干部业绩考核的主要标准,再加上干部任期制的限制,激励地方政府集约式发展的动力不足,强化地方政府依赖粗放式发展。(徐现祥、王贤彬,2010)。

第三,从计划经济沿袭下来的生产定价制度通常人为压低生产要素价格,助长了资源浪费、环境破坏的行为,助长了粗放式经济发展方式(吴敬琏,2012)。

第四,现行财税体制强化地方政府主动追求 GDP 快速增长,从财政收入看,一半的财政收入是来自生产型增值税,而生产型增值税的增长又在很大程度依赖于物质生产部门 GDP 的增长;从财政支出来看,很多应该由中央支出的责任,即事权,都下放给了地方政府,"中央请客,地方埋单"现象使得地方政府必须努力筹钱才能承担起支出责任,也迫使地方政府对高速经济增长更加依赖(吴敬琏,2012)。

因此,推动经济发展方式转型,是一项系统工程。单枪匹马的财税体制改革是不够的,需要进行相关配套改革,需要各项改革措施相互协调、有序推进,打破束缚发展方式转变的各个体制性障碍。不仅地方财税体制需要重构,推动发展方式转变的相关配套改革也需要重构。缺乏配套的、单方面的地方财政体制改革,将会阻碍发展方式转变的进程,令改革效果大打折扣。

本章重点讨论配合地方财税体制改革的配套改革。主要讨论三个方面的问题:(1)除地方财税体制外,还应着力解决哪些问题,即确定影响粗放式经济发展方式的重要制度因素;(2)这些重要制度因素存在哪些问题,应该如何改变;(3)重构相关配套改革应该从何处着手,改革思路、路径是什么。

第一节 影响地方政府粗放式经济发展方式的相关制度安排

根据第一代财政分权理论(first generation fiscal federalism),地方政府更接近于选民,具有信息优势,可以更好地满足辖区选民的公共品需求,所以,财政分权是和地方政府的良好作用联系在一起的。但是,第一代财政分权理论的"仁慈型政府"假设与现实相悖,由此造成分权的财政体制并不一定导致效率的提高。因此,第二代财政分权理论(second generation fiscal federalism)以公共选择理论为基础,打破传统"仁慈型政府"假定,将政府特别是地方政府视为"理性人"，具有内在的自利动机，所以，财政分权演化为地方政府的私利工具。诚如普鲁霍姆（Prud'Homme，1995）所言，尽管财政分权下地方政府决策方式有点类似于市场化，然而地方政府不同于企业家，并不会天然地对辖区选民的需求做出反应，而是有自身的利益考虑。如果把地方政府看成是一个独立的利益主体，不仅仅是中央政府的政策执行工具，有其自利动机的话，财政分权就意味着地方政府获得了追求自身利益的手段，财政分权程度则决定了地方政府对手段的利用程度，构成了地方政府行为的激励机制。是否存在有效制约地方政府行为的约束机制，也就成为地方政府行为结果是否符合居民福利的关键因素。因此，在讨论地方财政体制对发展方式转变的影响时，无论是从支出着手，还是从收入着手，地方政府所面临的激励机制都是一个绕不开、躲不过的核心问题。

威伽斯特（Weingast，1995）的研究表明，"市场保护型"的财政分权在英国和美国经济发展的早期，均对经济发展起到了关键的促进作用。作用的前提条件有三：地方政府对经济有基本的规制责任；存在没有贸易障碍的共同市场；地方政府面临"硬预算约束"。麦金农（McKinnon，1997）认为货币权力与财政权力的分离有利于实现硬预算约束，并认为这是欧洲货币体系建立的一个主要动因。钱和罗兰（Qian and Roland，1998）通过构建模型，也得出了同样的结论——财政分权有助于防止软预算约束的出现。另外，威伽斯特和麦克基诺都强调地方政府必须基本依靠于它们的自有财源，而不能过多依靠政府间转移支付。

那么，应该如何构建我国地方财政体制与经济发展方式转变的激励相容机制？除地方财税体制外，还有哪些重要制度是粗放式经济发展方式的激励和约束条件？对此，我们把粗放式经济发展方式作为结果，将地方政府作为一个被人格化的"经济人"，其所面临的目标函数及约束条件，将是激励和约束地方财政体制、形成粗放式经济发展方式结果的核心变量。下面，我们从改革开放前后地方政府目标函数及约束条件的变化视角，找出影响粗放式经济发展方式的相关制度安排。

一、地方政府的目标函数

新中国成立后，中国效仿苏联，实行了高度集权的管理模式，地方政府只是按照中央政府的计划目标行事，即使有自己的利益偏好，也无实现其利益偏好的能力。中央政府对地方政府的评价依据是地方政府对计划政策的执行情况，地方政府的选择自由度很小，加之财政收支不挂钩和财政指标改变的年度性较强，追求自身利益的地方政府缺乏扩大财政收入的积极性，也没有长远规划本地经济发展的积极性。此时的地方政府并非属于独立的利益主体，其效用函数与中央政府的效用函数一致（冯涛、乔笙，2006）。

改革开放后实行的分权改革，改变了地方政府的效用函数，唤醒了地方政府作为单独利益主体的意识，地方政府成为扮演中央政策执行者与地方利益代言人的双重角色。随着分权改革的推进，地方政府对管辖区的经济规制和财税政策都具有了一定的自主权，其"经济人"的利益得以承认，但是，地方政府这一"经济人"与消费者和企业的"经济人"追求的目标明显不同，主要体现在：

首先，地方政府作为一个非营利性的组织或机构，资金主要来自于财政收入，而不是它的产出销售；官员机构中的主管和雇员不会将预算拨款扣除支出费用后的余额放入私人腰包。其追求的效用最大化，与政府预算规模呈正相关关系，因此，作为地方政府整体，预算最大化（或财政收入最大化）是其追求的目标之一。地方政府追求财政收入最大化通过可以观测的三种手段来实现：一是提高地方获得收入的比例；二是增加地方获取地方收入的机会；三是提高经济发展速度，扩大获取地方收入的基础。第一种情况的主要表现就是费挤税、变卖国有资产以及土地财政现象；第二种情况就是地方政府不断向中央争取各种机会。如：地方政府向中央政府请求设立改革发展实验区、国家级改革发展项目等形式，来获取更多地方利益；第三种情况就是地方政府直接干预本地经济的生产经营活动。

其次，在政治市场中，地方政府官员追求仕途晋升。在西方，仕途晋升主要来自选票最大化，其晋升压力来自辖区居民的满意度；而在中国，中央政府拥有人事任免权，仕途晋升的目标则来自中央政府对官员的考核机制，分税制改革后，这一考核机制的主要指标是 GDP 增长率，因此，在我国地方政府效用函数的各个变量中，经济增长，一方面可以满足地方政府官员晋升的条件；另一方面满足地方收入最大化的要求，成为地方政府竞争的决定性变量。

但是，这种类似市场竞争的"政府间竞争市场"，也不同于一般商品市场和要素市场的竞争。

（1）竞争主体和目标函数不同。一般商品市场和要素市场的竞争主体主要以企业和消费者为主，企业追求利润最大化，消费者追求效用最大化。而在政府间竞争市场上，地方政府成为竞争的主体。在现有的行政区划约束和中央的评价体系下，地方政府的目标是最大化自己任期内仕途及地方财政收入。不同竞争主体目标函数的差异同时也决定了其竞争形式和竞争结果的不同。

（2）竞争形式不同。政府间的竞争形式主要有纵向和横向两个方面：纵向竞争主要表现在地方政府对政策资源的争夺上。在分权体制下，经济发展较快的政府逐渐拥有了一定资本，在与中央进行"讨价还价"中，相比经济发展较慢的政府，具有更大的话语权。能够诱使中央做出对自己有利的制度安排，或者利用中央的授权，在满足自身利益最大化的限度内，理解和贯彻上级要求实施的规则。经济发展相对落后的地区为避免"马太效应"的出现，也争相向中央"要政策、要资金和要项目"来追求本地经济的发展；横向竞争主要表现在地方政府对经济和人力资本等资源的争夺上，以及财政资源倾斜给那些能够直接带来自身效用的产出项目上。如：各地方政府为完成经济增长的考核任务，通过提供优惠政策、廉价土地、隐形担保、直接干预银行贷款发放等政策手段吸引外国资本、民间资本项目；财政政策和财政资源偏向那些短期内能出政绩的项目，而对公共产品的提供则会显得不足；地方政府这些竞争行为，是其他一般商品市场主体所不具备的。

（3）竞争的结果不同。理论上，政府间竞争有利于提高效率。布莱南和布坎南（1980）都认为争取流动居民和流动资金能够改善政府的治理效率，竞争过程，是一个学习和创新的过程；在我国改革实践中，政府间竞争不仅大大改善了政府提供公共服务的效率和质量，而且直接推动着中国的经济增长。但是，在经济增长的背后，一系列无效率或低效率现象也不容忽视。在现有产权制度结构和政府体制形式约束下，地方政府过度关注短期增长而忽视长期经济发展，通过各种干预措施使投资过度向"高资本装备率的项目"倾斜，导致资本的不合理深化和宏观经济的周期性波动。同时出于地区利益的考虑而采取地方保护主义的竞争策略，引起政府行为变异、增加交易成本，扭曲资源配置。此外，由于政府竞争力和市场竞争力的差异也引起了城乡间和地区间差距的进一步扩大，经济发展的不和谐成为当前经济改革的"硬核"。从竞争的结果来看，相对于其他市场主体，政府间的竞争对经济的冲击力更大。追求目标对粗放经济发展方式的作用机制可以用图7-2说明。

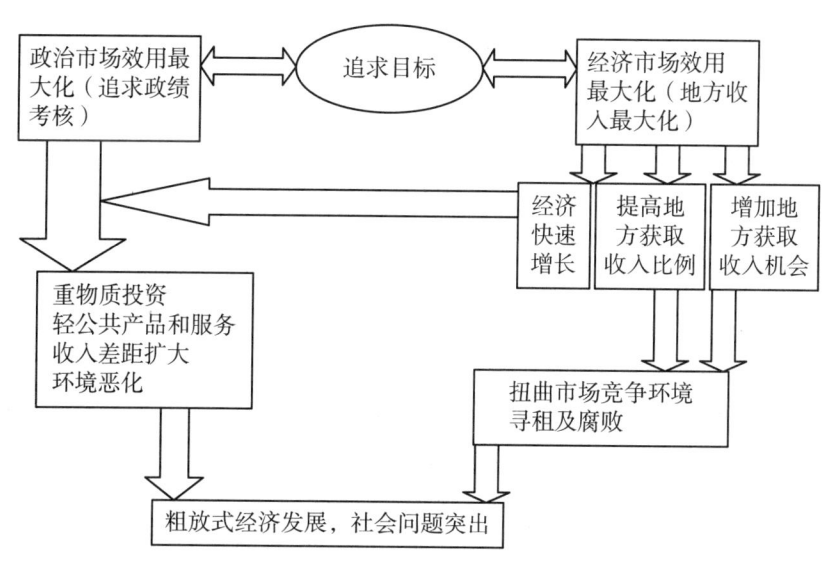

图7-2 追求目标对粗放经济发展方式的作用机制

二、约束条件

地方政府的约束条件主要包括三类：与官员晋升有关的约束条件、获取财政收入的约束条件以及约束政府行为的一般制度约束。

(1) 与官员晋升有关的约束条件。这些条件包括官员异地交流制度、任期限制制度、官员的异地任职制度。这些制度改变了中国地方政府官员的行为。

20 世纪 90 年代以来，中央加大了干部交流制度化的步伐。1990 年中共中央颁布《关于实行党和国家机关领导干部交流制度的决定》；1994 年党的十四届四中全会进一步强调，要认真推行领导干部交流制度，加大省部级干部交流的力度，继续推进地市县级干部交流；1999 年中共中央办公厅印发了《党政领导干部交流工作暂行规定》，2006 年中共中央颁布《党政领导干部交流工作规定》，明确干部交流是为了促进我国经济社会发展。虽然官员交流并非完全出自经济管理方面的考虑，但统筹区域协调发展、落实区域发展战略，确实是中央政府的一个重要意图。应该说，异地交流制度可以使官员的素质得到全面的拓展，在一定程度上促进了落后地区移植或复制发达地区发展经验，有利于经济协调发展。从实证研究结果看，徐现祥等（2007）采用倍差法系统识别省长交流对流入省区经济增长的影响，结果表明，省长交流使流入地的经济增长速度显著地提高 1 个百分点左右；但省长交流效应因时间、空间不同而不同；从产业发展取向看，官员交流效应是通过在流入地采取大力发展第二产业、重视第一产业、忽视第三产业的产业发展取向实现的。即粗放式经济发展方式仍然是其经济增长的主要方式。

任期制度同样对地方政府官员的行为产生影响。1980 年 8 月，邓小平在《党和国家领导制度的改革》中提出建立干部退休制度，提出干部队伍年轻化、知识化和专业化。1982 年，中共中央《关于建立老干部退休制度的决定》规定省部级干部任职不能超过 65 岁，同时制定了老干部离休、退休和退居二线制度，废除了领导干部职务终身制。这意味着如果新任省委书记的年龄在其任期结束时达到或超过退休年龄，其在任期结束时退居二线的可能性非常大。在这种情况下，尽管晋升考核标准没有发生变化，仍然以经济绩效为主，但对于"预期到任期结束后退居二线的地方官员"而言，其对政治激励的理性反应未必是致力于辖区经济增长。再如，即使省委书记对政治激励做出有利于辖区经济增长的反应，但是制定、出台、落实这些政策无疑是需要时间的。如果其任期比较短，则会影响经济发展政策的落实，从而影响辖区的经济增长记录。因此，较短的任期制和强制退休制度，强化了地方政府官员追求目标的"短视行为"，特别是对短期经济增长、粗放式经济发展的追求。利用 1978～2005 年间我国省长、省委书记的全部样本，不同学者的研究都证明省级官员任期内的经济增长轨迹呈现倒"U"形，则存在最优任期（张军和高远，2007；王贤彬和徐现祥，2008）。但分类考察发现，并非所有类型的省长、省委书记在任期间的经济增长轨迹都显著地呈现倒"U"变动。对于存在倒"U"形增长轨迹的某些类型的省长、省委书记而言，《党政领导干部职务任期暂行规定》明确"党政领导职务每个任期为5年，在任期内应当保持稳定，任满一个任期"，并非合意；但对于不存在倒"U"形增长轨迹的省长、省委书记而言，由于不存在使经济增长速度最大的任期，规定任期从增长绩效的角度看未必适宜。

（2）获取财政收入的约束条件。这些约束条件包括地方政府所拥有的获取"经济收入"的权力、资源的控制权力以及行政权力三个方面。这种由诸多权力所构成的"约束集"影响着地方政府追求自身目标的能力。具体而言，包括财政税收权、地区国有资源的支配权以及重要的行政审批权力。

①财政税收权。地方政府拥有适当的财政税收权是实现其职能的必要保障。在"摸着石头过河"的渐进式改革过程中，一方面，存在新旧体制之间的"体制摩擦"；另一方面，存在制度边界和制度约束不清晰、不稳定的地方，这些都为地方政府最大限度扩张自利性行为提供了弹性空间，地方政府往往通过"非规范"行为实现当地收入最大化。

首先，提高经济增长速度，以增加地方财政收入。在间接税为主体的税制结构中，保持经济快速增长是增加地方财政收入的重要手段。为此，许多地方官员不顾条件地热衷于进行基础设施建设、城市建设、大项目建设，财政支出结构呈现"重基本建设、轻人力资本投资和公共服务"的特征。对此，方红生、张军（2009）、钟晓敏（2004）利用经验数据给予支持。此外，在中央政策不符合地方政府发展地方经济的要求时，地方政府往往采取回避、敷衍政策，甚至以地方土政策代替中央的统一政策，如：为避免地方企业税负太高而破产，地方政府部门在征税时，睁一眼闭一眼。税收放水是地方政府发展经济的一个普遍做法（杨俊，2012）。

其次，地方政府通过预算内收入转入预算外收入，出让土地使用权，银行贷款、"乱收费、乱罚款和乱摊派"、拖欠工程款等各种途径，获取相当比重的财政收入，恶意透支政府信用，盲目追求发展速度，造成数额庞大的地方政府负债（杨俊，2012）。

最后，地方政府运用不同形式的资本（政治资本、社会资本、经济资本）和非正式的社会过程（如社会关系纽带和礼物交换），通过多维度的互动去取悦或应对中央相关职能部门，如："跑部求章""跑部钱进"，利用"驻京办"、驻京联络处进行游说、寻租等方式，争取有利于本地区利益的财政政策，其中专项转移支付这块"公地"成为地方政府努力争取的重点,特别是专款补助,在现实中常常是"会哭的孩子有奶吃",谁"跑得勤""叫得响",配套资金就多,获得的转移支付资金就多(杨俊,2012)。

②国有资源支配权。国有资源的支配权决定了地方政府在追求政绩时可能采取怎样的途径或拥有怎样的手段。当地方政府拥有着诸如资本、土地、能源、矿藏等重要生产资源的支配权时,往往会通过直接干预经济运行的方式追求政绩激励。而若地方政府不具有这些资源的支配权,为追求政绩,地方政府只能通过提升公共产品和公共服务质量等间接手段,影响地区经济增长。由此可见,拥有国有资源的支配权为中国粗放式经济增长的形成,营造了一个"软"的约束环境,许多地方政府会利用诸如土地优惠等手段吸引外部资金的进入,这种行为对于企业的技术创新造成了不良影响。由于地方政府拥有资源的支配权,可以通过资源优惠的方式实现自身追求目标,这导致企业面对着一个相对不公平的市场竞争环境(如政府偏好于高税收、高产出的重型产业,这使得那些低税收企业处于不利的市场竞争环境)。此外,当地方政府拥有相当程度的资源支配权时,企业能否在激烈的市场竞争中取胜,往往取决于其所拥有的"社会关系""政府背景"等"软环境"的情况。在这个背景下,企业会将大量的资源投入地方政府官员"寻租"等非生产性领域,而非用于改善产品质量和生产工艺,"通过技术进步在竞争中取胜"的适用范围,大打折扣。最终的结果是扭曲了社会资源配置,降低了技术进步对经济增长的贡献。

③行政审批权。地方政府拥有的行政审批权,决定了企业等微观主体在多大程度上"受支配于"政府追求政绩目标的影响。地方政府拥有相当程度的资源配置权以及行政审批权力,企业的生产过程或多或少会受到地方政府因素的影响,企业难以避免具有"低生产效率、高资源投入(低效率、高浪费)"的生产特征,进而造成粗放式经济增长。刘小玄(2003)以及赵志君等(2005)通过对企业行为的考察发现,由于地方政府拥有着相当大的行政审批权力,这使得企业的目标函数在很大程度上受到政府激励的影响,企业因此难以内生出与现代市场经济相适应的生产经营机制,其生产决策过程难以避免具有粗放型特征。

(3)约束政府行为的制度。政府预算在形式上是政府的收支计划,是配置经济资源的工具;从其产生过程看,政府预算实际是一个公共权力的行使过程,隐含着预算权力的配置与制约,因此,预算在本质上是通过配置有限财政资源满足社会公共需要的政治过程,是约束政府行为的最重要制度。一个国家政府预算制度建立和执行的状况,集中地反映了政府治理的水平和公共服务的水平。

自1994年分税制财政管理体制改革,特别是1998年开始推动的以部门预算为起点的一系列预算改革(包括部门预算改革、国库集中收付制度改革、政府采购制度改革、"收支两条线"改革等）以后，我国政府预算约束逐渐强化起来。但与政府预算硬约束的要求相比，我国政府预算仍存在软约束问题，突出表现在预算调整不规范、预算高额超收、预算执行存在法律空当以及预算透明度低等方面。

政府预算的软化，造成了实施政府预算活动的机关及其执行者具有一定的配置预算资金的自由裁量权，根据"经济人"原则，这些机关及其执行者将会充分利用这一自由裁量权，追求自利目标，尽可能地带来任期内政绩考核最大化，一方面，尽可能将财政资金用于能在短期内带来经济增长的物质资本投资项目上，而忽视长期经济增长动力的人力资本投资，忽视有利于长期经济增长的社会公平公正建设；另一方面，各机关及其执行者很可能会为了追求个人利益最大化而进行寻租，导致权力的滥用，造成腐败。

可以说，官员异地交流制度、任期限制制度在一定程度上强化了粗放式经济发展方式，而获取收入的约束条件，一方面刺激了地方政府获取各种"非规范收入"的动力；另一方面，也扭曲了市场公平竞争的环境，阻碍了微观主体的技术创新，固化了已有的粗放式经济发展方式；政府预算的软约束，为地方政府提供了配置资金的自由裁量权，在政绩考核目标下，这些自由裁量权将被尽可能用在追求短期经济增长、扩大地方收入方面。任何一个约束条件都没有起到抑制粗放经济增长方式的作用，相反，而是助长了粗放经济增长，使得转变经济增长方式的任务，在20多年后的今天，仍然没有很好地完成。图7-3是约束机制对粗放式经济发展方式的影响机制分析。

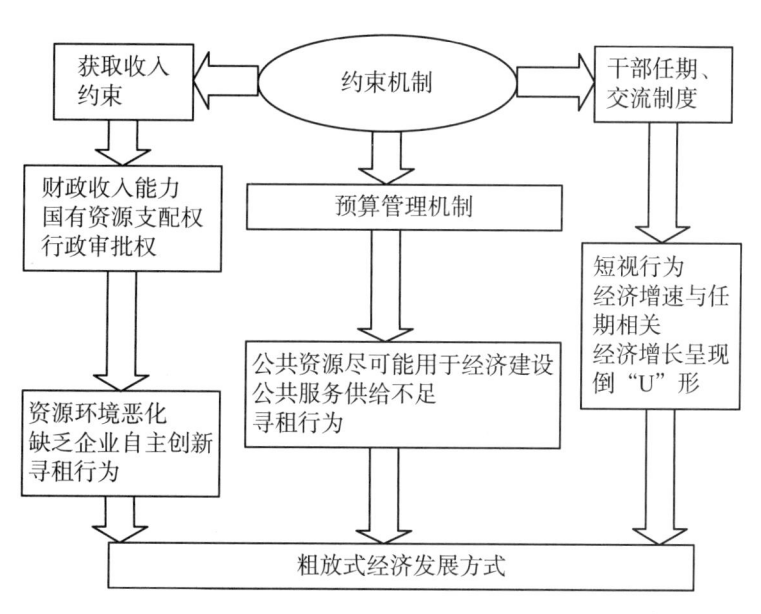

图7-3 约束机制对粗放式经济发展方式的作用机制分析

因此，第二节和第三节我们将分别从干部考核任期机制以及财政治理两个方面讨论促进经济发展方式转变的配套改革。

第二节　干部考核机制与地方财税体制的相互强化

自下而上考核地方政府官员机制的缺乏，一方面，决定了我国地方政府官员的上级任命制与上级考核机制；另一方面，也造成了下级政府主要向上级政府负责，而不是对当地居民负责。上级政府确定的地方政府官员考核机制（主要是干部晋升制和干部任期制）是决定地方财税体制及政策目标的背后原因，也是决定粗放式经济发展方式的背后原因。考核机制，类似高考指挥棒，其变化将引起地方政府官员行为出现根本性变化。

首先，追求经济增长的干部考核机制，激励地方政府官员将财政资金，尽可能用在任期内能够带来经济快速增长的项目上，任期制的约束，决定理性"经济人"带来项目的效益，肯定是短期经济快速增长，而非长期的经济增长。重物质资本投资、轻人力资本投资；重第二产业、轻第三产业；重投资、轻消费；重效率、轻公平也就成为地方政府的必然选择。由此我们看到，这些年我国投资率不断攀升，当前固定资产投资占GDP的比重已经大大高于多数国家的平均水平。在投资率畸高的同时，我国居民消费的比重却在下降，仅为一般国家的一半左右。这种状况最终会造成消费不足，劳动者生活水平提高缓慢，居民收入差距拉大，消费品市场销售疲软，企业财务状况恶化等消极后果。粗放式发展，是"追求经济增长"的干部考核机制下的理性选择。

其次，粗放式发展方式，引发社会不公、环境恶化、消费不足、就业困难等一系列问题，这些矛盾的化解，又依赖于经济维持较高的增长速度。因此，粗放式发展方式、经济增长的绩效考核以及上级任命考核地方政府官员的政治体制，相互间形成了具有内在强化机制的循环系统。需要外力，打破这一循环。这一突破口，就是干部晋升考核机制和任期制度。那么，应该如何改变干部考核机制呢？

从长期来看，干部晋升考核机制中必须真正增加普通民众的参与程度，由"向上负责"转向"向下负责"。之所以强调地方政府"向下负责"，直接接受地方公众的考核，是因为"向下负责"可以有效缓解中央与地方政府之间的信息不对称，以及由此形成的治理困难，同时可以满足不同辖区居民的差异性需求。在基本物质生活得到满足后，人民群众的精神文化需求日益凸显，对当地政府的要求会更为多元化,且随着经济社会的发展而不断改变。中国地域广、民族多、经济社会发展差异大的现状也使得各地对社会和谐的具体要求并不完全相同。只有"向下负责"的干部考核机制,才能激励拥有本地信息的地方政府来满足本地公众的偏好,避免中央政府"一刀切"政策造成的福利损失。

从短期来看,迫切需要增加考核机制中"公平"的权重,特别是对"机会公平"的关注。因为机会不公平是个人能力无法控制造成的结果不公平,是政府在公平方面的主要作为空间。它直接影响社会成员个体心理,影响个体价值观念的衍生变异,进而影响社会群体心理以及国家主导价值体系的建构。

一、效率与公平的权衡

效率与公平是评价政府行为的两大准则。如果我们翻开财政学教科书,就会发现财政学家将公平的侧重点放在分配结果上,强调各社会成员之间收入份额的均等,之所以将结果公平作为收入分配的理想状态,其实并不是因为财政学家偏爱结果公平,而是来自理论抽象的结果。因为在理论分析中,效率和公平是分开考虑的(依据福利经济学第二定理),① 资源配置的效率是要把"蛋糕"做大,而收入分配的公平是在"蛋糕"质量和大小已定的情况下(即如何分蛋糕对蛋糕的大小质量无影响的条件下),讨论如何分"蛋糕"的问题。在这种情况下,无论个人身份、地位、种族、性别是什么,平分蛋糕自然是最好的,在这种情况下,效率与公平并非存在取舍问题。

但是,在现实生活中,效率与公平常常如"鱼和熊掌,不可兼得",需要进行权衡。对于如何进行权衡,需要持发展的观点。在经济发展初期,生产力发展水平较低,产品供给能力严重不足;劳动力供给充分,资本因素稀缺,这一阶段的主要任务是通过资本积累带动劳动就业,提高产品供给能力。因此,在效率与公平的权衡上通常会更加侧重效率。进入中等收入阶段以后,一方面,产品供给能力大幅度提升;另一方面,收入分配差距扩大会抑制消费需求的增长、影响社会稳定。因此,无论保持经济持续健康增长还是促进社会和谐发展,在公平与效率的权衡上都要求更加侧重公平。党的十八大报告指出"初次分配和再分配都要兼顾效率和公平,再分配更加注重公平。"

在结果公平的理念下,收入分配的理想状态便是洛伦茨曲线与45度对角直线重合,基尼系数为零。缩小收入差距,也就是公共政策的主要目标之一。为

---

① 福利经济学第二定理是说在完全竞争市场条件下,政府所要做的事情是改变个人之间禀赋的初始分配状态,其余的一切都可以由市场来解决。但是,现实中何为初始分配状态是很难达成一致意见的。

此，税收政策、支出政策及政府管制政策的收入分配职能，一直是学者们研究的一个重要话题。基于已有研究成果，我国政府也对现有公共政策进行了一系列改革，如：根据"社会性支出（特别是教育、卫生支出）受益归宿更多为穷人"的研究结论，进一步加大政府的民生投入力度，2007～2014年，政府在教育和卫生方面的支出比例提高了近4个百分点，年均增长速度较2002～2006年提高了50%，并将新增财政资金主要用于经济欠发达地区、农村地区；根据"直接税更具有累进性、间接税具有累退性"的研究结论，我国税收收入中个人所得税的比例逐渐加大；为提高低收入群体的收入，确定并逐步提高了最低工资标准，最低生活保障标准等。然而，就在政府为缩小收入差距，促进社会公平，进一步推进公共政策改革的同时，我们看到，社会不公问题并没有被消解。根据《中国统计年鉴》数据，2002年城镇居民收入最高的10%人口平均收入为最低10%人口的5.46倍扩大到2012年的5.91倍。不仅如此，低收入群体相对剥夺感日趋增强引发的社会问题也进一步凸显。能否"分好蛋糕"已经成为当下以及未来相当长时期能否"做大蛋糕"的主要约束条件。这是因为，不"分好蛋糕"，不仅使"做大的蛋糕"可能成为一块"无效"的蛋糕，而且将直接造成继续"做大蛋糕"的动力不足。因此，促进公平，"分好蛋糕"成为经济能否持续发展的关键。

但是，如何促进公平？政府缩小收入分配的突破口在哪里？中国如何才能避免"中等收入陷阱"？这些亟待解决的现实问题，让学者们不断反思对公平的理解、衡量以及政策建构，这些研究也在悄然发生着方向性的变化，只是这些变化还没有达到从量变到质变的过程。

二、社会学对平等的理解变化

正当绝大多数学者将目标集中在结果公平的时候，1971年罗尔斯（John Rawls）的《正义论》和1974年诺齐克的《无政府、国家和乌托邦》的开创性研究，引起一批政治学家和哲学家重新思考平等的评判标准，将对结果公平的关注转向资源平等的关注，但对"资源"的理解，不同学者又有不同的见解。

罗尔斯提出"基本物品"（primary goods）概念，并认为社会基本物品应该平等分配。[①] 所谓基本物品，是所有理性人在实现自己人生计划（无论人生计划内容是否迥然有异）时最希望得到的东西。基本物品分为自然基本物品（natural primary goods）和社会基本物品（social primary goods）两类，前者虽然受到社会基本结构的影响，但不完全受社会基本结构控制，如健康、体力、智力和想象

---

① 如果某种不平等的分配对所有人都有利，可以不平等分配。除此之外，应该平等分配。

力；后者分布完全取决于社会的基本结构，包括权利与自由、机会与权力、收入与财富以及人的尊严等。

德沃金（Ronald Dworkin）也主张资源平等，但他对"资源"的理解与罗尔斯不同。他将资源分为物质性的非人身资源（impersonal resources，如财富）和与生俱来的人身资源（personal resources，如智能、体能特征）两类。他认为非人身资源应该纳入分配的范围，但是仅仅这样还不够，由于人身资源的分布是随机的、与人们自身的选择和努力没有关系，不应听任人们因超越自己控制的原因无功受禄或遭到惩罚，所以人身资源应该均等。

米勒（David Miller）是将应该平等分配的资源，开列出一个长长的清单，包括金钱和商品、财富、工作及公职岗位、教育、医疗、儿童救济及保育、荣誉及奖金、人身安全、住房、交通、休闲机会等。不过，他的理论最独特之处不是清单的具体内容，而是他对清单的态度。在米勒看来，在决定将什么资源纳入分配范围的问题上，不应像罗尔斯那样采取教条式的态度。他认为，这种平等分配的资源清单不是一成不变的，而是随空间和时间而变化，关键是民众对平等的看法。

阿内森（Richard J. Ameson）认为增进福利水平是人们追求的目标，因此，不应将社会资源分配的平等以及资源的平等作为社会公平正义的原则，而应将机会公平作为社会分配的准则。因为机会意味着选择，意味着自由，意味着面对目标所处相同的起点。这种机会平等认为生活的不同结果应该归结于那些个人可以控制的因素范围，不应受那些个人无法控制因素的影响，但是，阿内森回避了应该如何看待偶然性因素造成的结果差异。

从这些研究成果中可以看出，哲学家和政治学家对于公平正义、平等的关注点已经从结果转向起点，对于那些因个人努力、选择等人为可以控制因素造成的结果差异，已经渐渐远离学者们的关注范围，而那些个人无法控制因素造成的结果差异，开始从边缘走向中心。但是，对于如何测度机会公平程度，如何以一种可靠的方式在结果不平等中分离出机会不平等的影响，如何将机会平等研究成果应用到政策层面，这些问题的回答更多依靠经济学家完成，在这里找到答案。

三、经济学家对机会平等的研究进展

在社会学家关注公平公正问题，并得丰硕研究成果的同时，经济学家并未示弱。与政治家或哲学家更多从道义角度分析不同，经济学家对机会平等的研究维度更广，包含道义、经济、政治等多方面。

1979年，坦纳在剑桥大学做学术报告，森就问了一个著名的问题"平等是什么?"坦纳理所当然地认为社会公平应该是平等地分配什么。但是未对"什么"给出明确表达。因为无论最后结果（例如效用），还是中间结果（如收入、财富或教育），在很大程度上都取决于人们自己的选择。由于结果与选择有关，人们就至少应该承担部分结果差异的责任。森认为应该关注实现"功能"（functionings）的"能力"（capability）平等，特别是基本能力的平等，基本能力是在最起码水平上实现基本功能（如接受教育、享有必要的营养、避免早逝、不受可预防疾病的感染、不受限制的迁徙等）所需的能力。

在此之后，一批经济学家（如 Roemer, 1998; Alesina, 2005）开始将不平等的关注点从结果转向机会，并对机会平等的内涵、机会不平等与结果不平等的关系等问题进行了理论探讨。经济学家普遍认为，结果不平等有合理和不合理之分，其中由于个人努力、选择差异造成的结果不平等是合理的，由于个人无法控制因素形成的结果不平等，即机会不平等，并不合理。机会不平等将直接影响社会成员个体心理，影响个体价值观念的衍生变异，进而影响社会群体对社会公平公正的评价，当心理影响外化为社会成员的行为方式时，便直接作用于社会关系和社会稳定。民意调查显示，人们越来越渴望获得通过公平竞争追求其利益目标的机会，机会平等是当前社情民意的焦点。如果政府不能营造机会更加平等的制度和政策环境，不能给出"只要你努力，就有机会取得成功"的社会承诺，必然会导致人们的不满和抱怨。这种不满和抱怨积累到一定程度，就会引起社会的不稳定。此外，消除机会不平等，相比消除结果不平等，在政治上更容易获得通过。创造机会平等的制度和政策环境是公共政策的主要活动空间。

1998 年，Roemer 的《机会平等》一书标志着机会平等的研究从理论走向实证。该书开创性地将产出不平等分为由于个人无法控制的环境因素（circumstance）和个人努力、选择等努力因素（effort），并将前者造成的产出不平等称为机会不平等，在此基础上，对机会不平等进行了度量，并且对其在实践中的应用进行了探讨。2006 年世界银行发展报告《机会和发展》（2005），2009 年 de Barros 等出版的《拉丁美洲和加勒比海地区机会不平等的测量》以及 Ravallion 等（2010）的"亲贫增长的度量"一文标志着机会不平等的实证研究，无论是在方法上还是在数据获得上，都在走向深入，并开始在政策构建逐渐发挥作用。世界银行的出版物中涉及机会平等的文献，仅 2010~2014 年就达到 417 篇，高于 2000~2009 年 10 年间的 318 篇，而在 2000 年之前间，世界银行只有 2 篇相关文献。从中可以看出，越来越多的学者开始关注机会平等问题，尽管很多机会不平等的实证研究仍处于初期阶段，这个研究领域却充满无限生机。

四、机会平等及其相关研究成果

（1）对机会不均等的度量。目前在估计方法、估计过程上并不统一，参数方法、非参数方法、半参数方法、随机优势排序都被经济学家用于量化机会不均等程度（Bourguignon，2003，2007；Checchi and Peragine，2005；Lefranc，2006；Cogneau，2006），研究的国家也不仅包含经济发达的 OECD 国家，也包含非洲国家、拉丁美洲地区的国家。如 Barros 等（2008）采用社会学中广泛采用的差异指数 dissimilarity index（D），衡量不同环境因素（如性别、出生地、父母教育水平等）下享有基本服务（主要有初等教育、健康饮用水等）的机会与全部人口享有基本公共服务的机会差异。差异指数可以解释为：为达到机会公平目标，需要从富人群体享有的机会中进行重新安排，转给穷人群体的百分比。以小学 6 年教育保有率为例，危地马拉的差异指数为 27%，表明按时完成 6 年教育的机会中，需要拿出 27% 进行再分配，才能实现不同环境因素的机会均等。在此基础上，采用类似人类发展指数的方法，构建了拉丁美洲和加勒比海地区 19 个国家的人类机会指数。研究表明，所有被研究国家中都存在一定程度的机会不平等（见表 7 - 1），具体到哪些方面机会最不平等、不平等的程度如何，因国家不同而不同。

表 7 - 1　　拉丁美洲和加勒比海地区部分国家机会指数（2005）

国家	教育机会指数	其他机会指数	人类机会指数
阿根廷	89	88	88
玻利维亚	83	41	62
巴西	67	77	72
危地马拉	51	50	50
洪都拉斯	62	44	53
牙买加	90	55	73
秘鲁	83	49	66
拉丁美洲和加勒比海地区平均	76	64	70

资料来源：de Barros, Ricardo, Francisco H. G. Ferreira, Jose R. Molinas Vega and Jaine Saavedra Chanduvi. 2009. Measuring Inequality of Opportunities in Latin America and the Caribbean. The World Bank, Washington, D.

(2) 分析机会不平等对结果不平等的贡献，这种研究主要将影响结果不平等的因素分成机会不平等因素（如出生地、父母职业、父母教育水平、种族、性别等）以及残差项（个人努力、选择、运气等）。如果按照环境因素将个体分组，使得每组的环境因素都相同，那么各组产出（如人均收入、人均支出、学业水平）平均值的差异则衡量了机会差异的影响，组内产出差异则衡量了相同机会下的结果差异，即努力差异的影响。采取这种方法，可以对机会不平等对结果不平等的影响进行量化研究（见表7-2）。但由于采用机会不均等的衡量指标不同，分解的方法也不尽相同，因此，机会不平等对结果不平等的影响结果，即使在同一个国家，也有所差异。但整体而言，机会不平等都是收入差距的重要影响因素，对拉丁美洲和加勒比海地区国家的计算结果表明，机会不平等对收入差距的贡献率在25%～50%之间。Zhang（2010）利用1989～2006年中国营养健康调查数据，考察了中国收入差距与机会不平等的关系，研究表明中国存在严重的机会不平等，不断扩大的收入不平等主要源于机会不平等的扩大（机会不平等对收入不平等的贡献在60%左右），个人努力因素对收入不平等的贡献很小。而父母收入和父母职业是机会不均等的主要因素，可以解释2/3的机会不均等。通过父母，机会不均等在代际间得到传递。

表7-2　　　　　　机会不平等对产出不平等的贡献　　　　　　单位：%

指标	巴西	哥伦比亚	厄瓜多尔	危地马拉	墨西哥	巴拿马	秘鲁
劳动收入							
整个不平等	61	60	63	78	75	57	67
机会不平等	34	20	25	29	23	25	21
人均收入							
整个不平等	69	55	41	61	71	63	55
机会不平等	32	25	29	37	20	35	29
人均支出							
整个不平等	na	44	35	40	63	38	35
机会不平等	na	26	34	52	26	42	24

转引自：De Barros, Ricardo, Francisco H. G. Ferreira, Jose R. Molinas Vega and Jaine Saavedra Chanduvi. 2009. Measuring Inequality of Opportunities in Latin America and the Caribbean. The World Bank, Washington, D. C.

(3) 研究机会平等与经济发展的关系。World Bank（2006），Bourguignon 等（2007）的研究认为，不同原因的不平等对经济增长的作用是不同的。由于努力差异形成的结果差异，可以激励人们努力工作，对于经济增长起到积极的促进作用。相反，由于机会不平等形成的结果差异，对人们工作起负向激励，将会阻碍经济发展。Roemer（2006）的研究表明，经济发展速度应该等于同期最贫困群体的平均收入增长率。如果一个国家的经济发展所带来的收入差距，越来越多地取决于个人努力、选择等个人可以操纵的因素，即随着经济发展，收入分配更加公正，这个国家的经济增长将是包容性增长、亲贫增长。Ravallion 等（2003）对我国 20 世纪 90 年代不同收入阶层的收入增长率进行了计算，结果表明，最低收入 15% 人口从经济增长中所获收益并非最大，1990~1999 年的 10 年间，该群体收入增长率平均为 3.9%，低于平均 5.5% 的收入增长率，其中，最低收入 10% 人口的收入增长率仅为 3.6%（见表 7-3）。

表 7-3　20 世纪 90 年代中国不同收入阶层的收入增长率

	1990~1999 年	1993~1996 年
最低收入 10% 人口	3.6	9.8
最低收入 15% 人口	3.9	10.0
最低收入 20% 人口	4.0	10.1
最低收入 25% 人口	4.2	10.1
整个人口	5.5	9.1

资料来源：Ravallion, Martin, and Shaohua Chen. 2003. Measuring Pro-poor Growth. Economics Letters, 78 (1): 93-99.

五、机会平等研究对我国的启示

社会公平观念的转变，特别是机会公平对经济增长、收入差距影响的实证研究，将机会公平扮演缩小收入差距的角色，逐步从边缘走向中心。这为缩小我国居高不下的收入差距提供了新的政策思路，主要体现在：

（1）导致收入差距的因素很多，政府对不同原因造成的收入差距，应该采取不同的措施。个人可以控制因素如个人努力、选择差异形成的收入差距，不应属于政府干预的主要空间。在缩小收入差距方面，政府应将主要精力放在那些个人无法控制因素（如性别、出生地、父母教育水平等）形成的不平等。更进一步讲，在个人无法控制的各因素中，政府态度也不尽相同。对此，可以将结果差异分成机会不平等贡献及残差项，见图 7-4。并将机会不平等贡献进一步细分为"基本服务机会不平等贡献"与"外生遗传因素贡献"，同时将"基本服务机会不均等"分为"社会歧视性对待因素"及"家庭资源、地理位置因素"两方面。其中，政府应着力消除社会歧视性对待对收入差距的影响，常见的歧视性对待表现有：就业市场中的地域歧视、性别歧视、户籍歧视、年龄歧视等。对那些因家庭资源、地理位置和遗传因素等原因造成的结果差异，政府需要再确定机会不利群体的主要特征后，采取补偿性政策。

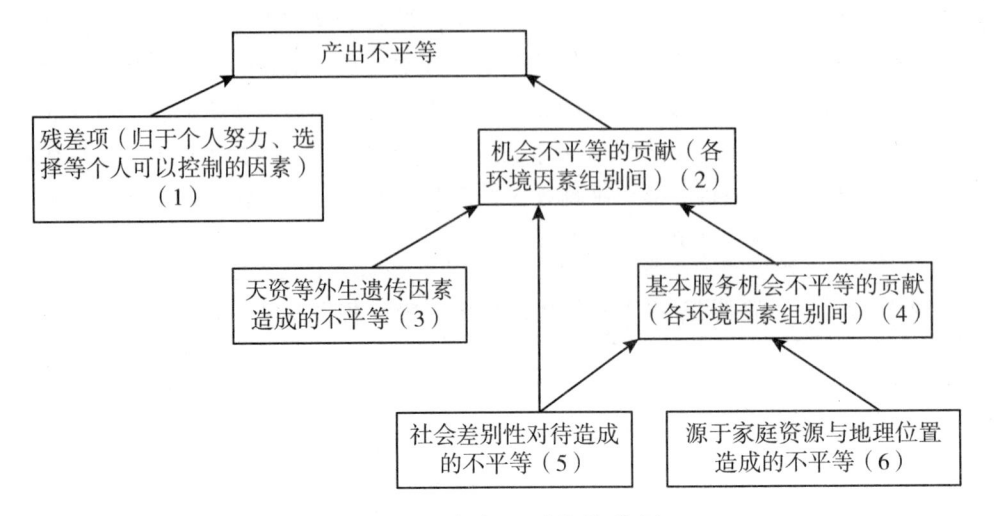

图 7-4　产出不平等的分解

（2）经济增长有好有坏。以前我们认为，增长可以，至少部分可以，消除收入差距过大引起的社会问题。各级政府为保持经济增速，可谓"八仙过海"。现在看来，这种认识有些简单。正如市场经济有好有坏一样，好的经济增长是使穷人从增长中更多受益，而坏的经济增长是让富人从经济增长中受益更多。只有包容性增长或亲贫增长，整个经济才能持续健康发展，才能避免"中等收入陷阱"。机会不平等是导致"中等收入陷阱"的重要因素，也是政府作为的主要空间。

（3）注重机会实现过程的公平原则，排除机会实现过程中的非正常因素，特别是"消阻碍某些人发展的人为障碍；消除个人所拥有的任何特权。"之所以特别强调这一点，是因为在于当前行业间、地区间、城乡间、不同人群间的收入差距，很多是机会实现的过程不公平引起的，行政垄断、权力寻租、腐败等已经成为社会不满的源头。公平的起点，公平的竞争机制，是市场经济下政府促进社会公平正义的着力点。

第三节　预算管理体制与地方财税体制的相互强化

如果说，干部考核机制是为地方政府采取粗放式发展方式提供了激励，那么地方政府是否采取粗放式发展方式，还要考虑财政管理制度这一约束机制。如果财政管理制度要求所有财政信息必须及时公布，要求对地方政府财政支出效果做量化评估，要求重要财政决策必须采取民主方式形成，从制度上对地方政府利己行为进行约束，就会在很大程度上限制地方政府的利己行为，抑制粗放式经济发展。

财政管理制度，集中地体现在政府预算上，因为预算是将公共资源转换为公共目标的制度手段，是约束政府行为的根本性制度。现行的财政管理制度、地方财税体制，与粗放式经济发展方式之间，存在相互强化的关系。一方面，现行财政管理制度缺乏对政府行为的"硬"约束，增加了地方自主性活动空间，在经济增长作为主要政绩考核指标下，为地方政府将财政收入用于"任期内带来经济快速增长"的项目提供了可能，强化了粗放式经济发展；另一方面，地方政府官员，缺乏动力硬化现行管理制度的约束，扩大了其追求自身任期效用最大化的自利行为，进一步放纵了粗放式经济发展。

改革预算管理制度，是深入推进财税体制改革的重要突破口。党的十八届三中全会通过的《中共中央关于全面深化改革若干重大问题的决定》明确提出，我国将实施全面、规范、公开、透明的预算制度。全面、规范、公开、透明的预算制度，是防止公共资源"跑冒滴漏"、优化公共资源配置、提高效率、维护社会公平正义的关键；也是从源头上遏制腐败、建立廉洁高效政府、实现国家良性治理、保证政治改革成效乃至国家长治久安的基石。公开透明预算包括预算编制、预算审批、预算执行、预算监督（审计）、决算结果等全过程的透明公平。

一、我国预算管理制度的特征

（1）财政信息公开透明的进程缓慢。财政透明度作为现代政府治理的一个核心内容，是建立现代民主问责制度与法治社会的重要起点，是公众监督政府行为，让权力在阳光下运行的有效措施。历史经验表明，没有预算的高度透明化和强有力的预算监督，财政资金运行所蕴含的风险就会浮现，秩序就会失控，巨大的损失、浪费就不可避免，形形色色的贪腐行为就得不到应有的制止，甚至会导致社会道德和法制系统的整体性崩溃。

虽然政府信息公开条例公开多年，但是我国财政预算信息的公开透明水平一直很低，且进展缓慢。根据 2012 年国际预算伙伴（open government partnership）对全球 100 个国家和地区的财政预算透明度的分析①，中国以 11 分（满分 100）

---

① 详见 www.openbugetindex.org，此外，上海财经大学也对全国 31 个省（区、市）的财政透明度做过类似调查，尽管具体指标有所差异，但结果均表明我国财政透明度水平很低。

的得分位居第 85 位，远低于全部受调查国家的平均分 43 分，与往年相比呈现下滑的趋势。这一调查的用户包括开放政府合作伙伴、协作非洲预算改革计划（collaborative Africa budget reform initiative）、最高审计机关国际组织（INTOSAI）、世界银行的"全球治理指标"、一些双边援助机构，以及国际和地区多边机构。

这一预算透明指数是通过评估 8 个关键预算文件的公开情况以及文件的质量计算出来的。这 8 个文件包括：预算前报告、预算提案、财政预算案、公民预算案、年内报告、年中审查、年终报告和审计报告。这套方法由经济合作组织（OECD）和国际货币基金组织（IMF）等国际组织开发，因此这 8 份文件的公开情况成为判断预算是否透明的国际标准。中国政府目前仅有年内报告、年终报告和审计报告这 3 份文件对外公开，预算提案、财政预算案只供内部使用，而预算前报告、公民预算案、年中审查没有发布。据 2012 年的数据，在被调查的 100 个国家地区中，分别有 78 个和 91 个国家地区公开了预算提案和财政预算案（中国内部发行）；另外有 47 个国家地区发布了预算前报告，27 个国家发布了公民预算案，还有 29 个国家发布了年中审查（中国未发布）。与东亚和太平洋地区的邻居相比，中国只是高于斐济（6 分），远低于新西兰（93 分）、几内亚（56 分）和韩国（75 分）。当然，公开文件的数目只是评估的一个标准，文件内容的质量和全面性同样重要。与其他国家相比，中国政府公开的文件不仅数量有限，而且质量和全面性都较低，所以中国的预算透明指数得分低是必然的。

此外，中国在预算监督方面表现也相当薄弱：在制定与执行预算的过程中，行政机关缺乏与人大的磋商，且行政机关的部分行为（如动用应急资金）可不经人大批准；审计机关的自由裁量权受到限制；公众参与几乎不存在。立法监督、审计监督和公众参与这三项评估中国分别仅得到了 12 分、25 分和 14 分。

从 2008 年到 2012 年的三次调查来看，中国的预算透明指数得分从最初的 14 分逐渐下跌到 11 分，可见社会对"阳光财政"的呼吁并没有起到实质性的效果。决定国家的"钱袋子"该如何花的《预算法》（亦被称为"经济宪法"），自 1997 年就开始酝酿修订，在预算究竟该公开到什么程度的问题上纠结了 20 多年，至今无果。

（2）在政府预算的"四本账"中，按照公开的完整程度排序，依次是：公共财政预算、政府性基金预算、社会保险基金预算和国有资本经营预算，其中，社保基金预算和国有资本经营预算公开程度十分接近。

公共财政作为全口径财政收入和支出的主要部分，一直以来都是财政报告中重点提及的部分。随着近年来地方政府对于土地财政的依赖，政府性基金在全口径财政预算中的地位也在不断上升，甚至有超过公共财政的情况发生，因此在财政部等有关部门陆续出台意见进行督促的情况下，政府性基金预算的公开程度有了明显提高。国有资本经营预算虽然从 2007 年开始试点，但在地方的推广却相对缓慢；社会保险基金的试行开始于 2010 年，起步相对较晚，因此，国有资本经营预算和社会保险基金的预算公开程度，相对落后。

根据 2014 年清华大学对中国市级政府财政透明度的调查①，在政府性债务的公开上，只有 14 个城市公布了相关数据，占城市总数的 4.82%；同样，三公经费方面虽然有 150 个城市公布了数据，但数据并不完整，得分普遍较低。导致这种情况的主要原因在于：一是绝大部分政府性债务由市、区、县政府的投融资平台公司承担，市政府并未在国有资本经营中公布这些平台公司的相关情况，也未公开地方国有企业财务情况。二是目前许多市政府负债水平较高，在主观上难以加以披露。三是三公经费在客观上，并非属于单独的操作科目，往往隐含在行政开支及其他科目里，其统计口径存在较大的争议；当然，主观上也存在难以完全披露的一些现实考虑。但是，无论何种理由，政府性债务及三公经费的公开透明，都是当前政府治理体系中的重点和难点。

（3）地方政府预算科学性整体偏低。对遵循"收支平衡"的地方政府而言，收入预算是否准确、科学，直接关系到地方政府能否做到预算平衡这一公共管理的"底线"。科学性是指预算编制应大体上符合实际，年初的概算数与最终执行数相差较小。根据国际通行的调整幅度，良好的预算偏差一般不应超过 5%，偏差率越小意味着预算越科学。偏差率通常有几种计算方法：平均偏差率（Mean Percentage Error，MPE）、平均绝对偏差率（Mean Absolute Percentage Error，MAPE）、均方根偏差率（Root Mean Squared Percentage Error，RMSPE）和中位数偏差率（Medium Percentage Error，ME）②。一般而言，平均偏差率的计算结果会明显小于其他衡量指标（低估的正偏差率会冲抵部分高估的负偏差率）。因此，国际上更多采用平均绝对偏差率、均方根偏差率来衡量预算的科学性。

1994～2013 年这 20 年间，我国地方政府收入预算平均绝对偏差率达到8.71%（平均偏差率为 8.64%），最高值发生在 2004 年，达到 22.59%，最低为1999 年的 3.16%，低于 5% 的年份只有四年，分别是 1998 年、1999 年、2012 年和 2013 年，即 80% 的年份收入预算偏差率均超过 5%。详见图 7 - 5。导致 2004年的 22.59% 的偏差率的直接原因主要有如下几个方面。（1）钢铁、煤炭和电解

---

① 清华大学公共经济、金融与治理研究中心财政透明度课题组再次发布《2014 年中国市级政府财政透明度研究报告》（报告全文详见清华大学公共管理学院网站 http：//www.sppm.tsinghua.edu.cn）。

② 用 a 表示决算收入，f 表示预算收入，t 表示时间，n 为划分的时间段总数，则平均偏差率、平均绝对偏差率、均方根平均偏差率的公式分别为：

$$MPE = \frac{1}{n}\sum_{t=1}^{n}\frac{a_t - f_t}{a_t} \times 100; \quad MAPE = \frac{1}{n}\sum_{t=1}^{n}\frac{|a_t - f_t|}{a_t} \times 100; \quad RMSPE = \sqrt{\frac{1}{n}\sum_{t=1}^{n}\left(\frac{a_t - f_t}{a_t}\right)^2} \times 100$$

铝等行业投资过快增长等经济过热因素，使相关行业税收在部分省份一次性增收，超年初预算较多，如内蒙古、山西的收入预算偏离度分别高达39.9%和35.9%；（2）全社会固定资产投资，尤其是房地产开发投资的快速增长，带来房地产相关的建筑安装业营业税、契税增收较多，其中契税超出预算50.84%，重庆、河南的收入预算偏离度分别高达30.8%和28.2%；（3）受国民经济增长较快的影响，相关税收出现快速增长，其中社会消费品零售总额13.3%的增幅带来了营业税25.9%的增长；工业企业利润36.0%的增幅带来了企业所得税35.6%的增长；职工平均工资为14.1%的名义增长带来了个人所得税22.5%的增长；（4）中央和地方共同负担出口退税机制的实施，强化了地方政府参与打击、防范骗取出口退税犯罪行为的责任，一方面出口大幅增长，推动了经济增长；另一方面平均调低出口退税率3个百分点，当年少退税近1 000亿元，客观上也起到了促进财政收入增长的作用。

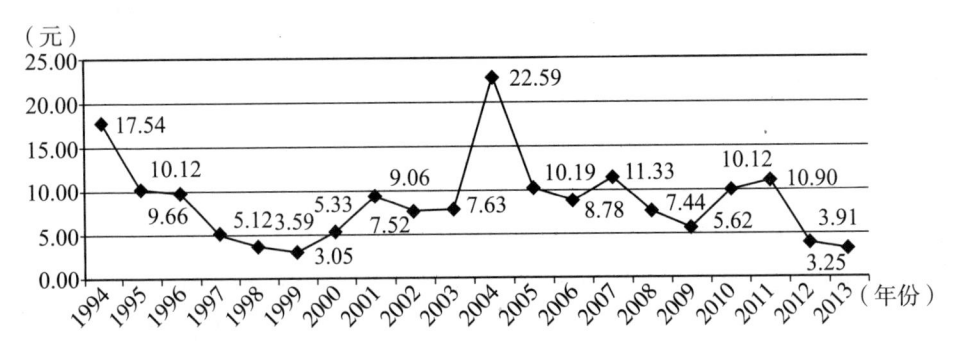

图7-5　我国地方政府1994~2013年收入预算平均绝对偏差率

资料来源：根据《中国财政年鉴》计算。

对遵循"收支平衡"的地方政府而言，政府预算的科学性不仅关系到地方政府能否做到预算平衡这一公共管理"底线"，并直接影响政府部门效率，因为无论收入预算被高估还是被低估，都会带来预算的调整。预算调整的决策时间，相比预算准备和谈判阶段，将预算放在一起的反复审议和协商，要大大缩短。更重要的是，政府预算的根本目的，在于强化政府的财政行为。收入预算的科学性将直接关系到能否对政府行为形成强有力的约束，能否真正"将权力关在笼子里"，从源头上根治腐败。

具体到各个省份，只有广东省的平均偏差率低于5%；24个省份的收入预算偏差率介于5%~10%之间，占全部省份的80%；5省份的平均绝对偏差率处在10%~15%之间（分别是宁夏、黑龙江、陕西、内蒙古和安徽）；详见图7-6。

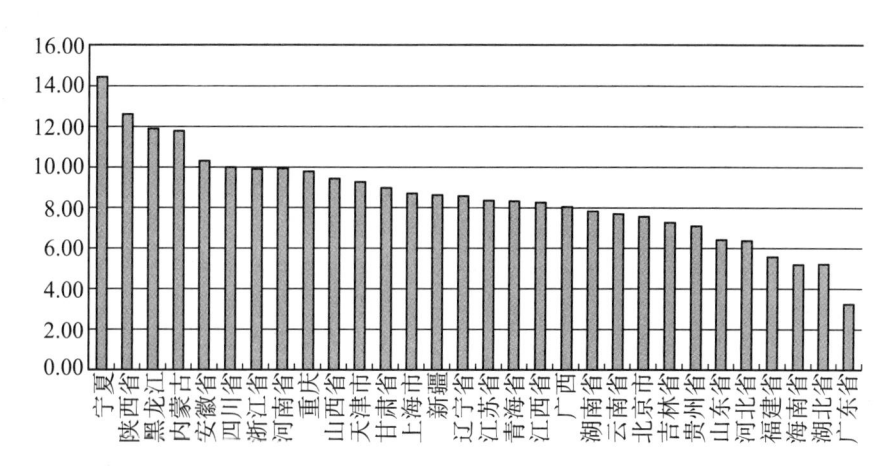

图 7-6　1994~2013 年我国各省平均绝对偏差率

资料来源：根据《中国财政年鉴》计算。

与发达国家收入预测偏差率相比，我国收入预算的科学性明显偏低。表 7-4 列出了部分发达国家收入预算的偏差率，美国各州财政收入预算在 1987~2009 年的 23 年间的绝对偏差率只有 3.5%（平均偏差率不足 1%），澳大利亚在 1997~2008 年的 12 年间财政收入预算绝对偏差率为 1.88%，比利时、加拿大、德国、法国、英国等 OECD 国家的预算偏差率都远低于我国 9% 的平均偏差率。

表 7-4　我国地方政府与部分 OECD 国家收入预算偏差率　　　　单位：%

地区	平均偏差率	绝对偏差率	均方根偏差率	分析的时间跨度
澳大利亚	-0.037	1.880	2.162	1997~2006
比利时	-0.432	2.179	2.545	1996~2008
加拿大	-2.711	4.278	5.533	1997~1998 到 2009~2010
德国	1.308	4.458	5.351	1997~2008
法国	-1.151	2.290	2.672	1997~2008
英国	-0.213	1.516	1.897	1997~1998 到 2009~2010
中国地方政府	8.64	8.71	9.82	1994~2013

资料来源：中国数据根据历年《中国财政年鉴》计算，其他国家数据引自泰斯·比特纳等（Thiess Buettner et al., 2010）。

（4）低估地方政府收入预算成为普遍现象，未出现随经济周期而出现高估或低估的变化规律。从 1994~2013 年，全国 30 个省（直辖市、自治区）的收入预算普遍被低估，只有极少数省份偶尔高估了财政收入，且高估比例都较小。表 7-5 列出了 1994~2013 年地方收入被高估的省份及其偏差率。以 30 个省份计算，20 年共有 600 个收入预算偏差率，但只有 14 个偏差率为负值，所占比例不足 2.5%，97.5% 的收入预算属于低估财政收入。更重要的是，在 14 个被高估的偏差率中，只有 2002 年青海的偏差率绝对值超过 5%，不属于正常范围，其他 13 个均在正常范围之内。以 2000 年价格衡量，从 1994~2010 年，累计超收规模达到 50 906 亿元，相当于低估 7.28 个 2000 年的全部地方财政收入（2000 年地方财政收入为 6 989.17 亿元），低估规模之庞大，可想而知。

表 7-5　　1994~2013 年收入预算被高估的省份及其偏差率　　　单位：%

年份	地区	偏差率	地区	偏差率	地区	偏差率
1997	山西	-0.24	海南	-1.68		
1998	天津	-0.59	湖北	-2.03		
1999	湖北	-0.28	新疆	-1.43		
2002	青海	-5.26				
2006	上海	-0.33				
2009	湖北	-0.66	新疆	-2.36		
2012	江苏	-0.01				
2013	河北	-1.75	辽宁	-1.94	黑龙江	-2.87

资料来源：根据历年《中国财政年鉴》计算。

一般而言，扣除技术因素及税收政策变动对财政收入预测偏差的影响外，财政收入将随经济周期而出现高估或低估的变化规律。在经济繁荣的时候，财政收入倾向被低估，而在经济低迷时，财政收入往往被高估。例如：美国国会预算办公室在 2007 年 2 月对 2008 年经济危机时美国联邦政府收入的预测值，高估比例达到 7.8%；爱尔兰财政部门预测的 2008 年财政收入超过实际值 13.4%。在美国州财政收入的预测中，从 1987~2009 年一共发生了三次经济危机，分别为 1990~1992 年、2001~2003 年、2009 年。在这三个时期的财政收入都是被高估的，其他年份的财政收入均是被低估的（见图 7-7）。但是，从我国财政收入预测的偏差率看，无论经济情况如何，地方政府收入预算均是被低估，并没有出现随经济周期而高估或低估的变化。即使在 1998 年亚洲金融危机和 2009 年的次贷危机环境下，地方政府预算收入被低估的比例仍然分别达到 3.59% 和 5.62%。

但是，如果将偏差率的高低与反映经济周期的物价上涨水平联系起来，我们可以看到，物价上涨幅度越大，通胀压力越大，偏差率也越高，反之，在经济紧缩物价上涨水平较低，甚至负增长的年份，偏差率也较低。1994 年和 2004 年面临的两次通货膨胀，使得收入被低估的程度也达到峰值，偏差率分别为 17.54%

和 22.59%。1998 年和 2009 年的金融危机，也将收入低估比例带到了低谷。如果我们将地方政府收入预测偏差率减去 10 个百分点，就可以看到收入预算偏差随经济周期而出现高估或低估的规律。这 10 个百分点，就是我国地方政府收入预算的系统性偏差。

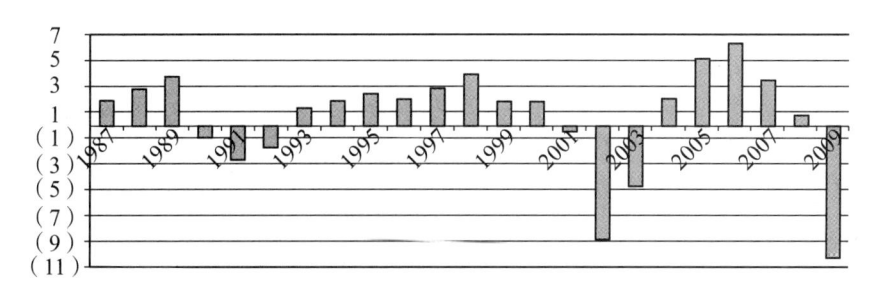

图 7-7　美国州政府收入预测偏差与经济周期：1987~2009 年

资料来源：引自皮尤研究中心（the Pew Research Center, 2011）。

（5）偏差率在东部、中部和西部的变化趋势基本相同，但有一定扩大趋势。地方政府收入预算的东中西部①结构，可以反映收入预算科学性随经济发展水平变化的规律。平均而言，东部地区 20 年间地方政府收入预算的科学性最高，中部次之，西部最低（20 年间在东部、中部和西部的中位数偏差率分别为 6.95%、7.79% 和 9.27%）。统计学检验结果表明，这种地区差距具有显著性（见图 7-8）。

从时间趋势看，地区偏差率变化格局基本相同，类似"一二三，齐步走"。东部地区收入预算科学性降低（或提高），西部地区、中部地区也降低（或提高）。例外有两年，一是 1996 年东部和中部预算科学性，相比 1995 年有所提高，而西部反而比 1995 年下降；另一例外发生在 2007 年，东西部地方政府收入预算偏差率相比 2006 年提高，而中部地区反而下降。原因主要在于国家宏观经济调整对东中西部产生了不同程度的影响，其中，1994 年出台"国家八七扶贫攻坚计划"及 1995 年一系列支持中西部地区的开放发展政策，使得 1995 年西部地区经济增速，和东部地区和中部地区相比，更快一些②。2007 年国家税收政策调整，如：东部地区和中部地区部分城市试行增值税转型改革，部分省份（主要在西部地区）上调矿产品等资源税目税额标准，使得中部地区收入增长，相比其他

---

① 东部地区包括：北京、天津、辽宁、河北、山东、江苏、浙江、上海、福建、广东和海南 11 个省（市）；中部地区包括黑龙江、吉林、山西、河南、湖北、江西、安徽和湖南 8 省；西部地区包括陕西、甘肃、青海、宁夏、新疆、四川、重庆、云南、贵州、内蒙古和广西 11 个省（直辖市、自治区）。

② 东部地区 1993~1995 三年间经济增速下降 5.4 个百分点，中部地区下降 1.4 个百分点，西部地区仅下降 0.5 个百分点。

地区要落后一些①。

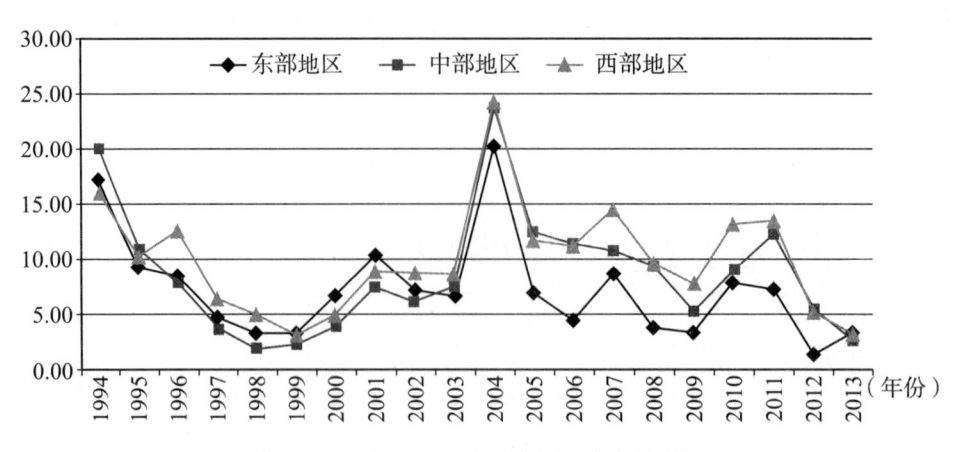

图 7-8　东、中、西部地区平均偏差率

资料来源：根据 1994~2013 年各年《中国财政年鉴》计算而得。

从东、中、西部的偏差率差距来看（见图 7-8），在 2003 年以前，相对较小。西部地区偏差率平均值为 7.30%，低于中部地区 0.45 个百分点，低于东部地区 1.3 个百分点，而 2004 年之后（不考虑 2004 年），偏差率的平均值在东中西部分别为 5.85%、9.82% 和 11.41%。收入预测科学性在东部地区明显提高，而中西部地区则呈现下降态势，东部和中西部的差距不断扩大。其中原因一方面可能与东部地区经济发展水平较高，更加希望通过收入预算科学性硬化财政资金的约束力，主动追求"超收"的动力相对较弱有关；另一方面可能来自收入预算技术水平的差异。

二、形成原因

预算反映国家的政策，规定着政府的活动范围和方向。如果说干部考核机制是促使地方政府转变经济发展方式的激励，预算管理制度则是约束地方政府促使经济发展方式转变的约束，因为政府活动的范围空间，可以从预算上清楚地反映出来。纵观我国 30 多年的预算改革，约束机制尽管越来越完善，越来越有力度，但是距离真正的"硬"约束，还有很大的距离。其中的原因主要来自以下几方面。

---

① 相比 2006 年，2007 年税收收入在东部地区增长 33.%，中部地区增长 24.5%，西部地区增长 27.9%。

1. 缺乏立法机构和中立的第三方机构的参与

近年来在许多国家兴起的参与式预算，大大推动了预算透明度的提高。20世纪80年代后期，在巴西的一些城市开始启动参与式预算实践，北美、欧洲、非洲和亚洲的一些国家地方政府，也纷纷仿效。非政府组织、媒体、专家和公民介入预算过程，以显示其各自的利益偏好，并对政府预算作出独立评价，是有利于推进预算公开的。一个典型例子是，南非在其预算的准备阶段，全国非政府组织联盟经常就穷人的利益需求问题举行听证会，并对相关群体的偏好进行排序，并将其提交给政府预算准备机构。在英国，媒体和非政府组织不但是推动预算透明的主要力量，在政府预算的评估方面也同时扮演着十分重要的角色。此外，有的国家还建立了纳税人诉讼法规，公众甚至可以通过诉讼来试图阻止可能违法的政府支出项目。在美国，如果某个纳税人发现哪项具体预算开支项目违宪或者违反法律法规，可以直接向联邦法院提出诉讼，法院可以裁决，要求暂停或中止该项开支，这就是纳税人对公共预算的监督权的实际体现。

为提高预算的科学性，经济形势预测在成熟市场经济国家并不是政府部门的专利，很多民间预测机构、立法机构也会参与其中。如在美国，参与国家经济形势预测的机构有国会预算办公室（the Congressional Budget Office，CBO）、总统下属的管理与预算办公室（the Office of Management and Budget，OMB）、IHS环球透视公司（IHS Global Insight）、蓝筹经济指标（Blue Chips Economic Indicators）、宏观经济顾问（Macroeconomic Advisers）、穆迪分析公司（Moody's Analytics）等；在州经济形势预测方面，州政府部门有的雇佣经济学家成立专门的专家小组完成此任务，有的从外部研究机构购买预测数据。由此保证经济形势预测的准确性。而在我国，这些工作通常是由政府部门独自完成的，缺乏中立的第三方预测机构以及立法机构的参与，是造成收入预算科学性不高的一个重要原因。以GDP的预测为例，我国2005~2010年的预测值分别为8%、8%、8%、8%、8%和7.5%，实际增长率分别为11.9%、9.6%、9.2%、10.4%、9.2%和7.8%。1994~2010年GDP增长率的绝对偏差率为27.11%，准确率只有70%余，而美国、比利时、加拿大、澳大利亚等国家的预测准确率均超过98%，见表7-6。经济形势预测的偏差将集聚到财政收入预测偏差之中。

表7-6　　　　　　　不同国家GDP预测偏差率

	平均偏差率	绝对偏差率	均方根偏差率	计算范围	预测方法
美国 CBO	-0.1	1.1	1.4	1982~2010年	二年
美国 OMB	0.1	1.2	1.6	1982~2010年	二年
美国 Blue Chips	-0.1	1.1	1.4	1982~2010年	二年

续表

	平均偏差率	绝对偏差率	均方根偏差率	计算范围	预测方法
中国	27.11	27.11	28.94	1994~2010年	一年
澳大利亚	-0.209	1.134	1.096	1997~2006年	3.5年
比利时	0.072	1.249	1.202	1996~2008年	2.5年
加拿大	0.114	1.837	1.768	1997~1998年至 2009~2010年	1.5年

注：美国数据引自：CBO's Economic Forecasting Record：2013 Update, http://www.cbo.gov/sites/default/files/cbofiles/attachments/43846-ForecastingRecord.pdf.

其他国家数据引自 Thiess Buettner and Bjoern Kauder（2010）"Revenue Forecasting Practices: Differences across Countries and Consequences for Forecasting Performance", Fiscal Studies, Vol. 31 No. 3, pp. 313 – 340.

2. 财政管理的技术方法仍需要改进

以收入预测为例，成熟市场经济国家的收入预测方法因收入来源的影响因素不同而采取不同的预测方法。但是，我国《国务院关于编制中央预算和地方预算的通知》明确了财政预算编制所要遵循的规则，就是"编制财政收入的增长比例要略高于国内生产总值的增长比例。"普遍做法是在当年国家 GDP 增长率的基础上加上几个百分点（近年来一般是4~5个百分点）。影响财政收入的重要因素，如经济结构、企业行为、居民收入等，则被忽略了。同时财政收入预测还会参考财政收入计划增长率这一指标，这一收入计划是计划经济的产物，却沿用至今。这种简单的收入预测方法，可以想象地方政府收入预算的科学性有多大。

在地方政府收入预测科学性较高的美国，州政府收入预测常常根据以往8~10年的影响收入因素的基础数据库（包含政策因素、消费者行为因素等方面），通过多种收入预测模型来完成。对财政收入的主要税种个人所得税、公司所得税和营业税分别进行预测。表7-7列出了美国各州收入预测所采用的模型。从中看到，绝大多数州收入预测采用3~4种预测方法，有些州甚至采用7~8种预测方法，如：特拉华州、北达科他州、田纳西州、犹他州，这是提高收入预测准确性，提高收入预算科学性的重要技术条件。它为美国州政府在23年间的收入预测绝对偏差率只有3.5%提供了坚实的技术保证。

表7-7　　　　　　　　美国部分州收入预测方法汇总

州	简单趋势分析	时间序列模型	线性回归模型	模拟	名义群体法	德尔菲预测或专家判断	私人顾问	一致性预测
亚拉巴马州	√		√	√			√	
亚利桑那州	√					√	√	
科罗拉多州	√	√	√					
康涅狄格州	√		√			√		
特拉华州	√	√	√	√			√	√
佐治亚州	√		√					
伊利诺伊州	√	√	√			√	√	
印第安纳州			√		√			√
爱荷华州	√	√	√		√			
堪萨斯州	√	√	√			√	√	
路易斯安那州	√	√	√			√		
缅因州				√				√
马里兰州	√	√	√		√			
马萨诸塞州		√	√	√			√	
密歇根州	√			√				√
明尼苏达州	√	√	√			√		
密西西比州	√	√	√					√
密苏里州	√	√	√				√	√
蒙大拿州	√	√	√			√		
内布拉斯加州			√	√	√		√	NR
内华达州			√				√	
新罕布什尔州	√				√			
新泽西州	√	√	√	√		√		
新墨西哥州	√							√
北卡罗来纳州			√				√	√
北达科他州	√	√	√	√	√	√	√	√
俄亥俄州	√	√	√	√				
俄克拉荷马州	√	√						

续表

	简单趋势分析	时间序列模型	线性回归模型	模拟	名义群体法	德尔菲预测或专家判断	私人顾问	一致性预测
南卡罗来纳州	√	√	√	√				√
田纳西州	√	√	√			√		√
犹他州	√	√	√			√		√
佛蒙特州		√					√	√
弗吉尼亚州		√						
华盛顿州			√					√
西弗吉尼亚州	√		√	√		√		
威斯康星州	√	√						

3. 预算管理制度的漏洞[①]

管理制度的漏洞，集中地体现在财政信息公开不具体、不通俗，超收资金与预算内资金的管理存在差异等方面。

虽然我国颁布并实施了政府信息公开制度，但政府信息应该公开到何种程度并没有具体说明，这为地方政府逃避信息公开责任留下了很大的弹性空间。此外，预算账本是枯燥的，其中的数字钩稽关系更是复杂微妙，非专业人员很难弄清楚。对于如何让老百姓看得懂这些复杂的政府信息，在制度建设中也未给出明确的责任人，这些制度漏洞阻碍了财政信息公开的进程。

虽然同属财政资金，但地方政府对超收收入具有更大的"自由裁量权"。按照《预算法》和《预算法实施条例》，超收收入的安排使用由政府自行决定，只需将执行结果报告全国人大，而不需要事先报批；对超收收入的使用，全国人大可提出要求，但不具有强制性。超收收入在某种意义上构成了游离于预算内的一笔财政收入，所以其支出也具有自由裁量权。一笔无须审核就可以动用的上亿元资金所带来的巨大诱惑会驱使各级政府部门主动争夺这部分额外收入[②]。因此，政府本身会主观倾向于低估财政收入，这样就能形成更多的"超收"，而政府对这部分"超收"拥有几乎完全的自主权，只需事后上报即可。而为了追求更多具

[①] 以下部分的阐述主要还是针对过去老预算法时期的情况，2015 年新的《预算法》出台后，已经有所改变。

[②] 刘明中：《中央预算稳定调节基金设立学者称具划时代意义》，搜狐新闻网，2007 年 3 月 13 日，http://news.sohu.com/20070313/n248698247.shtml。

有自由裁量权的超收资金，部分地方的政府甚至提出了奖励超收的做法①。这些奖励不仅扭曲了财政超收的意义，而且助长了盲目追求财政超收的"不正之风"，使预算收入愈加偏离预期值。

2007年3月5日，国务院总理温家宝在政府工作报告中提出，中央财政拟从2006年超收的2 573亿元中，安排500亿元设立中央预算稳定调节基金②，专门用于弥补短收年份预算执行收支缺口。作为一种过渡性的制度安排，中央预算稳定调节基金的设定，为规范超收资金的使用似乎指明了方向。对此，地方政府反应不一，见表7-8。有的仿效中央做法成立地方稳定调节基金，如：上海、北京；有的继续沿用原有的地方做法，例如，2007年《浙江省省级预算审查监督条例》中规定："预算超收收入一般应当用于增加预算结余或者弥补滚存赤字，在预算执行中，确需动用超收收入安排当年支出的，应当首先安排农业、教育、科技、文化、卫生、社会保障等重点支出，省人民政府应当编制预算超收使用方案，并由省财政部门向人大财政经济委员会报告；需要动用的超收收入数额超过原批准预算收入总额10%的，省人民政府应当向省人大常委会做预算超收收入安排使用情况的报告。"尽管这些管理办法对规范超收资金的使用起到了一定作用，但总体而言，地方政府对超收资金的使用，相对于预算内资金的使用，仍然具有较大的"裁量权"，现有政策并不能有效规范"滚滚而来"的巨额超收收入。

表7-8　部分省（市）对于财政超收收入的安排及管理规定

地区	关于超收收入的安排及管理规定
北京	市级预算超收收入应当优先用于农业、教育、科技、社会保障等重点项目和其他必要的支出。在市级预算执行过程中，需要动用超收收入追加支出时，市人民政府应当编制预计超收收入使用方案，由市财政部门将编制预计超收收入使用方案的有关情况及时向财经委员会通报。市人民政府应当将预计超收收入使用方案报市人大常委会备案，并向市人民代表大会报告超收收入安排使用情况。 从2008年开始成立预算稳定调节基金
山东	在省级预算执行中，需要动用超预算收入追加支出时，省政府应当编制超预算收入使用方案，由省财政部门向省人大财经委员会通报情况；省政府在决算报告中应当向省人大常委会报告超预算收入的使用情况

---

①　席斯：《近十年政府超收收入近5万亿地方刚性超支》，经济观察报，2011年10月28日，http: //finance.sina.com.cn/g/20111028/232710715675.shtml。

②　如果出现经济波动财政短收，以往的做法只能是报全国人大常委会调整预算，扩大赤字。而调整预算要经过政治程序，相对来说比较复杂，如果有了这笔稳定调节基金则不用扩大赤字，也不用调整预算，以稳定调节基金来平衡入不敷出。

续表

地区	关于超收收入的安排及管理规定
贵州	在预算执行中,省人民政府动用当年省级预算超收收入追加支出不超过预算收入8%的,省人民政府财政部门应当编制超收收入使用方案,及时向省人大财经委通报情况;预计动用省级预算超收收入追加支出超过预算收入8%的,省人民政府应当向省人大常委会提出预算调整方案
甘肃	省级预算执行中,预算超收收入可以用于弥补省级财政赤字和其他必要的支出。需要动用预算超收收入追加支出时,应当编制预计超收收入使用方案,并由省人民政府财政部门向省人大财经委员会汇报;省人民政府应向省人大常委会报告预算超收收入使用情况。 省人民政府应向省人大常委会报告预算超收收入使用情况
上海	2007年开始上海建立了地方上实质性的第一只预算稳定调节基金。按照要求,上海市本级预算稳定调节基金的安排使用将纳入预算管理,接受上海市人大及其常委会的监督
内蒙古	按照"暂行办法"规定,内蒙古自治区预算稳定基金,除了"应对自然灾害等突发性事件"之外,还将主要用于这几个方面:年度中间落实国家政策要求和自治区超前规划的增支政策;弥补重大减收因素造成的资金缺口;消化历史欠账;事关经济社会长远发展的基础性建设项目;解决自治区党委、政府议定的重大紧急事宜等

资料来源:根据《北京市预算监督条例》《山东省省级预算审查监督条例》《贵州省省级预算审查监督条例》《甘肃省预算审批监督条例》《内蒙古自治区本级预算稳定调节基金管理暂行办法》等各省市预算监督条例总结;北京建立预算稳定基金来自《预算稳定调节金》,千龙网,2011-01-16,http://beijing.qianlong.com/3825/2011/01/16/2502@6552125.htm;上海建立预算稳定基金来自《上海:建预算稳定调节基金》,新华每日电讯,2008-01-27,http://news.xinhuanet.com/mrdx/2008-01/27/content_7502344.htm。

4. 地方政府官员考评和晋升机制的缺陷

从前文我们看到,实际经济增长速度远高于预期值,偏差率高达20%,这是导致我国收入预算科学性不高的主要原因之一。而推动地方政府为经济增长展开竞争的制度,主要来自中国的经济增长与政治目标有着极大的关系,经济增长在很大程度上决定了地方政府官员的职位升迁,地方官员考评和晋升机制,一方面为中国经济的飞速发展提供了激励机制(张军,2005);另一方面也造成了经济增长率大大超过预期,有时甚至超过预期50%以上。

首先,市场化改革,将地方政府由中央指令的执行者转换为具有相对经济利益的决策者。赋予了地方政府发展经济的自主权和财政收入分享权。为地方政府利用所辖区域信息优势,进行"以扩大税基和经济发展"为目标的改革,提供了动力（张晖，2011）；

其次，由于缺乏自下而上监督地方政府的有效制度，上级政府必须亲自对地方政府进行任命考核监督，这一考核机制所起的作用正如"高考"的科目及各科分数一样，是地方政府官员努力的目标和方向。以 GDP 为最主要指标的政绩考核体系①决定了地方官员必须努力完成 GDP 增长率这一指标，这一指标的完成情况决定了地方官员的政治利益和经济利益与当地经济发展关系密切。为了提交一份令人满意的"答卷"，GDP 增长率这一目标在由上而下的考核中被"层层加码"。如果中央政府把 8% GDP 增长率作为预期目标，这一目标到了各省就可能增加到 9%～12%不等，到了市县就可能进一步上升为 10%～15%，这样 GDP 的偏差想变小就很难了。政治目标使得政府间对经济发展达成了共识，使得地方政府为发展而竞争，由此产生巨大的发展动力并形成了一种行之有效的发展机制，这是中国经济飞速发展的关键原因。这种地方政府主导的中国式经济增长同时造成 GDP 实际增长率高于甚至大大高于中央年初确定的 GDP 预期增长率，并导致 GDP 偏差率居高不下，降低了地方收入预算的科学性。

最后，税收计划的完成也计入考核体系。从理论上讲，税收计划的编制应该建立在税收收入预测的基础之上，但是我国税收计划却是由上级政府安排，这种指令性计划并非建立在经济税源分析预测基础上，而是以满足政府各项支出作为目标，而且是"年初一次性分配，年内一般不作调整"，年终又以税收计划完成情况论功行赏，以收入论英雄，并非按执行税法和征管质量进行考核，在此背景下，税收预测演变成下级政府对上级政府分配税收计划的推测，变成上下级政府之间对税收计划指标博弈的一种试探工具，失去了税收预测应有的作用，而导致收入预算失去了真实性、科学性和准确性（赵海利、彭军，2013）。

第四节　相关配套改革的大致方向和具体路径

从中国"九五"提出转变经济增长方式，到如今纵跨四个五年规划，目前已经到了"不得不转"以及"早转胜晚转"的关键时期。按照波特尔 1990 年出版的《各国的竞争优势》的看法，一个国家的经济发展大体可分四个阶段。首先是要素驱动阶段，其次是投资驱动阶段，再次是创新驱动阶段，最后是消费驱动的

---

① 按照中央组织部的考核办法，地方党政领导班子及其成员的实绩分析包括：上级统计部门综合提供的本地人均生产总值及增长、人均财政收入及增长、城乡居民收入及增长等方面统计数据和评价意见。

阶段。中国目前正处于第二阶段,能否进入创新驱动阶段,取决于经济发展方式能否转型。因此,转变经济发展方式,将是中国政府当下以及在未来相当长时期,面临的主要任务。

地方财税体制及其配套改革滞后,是形成我国粗放式发展方式的主要制度原因。当前,"零敲碎打"式改革已经满足不了现实发展的需要。因此,如何通过全面系统的理论研究、体制梳理和制度顶层设计,重构有利于经济发展方式转变的财税体制及其制度环境,将是实现发展方式转变的关键。面对这一复杂的系统工程,改革应该沿着何种方向,具体路径又是如何,这是推动转变经济发展方式改革实践的核心问题。前面各章已经对财税体制改革的方向、路径做了分析,这里主要讨论配套改革的方向及路径问题。

一、配套改革的大致方向

在未来相当长一段时间,以推动发展方式转型为目标的体制重构,将是地方政府改革的核心。助推财税体制改革,进一步完善政府与市场、社会的关系,提升政府治理水平,将是配套改革面临的主要任务。整体方向是按照市场经济要求,规范政府行为,建立政府权力的约束和制衡机制。具体包含以下几方面内容。

首先,进一步强化对市场配置资源决定性作用的认识,厘清政府与市场关系。经济转型中的政府与市场关系远不像成熟市场经济体制中那样基本定型,而是一个市场关系逐步发展与政府职能转变的互动过程。但是,只要走向市场经济,就必须确立市场机制在资源配置方面的基础地位,这是市场经济的基本特征。在从高度集中的计划经济体制向市场经济体制转轨的历史背景下,市场经济发育不成熟是必然的。现实中的许多矛盾很多是由于市场经济不成熟、市场机制作用不充分所致,并非市场机制的"缺陷"。因此,应该进一步强化政府职能转变,让市场竞争和资源配置更充分地发挥决定性作用。应该说,政府主导型经济是转轨经济的一种特殊状态,不是市场经济的一般或完善状态。政府改革和职能转变的基本方向是最终形成市场主导型经济,发挥市场资源配置的决定性作用,政府活动空间定位在市场不能做或做不好的地方。

"使市场在资源配置中起决定性作用",其主要功能是指市场机制决定的资源配置方式。在所有经济活动中,最根本的问题是如何最有效地配置资源。市场之所以能够使资源配置以最低成本取得最大效益,是因为在市场经济体制下,有关资源配置和生产的决策是以价格为基础的,而由价值决定的价格,是生产者、消费者、劳动者和生产要素所有者在市场自愿交换中发现和形成的。市场机制作用的发挥是价值规律的表现形式。由市场决定资源配置的主要长处在于：作为市场经济基本规律的价值规律，能够通过市场价格自动调节生产（供给）和需求，在全社会形成分工和协作机制；能够通过市场主体之间的竞争，形成激励先进、鞭策落后和优胜劣汰机制；能够引导资源配置以最小投入（费用）取得最大产出（效益）。因此，使市场在资源配置中起决定性作用，其实质就是让价值规律、竞争规律和供求规律等市场经济规律在资源配置中起决定性作用。这有利于促使经济更有活力、更有效率和更有效益的发展。但同时也要看到，市场调节有某些自发性、盲目性、局限性和事后性等特点，不能把资源配置统统交给市场，不能使全部社会经济活动市场化。比如，社会供求总量的平衡、公共产品和公共服务的提供、城乡区域差距的缩小、稀缺资源的配置，只靠市场调节经济运行，难以经常保持经济总量平衡和重大结构协调，难以实现基本公共服务均等化，难以避免社会收入两极分化，也难以及时、有力、有效应对宏观经济周期波动和国际经济金融危机的冲击。也就是说，市场配置资源的"决定性作用"不能是所有社会经济领域的活动。

政府作为公共权力的行使者、社会经济活动的管理者，最重要的职能是从宏观上引导方向，保持整个经济社会持续健康稳步发展。在我们国家，有共产党的领导、有社会主义制度的优势，政府可以自觉地依据对客观事物的认识，能动地观察和反映国内外发展变化，按照包括市场规律在内的客观经济规律，对重大社会经济活动作出战略规划与宏观决策，可以对重大社会经济活动做出预先安排，进行有目的、有计划的引导和调控。发挥政府作用的主要长处在于，有可能从社会整体利益和长远利益来引导市场和社会经济发展方向，从宏观层次和全局发展上配置重要资源，促进经济总量平衡，协调重大结构和优化生产力布局，提供非竞争性的公共产品和公共服务，保障公共安全，加强社会建设和环境保护，维护市场和社会秩序，促进社会公平正义，逐步实现共同富裕，弥补市场缺陷和失灵的方面。但政府也有信息掌握和认知能力的局限性，也会有偏颇、僵滞甚至决策失误的毛病，以致束缚经济社会的活力，不利于微观上优化资源配置和提高效率。

其次，基于中国国情以及财政分权理论，进一步理顺政府间财政关系。

（1）明确地方政府间事权和支出责任。对各级政府事权和支出责任的清晰划分，是财政体制的核心内容，是建立健全公共财政体系的前提，也是科学处理政府间财政关系的关键。要在明晰政府与市场关系的前提下，充分考虑公共事项的受益范围、信息的复杂程度以及激励相容原则，根据统一、明晰、可操作的原则，合理划分省市县乡各级政府支出责任，形成支出责任清单。前期在中央与地方事权和支出责任尚未明确划分的情况下，可以探索研究省市县乡事权与支出责任划分方案。划分地方各级政府间事权与支出责任宜坚持以下原则：对本级独立承担的事权，由该级统筹财力安排，承担支出责任；对各级共同承担的事权，按照事务的信息复杂性和跨区域外部性确定各级分担比例；对年度预算执行中的新增事权，原则上由出台新增事权的一级政府全额承担支出责任。

（2）理顺地方政府间收入划分关系。紧跟当前国家税收制度改革步伐，加快构建地方税体系，明确各级地方政府主体税种。将掌握信息比较充分、具备一定规模、收入来源稳定、与产业密切相关且对本地资源配置影响较大的税种主要留存给市县，构建具有地方特色的产业体系和税源结构。在地方政府间收入划分上，要充分考虑事权和支出责任划分状况、税种属性、地区间财力差异程度等因素，确保各级地方政府承担事权范围内支出责任具有相应的财力保障。

（3）完善省以下转移支付制度。科学的转移支付制度是地方政府间财政关系协调的重要抓手。要不断优化专项转移支付结构，扩大一般性转移支付规模和比重，清理规范专项转移支付项目，逐步取消竞争性领域专项和对基层政府的资金配套要求。逐步提高县级基本财力保障水平，促进基本公共服务均等化。同时，要优化转移支付结构，多"雪中送炭"，少"锦上添花"；多"集中财力办大事"，少"撒胡椒面"。加大对贫困地区、革命老区、民族地区和重点生态功能区的资金分配倾斜力度，促进省内区域间协调持续发展。

最后，以完善预算管理制度为突破口，强化和完善政府行为的监督和制衡机制。

（1）坚持以"政府活动公开"为先导。公共权力的行使要透明，这是建立社会监督的基础。公众只有知道政府在做什么，才能知道政府行为是否合乎法律的要求。政府行政机关要贯彻行政公开原则，建立公开办事制度，定期发布它所掌握的与公众利益密切相关的信息，使政府行政活动切实置于社会监督之下。目前一些政府部门已经通过互联网公布了部分政策，进行了政务信息公开的探索，但对于强化行政监督机制来说还很不够。应通过专门的信息公开立法，确立政务信息公开的基本内容和程序，形成政务公开的制度性框架，推进政府行政公开，提高财政透明度。

（2）进一步完善政府问责机制。完善政府问责机制，不仅要加强政府行政系统内部上级对下级的督察，发挥审计与监察部门的作用，更重要的是来自政府外部的制衡，特别是各级人民代表大会的制衡。1996年国家审计署首次向全国人大常委会提交审计报告，引起了强烈反响和社会的广泛关注，这对完善政府问责机制具有促进作用。政府问责机制的完善，还要求按照党政分工的原则，改革执政党的执政方式，提高执政能力。

（3）加强对政府行为的社会监督，扩大社会参与决策和监督的领域。近年来，一些政府及其部门就涉及公民重大利益的公共决策采取听证会的方式，已经体现了社会监督的精神，但在听证程序、听证与决策关系等方面仍需进一步完善，避免把听证单纯看作可听可不听的征求意见形式。同时，应充分发挥舆论监督的作用。舆论无疑是一种重要的社会力量，反映的是人心向背，用"人心这杆秤"可以称出社会公正的分量。近年来，报刊、广播、电视以及互联网等大众传播媒体，在监督政府行为方面的作用越来越重要，但也存在有些政府及部门封锁、压制舆论的现象。这实际上和舆论监督的法治不足有关。应通过完善法律确保媒体的监督权利，规范其行为，发挥舆论监督的积极作用。

政府改革和职能转变同经济市场化一样，是一个渐进的过程。无论是旧体制的"消亡"还是新体制的完善，都不会按照某种主观设计一蹴而就。就现实性而言，在经济关系乃至社会关系没有发生根本性变化之前，原有的部分政府职能在一定时期内有必要继续发挥作用，不可能也不应该提前"消亡"；就前瞻性而言，转轨经验的不足以及经济、社会关系变动的不确定性，使得政府职能的超前转变也是困难的。但是，只要坚持以人为本的科学发展观，并以此为改革的出发点和归宿，始终代表最广大人民的根本利益要求，政府改革和职能转变就会不断取得突破和实质性进展。

二、配套改革的具体路径

1. 在政府权力的监督和制衡机制上，可以从"扩大财政信息透明度""充实扩大公民选举权"入手，逐步扩大到"完善'一府两院'监督""完善政府问责制度"，最后到"建立宪法监督"的路径。

（1）进一步扩大财政信息的公开性。权力必须在阳光下运行，阳光之下鲜有罪恶。列宁早就指出，实行民主必须具备两个条件：完全的公开性和普遍的选举制。列宁说："每一个人大概都会同意'广泛民主原则'要包含以下两个必要条件：第一，完全的公开性；第二，一切职务经过选举。没有公开性而谈民主制是很可笑的，并且这种公开性还要不仅限于对本组织的成员。"[①] "既然整个政治舞台都公开摆在大家面前，就像戏剧舞台摆在观众面前一样……对于党员在政治舞台上的一举一动进行普遍的（真正普遍的）监督，就可以造成一种能起生物学上所谓'适者生存'的作用的自动机制。"[②] 人民民主是社会主义的生命、重大情况让人民知道、重大问题经人民讨论、重大决策有人民参与，这是发展社会主义民主的一项基本要求。决策过程不透明是政府公信力不足的一个重要原因。

---

① 《列宁全集》第6卷，人民出版社1986年版，第131页。
② 《列宁全集》第6卷，人民出版社1986年版，第132页。

(2) 进一步扩大公民的选举权。选举权是人民当家做主的最重要的权利。只有真正使人民成为了国家和社会的主人，成为了权力的所有人，他们对权力的监督才是真正切实有效的。首先，逐步扩大基层"直选"范围；其次，完善现有的选举制度。要更加充分地尊重和保障选民和代表的选择权，适度引入竞争机制。最后，改革完善投票的技术规范，如：在选举中设置秘密划票间等。

(3) 加强人大对"一府两院"的监督。中共十八届三中全会《决定》提出："健全'一府两院'由人大产生、对人大负责、受人大监督制度。健全人大讨论、决定重大事项制度，各级政府重大决策出台前向本级人大报告。加强人大预算决算审查监督、国有资产监督职能。落实税收法定原则。"这一段话意味着各级政府必须接受各级人大的监督，而且其全部收支必须受到实质性的审查。但目前实际情况是在重大决策的问题上人大对政府监督不力，形同虚设甚至被边缘化、被置于决策圈外。在现行的组织法中，对各级人大及其常委会的重大事项决定权的规定就比较原则，不易于遵循。比如规定地方人大及其常委会"讨论、决定本行政区域内的政治、经济、教育、科学、文化、卫生、民政、民族工作的重大事项"。然而具体在一个省、市、县，什么才算是"重大事项"，组织法没有列举，其他的法律性规定也没有作补充说明。这就给重大事项决策主体不明、范围不明的问题留下了法律缺口。一些地方华而不实、劳民伤财的作秀工程，有几个是经过人大法定程序民主科学作出的决定？近几年有些地方人大制定了讨论决定重大事项的规范。这些地方人大用立法权保障和规范重大事项决定权，既有利于坚持和改善党的领导，又能体现人民当家做主，而且还做到了依法决策。这种做法值得肯定，并需要进一步规范并严格执行。上述引自《决定》这段话的最后两句突出强调了人大加强监督政府的三个重要方面，即加强预算决算审查监督、国有资产监督职能、落实税收法定原则。这三个方面的监督确实更具有关键性，也是社会各界越来越强烈关注的。其核心是保护、发展和用好人民的财富。这三个方面得到显著加强，一定会给强化人大的监督职能起到提纲挈领、纲举目张的作用，真正提升人大的监督职能。

(4) 完善政府问责制度。进一步细化行政领导权力与责任。行政问责要按照权责对等原则，进一步明确各级政府及职能部门，以及每个职位的权力与责任。特别要明确各级政府之间、政府部门之间以及行政首长的权力与责任，明确行政领导正副职、其他不同层级领导之间的责任。

问责对象应以行政首长为重点。我们实行的是行政首长负责制的行政体制，各级政府及政府各部门的行政首长作为第一责任人，理应成为问责的主要对象。同时，也应将各级政府、政府各部门的各级领导干部以及其他相关单位的主要领导干部列为问责对象。

问责内容应包括行政乱作为和不作为。应将行政领域中的决策、用人和公众对政府服务的感受等作为行政问责的主要内容。不仅要对重大事故、群体性事件、公共突发事件的责任人问责,而且要对错误的行政决策问责;不仅要对滥用职权问责,而且要对故意拖延、推诿扯皮等行政不作为问责。要坚持有错必究、过错与责任相适应,将追究行政责任与刑事责任、民事责任、道义责任结合起来。

建立严密的问责程序。应以问责程序规范问责过程,约束问责主体的自由裁量权。作为问责启动主体的各级政府,要根据公民、法人或其他组织的检举、控告,上级领导机关的指示、批示,监察机关、审计机关、司法机关的问责建议,新闻媒体曝光等启动问责,并按照法定程序组织问责调查、追究、整改以及问责救济、复核等过程。

(5) 探索建立宪法监督制度。民主政治是宪法保障和规范的民主,法治是宪治。没有健全有力的宪法保障机制,再好的宪法也只是一纸空文。习近平总书记强调,宪法的生命在于实施,宪法的权威也在于实施。明确提出"建立健全全社会忠于、遵守、维护、运用宪法法律的制度"。各国通行的做法是建立违宪审查制度,也叫司法审查制度,即由司法机关审查立法机关、行政机关的规范性文件以及其组成人员的职务行为是否违宪的制度。违宪的法律不是法律。违宪审查的职权基本上被赋予司法机关、普通法院或者宪法法院。在我国,宪法规定全国人大监督宪法的实施,全国人大常委会解释宪法,监督宪法的实施。从实际运作看,全国人大常委会已经对备案的地方性法规进行了审查工作。但是由于没有建立专司宪法监督的机构,宪法监督实际上没有很好地开展起来。建立专门的宪法监督机构正在逐步成为共识。比较务实可行的做法还是在全国人大设立宪法监督委员会,专司宪法监督职能,受全国人大领导,但不受全国人大常委会领导,这样至少可以把全国人大常委会纳入宪法监督的范围,而比起全国人大来,人大常委会的立法活动是大量的。我们应该有解决这个问题的紧迫感,也具有解决这个问题的智慧。

2. 在政府和市场的边界上,从"减少垄断和行政权力配置资源"入手,扩大到"减少政府对土地、资本、劳动力的价格干预",最后到"建立公平、宽松、法治化的市场环境"。

(1) 减少垄断和行政权力对资源配置及微观经济活动的干预。掌控资源分配的权力,造成两方面的负面影响。一方面,造成一些从行政垄断和权力"寻租"得益的人们,为了维护其既得利益,蓄意阻挠改革进程,也有意误导公众,延缓改革进程,甚至假借"改革"或"宏观调控"的名义,扩大自己的权力和腐败"寻租"的空间;另一方面,一些改革前旧体制的支持者利用公众对腐败、贫富分化等正当不满,用民粹主义和狭隘民族主义的言语,把民众的情绪引到反改革的方向上去。

目前,社会公众对行政性垄断的强烈不满有四。一是垄断部门收入远远超过社会平均水平。诸多研究资料显示,电信、金融、保险、水电气供应等行业,大多是国有垄断,职工的平均工资是其他行业职工的两三倍,如计入工资外收入和职工福利,实际收入差距更大。二是垄断部门的高额利润并没有回馈社会。从1994~2010年,中国国有企业的利润都没有上缴国家,这意味着,社会公众并没有分享到国有垄断的好处,同时这也违背了维持国有垄断部门的初衷。正在试点的"国企分红",进展相当有限,收入也未纳入全国人大的实质性审查。三是垄断部门提供的产品和服务价格持续上涨,抬高了社会、个人生活和生产成本,而社会却难以有效监督和制约。在诸多关系国计民生的领域,价格听证改变不了"逢听必涨"的局面,更多的则是连听证程序都没有执行,有的则流于形式。四是垄断部门由于没有市场竞争的压力,改善和提高服务质量的动机普遍不强。在水、电、气等公用事业领域,服务价格与市场和国际"看齐",但服务质量却不能同步提升,问题突出。

要打破行政性垄断,抑制"国进民退"的势头,必须完成国有企业的产权社会化改造,深化推进国有经济的布局调整,国有企业将着力负责提供公共产品和准公共产品,同时制定特殊法人法来规范这类国有企业的行为,将它们置于严格的监督之下;将私人产品的提供主体,归位于私人企业;同时,加快推进土地产权制度改革,赋予农民完整的土地财产权利,确保农民集体所有的承包地、宅基地等"沉睡的资产"变成可以流动的资本,增加农民的财产性收入,缩小城乡收入差距。

(2)摒弃政府对土地、资本、劳动力等生产要素价格的行政干预。改革开放初期,中国劳动力供应相当充裕,这种"人口红利"对中国经济增长的贡献,根据学者们的研究,约为15%;而改革开放对中国经济增长的贡献率可能在50%以上,有学者称其为"改革红利"或"开放红利";其余的35%,则可归因于张五常所言中国的"政策没有大的失误"(吴敬琏,2010)。但是,这种"人口红利",在2013年消失。同时,根据王丰和梅森2006年的研究,劳动力占人口比例的下降和抚养系数的变动,每年将拖累中国人均收入增长率降低0.5%。[①] 在经济增长的考核指标下,地方政府相互之间形成了"招商引资"的竞争。为保护资本利益,政府倾向于与资本勾结起来,压榨劳动者。结果是一方面政府和企业收入高速增长,另一方面劳动报酬(即劳动的相对价格)却被严重压低。

---

① 王丰、安德鲁·梅森:《中国经济转型过程中的人口因素》,载《中国人口科学》2006年第3期。

政府干预要素价格的另一个典型例子就是土地价格。目前法律规定，城市土地归国家所有，农村土地归农民集体所有。在20世纪90年代初期开始的加速城市化的过程中，有大量的农村土地被政府征购为城市建设用。10多年来，新增的城市建设用地，80%以上来源于农民集体土地。这种征用，并非农民作为土地产权主体与政府的平等交易，而是借助政府排他性的权力。在这样的制度安排下，政府征用农民所有的集体土地，并非以该土地的市场价格补偿，而是按照该农用地的农业年产值补偿，最高补偿标准只能是该土地农业产值的30倍，实际上，在很多地方，补偿标准不过是农业年产值的10倍左右。各级地方政府通过"低价征地、高价卖出"，农民向政府转移的价值总额，据估计高达20万亿～30万亿元（吴敬琏，2010）。

（3）建立公平、宽松、法治化的市场环境。改革开放30余年来，中国的投资硬环境不断提升，目前已累计吸收外资1.5万亿美元，连续22年在发展中国家中居于首位。但是，中国的吸引力主要来自优惠政策的"洼地"，城市竞相压低要素价格、忽视环境成本，外资甚至享受超国民待遇。不过在经济社会发展转型、人口红利衰减、资源环境制约迫在眉睫的当下，政策"胡萝卜"的库存和发挥空间越来越小。

转变经济发展方式的主体，不是政府，主角应该是企业。政府在整个市场经济中的作用是当好"裁判员"。因此，政府要创造好的政策环境、法律环境，促进经济发展方式的转变。政府应当在建立公平、宽松、法治化的市场环境。

帮助弱势群体，促进社会公平是政府的另一重要职责。弱势群体在社会上的地位决定了他们只有较少的发言机会。但是，他们的数量不小，对社会公平的实现影响极大。让弱势群体在社会上有发言权，提高他们的收入水平，保障他们的医疗、住房、教育的合法权利，有他们的代表在政府决策时替他们说话，至关重要。

3. 在规范政府行为上，以规范政府行为的法律制度建设为起点，强化政府的公共服务职能为重点，以合理划分政府间财政职能为突破口。

与成熟的市场经济相比，处于经济社会转型期的政府依然具有一些特殊的发展职能。在基础设施大规模建设的初期，政府作为投资建设主体仍具有重要作用；在市场经济发展早期，经济运行中不可避免地存在着一些盲目性，政府在规范市场主体行为方面仍然占有主导性地位；在经济社会全面转型期，制度建设的深化与完善既是政府责无旁贷的任务，也是政府公共职能的重要内容。在这个意义上，可以说中国的市场经济具有较强的"政府主导型"特征。问题不在于现阶段"政府主导"应不应该，而是在于政府行为必须规范，并且需要根据市场化实际进程，逐步实现政府自身转型和职能转变。

（1）通过预算改革，规范政府行为的法律制度建设。法律制度是约束支付行为的起点。政府对人民负责、"权为民所用"是政府行为的根本出发点和归宿，政府坚持统治公民和社会还是服务于公民和社会，是现代政府与传统政府理念的根本区别。根据现代法治理念，对于公民和社会而言，行为规范的基本原则是"禁止性"原则，即法律（法规）没有禁止做的事，都是可以做的、不违法的，是规范政府行为的前提，这一原则体现了鼓励公民和社会创新活动的精神。而对于政府而言，法治理念则强调政府只能做法律（法规）规定的事情，这一理念有助于防止政府随意扩大权力、抑制公民和社会创新活动、甚至侵害公民权利行为的发生。我们加强依法行政，首先就是要强调行政行为的法律授权，无论是投资领域的选择、行政审批的设定，还是间接调控的手段，政府行为的规范都要求有明确的法律规定。

预算相关法律制度的建设，是规范政府行为的基础。《中共中央关于全面推进依法治国若干重大问题的决定》明确提出"建立权责发生制的政府综合财务报告制度"，"建立跨年度平衡预算机制""全口径预算"这些政策都会大大硬化政府的约束。首先，"建立权责发生制的政府综合财务报告制度"意味着对于任何一级政府而言，不仅其有实际支配权的全部国有资产将被记入本级会计报表之中，而且其所有负有偿还责任的债务也将入账。这对于诸多实际财政状况不容乐观、负债率过高的地方政府而言，此举可能将其"软肋"展现无遗，消解个别政府官员"政府很有钱"的幻觉。有利于财政部门精打细算，过好"紧日子"；其次，"建立跨年度平衡预算机制"，意味着今后的预算不再刻意寻求每一年度的预算平衡，而是转而追求一个周期内的预算平衡。在跨年度平衡预算下，政府可以在一个较长的时间范围内考虑政策以及相应的预算支持，提高计划与预算之间的关联度，以利于决策时能将可能获得的预算支持通盘考虑，进而克服现在有些地方只管大干快上、不管离任后负债多少的官场沉疴；"全口径预算"，把政府所有收支全部纳入统一管理，其目标定位于构建一个覆盖所有收支，不存在游离于预算外的政府收支，是将所有类型的财政资金收支都纳入统一管理体系的制度框架。

（2）强化政府的公共服务职能，大力减少政府直接干预微观主体的行为。明确政府公共职能，主要是在非市场领域或市场本身无力调节的领域充分发挥政府作用，解决政府"缺位"的问题。一是制定和完善市场规则，打破行政性垄断，消除产权歧视，强化产权保护，致力于创造一个有利于各市场主体平等竞争的市场环境。二是协调经济发展与社会发展的关系，加强公共基础设施建设、义务教育、科技基础研究、生态和环境保护，为社会提供市场机制所不能提供的公共产品和服务；三是完善收入分配职能，在完善分税制、企业和个人所得税的基础上，建立和健全规范的对贫困地区和贫困人口的转移支付制度，完善政府社会保障的基础平台，发展和规范商业保险、社会福利事业，逐步形成较为完整的多层次的社会保障体系；四是宏观调控要改变过分依赖政府投资的扩张与收缩的局面，注重政策信号的引导作用，通过建立和完善信息公开发布制度，提高市场主体依据政策信息自主决策能力。

（3）合理划分不同层级政府之间、部门之间的职能，规范政府的收入与支出。目前，各级政府几乎同中央政府一样承担着大体相同的经济和社会职能，即使是县级政府的职能，也与中央和省级政府职能在多方面重叠，差别仅在于管理层次和范围。现实经济活动中的"上有政策，下有对策"问题、企业改革中的"逃、废债"问题以及"乱集资、乱收费"等问题屡屡发生，实际上都在不同程度反映了政府职能划分模糊的缺陷。在合理划分政府职能的基础上，应逐步规范政府收入和支出，政府活动的支出来源只应是公共财政，现实中一些政府部门直接从管理对象收费解决支出不足的做法，必须有计划、有步骤地清理，直至完全取消。

三、具体措施

在具体路径的实施上，当前可以从以下几方面着手。

（1）干部考核的主要指标从效率转向公平，同时加强普通民众及第三方对干部的考核。

从公共财政角度讲，市场侧重效率，政府侧重公平。因此，从当前我国现实情况出发，上级政府确立的干部考核机制，必须尽快从"效率优先，兼顾公平"的考核机制转向"公平优先，兼顾效率"。强化政府在公平方面的作用。

同时，听取普通民众对干部考核的意见。因为，加快推进转变经济发展方式的成效如何，群众感受最直接、体会最深刻。因此，要把政绩考核评价标准交给群众，把政绩考核评价程序亮给群众，把政绩考核评价权利赋予群众，让广大群众知道干部在干什么、干得怎么样，而不以干部的工作总结代替老百姓的直接感受，不以统计数字代替实际发展水平，使领导干部不仅对上级机关负责，更重要的是对人民负责，形成群众监督和上级监督相结合的机制，从而使得领导干部切实做到执政为民。

此外，从可行性上讲，干部政绩考核可以采用公共提供、私人生产的组合方式，即政府购买干部绩效服务。因为很多政绩考核不仅工作量大、专业要求高，政绩考核需要专业技术人员，而这种技术人员并不一定在政府部门，因此其生产方式可以扩展到私人生产、混合生产。第三方评价一般采取两种方式进行，一是构建完善的政绩专家考核评价。构建完善的政绩专家考核评价，就是组织有关专家，对领导干部在公共服务和公共管理方面的水平进行有针对性的考核评价，从创新全局高度进行宏观调控、制定区域发展战略等技术性较强的方面进行考核评价。二是完善的政绩中介考核评价，对那些工作量大、专业要求高，又不涉及机密的专门性考核评价，可以委托社会中介机构来办理。如对重大工程完成情况的评估、专项资金使用情况的审计，完全可以委托工程监理公司、会计事务所、各类评估事务所来实施。

（2）细化财政信息公开的范围，并将公开的财政信息通俗化。

财政信息公开的范围，决定着公众能够获得信息的界限。从理论上讲，有关政府财政行为的所有信息都应该向公众报告，"公开为原则，不公开为另外"。如果把预算公开的内容按照基本用途做一个划分的话，预算公开的范围应当涵盖所有政府性资金，即全口径财政资金，包括政府一般性基金、社会保险基金、公共企业基金。对其中任何一块的忽略都会使阅读者无法了解政府公共资金运作的全过程，而那些有公开制度要求的基金有可能向没有透明要求的基金转移，以逃避监督。因此，从理论上来说，政府披露信息覆盖的范围越广，其财政的透明程度才越高。

但是，信息公开有自己的技术边界，不能无限地微分下去，应考虑公众的实际需求，那些对社会发展意义不大的预算信息，即使公开在技术上是可行的，也不必强行公开。因为这样做意义不大，反倒容易使公众陷于信息的汪洋之中"找不着北"，同时也会增加政府的行政成本。至于披露信息应具体到何种程度，应该引入法治程序。哪些信息应该公开，哪些不必也不需公开，需经法律程序予以确认。

此外，预算账本是枯燥的，其中的数字关系非常复杂，非专业人员很难弄清楚，这就有了财政信息的通俗性问题。财政信息的通俗性，就是让普通民众"看得懂"，让立法机构和公众明了公共资金的来龙去脉，清楚资金由谁在使用，用在了什么地方，提供了哪些公共产品，使用效果如何等。事实上，市场经济国家的议员们也并非都是预算管理的专家，但是，在其立法监督机构序列中，会有一些研究公共预算的智囊机构参与其中，当他们需要了解预算法案详情的时候，可以随时聘请专家进行系统咨询和技术阐释。

（3）扩大普通民众及第三方机构对预算的监督。

扩大普通民众和第三方机构队预算的监督，可以有效提高政府管理制度的效果。以提高预算科学性的收入预测为例，这是一项技术水平很高的工作，它不仅需要预测全国经济形势、各省经济形势，还需关注政府经济政策变化调整、经济结构、物价水平、汇率、消费者行为反应、企业行为、之前数年的财政预决算偏差等因素,并在此基础上构造各种税收收入预测模型,这些工作需要专业的技术人员。这种专业技术人员并不一定在政府部门,因此其生产方式可以扩展到私人生产、混合生产。事实上,成熟市场经济国家的预测工作采用政府从民间研究机构购买方式的形式,就是"私人生产、公共提供"的组合方式。国外学者 Thiess Buettner 和 Bjoern Kauder (2010) 对 OECD13 个国家的比较分析及计量模型检验结果表明,收入预测由独立机构完成,同时保证收入预测的竞争,对于提高收入预测质量至关重要。独立的预测机构不仅可以建立起竞争机制,降低政府购买服务的成本,同时独立的预测机构有动力在预测基础数据、预测方法、预测模型上进行改进,可以提高收入预测准确性。

同样,世界上很多国家都通过扩大普通民众及第三方机构的参与,来提高预算透明度。如:允许公众旁听会议、出版议会辩论日志、实况转播议会活动全程等。在加拿大,议会活动会全天候报道,包括众议院辩论、参议院会议、议会委员会的听证会、特殊事务调查等。在中东地区,以色列议会是透明度最高的议会,除非法律规定和议长认为会危害国家安全,议会活动均应向公众和媒体公开,媒体可以任意进入议会。英国议会除了允许媒体对议会报道外,还实行文件公开制度。平民院的各类文件一律向公众公开,其中包括平民院法案、平民院材料、贵族院材料以及奉旨呈文。

在我国,面对民间社会的弱小与发育不足,如何培育和发展各类社会组织,使民间组织成长起来,成为我国社会治理结构的重要载体,对于我国完善政府治理制度至关重要。为此,无论在公共事务的管理还是公共服务的提供方面,政府都应该重视社会组织和市场的力量,通过多种方式将部分相关职能转移给社会组织和市场,形成社会组织、市场和公民合作共治的格局。对此,政府必须坚持积极扶持原则,通过政府采购等多种方式,发挥它们在社会公共事务的管理和公共服务的提供中的主体作用,发挥它们在相关决策和政策执行中的参与权和监督权。

(4) 进一步厘清政府和市场的边界,制定清晰明确的政府"事权清单"。科学划分政府与市场的职责边界、界定政府的公共事权清单,是正确划分各级政府事权清单的基础。从我国财政实践来看,受传统计划经济思想的影响,全能型政府观念难以彻底转变,改革开放后的数次机构改革、简政放权,仍未解决过度干预、政企难分、规模失控的问题。政府规模的膨胀,是我国行政管理权限扩张、财政压力加大的症结。限制政府规模,根本之道在于科学界定政府职能。而在市场经济发达国家中,政府职能的界定受服务型政府的理念的引导,服务型政府首先应该是"为全社会提供公共产品和服务的政府",凡是市场和社会能够提供的产品和服务,均交给市场和社会去完成,政府管的是市场、社会不能管的事务。但现实中,受全能型政府观念的影响,支出领域"越位"和"缺位"现象并存。

对比发达国家政府支出责任，我们发现竞技体育、传媒、科学技术、节能、商业服务业等事务都不是地方政府的责任，地方政府支出集中在公共安全、义务教育、公共卫生等基本公共服务领域。因此，确立事权的前提，是先界定哪些事情是必须政府要做的，哪些事情是可以政府不必做的。要求我们制定清晰明确的政府对于市场而言的"事权清单"。

事权清单的重点应从以下三个方面入手：一是取消部分政府事权，最大限度地减少政府对微观营利性事务的管理职能，逐步退出竞争性领域，取消市场机制能够自行调节的事项；二是转移部分政府事权，把社会能够自主解决、行业组织能够自律管理和自我服务的事项，逐步转移给符合条件的社会组织、机构等承担；三是强化部分政府事权，突出政府在国家安全、军事外交、公共服务、市场监管、社会管理、环境保护等方面的职责，真正让财政回归公共本质。

（5）划分各级政府事权，确保事权与支出责任相适应。清晰地界分各级政府的职责是设计政府间财政关系制度的起点，也是难点，在多层级政府组织和分级治理的实践中，省以下政府职责的划分，大多由省级财政部门主导和制定，而作为省级政府部门，其划分主体地位没有法律保障，划分程序没有法律依据，划分标准主观性强，对很多具体支出责任的划分，常常没有明确而又稳定的制度约束。以义务教育为例，我国在2000年实现了"基本普及九年义务教育"，但义务教育经费严重不足的现象一直存在，尤其是在欠发达地区。究其原因，在于谁来承担义务教育的财政支出义务缺乏明确的法律规定。《义务教育法》第12条根据义务教育属于基本人权、基本公共服务的理念，规定义务教育经费由中央和地方各级政府共同承担，中央政府对经济困难地区进行补助。但是，中央和省级的义务教育投入责任在"农村义务教育投入保障新机制"实施前，一直都存在不稳定、不规范、规模小的突出问题。2007年之后的义务教育投入实行"按项目，分比例承担"，尽管很大程度上强化了上级政府对义务教育的投入责任，但是，上级政府的投入责任依然缺乏硬性约束，很多转移支付项目今年有，明年可能没有，今年100元、明年80元或120元的可能同时存在，导致年底突击花钱的现象屡见不鲜。这些都大大降低了转移支付资金的使用效率。

从国际趋势看，公共服务职责下移是政府间公共服务职责划分的趋势。从理论上来说，基于地方政府的行政禀赋优势，能够更好地满足辖区居民的需要。但是，基本公共服务均等化、社会公平的责任更多应该由中央政府和省级政府承担。对比发达国家各级政府的事权，我们不难发现，促进社会公平、实现基本公共服务均等化的责任，如对经济困难家庭子女在营养、健康、教育方面的补贴、缩小义务教育、基本卫生等基本公共服务方面投入差距的支出，更多是联邦政府和州政府的责任。出于劳动力自由流动以及保障基本权力的角度，社会保险也主要是联邦和州政府的职责。而在我国，这些基本公共服务却主要由县级政府承担，一方面阻碍了基本公共服务均等化的进程；另一方面也造成了县级政府巨大的财政压力。

当然，在我国建立事权与支出责任相适应制度，不仅应当参考国际惯例，更要结合我国作为转型发展中国家的实际情况，合理划分中央与地方政府之间的事权和支出责任。中共十八届三中全会《决定》在"建立事权与支出责任相适应的制度"部分已经提供了大概指引，即"国防、外交、国家安全、关系全国统一市场规则和管理等作为中央事权；部分社会保障、跨区域重大项目建设维护等作为中央和地方共同事权，逐步理顺事权关系；区域性公共服务作为地方事权"。在此基础上，还需进一步明确中央和省级政府负责的一级事权，并厘定省级以下各级政府的事权，大致包括政权运转类、市场监管类、社会管理类、公共服务类、发展调控类五大类的事权须进行清晰的划分。

（6）完善事权与支出责任相适应的配套制度，启动《财政转移支付法》的制定和实施。财政转移支付制度是解决各地财力非均衡，促进基本公共服务均等化，实现事权与支出责任相匹配的配套制度。纵观发达的市场经济国家的转移支付制度，更多采用指标量化各地基本公共服务财政自身供给能力、资金需求、财政努力程度等因素，进而将上级政府应该承担的转移支付责任给予规范、公开。

1994年分税制改革以来，我国的财政转移支付立法一度受到重视，并曾被列入全国人大常委会立法规划，立法机关曾委托专家起草过两份立法建议稿，但最终如泥牛入海。在深化财税体制改革的方案中，建立事权与支出责任相适应的制度是关键内容，与此同样重要的是应尽早制定实施财政转移支付法，避免再次出现分税制改革过程中的教训。

全国人大常委会2014年8月31日审议通过的《预算法（修正案）》第15条规定："国家实行财政转移支付制度。财政转移支付应当规范、公平、公开，以推进地区间基本公共服务均等化为主要目标"。"按照法律、行政法规和国务院的规定可以设立专项转移支付，用于办理特定事项。建立健全专项转移支付定期评估和退出机制。市场竞争机制能够有效调节的事项不得设立专项转移支付"，"上级政府在安排专项转移支付时，不得要求下级政府承担配套资金。但是，按照国务院的规定应当由上下级政府共同承担的事项除外。"这些条款遵循了事权与支出责任相适应的原则，值得肯定。但财政转移支付制度涉及法律关系的主体定位、权责配置、申请和拨付程序等诸多重要问题，远非预算法的数个条文所能承载。因此，应该尽快同步启动《财政收支划分法》和《财政转移支付法》的制定，确保财税体制改革可在法治的轨道上运转。

参考文献

[1] "构建社会主义和谐社会问题研究"课题组:《构建和谐社会与转变经济增长方式》,载于《经济研究参考》2005年第21期。

[2] 《中国统计年鉴》(2005~2014年),资料来源于中华人民共和国统计局网站。

[3] 白永秀、王颂吉:《经济发展方式转变的目标及影响因素》,载于《经济学家》2011年第6期。

[4] 包群、彭水军:《经济增长与环境污染:基于面板数据的联立方程估计》,载于《世界经济》2006年第11期。

[5] 鲍莫尔、奥茨:《环境经济理论与政策设计》,严旭阳译,经济科学出版社2003年版。

[6] 卜凡:《广东社科院报告:省级财力不足制约区域均衡发展》,载于《21世纪经济报道》2013年11月8日。

[7] 财政部促进经济增长方式转变课题组:《进一步完善财政政策促进经济增长方式的转变》,载于《中国财政》2006年第10期。

[8] 财政部科研所课题组:《境外地方税收制度研究及借鉴》,载于《地方财政研究》2012年第9期。

[9] 蔡昉:《中国人口与可持续发展》,载于《中国科学院院刊》2012年第3期。

[10] 蔡伟贤:《公共支出与居民消费需求:基于2SLS模型的分析》,载于《财政研究》2014年第4期。

[11] 曹俊文、罗良青:《转移支付的财政均等化效果实证分析》,载于《统计研究》2006年第1期。

[12] 曹元坤:《从经济增长方式内涵看经济增长方式转化》,载于《当代财经》2000年第11期。

[13] 曾军平:《政府间转移支付制度的财政平衡效应研究》,载于《经济研究》2000年第6期。

[14] 曾淑婉：《财政支出对全要素生产率的空间溢出效应研究——基于中国省际数据的静态与动态空间计量分析》，载于《财经理论与实践》2013 年第 1 期。

[15] 曾文慧：《流域越界污染规制：对中国跨省水污染的实证研究》，载于《经济学季刊》2007 年第 1 期。

[16] 曾铮：《亚洲国家和地区经济发展方式转变研究——基于"中等收入陷阱"视角的分析》，载于《经济学家》2011 年第 6 期。

[17] 陈娟：《全要素生产率对中国经济增长方式的实证研究》，载于《数理统计与管理》2009 年第 2 期。

[18] 陈其林：《结构变动与经济运行的双约束型特征：对现行经济增长方式及其转变问题的思考（之二）》，载于《南开经济研究》2005 年 5 期。

[19] 陈清：《政府干预与经济发展方式转变：发达国家与地区的经验及启示》，载于《中共福建省委党校学报》2010 年第 11 期。

[20] 陈诗一、张军：《中国地方政府财政支出效率研究：1978-2005》，载于《中国社会科学》2008 年第 4 期。

[21] 陈硕、高琳：《央地关系：财政分权度量及作用机制再评估》，载于《管理世界》2012 年第 6 期。

[22] 陈元：《深化财政体制改革研究》，经济出版社 2010 年版。

[23] 迟福林：《需下决心放弃政府主导型经济增长方式》，载于《新世纪》2011 年 11 月 10 日。

[24] 楚尔鸣、鲁旭：《基于动态面板的地方政府支出对居民消费的挤出效应分析》，载于《湘潭大学学报（哲学社会科学版）》2007 年第 6 期。

[25] 丛明：《当前经济形势和宏观调控政策取向分析》，载于《涉外税务》2011 年第 11 期。

[26] 崔巍：《经济增长方式转变、影响因素与十二五矛盾克服：马克思学派增长及周期模型与十二五区》，载于《东方论坛》2010 年第 4 期。

[27] 戴毅、牛昕和代明：《创新导向型财政支出与全要素生产率关系的实证分析——以深圳为样本城市》，载于《开放导报》2009 年第 4 期。

[28] 道格拉斯·诺斯：《经济史中的结构与变迁》，上海三联书店出版社 1991 年版。

[29] 德怀特·H. 波金斯、斯蒂芬·拉德勒、唐纳德·R. 斯诺德格拉斯、马尔科姆·吉利斯、迈克尔·罗默著，黄卫平等译：《发展经济学》，中国人民大学出版社 2005 年版。

[30] 邓子基：《公共财政应积极为加快转变经济发展方式服务》，载于《当

代财经》2011 年第 1 期。

[31] 邓子基:《转变经济发展方式与公共财政》,载于《东南学术》2010 年第 4 期。

[32] 杜爽:《境外转变经济发展方式的经验及启示》,载于《中共青岛市委党校学报》2010 年第 5 期。

[33] 范子英、张军:《财政分权、转移支付与国内市场整合》,载于《经济研究》2010 年第 3 期。

[34] 范子英、张军:《中国如何在平衡中牺牲了效率:转移支付的视角》,载于《世界经济》2010 年第 11 期。

[35] 范子英:《转移支付、基础设施投资与腐败》,载于《经济社会体制比较》2013 年第 2 期。

[36] 方红生、张军:《中国地方政府的竞争、预算软约束与扩张偏向的财政行为》,载于《经济研究》2009 年第 12 期。

[37] 冯涛、乔笙:《通货膨胀中的地方政府金融行为分析》,载于《财贸经济》2006 年第 2 期。

[38] 弗朗索瓦·佩鲁著,张宁、丰子义译:《新发展观》,华夏出版社 1987 年版。

[39] 伏润民、王卫昆、常斌、缪小林:《我国规范的省对县(市)均衡性转移支付制度研究》,载于《经济学季刊》2011 年第 1 期。

[40] 付润民、李妍、缪小林:《我国地方财政体制改革研讨会综述》,载于《经济研究》2009 年第 9 期。

[41] 付文林、沈坤荣:《均等化转移支付与地方财政支出结构》,载于《经济研究》2012 年第 5 期。

[42] 付文林:《均等化转移支付与地方财政行为激励初探》,载于《财贸经济》2010 年第 11 期。

[43] 傅勇、张晏:《中国式分权与财政支出结构偏向:为增长而竞争的代价》,载于《管理世界》2007 年第 3 期。

[44] 傅勇:《财政分权、政府治理与非经济性公共品的供给》,载于《经济研究》2010 年第 8 期。

[45] 高帆:《经济发展方式转变的三重"陷阱"及其规避路径》,载于《探索与争鸣》2011 年第 1 期。

[46] 高辉:《环境污染控制与中国经济可持续增长》,载于《理论与改革》2009 年第 4 期。

[47] 高培勇:《关注预决算偏离度》,载于《涉外税务》2008 年第 1 期。

［48］葛霖生、张纪康、王文玫：《世界主要国家（地区）经济增长方式比较研究》，载于《学术月刊》1999年5期。

［49］龚锋：《地方公共安全服务供给效率评估——基于四阶段 DEA 和 Bootstrapped DEA 的实证研究》，载于《管理世界》2008年第4期。

［50］龚刚、陈琳：《供给推动——论经济增长方式转型中的财政政策》，载于《南开经济研究》2007年第2期。

［51］谷成：《财政分权下政府间税收划分的再思考》，载于《财贸经济》2008年第4期。

［52］顾海兵、沈继楼：《近十年我国经济增长方式转变的定性与量化研究》，载于《经济学动态》2006年第12期。

［53］关信平：《当前中国经济发展方式转型中的社会政策议题》，载于《探索与争鸣》2009年第4期。

［54］郭庆旺、贾俊雪：《财政分权、政府组织结构与地方政府支出规模》，载于《经济研究》2010年第11期。

［55］郭庆旺、贾俊雪：《积极财政政策的全要素生产率增长效应》，载于《中国人民大学学报》2005年第4期。

［56］郭庆旺、贾俊雪：《中国全要素生产率的估算：1979～2004》，载于《经济研究》2005年第6期。

［57］郭庆旺、赵志耘、贾俊雪：《中国省份经济的全要素生产率分析》，载于《世界经济》2005年第5期。

［58］郭庆旺：《构建社会公平的税收制度》，载于《经济研究》2013年第3期。

［59］郭天威：《后发视角下的东亚经济发展模式研究》吉林大学博士学位论文，2009年。

［60］国务院发展研究中心．http：//www.drc.gov.cn/gzzlhqyjjyjb/20090108/144-224-33948.htm.

［61］郝硕博、李上炸：《地方财政的税源结构及变动趋势实证研究》，载于《税务研究》2008年第6期。

［62］何其春：《税收、收入不平等和内生经济增长》，载于《经济研究》2012年第2期。

［63］何显明：《从"强县扩权"到"扩权强县"——浙江"省管县"改革的演进逻辑》，载于《中共浙江省委党校学报》2009年第5期。

［64］洪涛、毛中根：《中国地方政府支出与居民消费关系的区域差异研究》，载于《经济与管理研究》2011年第10期。

[65] 洪银兴：《论经济增长方式转变的基本内涵》，载于《管理世界》1999年第4期。

[66] 胡洪曙：《开征财产税后的地方财力制品测算研究》，载于《财贸经济》2011年第10期。

[67] 胡书东：《中国财政支出和民间消费需求之间的关系》，载于《中国社会科学》2002年第6期。

[68] 华尔特·惠特曼·罗斯托著，国际关系翻译所译：《经济成长的阶段：非共产党宣言》，商务印书馆1962年版。

[69] 华兴顺：《转变经济发展方式的体制性障碍》，载于《理论界》2010年第12期。

[70] 黄泰岩：《转变经济发展方式的内涵与实现机制》，载于《求是杂志》2007年第9期。

[71] 贾俊雪、郭庆旺、高立：《中央财政转移支付、激励效应与地区间财政支出竞争》，载于《财贸经济》2010年第11期。

[72] 贾俊雪、郭庆旺、宁静：《财政分权、政府治理结构与县级财政解困》，载于《管理世界》2011年第1期。

[73] 贾俊雪、郭庆旺、赵旭杰：《地方政府支出行为的周期性特征及其制度根源》，载于《管理世界》2012年第2期。

[74] 贾康：《财政政策：积极促进发展方式转变》，载于《中国电力企业管理》2011年第4期。

[75] 贾康：《推动我国主体功能区协调发展的财税政策》，载于《经济学动态》2009年第7期。

[76] 简新华、叶林：《改革开放前后中国经济发展方式的转变和优化趋势》，载于《经济学家》2011年第1期。

[77] 江新昶：《转移支付、地区发展差距与经济增长——基于面板数据的实证检验》，载于《财贸经济》2007年第6期。

[78] 蒋付心：《经济增长方式转变：内涵的讨论与路径的选择——以长三角和珠三角为例的研究》，载于《经济学家》2008年3期。

[79] 姜国强：《经济增长方式转变的逆向制度安排与矫正》，载于《现代经济探讨》2010年第11期。

[80] 姜维久：《日本能源结构与经济增长方式转变过程的启示》，载于《社会科学战线》2007年第4期。

[81] 姜洋、林霞：《政府支出与居民消费：总量影响、结构效应和区域差异》，载于《消费经济》2009年第5期。

[82] 蒋学模：《社会主义宏观经济学》，浙江人民出版社1990年版。

[83] 解垩：《财政分权、公共品供给与城乡收入差距》，载于《经济经纬》2007年第1期。

[84] 金戈：《中国经济、社会基础设施与非基础设施资本存量及其产出弹性估算》，经济研究工作论文，2014年。

[85] 金戈：《不同层次和来源教育投入对地区全要素生产率的影响》，载于《浙江社会科学》2014年第6期。

[86] 金戈：《中国基础设施资本存量估算》，载于《经济研究》2012年第4期。

[87] 金戈：《最优公共支出规则与税收结构：从经典到前沿》，载于《中国财政经济理论前沿》(7)，社会科学文献出版社2014年版。

[88] 金太军：《政治的基本问题与中国政治体制改革》，载于《文史哲》2000年第5期。

[89] 金太军：《政治体制改革性质的学理分析和实践价值》，载于《南京师大学报（社会科学版）》2000年第5期。

[90] 经济增长前沿课题组：《高投资、宏观成本与经济增长的持续性》，载于《经济研究》2005年第10期。

[91] 景维民、郎梦圆：《苏联、俄罗斯经济增长方式的转变及其对中国的启示》，载于《俄罗斯学刊》2011年第3期。

[92] 孔凡斌：《建立和完善我国生态环境补偿财政机制研究》，载于《经济地理》2010年第8期。

[93] 孔卫拿、肖唐镖：《财政转移支付、地方治理结构与中国农村基本公共品供给质量》，载于《人文杂志》2013年第12期。

[94] 孔祥敏：《中国经济发展方式转变中的动力缺失及对策》，载于《北京行政学院学报》2010年第6期。

[95] 冷兆松：《由转变经济增长方式到转变经济发展方式的重大飞跃》，中国共产党90年研究文集，中央文献出版社2011年版。

[96] 李波：《重塑我国政府间财力分配结构——基于转移支付视角》，载于《税务研究》2014年第1期。

[97] 李峰：《财政收入超预算增长的政策建议》，载于《经济研究参考》2007年第30期。

[98] 李光泗、沈坤荣：《技术能力：技术进步路径与创新绩效研究》，载于《科研管理》2013年第3期。

[99] 李广众：《政府支出与居民消费：替代还是互补》，载于《世界经济》

2005年第5期。

[100] 刘烈龙：《也论经济增长方式的内涵》，载于《河北经贸大学学报》1996年第6期。

[101] 李丽凤：《制定促进经济增长方式转变的财政政策》，载于《经济论坛》1996年第22期。

[102] 李林木：《实现人力资本密集型发展方式的税收政策选择》，载于《税务研究》2009年第3期。

[103] 李玲玲、张耀辉：《我国经济发展方式转变测评指标体系构建及初步测评》，载于《中国工业经济》2011年第4期。

[104] 李齐云、刘小勇：《分税制、转移支付与地区财政差距研究》，载于《财贸经济》2009年第12期。

[105] 李晓嘉：《公共支出促进我国经济增长方式转变的实证分析——基于动态面板数据的经验证据》，载于《复旦学报（社会科学版）》2012年第5期。

[106] 李永友、丛树海：《居民消费与中国财政政策的有效性：基于居民最优消费决策行为的经验分析》，载于《世界经济》2006年第5期。

[107] 李永友、陆晨晨：《基层分权改革与农村社会公共品供给——基于DID方法的经验证据》，载于《经济学家》2012年第7期。

[108] 李永友、沈玉平：《转移支付与地方政府财政收支行为》，载于《管理世界》2009年第11期。

[109] 李永友：《我国污染控制政策的减排效果——基于省际工业污染数据的实证分析》，载于《管理世界》2008年第7期。

[110] 李勇刚、张士杰：《晋升激励、土地财政与经济增长绩效——基于中部六省的面板数据》，载于《经济经纬》2014年第4期。

[111] 李增刚、韩相仪：《教育财政支出对基尼系数影响的理论分析和实证检验》，载于《财贸经济》2009年第8期。

[112] 李周为、钟文余：《经济增长方式与增长质量测度评价指标体系研究》，载于《中国软科学》1999年第6期。

[113] 梁琦、吴俊：《财政转移与产业集聚》，载于《经济学季刊》2008年第4期。

[114] 梁亚民、庞智强：《经济增长方式转变评价指标体系的构建》，载于《兰州商学院学报》1999年第2期。

[115] 《列宁全集》第6卷，人民出版社1986年版。

[116] 林伟玲：《经济增长方式转变中市场与政府的合理定位及实现途径》，载于《佛山研究》2006年第4期。人大复印资料《体制改革》，2006年第11期

转载。

［117］林毓铭：《试论经济增长与经济发展的吻合和协调》，载于《贵州财经学院学报》1997年第2期。

［118］林跃勤：《新兴经济体经济增长方式评价》，载于《经济体制改革》2011年第5期。

［119］刘登佐、李隽波：《坚持科学发展观，实现经济增长方式的根本转变》，载于《湖湘论坛》2005年第4期。

［120］刘东皇、沈坤荣：《公共支出与经济发展方式转变：中国的经验分析》，载于《经济科学》2010年第4期。

［121］刘玲玲、冯懿男：《分税制下的财政体制改革与地方财政变化》，载于《税务研究》2010年第4期。

［122］刘溶沧、焦国华：《地区间财政能力差异与转移支付制度创新》，载于《财贸经济》2002年第6期。

［123］刘溶沧：《有效的公共政策是转变经济增长方式的根本保证》，载于《经济活页文选：理论版》2000年第9期。

［124］刘世锦：《经济增长模式转型：我们需要转变什么？》，载于《经济与管理研究》2006年第10期。

［125］刘叔申、李永友：《政府预算的科学性与软约束——基于中国财政预算执行情况的实证分析》，载于《公共财政评论》2009年第1期。

［126］刘淑茹、李扬：《基于科学发展观的我国经济增长方式转变测评研究》，Proceedings of the Conference on Web Based Business Management，2010年9月。

［127］刘小玄：《中国转轨过程中的企业行为和市场均衡》，载于《中国社会科学》2003年第2期。

［128］刘勇政、冯海波：《腐败、公共支出效率与长期经济增长》，载于《经济研究》2011年第9期。

［129］刘勇政、赵建梅：《论分税制下财政转移支付与地方财政努力差异——基于功能与地区多重分类考察的另类荷兰病分析》，载于《财经研究》2009年第12期。

［130］刘忠炯、叶险明：《经济增长与经济发展关系诌议》，载于《经济理论与经济管理》1990年第1期。

［131］柳庆刚、姚洋：《地方政府竞争和结构失衡》，载于《世界经济》2012年第12期。

［132］楼继伟：《认真贯彻新预算法依法加强预算管理》，载于《人民日报》2014年9月1日。

[133] 卢万青、张伦军：《我国内外需失衡的原因探析——基于经济增长方式的研究视角》，载于《国际经贸探索》2010 年第 10 期。

[134] 卢现祥、罗小芳：《政府的"三多"制约我国转变经济发展方》，载于《财贸经济》2010 年第 11 期。

[135] 陆丁：《中国经济增长方式转变面临的挑战及其应对》，上海财经大学高等研究院 2011 年度政策研究报告之二。

[136] 吕冰洋：《政府间税收分权的配置选择和财政影响》，载于《经济研究》2009 年第 6 期。

[137] 吕铁、徐寿波：《经济增长方式转变的数量评价问题探讨》，载于《中国社会科学院研究生院学报》1998 年第 10 期。

[138] 马蔡琛：《市场经济国家的预算超收形成机理及其对中国的启示》，载于《财政研究》2008 年第 11 期。

[139] 马蔡琛：《中国政府预算超收资金的形成机理与治理对策》，载于《财贸经济》2009 年第 4 期。

[140] 马骏：《论转移支付》，中国财政经济出版社 1998 年版；金戈、史晋川：《多种类型公共支出与经济增长》，载于《经济研究》2010 年第 7 期。

[141] 马骏：《中央向地方的财政转移支付》，载于《经济研究》1997 年第 3 期。

[142] 马拴友、于红霞：《转移支付与地区经济收敛》，载于《经济研究》2003 年第 3 期。

[143] 马颖：《优化财政支出结构促进经济发展方式转变》，载于《特区经济》2010 年第 3 期。

[144] 孟范昆、刘东皇：《收入分配调整、公共支出转型与经济发展方式转变》，载于《商业时代》2011 年第 36 期。

[145] 米增渝、刘霞辉、刘穷志：《经济增长与收入不平等》，载于《经济研究》2012 年第 12 期。

[146] 倪红日：《推进经济发展方式转变的税收政策研究》，载于《税务研究》2008 年第 3 期。

[147] 彭健：《地方财政理论架构与体制优化》，中国社会科学出版社 2010 年版。

[148] 皮建才：《中国式分权下的地方官员治理研究》，载于《经济研究》2012 年第 10 期。

[149] 钱巨炎：《发挥财政支撑保障引导作用加快推进经济发展方式转变》，载于《中国财政》2010 年第 8 期。

[150] 钱巨炎：《公共服务均等化的基础——浙江财政体制演变与创新》，浙江人民出版社 2012 年版。

[151] 钱学锋、黄玖立和黄云湖：《地方政府对集聚租征税了吗？——基于中国地级市企业微观数据的经验研究》，载于《管理世界》2012 年第 2 期。

[152] 乔宝云、范剑勇、彭骥鸣：《政府间转移支付与地方财政努力》，载于《管理世界》2006 年第 3 期。

[153] 渠敬东：《项目制：一种新的国家治理体制》，载于《中国社会科学》2012 年第 5 期。

[154] 任勇、冯东方、俞海：《中国生态补偿理论与政策框架设计》，中国环境科学出版社 2008 年版。

[155] 上海财经大学公共政策研究中心：《2009 年中国财政透明度报告》，上海财经大学出版社 2009 年。

[156] 上海财经大学公共政策研究中心：《2010 年中国财政透明度报告》，上海财经大学出版社 2010 年版。

[157] 上海财经大学公共政策研究中心：《2011 年中国财政透明度报告》，上海财经大学出版社 2011 年版。

[158] 上海财经大学公共政策研究中心：《2012 年中国财政透明度报告》，上海财经大学出版社 2012 年版。

[159] 上海财经大学公共政策研究中心：《2013 年中国财政透明度报告》，上海财经大学出版社 2013 年版。

[160] 上海财经大学公共政策研究中心：《2014 年中国财政透明度报告》，上海财经大学出版社 2014 年版。

[161] 沈开艳：《经济发展方式比较研究》，上海社会科学院出版社 2008 年版。

[162] 石小敏：《浅议中国经济增长模式的特质与局限》，载于《民主与科学》2012 年第 5 期。

[163] 石柱鲜、刘俊生、吴泰岳：《我国政府支出对居民消费的挤出效应分析》，载于《学习与探索》2005 年第 6 期。

[164] 史晋川：《论经济发展方式及其转变——理论、历史、现实》，载于《浙江社会科学》2010 年第 4 期。

[165] 宋小宁、苑德宇：《公共服务均等、政治平衡与转移支付——基于 1998~2005 年省际面板数据的经验分析》，载于《财经问题研究》2008 年第 4 期。

[166] 宋晓梧：《调整收入分配结构转变经济发展方式》，载于《财经界》

2011年第2期。

[167] 隋春花：《广东生态发展区生态补偿机制建设探讨》，载于《经济地理》2010年第7期。

[168] 孙健夫：《经济增长方式实现根本转变的财政意义及财政对策》，载于《中国经济问题》1997年第3期。

[169] 孙敬水、张品修：《台湾经济增长方式转变的经验及教训》，载于《世界经济与政治》1998年第5期。

[170] 孙开：《省以下财政体制改革的深化与政策着力点》，载于《财贸经济》2011年第9期。

[171] 孙新章等：《中国生态补偿的实践及其政策取向》，载于《资源科学》2006年第28期。

[172] 孙泽生等：《流域生态补偿需要综合配套改革——基于浙江若干县市的调研》，载于《浙江经济》2009年第16期。

[173] 孙正：《地方政府财政支出结构与规模对收入分配及经济增长的影响》，载于《财经科学》2014年第7期。

[174] 谭志武：《政府预算软约束的制度分析》，载于《审计研究》2006年第1期。

[175] 谭赚台：《发展经济学》，上海人民出版社1989年版。

[176] 汤玉刚、关凤利：《税权的跨区交易与税收制度规范化》，载于《经济研究》2010年第9期。

[177] 唐颖、赵文军：《公共支出与我国经济增长方式转变——基于省际面板数据的实证检验》，载于《财贸经济》2014年第4期。

[178] 陶然、陆曦、苏福兵、汪辉：《地区竞争格局演变下的中国转轨：财政激励和发展模式反思》，载于《经济研究》2009年第7期。

[179] 陶勇：《分税制对地方财政运行的影响》，载于《税务研究》2008年第2期。

[180] 田侃、亓寿伟：《转移支付、财政分权对公共服务供给的影响——基于公共服务分布和地域差异的视角》，载于《经济研究》2013年第4期。

[181] 田青、高铁梅：《政府支出对居民消费的动态影响研究——基于可变参数模型的实证分析》，载于《社会科学辑刊》2008年第6期。

[182] 童健：《我国经济增长方式转变的动因和综合评价研究》，东北财经大学硕士学位论文，2012年。

[183] 汪青松：《行政体制转型与经济发展方式转变》，载于《安徽师范大学学报（人文社会科学版）》2010年第11期。

[184] 王保安：《促进经济增长方式转变的财政制度安排与政策选择》，载于《中国财政》2006年第5期。

[185] 王丰、安德鲁·梅森：《中国经济转型过程中的人口因素》，载于《中国人口科学》2006年第3期。

[186] 王广庆、王有强：《县级财政转移支付变迁：制度与分配》，载于《经济学家》2010年第12期。

[187] 王佳菲：《经济增长方式转变路径的国际比较及其经验启示》，http://marxism.org.cn/blog/u/66/archives/2009/353.html。

[188] 王剑锋：《中央集权型税收高增长路径：理论与实证分析》，载于《管理世界》2008年第7期。

[189] 王金南、万军、张惠远：《关于我国生态补偿机制与政策的几点认识》，载于《环境保护》2006年第10期。

[190] 王金南、庄国泰：《生态补偿机制与政策设计》，中国环境科学出版社2006年版。

[191] 王金秀：《"营改增"后地方财税体系重构的设想》，载于《税务研究》2014年第4期。

[192] 王军锋、侯超波、闫勇：《政府主导型流域生态补偿机制研究——对子牙河流域生态补偿机制的思考》，载于《中国人口·资源与环境》2011年第7期。

[193] 王美今、林建浩、余壮雄：《中国地方政府财政竞争行为特性识别："兄弟竞争"与"父子争议"是否并存？》，载于《管理世界》2010年第3期。

[194] 王宁：《转变经济发展方式：结构、政策与路径》，载于《经济学家》2012年第10期。

[195] 王仕军、邹世猛：《后危机时代我国经济发展方式转变的"碳锁定"与解锁对策》，载于《中共天津市委党校学报》2011年第2期。

[196] 王玮：《我国政府间税收收入划分模式的选择》，载于《财贸经济》2011年第7期。

[197] 王贤彬、徐现祥、李郇：《地方官员更替与经济增长》，载于《经济学（季刊）》2009年第8期。

[198] 王小鲁、樊纲、刘鹏：《中国经济增长方式转换和增长可持续性》，载于《经济研究》2009年第1期。

[199] 王秀芝：《1994~2007：关于我国财政收支预决算偏差的考察》，载于《经济问题探索》2009年第6期。

[200] 王亚菲：《公共财政环保投入对环境污染的影响分析》，载于《财政

研究》2011年第2期。

[201] 王一鸣：《加快推进经济发展方式的"三个转变"》，载于《宏观经济管理》2008年第1期。

[202] 王昱、丁四保、王荣成：《区域生态补偿的理论与实践需求及其制度障碍》，载于《中国人口·资源与环境》2010年第7期。

[203] 王蕴：《财政超收条件下的预算政策研究》，载于《宏观经济研究》2009年第8期。

[204] 王宗道：《政府改革转型与经济发展方式转变》，载于《宏观经济管理》2010年第12期。

[205] 卫兴华、侯为民：《更加注重社会公平是和谐社会的基础》，载于《中国改革报》2007年3月5日。

[206] 卫兴华：《经济发展方式与经济增长方式的关系》，载于《人民日报》2011年2月14日。

[207] 魏楚、沈满洪：《基于污染权角度的流域生态补偿模型及其应用》，载于《中国人口·资源与环境》2011年第21期。

[208] 文富德：《印度经济增长方式的特色》，载于《南亚研究季刊》2008年第2期。

[209] 吴敬琏：《当代中国经济改革》，上海远东出版社2004年版。

[210] 吴敬琏：《经济发展模式转型的关键是体制改革》，载于《21世纪经济报道》2010年。

[211] 吴敬琏：《中国的发展方式转型与改革的顶层设计》，载于《北京师范大学学报（哲学社会科学版）》2012年第5期。

[212] 吴敬琏：《中国增长模式抉择》，上海远东出版社2006年版。

[213] 吴敬琏：《转变经济发展方式遇到了许多体制性的障碍》，载于《中国改革》2010年第4期。

[214] 吴旭东、张果：《我国政府性基金的性质、规模与结构研究》，载于《财经问题研究》2014年第11期。

[215] 伍世安：《转变经济发展方式的制度性障碍分析》，载于《企业经济》2012年第2期。

[216] 武汉大学经济学院《经济发展与经济增长课题组》：《近年来我国经济学界关于中国经济发展与经济增长若干理论问题的论点综述（续）》，载于《经济评论》1991年第4期。

[217] 奚兆永：《论经济增长方式的内涵》，载于《经济研究》1999年第5期。

[218] 习近平：《谈治国理政》，外文出版社 2014 年版。

[219] 席斯：《近十年政府超收收入近 5 万亿地方刚性超支》，载于《经济观察》2011 年 10 月 28 日，http://finance.sina.com.cn/g/20111028/232710715675.shtml。

[220] 夏祥谦、周国富：《资本深化、财政支出结构与经济增长——转型期中国经济增长方式转变的财政支持》，载于《经济问题探索》2011 年第 11 期。

[221] 谢显弟、周小林：《推动经济增长的财政政策选择》，载于《四川财政》1998 年第 9 期。

[222] 徐佩华：《论经济增长与经济发展》，载于《求实》2007 年第 12 期。

[223] 徐寿波：《衡量经济增长方式转变要有一套科学的指标体系》，载于《经济工作通讯》1995 年第 23 期。

[224] 徐现祥、王贤彬、舒元：《地方官员与经济增长——来自中国省长、省委书记交流的证据》，载于《经济研究》2007 年第 9 期。

[225] 徐现祥、王贤彬：《地方官员的培养》，中山大学岭南学院工作论文，2008 年。

[226] 徐现祥、王贤彬：《晋升激励与经济增长：来自中国省级官员的证据》，载于《世界经济》2010 年第 2 期。

[227] 徐永胜、乔宝云：《财政分权的衡量：理论及中国 1985~2007 年的经验分析》，载于《经济研究》2012 年第 10 期。

[228] 杨俊：《财政分配关系中的地方政府非规范性竞争行为分析》，载于《经济社会体制比较》2012 年第 1 期。

[229] 杨玉霞、邢宏：《转变经济发展方式内涵及实现机制》，载于《学理论》2008 年第 6 期。

[230] 杨志安：《完善地方税体系，培育地方性主体税种》，载于《税务研究》2014 年第 4 期。

[231] 姚先国：《经济增长方式转换的制度条件》，载于《浙江社会科学》2005 年第 4 期。

[232] 尹恒、徐琰超：《地市级地区间基本建设公共支出的相互影响》，载于《经济研究》2011 年第 7 期。

[233] 尹恒、朱虹：《县级财政生产性支出偏向研究》，载于《中国社会科学》2011 年第 1 期。

[234] 尹恒、康琳琳、王丽娟：《政府间转移支付的财政均等化效应》，载于《管理世界》2007 年第 1 期。

[235] 尹恒、朱虹：《中国县级地区财力缺口与转移支付的均等》，载于

《管理世界》2009年第4期。

[236] 余菊、邓昂:《制度变迁、地方政府行为与城乡收入差距——来自中国省级面板数据的经验证据》,载于《经济理论与经济管理》2014年第6期。

[237] 余敏江:《论生态治理中的中央与地方政府间利益协调》,载于《社会科学》2011年第9期。

[238] 余敏江:《生态治理中的中央与地方府际间协调:一个分析框架》,载于《经济社会体制比较》2011年第2期。

[239] 俞海、任勇:《流域生态补偿机制的关键问题分析——以南水北调中线水源涵养区为例》,载于《资源科学》2007年第3期。

[240] 虞崇胜、张光辉:《经济发展方式转变与政治体制改革的内在逻辑》,载于《理论探讨》2011年第12期。

[241] 禹雪中、冯时:《中国流域生态补偿标准核算方法分析》,载于《中国人口·资源与环境》2011年第9期。

[242] 袁飞、陶然、徐志刚、刘明兴:《财政集权过程中的转移支付和财政供养人口规模膨胀》,载于《经济研究》2008年第5期。

[243] 袁富华:《低碳经济约束下的中国潜在经济增长》,载于《经济研究》2010年第8期。

[244] 约瑟夫·熊彼特著,何畏等译,张培刚等校对:《经济发展理论——对于利润、资本、信贷和经济周期的考察》,商务印书馆1991年版。

[245] 张光:《财政转移支付对省内县际财政均等化的影响》,载于《地方财政研究》2013年第1期。

[246] 张恒龙、陈宪:《政府间转移支付对地方财政努力与财政均等的影响》,载于《经济科学》2007年第1期。

[247] 张弘、王有强:《政府治理能力与经济增长间关系的阶段性演变》,载于《经济社会体制比较》2013年第3期。

[248] 张晖:《地方政府竞争与中国经济的增长逻辑》,载于《湖北经济学院学报》2011年第4期。

[249] 张军、高远:《官员任期、异地交流与经济增长——来自省级经验的证据》,载于《经济研究》2007年第7期。

[250] 张军:《为增长而竞争:中国之谜的一个解读》,载于《东岳论丛》2005年第4期。

[251] 张淑琴:《论经济增长与经济发展》,载于《山东理工大学学报(社会科学版)》2005年第1期。

[252] 张孝德:《中国经济转型期嵌入内生增长模式的战略思考》,载于

《改革》2005年第4期。

［253］张友国、郑玉歆：《中国排污收费征收标准改革的一般均衡分析》，载于《数量经济技术经济研究》2005年第5期。

［254］张征宇、朱平芳：《地方环境支出的实证研究》，载于《经济研究》2015年第5期。

［255］张志仁、张雄：《经济增长方式转换中的体制选择及成本问题研究》，载于《甘肃社会科学》1998年第1期。

［256］张卓元：《加快转变经济发展方式和着力完善新体制促进经济又好又快发展》，载于《财贸经济》2008年第2期。

［257］张卓元：《深化改革是加快转变经济发展方式的关键》，载于《财贸经济》2012年第12期。

［258］张卓元：《转变经济增长方式保持经济平稳较快发展》，http：//www．cass．netenzwebnew/ne/2005025504．html。

［259］赵海利、彭军：《预算管理中的收入预测：来自美国的经验对中国的启示》，载于《经济社会体制比较》2013年第2期。

［260］赵永亮、杨子晖：《民主参与对公共品支出偏差的影响考察》，载于《管理世界（月刊）》2012年第6期。

［261］赵峥：《基于绿色发展的中国城市公共支出效率研究——基于四阶段DEA和Bootstrapped-DEA的实证分析》，载于《云南财经大学学报》2013年第5期。

［262］赵志君、金森俊树：《一个中国私营部门发展模型》，载于《经济研究》2005年第4期。

［263］赵志耘、杨朝峰：《分税制改革以来我国地方税收增长研究》，载于《财贸经济》2008年第8期。

［264］浙江省财政厅课题组：《现行分税制财政体制对发达地区财政影响分析——基于江浙沪数据》，载于《财政研究》2013年第2期。

［265］郑京海、胡鞍钢：《中国改革时期省际生产率增长变化的实证分析（1979~2001年）》，载于《经济学季刊》2005年第4期。

［266］郑英隆：《经济发展方式转变与管理转型问题研究》，载于《福建论坛（人文社会科学版）》2011年第6期。

［267］郑玉歆：《如何缓和生态需求和生态供给的不平衡——从节能减排谈起》，载于《学习与实践》2009年第7期。

［268］中国经济增长前沿课题组：《城市化、财政扩张与经济增长》，载于《经济研究》2011年第11期。

[269] 中国经济增长与宏观稳定课题组：《增长失衡与政府责任——基于社会性支出角度的分析》，载于《经济研究》2006 年第 10 期。

[270] 中央财经大学税收研究所课题组：《我国财政超收收入研究》，载于《中央财经大学学报》2007 年第 4 期。

[271] 钟晓敏、叶宁：《中国地方财政体制改革研究》，中国财政经济出版社 2010 年版。

[272] 钟晓敏、冯健：《经济发展方式转变的财税对策》，载于《上海金融学院学报》2010 年第 5 期。

[273] 钟晓敏：《地方政府投资的资产效应分析》，载于《财经论丛》2004 年第 1 期。

[274] 钟晓敏：《论政府间财政转移支付制度：一个可供选择的模式》，载于《经济研究》1997 年第 9 期。

[275] 钟晓敏等：《公共财政之路：浙江的实践与探索》，浙江大学出版社 2008 年版。

[276] 周建：《美日经济增长方式比较研究及其对中国的启示》，载于《世界经济文汇》2002 年第 2 期。

[277] 周黎安、陈烨：《中国农村税费改革的政策效果：基于双重差分模型的估计》，载于《经济研究》2005 年第 8 期。

[278] 周黎安、李宏彬、陈烨：《相对绩效考核：关于中国地方官员晋升的一项经验研究》，载于《经济学报》2005 年第 1 期。

[279] 周黎安：《官员晋升锦标赛与竞争冲动》，载于《人民论坛》2010 年第 5 期。

[280] 周黎安：《晋升博弈中政府官员的激励与合作——兼论我国地方保护主义和重复建设问题长期存在的原因》，载于《经济研究》2004 年第 6 期。

[281] 周黎安：《中国地方官员的晋升锦标赛模式研究》，载于《经济研究》2007 年第 7 期。

[282] 周叔莲、刘戒骄：《从转变经济增长方式到转变经济发展方式》，载于《光明日报》2007 年 12 月 11 日。

[283] 周文：《产业空间集聚机制理论的发展》，载于《经济科学》1999 年第 6 期。

[284] 周肇光：《完善税制改革与转变经济增长方式》，载于《税务与经济》1997 年第 2 期。

[285] 朱承亮等：《环境约束下的中国经济增长研究效率》，载于《数量经济技术经济研究》2011 年第 5 期。

[286] 朱敏:《"十二五"时期我国经济发展特征预测》,载于《中国财政》2010 年第 8 期。

[287] A. Alesina and E. La Ferrara. 2005. Preferences for Redistribution in the Land of Opportunities. Journal of Public Economic, 5 - 6, 897 - 931.

[288] A. Sen and G. Hawthorne. 1985. The Standard of Living (Tanner Lectures in Human Values). Cambridge: Cambridge University Press.

[289] Adelman I., 1961, Theories of Economic Growth and Development (M), Palo Alto: Stanford University Press.

[290] Agell Jonas, Henry Ohlsson and Peter Skogman Thoursie. 2006. Growth Effects of Government Expenditure and Taxation in Rich Countries: A Comment, European Economic Review 50, 211 - 218.

[291] Ahmed Shaghil. 1986. Temporary and Permanent Government Spending in an Open Economy: Some Evidence for the United Kingdom, Journal of Monetary Economics 17, 197 - 224.

[292] Alexandre Sauquet, Sebastien March and Gustavo Feres. 2012. Ecological Fiscal Incentives and Spatial Strategic Interactions: the Case of the ICMS-E in the Brazilian state of Parana. CERDI, Etudes et Documents working paper No. 19.

[293] Amano R. A. and T. S. Wirjanto. 1996. Intertemporal Substitution, Imports and the Permanent Income Model, Journal of International Economics 140, 439 - 457.

[294] Andreas Wagener. 2013. Tax Competition, Relative Performance and Policy Imitation, International Economic Review 54, 1251 - 1264.

[295] Anka Kitunzi. 2000. Fiscal Decentralization in Developing Countries: An Overview, The World Bank Press.

[296] Anwar Shah. 1994. The Reform of Intergovernmental Fiscal Relations in Developing and Emerging Market Economies, Policy and Research Series, The World Bank.

[297] Arrow Kenneth J. and Mordecai Kurz. 1970. Public Investment, the Rate of Return, and Optimal Fiscal Policy, Baltimore: Johns Hopkins Press.

[298] Aschauer David A.. 1989. Is Public Expenditure Productive? Journal of Monetary Economics 23, 177 - 200.

[299] Bailey M. J.. 1971. National Income and Price Level, New York: McGraw - Hill.

[300] Baretti C., Huber B and Lichtblau K. 2002. A Tax on Tax Revenue: The Incentive Effects of Equalizing Transfers: Evidence from Germany, International Tax

and Public Finance 9, 631 – 649.

[301] Barro Robert J. and Xavier Sala-i-Martin. 1992. Public Finance in Models of Economic Growth, Review of Economic Studies, 59, 645 – 661.

[302] Barro Robert J. 1990. Government Spending in A Simple Model of Endogenous Growth, Journal of Political Economy 98, S103 – S125.

[303] Barro Robert J. and Xavier Sala-i-Martin. 1995. Economic Growth, New York: McGraw-Hill.

[304] Barro. Robert J.. 1981. Output Effects of Government Purchases, Journal of Political Economy, 89, 1086 – 1121.

[305] Barry R. Weingast. 1995. The Economic Role of Political Institutions: Market-Preserving Federalism and Economic Development, Journal of Law, Economics & Organization, 1 – 31.

[306] Barry R. Weingast. 2009. Second Generation Fiscal Federalism: The Implications of Fiscal Incentives, Journal of Urban Economics, 65, 279 – 293.

[307] Barry R. Weingast. 2014. Second Generation Fiscal Federalism: Political Aspects of Decentralization and Economic Development, World Development, 43, 14 – 25.

[308] Bergvall, D. et al. 2006. Intergovernmental Transfers and Decentralised Public Spending, OECD Journal on Budgeting, Vol. 5/4, OECD Publishing, Paris.

[309] Boadway, R., Tremblay, J.-F.. 2011. Reassessment of the Tiebout model, J. Public Econ., doi: 10.1016/j.jpubeco.2011.01.002.

[310] Brahmbhatt, M. and Hu, A. G., 2007, Ideas and Innovation in East Asia (J), World Bank Policy Research Working Paper Series, Vol (1).

[311] Brock Rainald. 2005. Fiscal Competition, Capital-Skill Complementarity and the Composition of Public Spending, FinanzArchiv, 61, 488 – 499.

[312] Bucovetsky S. and Smart M. 2006. The Efficiency Consequences of Local Revenue Equalization: Tax Competition and Tax Distortions, Journal of Public Economic Theory 8, 119 – 144.

[313] Buettner T. 2006. The Incentive Effects of Fiscal Equalization Transfers on Tax Policy, Journal of Public Economics, 90, 477 – 497.

[314] Buttner T. 1999. Determinants of Tax Rates in Local Capital Income Taxation: a Theoretical Model and Evidence from Germany, Finanzarchiv, 6, 63 – 388.

[315] Cai and Treisman, 2005. Does Competition for Capital Discipline Governments? Decentralization, Globalization and Public Policy. American Economic Review,

Vol. 95 (3), 817-830.

[316] CBO's Economic Forecasting Record: 2013 Update http://www.cbo.gov/sites/default/files/cbofiles/attachments/43846-ForecastingRecord.pdf.

[317] Charles M. Tiebout. 1956. A Pure Theory of Local Expenditures, Journal of Political Economy, 64, 416-424.

[318] Charnes A., W. W. Cooper and E. Rhodes. 1978. Measuring the Efficiency of Decision Making Units, European Journal of Operational Research, 2, 429-444.

[319] Cheung, S. N. S. 1969. The Theory of Share Tenancy: With Special Application to Asian Agriculture and the First Phase of Taiwan Land Reform, University of Chicago Press.

[320] Christos Kotsogiannis and Robert Schwager. 2008. Accountability and Fiscal Equalization, Journal of Public Economics, 92, 2336-2349.

[321] Clara Delavallade. 2006. Corruption and Distribution of Public Spending in Developing Countries, Journal of Economics and Finance, 30, 222-239.

[322] Cowgill Paul Andrew. 2001. A Productivity and Efficiency Analysis of Post-Reform China, University Of Georgia.

[323] D. Checchi and V. Peragine. 2005. Regional Disparities and Inequality of Opportunity: the Case of Italy. IZA Discussion Paper 1874/2005.

[324] D. Cogneau and G. Jeremie. 2007. Earnings Inequalities and Educational Mobility in Brazil over two Decades (with Denis Cogneau), forthcoming in S. Klasen and Nowak-Lehmann (eds.), Poverty, Inequality and Policy in Latin America, Massachusetts Institute of Technology (MIT) Press.

[325] D. M. G. Newbery and J. E. Stiglitz. 1979. The Theory of Commodity Price Stabilisation Rules: Welfare Impacts and Supply Responses, Economic Journal, Vol. 89, No. 356, pp. 799-817.

[326] D. Miller. 1989. Market, State, and Community, Oxford: Clarendon Press.

[327] Dahlby B. and Warren N. 2003. Fiscal Incentive Effects of the Australian Equalisation System, The Economic Record, 79, 434-445.

[328] Daniel Bergvall, Claire Charbit, Dirk-Jan Kraan and Olaf Merk. 2006. Intergovernmental Transfers and Decentralised Public Spending, OECD Working Paper No. 3.

[329] David E. Wildasin. 2011. Fiscal Competition for Imperfectly-mobile Labor and Capital: A Comparative. Dynamic Analysis, Journal of Public Economics, 95: 1312-1321.

[330] Dean Stansel. 2005. Local Decentralization and Local Economic Growth: A Cross-Sectional Examination of US Metropolitan Areas, Journal of Urban Economics, 57: 55 – 72.

[331] Dreher Axel, Sturm Jan-Egbert and Ursprung Heinrich. 2008. The Impact of Globalization on the Composition of Government Expenditures: Evidence from Panel Data, Public Choice, 134, 263 – 292.

[332] Easterly William and Sergio Rebelo. 1993. Fiscal Policy and Economic Growth, Journal of Monetary Economic, 32, 417 – 458.

[333] Economy, Elizabeth C., 2007, The Great Leap Backward? The Costs of China's Environmental Crisis (J), Foreign Affairs, Vol86. No. (5): 38 – 59.

[334] Egger P., Koethenbuerger M. and Smart M. 2010. Do Fiscal Transfers Alleviate Business Tax Competition? Evidence from Germany, Journal of Public Economics 94, 235 – 246.

[335] Eicher Theo, Garcia-Penalosa Cecilia and van Ypersele Tanguy. 2009. Education, Corruption and the Distribution of Income, Journal of Economic Growth, 14, 205 – 231.

[336] Emilie Caldeira. 2012. Yardstick Competition in A Federation: Theory and Evidence from China, China Economic Review 23, 878 – 897.

[337] Esteller-More A and Sole-Olle A. 2002. Tax Setting in A Federal System: The Case of Personal Income Taxation in Canada, International Tax and Public Finance 9, 235 – 257.

[338] F. Bourguignon, H. G. Ferreira and M. Menéndez. 2003. Inequality of Outcomes and Inequality of Opportunities in Brazil, Policy Research Working Paper Series No. 3174. The World Bank, Washington, DC.

[339] F. Bourguignon, H. G. Ferreira and M. Walton. 2007. Equity, Efficiency and Inequality Traps: A research Agenda, Journal of Economic Inequality, 5, 235 – 256.

[340] F. Ferreira and J. Gignoux. 2011. The Measurement of Inequality of Opportunity: Theory and Application to Latin America. Rev. Income & Wealth 57, 622 – 657.

[341] Facundo Albornoz and Antonio Cabrales. 2013. Decentralization, Political Competition and Corruption, Journal of Development Economics, 105, 103 – 111.

[342] Fan C. Simon, Chen Lin and Daniel Treisman. 2009. Political Decentralization and Corruption: Evidence from around the World, Journal of Public Economics,

93, 14 – 34.

[343] Fare Rolf, Shawna Grosskopf, Mary Norris and Zhongyang Zhang. 1994. Productivity Growth, Technical Progress, and Efficiency Changes in Industrialised Countries, The American Economic Review, 84, 66 – 83.

[344] Feld, L. P., T. Baskaran and J. Schnellenbach. 2009. Fiscal Federalism, Decentralization and Economic Growth: A Meta-Analysis, Mimeo, Heidelberg: University of Heidelberg.

[345] Fernanda Brollo. 2009. Who Is Punishing Corrupt Politicians-Voters or the Central Government? Evidence from the Brazilian Anti-Corruption Program, IGIER Working Papers no. 336.

[346] Folster Stefan and Magnus Henrekson. 2001. Growth Effects of Government Expenditure and Taxation in Rich Countries, European Economic Review 45, 1501 – 1520.

[347] G. Brennan, J. M. Buchanan. 1980. The Power to Tax: Analytical Foundations of a Fiscal Constitution. New York: Cambridge University Press.

[348] Hartmut Egger and Josef Falkinger. 2006. The Role of Public Infrastructure and Subsidies for Firm Location and International Outsourcing, European Economic Review 50, 1993 – 2015.

[349] Hauptmeier S., Mittermaier F. and Rincke J. 2012. Fiscal Competition over Taxes and Public Inputs, Regional Science and Urban Economics, 42, 407 – 419.

[350] Hauptmeier S. 2007. Intergovernmental Grants and Public Input Provision: Theory and Evidence from Germany, Center for European Economic Research Working Papers no. 07 – 006.

[351] Hauptmeier S. 2009. The Impact of Fiscal Equalization on Local Expenditure Policies: Theory and Evidence from Germany, European Central Bank Working Papers.

[352] Herrick, B., and C. P. Kindleberger, 1983, Economic Development (M), New York: McGraw-Hill.

[353] Hindriks J., Peralta S. and Weber S. 2008. Competing in Taxes and Investment under Fiscal Equalization, Journal of Public Economics, 92, 2392 – 2402.

[354] Hongbin Cai and Daniel Treisman. 2005. Does Competition for Capital Discipline Governments? Decentralization, Globalization and Public Policy, American Economic Review 95, 817 – 830.

[355] Hua Wang and David Wheeler. 2005. Financial Incentives and Endogenous

Enforcement in China's Pollution Levy System. Journal of Environmental Economics and Management, 5, 174 – 196.

[356] Hua Wang. 2005. Pollution Charges, Community Pressure and Abatement Cost of Industrial Pollution in China. World bank working paper no. 2337.

[357] Hua Wang. 2000. Pollution Charges, Community Pressure and Abatement Cost of Industrial Pollution in China, WPS, no. 2337.

[358] Hulten C. R. and R. M. Schwab. 1991. Public Capital Formation and the Growth of Reginal Manufacturing Industries, National Tax Journal, 44, 121 – 134.

[369] Irene Ring. 2008. Ecological Public Functions and Fiscal Equalization at the Local Level in Germany. Ecological Economics, 42, 415 – 427.

[360] Irene Ring. 2008. Integrating Local Ecological Services into Intergovernmental Fiscal Transfers: the Case of the Ecological ICMS in Brazil. Land Use Policy, 25, 85 – 497.

[361] J. E. Roemer. 2006. Review Essay: The 2006 World Development Report: Equity and Development. Journal of Economic Inequality, 2, 233 – 44.

[362] J. E. Roemer. 1998. Equality of Opportunity. Cambridge, MA: Harvard University Press.

[363] J. Rawl. 1971. A Theory of Justice. Cambridge, MA: Harvard University Press.

[364] J. Paul Elhorst. 2003. Specification and Estimation of Spatial Panel Data Models. International Regional Science Revies, 26, 44 – 268.

[365] J. Paul Elhorst. 2010. Applied Spatial Econometrics: Raising the Bar. Spatial Economic Analysis 5, 9 – 28.

[366] Janeba E. and Peters W. 2000. Implications of Intergovernmental Revenue Sharing on Tax Competition, Applied Economics Quarterly, 50, 35 – 53.

[367] Jean J. G. Hindriks, Susana Peralta and Shlomo Weber. 2008. Competing in Taxes and Investment under Fiscal Equalization, Journal of Public Economics, 92, 2392 – 2402.

[368] Jean. Paul Faguet. 2014. Decentralization and Governance, World Development 53, 2 – 13.

[369] Jennie Litvack, Junaid Ahmad and Richard Bird. 1998. Rethinking Decentralization in Developing Countries, The World Bank Sector Studies Series.

[370] Jin H., Qian Y. and Weingast B. 2005. Regional Decentralization and Fiscal Incentives: Federalism, Chinese Style, Journal of Public Economics, 89, 1719 – 1742.

［371］ John William Hatfield and Katrina Kosec. 2013. Federal Competition and Economic Growth, Journal of Public Economics, 97, 144 – 159.

［372］ Keen M. and Marchand M. 1997. Fiscal Competition and the Pattern of Public Spending, Journal of Public Economics, 66, 33 – 53.

［373］ Kelejian H. and Prucha R. 2004. Estimation of Systems of Spatially Interrelated cross Sectional Equations, Journal of Econometrics, 104, 219 – 257.

［374］ Kiril Tochkov. 2007. Interregional Transfers and the Smoothing of Provincial Expenditure in China China Economic Review, 18: 54 – 65.

［375］ Koethenbuerger M. 2002. Tax Competition in A Fiscal Union with Decentralization Leadership, CESifo Working Paper Series 943.

［376］ Koethenbuerger M. 2011. How Do Local Governments Decide on Public Policy in Fiscal Federalism? Tax vs. Expenditure Optimization, Journal of Public Economics, 95, 1516 – 1522.

［377］ Koichi Futagami, Yuichi Morita and Akihisa Shibata. 1993. Dynamic Analysis of An Endogenous Growth Model with Public Capital, The Scandinavian Journal of Economics, 95, 607 – 625.

［378］ Komendi Roger C. 1983. Government Debts, Government Spending and Private Sector Behavior, The American Economic Review, 73, 994 – 1010.

［379］ Kothenburger M. 2002. Tax Competition and Fiscal Equalization, International Tax and Public Finance, 9, 391 – 408.

［380］ Kotsogiannis C., Schwager R. 2008. Accountability and Fiscal Equalization. Journal of Public Economics, 92 (12), 2336 – 2349.

［381］ Kotsogiannis C. 2010. Federal Tax Competition and the Efficiency Consequences for Local Taxation of Revenue Equalization, International Tax and Public Finance, 17, 1 – 14.

［382］ Landau Daniel. 1983. Government Expenditure and Economic Growth: A Cross-Country Study, Southern Economic Journal, 49, 789 – 792.

［383］ Li, Hongbin and Li-An Zhou. 2005. Political Turnover and Economic Performance: The Incentive Role of Personnel Control in China, Journal of Public Economics, 89, 1743 – 1762.

［384］ M. Fleurbaey and V. Peragine, 2013. Ex ante versus ex post Equality of Opportunity. Economica, 80, 118 – 130

［385］ M. Ravallion and S. Chen. 2003. Measuring Pro-poor Growth. Economics Letters, 78, 93 – 99.

［386］Maarten A. Allers. 2012. Yardstick Competition, Fiscal Disparities, and Equalization, Economics Letters, 117, 4 – 6.

［387］Maksym Ivanyna. 2010. Theory of Efficiency-Enhancing Interjurisdictional Transfers, University Regensburg Working Paper Series.

［388］Manuel Arellano and Stephen Bond. 1991. Some Tests of Specification for Panal Data: Monte Carto Evidence and An Application to Employment Equations, Review of Economic Studies, 58, 277 – 297.

［389］Marcus Noland and Hyun H. Son. 2012. Editors' Introduction Transitional Economics: Progress and Pitfalls, Journal of Asian Economics, 23, 107 – 110.

［390］Michael J. Keen, Christos Kotsogiannis. 2004. Tax Competition in Federations and the Welfare Consequences of Decentralization, Journal of Urban Economics, 56, pp. 397 – 407.

［391］Michael Keen and Maurice Marchand. 1997. Fiscal Competition and the Pattern of Public Spending, Journal of Public Economics, 63, 33 – 53.

［392］Mukesh Eswaran, Ashok Kotwal, 1985b, A Theory of Contractual Structure in Agriculture, American Economic Review, Vol. 75, No. 3, pp. 352 – 367.

［393］Mukesh Eswaran, Ashok Kotwal, 1985a, A Theory of Two-Tier Labor Markets in Agrarian Economies, American Economic Review, Vol. 75, No. 1, pp. 162 – 177.

［394］Oates, Wallace. 2005. Toward A Second-Generation Theory of Fiscal Federalism, International Tax and Public Finance, 12: 349 – 374;

［395］Paolo Mauro. 1998. Corruption and the Composition of Government Expenditure, Journal of Public Economics, 69, 263 – 279.

［396］Paul Seabright. 1996. Accountability and Decentralization in Government: An Incomplete Contracts Model, European Economic Review, 40, 61 – 89.

［397］Paulo Roberto Arvate. 2013. Electoral Competition and Local Government Responsiveness in Brazil, World Development, 43, 67 – 83.

［398］Qian Y. , Roland G. 1998. Federalism and the Soft Constraints, American Economic Review, 88: 1143 – 1162.

［399］R. J. Ameson 1989. Equality and Equal Opportunity for Welfare, Journal of Political Philosophy, 4, 482 – 486.

［400］R. Nozick. 1974. Anarchy, State and Utopia. Oxford: Basil Blackwell.

［401］R. Paes de Barros, F. H. G. Ferreira, José R. Molinas Vega, J. S. Chanduvi, M. de Carvalho, S. Franco, S. Freije-Rodríguez, Jérémie Gignoux. 2009. Measuring

Inequality of Opportunities in Latin America and the Caribbean. Journal of Economic Literature, 4, 1152 – 1154.

［402］R. Prud' Homme. 1995. The Dangers of Decentralization, World Bank Research Observer, 10 (2).

［403］R. I. McKinnon. 1997. Market-Preserving Fiscal Federalism in the American Monetary Union. in Mario I. Blejer and Teresa Ter-Minassian, eds. , Macroeconomic Dimensions of Public Finance, New York: Routledge, pp. 73 – 93.

［404］Raymond Fisman and Roberta Gatti. 2002. Decentralization and Corruption: Evidence across Countries, Journal of Public Economics, 83, 325 – 345.

［405］Reynolds L. G. , 1977, Development Theory in Classical Economics. Economic Progress, Private Values, and Public Policy: Essays in Honor of William Fellner, Amsterdam, North-Holland.

［406］Richard Bird. 2000. Transfers and Incentives in Intergovernmental Fiscal Relations, International Center for Public Policy Working Paper Series no. 1201.

［407］Riou S. 2006. Transfer and Tax Competition in a System of Hierarchical Governments, Regional Science and Urban Economics, 36, 249 – 269.

［408］Robert P. Inman, Daniel L. Rubinfeld, 1996, Designing Tax Policy in Federalist Economies: An Overview, Journal of Public Economics, 60: 307 – 334.

［409］Seligman, E. R. A. 1895. Reprint 1923, Essays in Taxation, New York: Macmillan.

［410］Sengupta, K. 1997. Limited Liability, Moral Hazard and Share Tenancy, Journal of Development Economics, 52, pp. 393 – 407.

［411］Smart M. and Bird R. 1996. Federal Fiscal Arrangements in Canada: An Analysis of Incentives, National Tax Association Proceedings.

［412］Smart M. 1998. Taxation and Deadweight Loss in A System of Intergovernmental Transfers, Canadian Journal of Economics, 31, 189 – 206.

［413］Snoddon T. 2003. On Equalization and Incentives: An Empirical Assessment, Laurier University Discussion Papers no. 06.

［414］Stephane Riou, 2006, Transfer and Tax Competition in a System of Hierarchical Governments, Regional Science and Urban Economics, 36: 49 – 269.

［415］T. Buettner and B. Kauder. 2010. Revenue Forecasting Practices: Differences across Countries and Consequences for Forecasting Performance, Fiscal Studies, 3, 313 – 340.

［416］The Pew Center on the States. 2011. States' Revenue Estimating: Cracks in the Crystal Ball. http：//www.pewstates.org/research/reports/states-revenue-estimating-85899376512.

［417］The World Bank. 2005. Social Accountability in the Public Sector-A Conceptual Discussion and Learning Module, WBI Working Papers no. 33641.

［418］Tiebout C. 1956. A Pure Theory of Local Expenditures, Journal of Political Economy, 64, 416 – 424.

［419］Timothy Besley and Anne Case. 1995. Incumbent Behavior：Vote-Seeking, Tax-Setting and Yardstick Competition, American Economic Review, 85, 25 – 45.

［420］Vito Tanzi. 1995. Corruption, Government Activities and Markets, IMF Working Papers 94/99.

［421］Weingast R. 2009. Second Generation Fiscal Federalism：The Implications of Fiscal Incentives, Journal of Urban Economics, 65, 279 – 293.

［422］World Bank, 2009, Local Government Discretion and Accountability：Application of a Local Governance Framework, Report No. 49059 GLB. Washington, DC：World Bank.

［423］World Bank. 2006. World Development Report 2006：Equity and Development. Washington DC：World Bank.

［424］Yongzheng Liu. 2014. Does Competition for Capital Discipline Governments? The Role of Fiscal Equalization, International Tax and Public Finance 21, 345 – 375.

［425］Young Alwyn. 1995. The Tyranny of Numbers：Confronting the Statistical Realities of the East Asia Growth Experience, Quarterly Journal of Economics, 110, 641 – 680.

［426］Young Alwyn. 2000. Gold into Base Metals：Productivity Growth in the People's Republic of China during the Reform Period, NBER Working Papers No. 8.

［427］Zohal Hessami. 2014. Political Corruption, Public Procurement and Budget Composition：Theory and Evidence from OECD Countries, European Journal of Political Economy, 34, 372 – 389.

［428］Zuvekas C., 1979, Economic Development：An Introduction (M), New York：St. Martin's Press.

教育部哲学社会科学研究重大课题攻关项目成果出版列表

序号	书　名	首席专家
1	《马克思主义基础理论若干重大问题研究》	陈先达
2	《马克思主义理论学科体系建构与建设研究》	张雷声
3	《马克思主义整体性研究》	逄锦聚
4	《改革开放以来马克思主义在中国的发展》	顾钰民
5	《新时期　新探索　新征程——当代资本主义国家共产党的理论与实践研究》	聂运麟
6	《坚持马克思主义在意识形态领域指导地位研究》	陈先达
7	《当代资本主义新变化的批判性解读》	唐正东
8	《当代中国人精神生活研究》	童世骏
9	《弘扬与培育民族精神研究》	杨叔子
10	《当代科学哲学的发展趋势》	郭贵春
11	《服务型政府建设规律研究》	朱光磊
12	《地方政府改革与深化行政管理体制改革研究》	沈荣华
13	《面向知识表示与推理的自然语言逻辑》	鞠实儿
14	《当代宗教冲突与对话研究》	张志刚
15	《马克思主义文艺理论中国化研究》	朱立元
16	《历史题材文学创作重大问题研究》	童庆炳
17	《现代中西高校公共艺术教育比较研究》	曾繁仁
18	《西方文论中国化与中国文论建设》	王一川
19	《中华民族音乐文化的国际传播与推广》	王耀华
20	《楚地出土戰國簡册〔十四種〕》	陳　偉
21	《近代中国的知识与制度转型》	桑　兵
22	《中国抗战在世界反法西斯战争中的历史地位》	胡德坤
23	《近代以来日本对华认识及其行动选择研究》	杨栋梁
24	《京津冀都市圈的崛起与中国经济发展》	周立群
25	《金融市场全球化下的中国监管体系研究》	曹凤岐
26	《中国市场经济发展研究》	刘　伟
27	《全球经济调整中的中国经济增长与宏观调控体系研究》	黄　达
28	《中国特大都市圈与世界制造业中心研究》	李廉水

序号	书　名	首席专家
29	《中国产业竞争力研究》	赵彦云
30	《东北老工业基地资源型城市发展可持续产业问题研究》	宋冬林
31	《转型时期消费需求升级与产业发展研究》	臧旭恒
32	《中国金融国际化中的风险防范与金融安全研究》	刘锡良
33	《全球新型金融危机与中国的外汇储备战略》	陈雨露
34	《全球金融危机与新常态下的中国产业发展》	段文斌
35	《中国民营经济制度创新与发展》	李维安
36	《中国现代服务经济理论与发展战略研究》	陈　宪
37	《中国转型期的社会风险及公共危机管理研究》	丁烈云
38	《人文社会科学研究成果评价体系研究》	刘大椿
39	《中国工业化、城镇化进程中的农村土地问题研究》	曲福田
40	《中国农村社区建设研究》	项继权
41	《东北老工业基地改造与振兴研究》	程　伟
42	《全面建设小康社会进程中的我国就业发展战略研究》	曾湘泉
43	《自主创新战略与国际竞争力研究》	吴贵生
44	《转轨经济中的反行政性垄断与促进竞争政策研究》	于良春
45	《面向公共服务的电子政务管理体系研究》	孙宝文
46	《产权理论比较与中国产权制度变革》	黄少安
47	《中国企业集团成长与重组研究》	蓝海林
48	《我国资源、环境、人口与经济承载能力研究》	邱　东
49	《"病有所医"——目标、路径与战略选择》	高建民
50	《税收对国民收入分配调控作用研究》	郭庆旺
51	《多党合作与中国共产党执政能力建设研究》	周淑真
52	《规范收入分配秩序研究》	杨灿明
53	《中国社会转型中的政府治理模式研究》	娄成武
54	《中国加入区域经济一体化研究》	黄卫平
55	《金融体制改革和货币问题研究》	王广谦
56	《人民币均衡汇率问题研究》	姜波克
57	《我国土地制度与社会经济协调发展研究》	黄祖辉
58	《南水北调工程与中部地区经济社会可持续发展研究》	杨云彦
59	《产业集聚与区域经济协调发展研究》	王　珺

序号	书名	首席专家
60	《我国货币政策体系与传导机制研究》	刘 伟
61	《我国民法典体系问题研究》	王利明
62	《中国司法制度的基础理论问题研究》	陈光中
63	《多元化纠纷解决机制与和谐社会的构建》	范 愉
64	《中国和平发展的重大前沿国际法律问题研究》	曾令良
65	《中国法制现代化的理论与实践》	徐显明
66	《农村土地问题立法研究》	陈小君
67	《知识产权制度变革与发展研究》	吴汉东
68	《中国能源安全若干法律与政策问题研究》	黄 进
69	《城乡统筹视角下我国城乡双向商贸流通体系研究》	任保平
70	《产权强度、土地流转与农民权益保护》	罗必良
71	《我国建设用地总量控制与差别化管理政策研究》	欧名豪
72	《矿产资源有偿使用制度与生态补偿机制》	李国平
73	《巨灾风险管理制度创新研究》	卓 志
74	《国有资产法律保护机制研究》	李曙光
75	《中国与全球油气资源重点区域合作研究》	王 震
76	《可持续发展的中国新型农村社会养老保险制度研究》	邓大松
77	《农民工权益保护理论与实践研究》	刘林平
78	《大学生就业创业教育研究》	杨晓慧
79	《新能源与可再生能源法律与政策研究》	李艳芳
80	《中国海外投资的风险防范与管控体系研究》	陈菲琼
81	《生活质量的指标构建与现状评价》	周长城
82	《中国公民人文素质研究》	石亚军
83	《城市化进程中的重大社会问题及其对策研究》	李 强
84	《中国农村与农民问题前沿研究》	徐 勇
85	《西部开发中的人口流动与族际交往研究》	马 戎
86	《现代农业发展战略研究》	周应恒
87	《综合交通运输体系研究——认知与建构》	荣朝和
88	《中国独生子女问题研究》	风笑天
89	《我国粮食安全保障体系研究》	胡小平
90	《我国食品安全风险防控研究》	王 硕

序号	书名	首席专家
91	《城市新移民问题及其对策研究》	周大鸣
92	《新农村建设与城镇化推进中农村教育布局调整研究》	史宁中
93	《农村公共产品供给与农村和谐社会建设》	王国华
94	《中国大城市户籍制度改革研究》	彭希哲
95	《国家惠农政策的成效评价与完善研究》	邓大才
96	《以民主促进和谐——和谐社会构建中的基层民主政治建设研究》	徐 勇
97	《城市文化与国家治理——当代中国城市建设理论内涵与发展模式建构》	皇甫晓涛
98	《中国边疆治理研究》	周 平
99	《边疆多民族地区构建社会主义和谐社会研究》	张先亮
100	《新疆民族文化、民族心理与社会长治久安》	高静文
101	《中国大众媒介的传播效果与公信力研究》	喻国明
102	《媒介素养：理念、认知、参与》	陆 晔
103	《创新型国家的知识信息服务体系研究》	胡昌平
104	《数字信息资源规划、管理与利用研究》	马费成
105	《新闻传媒发展与建构和谐社会关系研究》	罗以澄
106	《数字传播技术与媒体产业发展研究》	黄升民
107	《互联网等新媒体对社会舆论影响与利用研究》	谢新洲
108	《网络舆论监测与安全研究》	黄永林
109	《中国文化产业发展战略论》	胡惠林
110	《20世纪中国古代文化经典在域外的传播与影响研究》	张西平
111	《国际传播的理论、现状和发展趋势研究》	吴 飞
112	《教育投入、资源配置与人力资本收益》	闵维方
113	《创新人才与教育创新研究》	林崇德
114	《中国农村教育发展指标体系研究》	袁桂林
115	《高校思想政治理论课程建设研究》	顾海良
116	《网络思想政治教育研究》	张再兴
117	《高校招生考试制度改革研究》	刘海峰
118	《基础教育改革与中国教育学理论重建研究》	叶 澜
119	《我国研究生教育结构调整问题研究》	袁本涛 王传毅
120	《公共财政框架下公共教育财政制度研究》	王善迈

序号	书名	首席专家
121	《农民工子女问题研究》	袁振国
122	《当代大学生诚信制度建设及加强大学生思想政治工作研究》	黄蓉生
123	《从失衡走向平衡：素质教育课程评价体系研究》	钟启泉 崔允漷
124	《构建城乡一体化的教育体制机制研究》	李 玲
125	《高校思想政治理论课教育教学质量监测体系研究》	张耀灿
126	《处境不利儿童的心理发展现状与教育对策研究》	申继亮
127	《学习过程与机制研究》	莫 雷
128	《青少年心理健康素质调查研究》	沈德立
129	《灾后中小学生心理疏导研究》	林崇德
130	《民族地区教育优先发展研究》	张诗亚
131	《WTO主要成员贸易政策体系与对策研究》	张汉林
132	《中国和平发展的国际环境分析》	叶自成
133	《冷战时期美国重大外交政策案例研究》	沈志华
134	《新时期中非合作关系研究》	刘鸿武
135	《我国的地缘政治及其战略研究》	倪世雄
136	《中国海洋发展战略研究》	徐祥民
137	《深化医药卫生体制改革研究》	孟庆跃
138	《华侨华人在中国软实力建设中的作用研究》	黄 平
139	《我国地方法制建设理论与实践研究》	葛洪义
140	《城市化理论重构与城市化战略研究》	张鸿雁
141	《境外宗教渗透论》	段德智
142	《中部崛起过程中的新型工业化研究》	陈晓红
143	《农村社会保障制度研究》	赵 曼
144	《中国艺术学学科体系建设研究》	黄会林
145	《我国碳排放交易市场研究》	赵忠秀
146	《人工耳蜗术后儿童康复教育的原理与方法》	黄昭鸣
147	《我国少数民族音乐资源的保护与开发研究》	樊祖荫
148	《中国道德文化的传统理念与现代践行研究》	李建华
149	《低碳经济转型下的中国排放权交易体系》	齐绍洲
150	《中国东北亚战略与政策研究》	刘清才
151	《促进经济发展方式转变的地方财税体制改革研究》	钟晓敏
……		